世界动画大师

百年艺术创作风格探究

World Animation Masters

The Exploration
of Artistic Creation Style in Century

廖海波 著

上海交通大学出版社
SHANGHAI JIAO TONG UNIVERSITY PRESS

图书在版编目（CIP）数据

世界动画大师：百年艺术创作风格探究／廖海波著.
上海：上海交通大学出版社,2024.12. -- ISBN 978-7-313-
31716-2

Ⅰ．K815.72

中国国家版本馆 CIP 数据核字第 2024TM1678 号

世界动画大师——百年艺术创作风格探究
SHIJIE DONGHUA DASHI —— BAI NIAN YISHU CHUANGZUO FENGGE TANJIU

著　　者：廖海波

出版发行：上海交通大学出版社　　　　　　　地　　址：上海市番禺路 951 号

邮政编码：200030　　　　　　　　　　　　　电　　话：021 - 64071208

印　　制：上海景条印刷有限公司　　　　　　经　　销：全国新华书店

开　　本：880 mm×1230 mm　1/32　　　　　印　　张：15.75

字　　数：340 千字

版　　次：2024 年 12 月第 1 版　　　　　　　印　　次：2024 年 12 月第 1 次印刷

书　　号：ISBN 978 - 7 - 313 - 31716 - 2

定　　价：78.00 元

目录

绪论

在探索中踯躅前行，
创造百年辉煌的动画大师

在人类早期的艺术形式中已经可以找到动画的影子，与动画联系较为紧密的应该是漫画。除了文字，在历史的空间中，人们还喜欢用图画来叙述事件，讲故事或表达思想，漫画由此成为大众喜爱的一种艺术形式。随着电影技术的诞生，纸上静止的图画逐渐幻化成银幕上生动鲜活的形象，动画也就此诞生。现在许多耳熟能详的动画大师，他们大部分都曾经是喜爱驾驭线条与色彩的漫画家，他们的作品往往也是从漫画开始的，而把畅销漫画改制成动画片，漫画家也顺理成章地成为动画制作人的比比皆是，诸如动画的开创者温瑟·麦凯，以及动画大师手冢治虫、华特·迪士尼、宫崎骏、大友克洋等都是如此。

动画的英文是"Amimation"，是"使……活起来"，即赋予生命的意思，由此可见，动画的精髓是赋予静态图画以动态的生命活力。动画先驱埃米尔·科尔曾经说："做动画的人是像上帝一样在创造世界。"[①]一幅幅静止的图画被赋予了运动的

---

① 薛锋，赵可恒，郁芳：《动画发展史》，东南大学出版社，2006 年，第 1 页

意义，一个个形象被赋予了生命和个性，这就是动画开创的新世界。这个世界或者是接近真实的，或者是虚拟的，是完全凭借人类天马行空的想象力创造出来的。

动画开创的新世界当然是艺术的，但它也是以技术的发展作为基础的，动画艺术的丰富多彩是随着技术的发展以及动画大师的不断探索与突破才发展起来的。动画的诞生伴随着电影技术的发展，19世纪末，法国人雷诺发明了"光学影戏机"，它由几个转盘组合而成，外部投射光源，连续的图片围绕着圆形鼓状物跑片，经过光源的投射，观众可以看到投影于幕布上的人物或角色影像。另有一块固定的玻璃画着场景图案，由另外的灯光和投影装置投射在同一屏幕上，二者合成完整的动画画面；爱迪生的活动影像装置，发明了在胶片上凿孔的方法，解决了胶片的连续放映问题；之后，卢米埃尔兄弟的活动电影机，以及透明赛璐珞片的使用使动画得以发展，彩色胶片及录音技术的成熟增强了动画的艺术感染力。计算机图形技术的出现，更是大大提高了动画的制作效率，提升了视觉艺术效果。随着三维动画技术的日益成熟，用电脑软件制作的动画片，不但十分立体逼真，而且制作也较为便捷，高新技术为动画带来了全新的视觉效果，也使动画艺术达到了新高峰。在工业科技时代，动画的各种功能得到了完善，这种独特的艺术形式也成为人类艺术世界的一朵奇葩。

动画一步步的前行、一步步的发展，与世界各国的动画大师们的不断探索是分不开的，他们的踟蹰前行为后人开辟了一片任意驰骋的土壤。例如，美国弗莱舍兄弟1917年发明的"转描机"大大提高了动画制作的效率。"转描机"可以把真人电影中的动作一五一十地描在赛璐珞片或纸上，使动画制作者避免烦琐地绘画,然后一张张逐格拍摄画稿,比较便捷地把实拍的电影画面转化成动画。动画大师华特·迪士尼最早运用了声画同步的技术,赋予了动画片以动听的声音,他又在一片质疑声和巨大压力下拍摄了第一部动画长片《白雪公主和七个小矮人》,从而使动画片不再被看作只是"小儿科",宣告了动画长片时代的来临。华特·迪士尼早期的合作伙伴乌布·伊沃克斯在动画技术领域取得了很多成就,他曾发明出多层摄影的技术,使动画背景更加栩栩如生,动画效果更加丰富真实。乌布·伊沃克斯还发明了一种复制图画的技术,即把画稿直接复印到胶片上,这样节省了很多动画片制作的工序,大大提高了效率。

　　动画的艺术表现是无止境的,许多动画大师对动画的表现形式进行了探索。以艺术品质高著称的加拿大动画,强调自由探索、大胆创作,在形式上开拓了很多新的表现方法,几乎所有的动画技法都可以在这里得到展现,沙子、积木、铁钉、废胶片等都可以作为原材料出现在实验色彩浓厚的动画片中,出现了手绘动画、立体动画、剪纸动画、针幕动画、沙动画、玻璃油彩、胶片直接刻画,以及三维电脑动画等多种形式。中国动画片在创作手法上,借鉴了有着悠久历史的中国古典绘画、雕塑、建筑、服饰,乃至戏曲、民乐、剪纸、皮影、年画等民族民间艺术的多种表现手法,创造出了形式众多的水墨、剪纸、木偶等动画形式。俄罗斯动画大师亚历山大·彼德洛夫创作的动画片都是采用在玻璃板上用手指绘制油画的方法来制作完成的,几乎每一帧都可以独立成为一幅美丽的油画。彼德洛夫利用玻璃的不同层面进行制作,在一层上制作角色人物,在另一层上制作背景,灯光透过玻璃来拍摄重叠合成的画面,油画和玻璃所表现出的透明和鲜亮让人叹为观止。以动画大师尼克·帕克为首的阿德曼动画公司在计算机动画大行其道的时代坚持传统黏土动画的制作,动画角色和场景都是由阿德曼公司特制的塑胶黏土制成的,外表有些粗糙而原始,但有着质朴和怀旧的味道。以约翰·拉赛特为代表的皮克斯则开辟了动画的计算机三维时代,用电脑制图绘制立体的、几近真实的角色骨架,之后再以颜色,光影、毛发、服饰等加以润饰,最终在一切元素天衣无缝的配合下,组合制作出呼之欲出的电脑动画形象。

动画历经了从无声到有声,从黑白到彩色,从手绘、木偶、剪纸、黏土、拼贴等,到电脑二维、三维等种种形式,经过动画大师们在艺术与技术上的一步步探索,才有了今天这个异彩纷呈的动画世界。

早期动画片的表现内容以幼稚、简单、滑稽为主,将儿童作为主要受众群,随着时代的发展,动画片逐渐开始承载更为深刻的内涵。如果说美国动画更多的是大众化、具有娱乐性的商业片,适合大规模工业模式生产,经受过战争的痛苦和原子弹爆炸的日本,则开始全面反思自动化机械、机器人、现代化武器等这些高科技的产物对人类未来社会发展产生的种种负面影响。相较于商业动画简单明了、善恶分明、老少咸宜的主题,日本动画在商业化的同时则更注重对动画艺术内涵的挖掘,在宫崎骏、押井守、今敏等动画大师的作品中,往往负载了更为沉重和更富有哲理性的主题。

动画综合地体现了不同历史阶段社会、经济、文化和科学技术的特征。纵观近百年动画在世界各个国家和地区发展的历史,由于其各自文化背景、社会状况、民族风情、经济形态之间的差异,它们的发展和艺术特色也各不相同。世界动画发展一般呈现两大倾向,一种倾向是宣扬"观众就是上帝"的商业动画,动用一切视听手段吸引观众、取悦观众,极力让观众融入故事剧情中,感受角色的喜怒哀乐,观众在观赏中得到情感的宣泄,视觉、听觉都得到了满足。所以,商业动画注重娱乐效果,以票房和市场效益为评价标准,追求雅俗共赏,老少皆宜,目的是吸引更多的观众。美国迪士尼动画最具代表性,它推动了动画技术的发展和大规模工业化制作模式的形成。但以迪士尼动画为代表的商业动画为了保障票房和市场份额,形成了模式化、类型化的影片结构、叙事风格和制作手段,固守和因循以往的成功经验,难以有所创新和突破。动画片的主创人员也往往隐没在迪士尼的光环背后,难以有个人突出的艺术特色,他们更强调团体的协作和程序化的运作。但无论如何,这些动画大师身上体现着美国商业动画的辉煌成就。

另一种倾向是艺术类动画。用动画的形式来阐述作者独特的、极富个性的理念,或对动画的表现形式、工艺手法进行探索、实验,这类动画大师强调艺术的独特性和创造性,有着强烈的个人风格和独立精神,表现了创作者对世界和人生的思辨精神,如加拿大动画大师诺曼·麦克拉伦,捷克动画大师扬·史云梅耶的动画。也有的动画大师把这两方面结合得很完美,不仅在商业上取得了成功,在艺术上也得到一致赞誉,如日本动画大师手冢治虫、宫崎骏,法国动画大师西维亚·乔迈等。

本书对以上这两类艺术家都有涉及。由于世界各个国家的动画成就不胜枚举,动画大师层出不穷,本书只能选取部分具有代表性、对世界动画发展做出过突出贡献的动画大师进行阐述。

第一章
初创时期的动画

　　动画是伴随着电影技术的发展而诞生的，早期有一些具有实验性质的动画片问世。世界上最早的第一部动画短片1891年在巴黎葛莱凡蜡人馆公开放映，其创作者法国人埃米尔·雷诺通过自己发明的"光学影戏机"进行了早期动画制作的探索。

　　被称为"现代动画之父"的法国人埃米尔·科尔在1908年拍摄的动画短片《幻影集》中首次运用了逐格拍摄技术，用摄影机一格一格地把场面拍摄下来，并制作成连续的画面。这部动画表现了不断变化的图像，简单线条构成的小人根据图形的某种相似性特征不断幻化成各种形状。这种变形在他的其他作品中也得到了极致表现，如《傀儡戏》也是如此。科尔的作品可以把各种各样的动画和实际拍摄下来的影象结合在一起，使他成为动画与真人相结合的电影类型的创始者。科尔还是使用遮幕电影技术的先驱，他的成就对世界动画的产生和发展做出了巨大贡献。

　　真正将动画与摄影技术相结合，推动动画更大规模地普及的历史是从美国开始的。1906年，美国杂耍剧团喜剧演员出身的斯图尔特·布莱克顿在电影技术发明十年后，拍摄制作了第一部电影胶片动画《滑稽面孔的幽默姿态》。这部只有三分钟的动画短片描绘了画家在黑板上画出表情不断变化的人脸轮廓——一个男人一边抽着雪茄,一边与旁边的女人调情,他一会往女人的头发里吹烟圈,一会做几个鬼脸。这部短片非常新奇有趣,但仅仅是一次对动画的实验。之后布莱克顿又制作了把动画和真人表演结合起来的《闹鬼的旅馆》《极速素描》和《奇妙的自来水笔》等几部动画片。从此,动画开始落地生根,直到1914年透明赛璐珞的发明使动画得以大量生产,并很快取得了令人瞩目的发展。

追本溯源,在动画发展的滥觞时期,在一个世纪前的时光中,没有配套的生产设备,没有成熟的制作流程,没有众多娴熟的制作人员,创作者一个人要参与动画各个环节的拍摄制作,还要花费大量的精力对制作设备进行改良或发明。他们凭借着对一门新兴艺术的热爱和对制作出鲜活的形象的执着,演绎出了一个个动人的故事。

第一节　"美国动画之父"温瑟·麦凯

温瑟·麦凯(Winsor McCay,1871年9月26日—1934年7月26日)是美国动画的奠基人,也是一位对早期动画发展产生重要影响的动画大师。

一、温瑟·麦凯的漫画创作

温瑟·麦凯出生在美国的密歇根州,虽然从小就酷爱绘

图1.1　"美国动画之父"
温瑟·麦凯

画,并表现出极高的天赋,但父亲一心让他经商,他便进入密歇根州的克拉瑞斯商业学校学习。在学习期间,他经常到底特律旁边的一个游乐场为游人画像。这种游乐场在当时被称作"一毛钱博物馆",有杂耍、小丑表演、变戏法、马戏团表演等。在这里,麦凯的绘画才能受到密歇根州州立大学的一位教授的赏识,他为麦凯提供了一些私人的艺术指导,并提议他去芝加哥艺术学院学习。

麦凯由此前往芝加哥,但他并没有能进入学校学习,而是继续从事为马戏团、火车站、通俗剧团和类似"一毛钱博物馆"这样的娱乐场所绘制海报与广告。这段生活经历应该说对他以后的动画创作起了很大的作用。对马戏团动物明星动作的临摹,准确地捕捉它们的运动规律,成为动画创作的基础,而他创作的动画片也经常借鉴马戏团演出的形式,其角色像小丑一样杂耍式地表演,充满马戏表演平民化、大众化的活泼幽默。

1898年,麦凯进入《辛辛那提商业论坛报》,成为插图图画师,专门为文字配插图。两年之后,他又成为《辛辛那提调查报》的绘画师。在又一次跳槽到《电讯晚报》后,1904年,麦凯开始在该报发表他的第一部漫画作品《足够先生》。1904年7月麦凯每周刊登的系列漫画《小萨米的喷嚏》使他开始得到人

们的关注,这部连载漫画一直到 1906 年年底才结束。1904 年
9 月,他又发表了长篇漫画《兔魔王的噩梦》,这部作品一直连载
了九年,每一节都采取了类似的故事模式,讲述了一只兔子由
于睡前吃得过多而不断地做可怕而压抑的噩梦,在梦中经历一
系列稀奇古怪的事情,最后它一下子从噩梦中惊醒,并为自己
梦中所做的蠢事懊悔不已,后来麦凯制作的许多动画都是改编
自这部漫画。

《兔魔王的噩梦》深受当时盛行的弗洛伊德的心理学潜意
识学说的影响,讲述了一个个超现实的梦幻世界,情节荒诞而
离奇。如一个小玩具熊变成了一只巨兽,把小孩吞了下去;一
个男人发现 14 个与自己一模一样的人,他们表情各异,神态
扭曲;一个患趾关节炎的男人忽然发现他的大脚趾比他的身
体还大;一个女患者遵从牙医的指令把口张得大大的,结果把
牙医给吞了;女人的帽子变成威胁性极强的东西,它们有时大
如飞碟,有时袭击城市的街道,将房屋夷为平地。

《兔魔王的噩梦》成功以后,在此基础上麦凯又发表了更
为离奇的《小尼摩游梦土》,这部漫画 1905 年 10 月开始在《纽
约先驱报》上刊登,一直延续到 1911 年。麦凯用起伏流畅的
线条描绘了一个个梦境中的超现实幻境。故事内容主要讲述
了小尼摩在自己梦境中的种种奇遇。这个梦境是一个奇幻的
空间,这里生活着千奇百怪的居民,他们有着自己独特的生活
规范,没有现实世界中人们惯常遵循的规则、逻辑和常理,时
间变得毫无意义。梦境中还有许多超常的动物,如蓝色的骆
驼、绿色的龙、超级巨大的火鸡等,它们在昂然前行时会被突
然裂开的大地所吞没。这部作品依靠丰富的想象力、幽默而
趣味的表现形成了的特殊风格。作品还打破了传统漫画的方

块分格手法,运用颇为奇特的空间调度手法,画格大小根据剧情起伏而改变,产生了如电影般的视觉效果。1908年,这部漫画还被改编成百老汇音乐剧被搬上舞台,并在全美巡回演出,获得了观众的广泛好评。

这些奇异的漫画使人们不得不关注麦凯创作的灵感来自何方。麦凯有个哥哥叫阿瑟,是一个精神病患者,他的大部分人生都是在精神病院里度过的。传记作家凯恩梅克根据麦凯对其哥哥的感情做出了以下分析:"在他的作品中,温瑟·麦凯回忆起阿瑟以及阿瑟的可怕经历。《兔魔王的噩梦》常常出现妄想狂行为、虐待错觉症、幻觉、非理性和失常之举等。《小尼摩游梦土》挖掘了精神的脆弱状态、现实的非稳定性以及使内心世界与外部世界相分离的微妙的精神隔阂。"①而麦凯的崇拜者、插图画家毛里斯·森达克认为,麦凯的创作就是对童年稀奇古怪的幻想与梦境的描绘,他这样写道:"我的书《厨房之夜》在某种程度上可以说是奉献给温瑟·麦凯的。我和他侍奉的是同一个主人——我们的童年。我们俩都画画儿,但所画的不是平淡的儿时往事,而是感情上对孩提时代的压力和紧迫感的回忆。还有一点,那就是我们两人都没有忘记我们的童年之梦。"②

1909年,麦凯又连载了一部漫画《可怜的杰克》,讲述了工人杰克被雇主残酷剥削的故事,他是一个有梦想的人,却被无情的现实所扼杀。

---

① 刘志英:《温莎·麦凯的奇妙世界》,《世界博览》,1989年第10期,第2页。

② 刘志英:《温莎·麦凯的奇妙世界》,《世界博览》,1989年第10期,第2页。

二、温瑟·麦凯的动画之路

1911 年,温瑟·麦凯开始尝试制作动画,他的第一部动画片《小尼摩游梦土》诞生了,全长 10 分钟,前面类似纪录片的真人实拍部分讲述了麦凯与朋友打赌,说他能让小尼摩"活起来",于是他开始绘制动画片,在疯狂的作画中,画稿堆积如山。最后给朋友的展示部分进入动画,小尼摩真的在银幕上活灵活现地表演起来。影片展示了麦凯制作动画片的全过程,在真人实拍的片段中还可以看到麦凯使用"摇片机"使画稿连续运动起来的场景。

在技术设备有限的前提下,麦凯的制作过程异常艰苦,在短短一个月的时间中他绘制了 4 000 多张画稿。在表现人物动作时,麦凯只能用秒表来掐算每个动作的运动时间,然后一张一张地绘制分解图,以确保每个动作更加连贯和真实。

动画片《小尼摩游梦土》公映后立刻吸引了很多观众以及动画片制作的同行。动画先驱斯图尔特·布莱克顿在他 1938 年写的《芸芸众生》一书中曾写道:"我永远也不会忘记麦凯的第一部动画片——他只用几笔纯美的线条,便在雪白的背景上勾勒出了一株幼苗,幼苗长大了,开出了一朵美丽的鲜花,一个小伙子转过身把花摘了下来,献给了身旁的姑娘——情节就这么简单,但令我激动不已,我亲眼看到了一个新的艺术的诞生!"①

---

① 刘志英:《温莎·麦凯的奇妙世界》,《世界博览》,1989 年第 10 期,第 2 页。

1914 年 2 月 8 日,麦凯又推出了一部使他大获成功的影片《恐龙葛蒂》,影片的前半部为真人实拍,内容是麦凯和朋友们参观恐龙博物馆,他们看到了巨大的恐龙骨架化石,麦凯说他能让恐龙复活,于是艰苦的动画制作过程又开始了。影片的动画部分开头是驯兽师手里拿着皮鞭,面向观众出场,然后他转身召唤,这时恐龙葛蒂伴随着音乐的节奏从岩石后缓缓走出来,边走边吃着身边的树叶,随后按照驯兽师的指示不断地做着各种动作,包括抬脚向观众示意和跳舞等。葛蒂十分顽皮,它把路过的大象抛进湖里,朝海怪扔石头,还喝干湖水。最后结束时,驯兽师骑上葛蒂的背,被葛蒂载着慢慢走远。动画部分采用单线条绘制形象的方法,只有轮廓,没有涂色,并改变了此前动画纯实验的倾向,更注重故事情节和趣味性(见图 1.2)。

图 1.2　采用单线条绘制的《恐龙葛蒂》

《恐龙葛蒂》不仅代表了当时动画片最高的艺术水准,也取得了良好的商业效益。由于技术的局限,动画的多层合成装置还没有问世,所以每一格画面都要重画一遍背景,才能保证画面的透视感和立体感。麦凯为此付出了巨大努力，整部片子的画稿超过5 000张，画面立体流畅，透视感强烈，显示了麦凯不凡的创造力。而憨态可掬，既听话又顽皮，喜欢恶作剧的葛蒂可以说是动画史上出现的第一个具有鲜明个性的、有生命力的形象，它很快成为名噪一时的动画明星，为动画的发展打下根基。

1917年，麦凯制作了可被称为影史上第一部动画纪录片的《路斯坦尼雅号之沉没》。影片讲述了1915年5月英国路斯坦尼雅号游船被德国潜艇击沉的历史事件，在此次惨案中，有1 200余名无辜的旅客遇难。影片将海水波涛起伏的状况和游客的动作都刻画得十分细致流畅。特别是最后几组镜头描绘了巨轮渐渐沉入海中，众人纷纷落水，在水中挣扎的巨大场面。一对落入水中的母子在波浪中挣扎漂流，当母亲和孩子即将被大海吞没的一刹那，母亲伸出手臂，试图把孩子推出水面，这些场景以动画的形式表现，令观众十分震撼。麦凯将震惊世界的真实的悲剧性事件用动画来表现出来，并为此绘制了将近25 000张的素描，这在当时可以说是一个惊人的创举。

此后，从1911年到1929年，麦凯共创作了10部动画短片，每张图画都由他亲手所画。《人头马身》《菲利普的马戏表演》《恐龙葛蒂旅行记》三部由于年代久远只有片段流传。《宠物》《昆虫马戏团》《会飞的房子》改编自漫画《兔魔王的噩梦》中的部分情节，都是在梦中经历奇异怪事的故事。其中最后一部《会飞的房子》是麦凯与他的儿子共同完成的，描绘了在梦中房子飞上了太空的壮观场面，是一部非常有想象力和创造力的作品。

麦凯一生的最后十年可以说是有些走下坡路，作品不多，而且艺术品质上也难以与前期的佳作相媲美，其艺术上的衰退无疑应归咎于《公民哈斯特报》的老板威廉·罗道夫·哈斯特。哈斯特使麦凯离开了《先驱报》，并阻拦他进行动画片创作，还劝麦凯放弃漫画创作，强迫他专门画《公民哈斯特报》的社论插图。1924年，麦凯曾一度回到了《先驱报》，又画了两年《小尼摩》连环漫画。然而这些重新开始绘制的漫画并不是很成功，他只好又回到了哈斯特的报社继续画社论漫画。这些社论漫画中也有许多画面动人、思想深刻、设计精美的佳作，描绘了下层人民的生活、抨击了社会腐败之流，麦凯逝世前三天画的最后一幅漫画是以反吸毒为主题的。1934年7月26日麦凯因脑出血去世。

温瑟·麦凯是动画电影史上首位大师级人物，他最早对动画艺术性和商业化进行了建设性探索，并取得了相当好的效果。麦凯的影片最早开始使用每秒24格的方法制作，有着丰富的故事内容和画面透视感，并在影片中大量融入幽默滑稽的元素。他创造的动画明星恐龙葛蒂动作灵活生动并且带有鲜明的个性，为后来的美国动画片中的动画明星，如幸运兔奥斯华、菲利克斯猫、米老鼠、唐老鸭、贝蒂小姐等具有鲜明个性和特色的动画形象的出现和发展开辟了的黄金之路，也预告了一个美式动画时代的来临。

第二节　派特·苏利文、奥图·梅斯默
对美国动画产业的开拓

菲利克斯猫是美国早期动画史上十分耀眼的明星，在米老鼠出现以前它的地位可以说是显赫一时，无人能及。它开拓了美国动画的商业运作模式和工业化制作流程，使美国动画很快形成了商业化的模式并取得辉煌成就。菲利克斯猫的背后有两位创作者，一位是最早构思它的形象并拥有版权的派特·苏利文，另一位是实际绘画和制作动画的奥图·梅斯默。派特·苏利文的大名永远出现在制作名单的首位，而真正创作者奥图·梅斯默则生活在苏利文的阴影下不为人知。

一、菲利克斯猫的诞生

派特·苏利文（Pat Sullivan，1885—1933 年）出生于澳大利亚，22 岁移居伦敦。他做过很多份工作，当过音乐厅的舞蹈演员、车夫、漫画家，当他移民到美国后，还曾参加过职业拳击比赛。后来他成为漫画家威廉姆的助手，开始在报纸上发表漫画作品，并逐渐成为动画制作人。

奥图·梅斯默（Otto Messmer，1892—1983 年）出生于美国的新泽西州，毕业于美国托马斯艺术学校，受过正规的艺术教育，毕业后他在《纽约世界报》等报刊发表了不少的漫画作品，并终于得到制作动画片的机会。梅斯默自己绘制所有画稿，在 1915 年制作了一部以少年摩托手为主角的动画短片。虽然这部短片并没有正式发行，但他制作动画片的才能得到了业内人士的认可，由此梅斯默参与了许多商业广告的创作，积累了许多制作动画的技巧和经验。

梅斯默与苏利文于 1915 年开始合作，当时漫画家威廉姆刚刚去世，曾经是他助手的苏利文把威廉姆的畅销漫画《有着滑稽声音的黑人》稍加改编，制作了一部动画系列片。为了避免版权纠纷，苏利文改换了主角的名字。梅斯默进入苏利文的工作室，并参与制作了这部长达 10 集的系列作品，他们还合作了其他的一些动画片。

菲利克斯猫的诞生过程颇费周折，《派拉蒙银幕杂志》需要新鲜的漫画作品来填充版面，于是主编找到正在从事动漫制作的苏利文，二人一拍即合。丰富的生活阅历和敏锐的商业眼光促使苏利文开始筹划菲利克斯猫动漫系列，梅斯默设计了猫的角色形象，还写了故事脚本，并且指挥整个制作进度。1919 年漫画《猫的闹剧》出版，主角是一只名叫马斯特·汤姆的黑猫，后来它的名字被改成菲利克斯。菲利克斯猫很快被制成系列动画片，开始是一个月一集。从 1921 年起，女制片人玛格利特·温科勒与苏利文签约，菲利克斯猫得以大规模生产，并以 15 天 1 集的速度被源源不断地制作出来。1923 年，梅斯默又开始连载菲利克斯猫的连环画，一周一集延续到 1943 年才结束。

二、菲利克斯猫的产业化开拓

菲利克斯猫动画片中包含了很多具有动画特性的趣味性视觉元素，在后来的美国动画中经常出现。梅斯默沿袭了麦凯创造恐龙葛蒂的经验和诀窍，赋予菲利猫独特的个性魅力，并且根据它的个性精心设计了表情和姿势，用来表现猫的情绪和思想，比如强化它双臂拥抱的标志性动作，突出它富有同情心的个性，简化面部身体线条以适应大规模的生产等。这样，诞生于《猫的闹剧》的这个可爱的小黑猫的形象很快就在世界范围内流行起来，成了大众偶像，在 20 世纪 20 年代赢得了公众狂热的喜爱。从家庭常用的水杯到军队的 F - 3 战斗机,随处都可以看到菲利克斯猫的身影。1922 年,纽约市民把它定为本市的吉祥物;1925 年,流行歌曲《前进,菲利克斯》正式发行;1928 年,美国电视台首次实验电视信号接收状况所用的图像就是菲利克斯猫;1927 年,驾机独自飞越大西洋的美国英雄查尔斯·林白也随身携带了一个菲利克斯猫毛绒玩具。

图 1.3　菲利克斯猫开拓了美国动画的商业运作模式
和工业化制作流程

这只小黑猫在世界动画史上具有着开拓者的地位,它推动了动画的商业运作模式和工业化制作流程的形成,是第一个有着世界性影响力的动画形象,它有思想、有个性、幽默机智,富有活力,也是第一个成为商品的动画明星。以菲利克斯猫形象制作的布偶、玩具、贴纸以及其他琳琅满目的商品遍布世界各地,开拓了一个面向儿童的广阔市场。从此,以动画形象为基础,制作其衍生产品的销售模式也建立起来。菲利克斯猫的形象被商业化,其产品直至今天在市场上仍然还有销售。

三、菲利克斯猫的盛极而衰

菲利克斯猫系列动画取得成功后，作为一个默片动画明星，菲利克斯猫很快地面临着有声动画的挑战。但它的"主人"苏利文因为个人生活的混乱而使这只显赫一时的小猫逐渐被米老鼠的光芒所淹没，从而逐渐淡出了观众的视线。

苏利文在1918年因为涉嫌与未成年少女发生性关系而被判入狱两年。虽然最终他娶了那个女孩为妻，但依旧因强奸罪被判入狱，这场婚姻以十五年后妻子自杀而告终。这段不幸的婚姻使苏利文成了一个彻头彻尾的酒鬼，在《菲利克斯猫呜呜叫》一集中可以透视出苏利文的当时生活状态：菲利克斯猫在酒馆里喝得醉醺醺，在街上游荡，和女人调情，鬼混了一夜后回到家里，街道在他的眼里开始摇晃，在楼梯上也不断出现幻象，烂醉如泥的他最后被老婆赶出了家门。

酗酒、四处游荡的苏利文使菲利克斯猫动画的经营每况愈下。1929年有声动画出现，对于这样大的市场转机，苏利文那被酒精麻醉的头脑却置若罔闻。虽然后来在商业竞争的巨大压力下，他拿出资金来发展有声动画片，但为时已晚。菲利克斯猫逐渐成为过去时，被人们所遗忘。1933年2月15日，年仅48岁的苏利文死于嗜酒过量。

苏利文死后，菲利克斯猫的版权几易其手，他的制作者梅斯默则毫无发言权。此后黑白版本的菲利克斯猫动画也曾被着色发行，或短暂地出现于电视台的动画节目中，漫画在1984到1987年也曾再度被制作发行。1991年，美国还推出了电影版的《菲利克斯猫大电影》。但是，菲利克斯猫终究成为动画史上的过眼烟云而风光不再。

不管怎样,《菲利克斯猫》的意义仍然是非凡的,从它的制作和发行开始,当代动画产业的雏形被初步建立了起来,为日后美国动画的兴起积累了非常宝贵的经验。同时,《菲利克斯猫》的角色塑造、情节处理和人物性格吸收了当时好莱坞电影的特长,摆脱了早期动画幼稚的姿态和实验性的特点,而成为大众化、娱乐化的一种新兴艺术,为更多的观众所接受和喜爱。

第三节　拉迪斯洛夫·斯塔维奇
对俄罗斯动画的开创

动画"逐格拍摄法"的技术出现以后,俄罗斯动画片的开创者和奠基人拉迪斯洛夫·斯塔维奇也开始利用这项技术进行动画创作的实验和探索。

一、昆虫定格动画

拉迪斯洛夫·斯塔维奇(1882 年 8 月 6 日—1965 年 2 月 28 日)早年从事生物学研究,在科弗的自然博物馆工作,工作的日常就是拿着摄影机拍摄昆虫们的生态活动,为博物馆制作用于科学教育的影片。在这期间,斯塔维奇开始尝试用昆虫标本来制作动画。他以细铁丝为支撑骨架,将经过防腐处理的甲虫躯体固定,四肢用蜡粘上并拴上丝线,以方便灵活运动。之后牵动丝线操纵甲虫的动作,让它们逐步移动

图 1.4 拉迪斯洛夫·斯塔维奇

摆出各种姿态，一帧一帧、一个动作一个动作地进行拍摄。斯塔维奇首先实验性地拍摄了《鹿角甲虫之战》，展现了鹿角甲虫搏斗的细节，这部昆虫动画灵活的动作设计和制作为后来的动画创作奠定了基础。之后，他又制作了《美丽的柳卡尼达或者天牛和锹甲虫的战争》《摄影师的报复》等一系列作品。

《美丽的柳卡尼达或者天牛和锹甲虫的战争》被称为俄罗斯最早的动画短片(见图 1.5)，1912 年 4 月上映，片长 8 分钟。这部作品的角色都是昆虫，它们身着服装，直立行走，以拟人化手法表达了中世纪骑士小说中的滑稽片段，讲述了天牛女王柳卡尼达和与之对立的部族鞘翅目锹甲虫伯爵格罗萨之间的爱情故事。此片上映后在国内外获得了巨大反响，成为世界动画史上具有开创意义的实物立体定格动画。

《摄影师的复仇》，1912 年 10 月上映，片长 13 分钟。这部动画无论是剧情故事还是制作水准，在当时都属于非常高的水平。整部动画的角色都是昆虫，同样是拟人化手法，讲述了一对甲虫夫妇的生活。一天，到城里出差的甲虫先生来到"快活蜻蜓"的酒吧消遣，蜻蜓女郎姣好的外貌与曼妙的舞姿吸引了蚱蜢和甲虫先生，他们俩都想带蜻蜓小姐出场，于是打了起来，身体粗壮的甲虫获胜后带着蜻蜓小姐来到旅馆。蚱蜢是

图 1.5 《美丽的柳卡尼达或者天牛和锹甲虫的战争》

个摄影师,为了报复,一路跟随,并用摄影机对着钥匙孔开始偷拍,结果惊动了甲虫先生,他从房间冲出来,蚱蜢抱着摄影机骑脚踏车逃跑了。

甲虫太太在家里颇感寂寞,她写信约来画家情人。两人正在卿卿我我,没想到甲虫先生回来了,丈夫和情人扭打在一起,画家狼狈地逃走了。之后,甲虫先生和太太还是和好如初了,他们一起去看电影。

图 1.6 《摄影师的复仇》海报

没想到电影放映师就是那只蚱蜢,他把在旅馆拍摄的画面放了出来。甲虫先生气愤地砸了银幕,去放映室找蚱蜢算账。甲虫夫妇俩把蚱蜢揪出来痛揍一顿,最后这对夫妻双双进了拘留所，一场由偷情引发的风波就此落下帷幕。

影片的剧情既好笑又夹杂着对成年人生活的戏谑，甲虫夫妇就像大多数体面的中产阶级一样，生活得平静而又时不时出现一些小插曲。整部动画片非常具有创意和开创性，故事鲜活有趣，昆虫的动作流畅，形象栩栩如生。

之后斯塔维奇还拍摄了《蜻蜓和蚂蚁》(1912)、《昆虫的圣诞夜》(1913)，也是以昆虫为主要角色。《昆虫的圣诞夜》主要表现的是昆虫们过圣诞节的场景，除了昆虫、青蛙等生物之外，还有了圣诞老人的人偶。昆虫们在雪地里滑雪，圣诞老人站在风中衣襟飞扬，细节刻画相当到位，其流畅度也让人惊叹。

二、偶动画

偶动画的角色由木头、黏土、布艺或者其他混合材料制作而成，通常采用定格动画的方式拍摄。前文所述的昆虫动画从广义上来说也是偶动画的一种形式。

除早期的昆虫动画外，斯塔维奇在偶动画领域取得了巨大成就。1913年的《圣诞前夜》改编自作家果戈里的原著，带着些许邪恶、戏谑和哥特式的味道。本片是一部真人电影，在部分场景中采用了真人与动画相结合的方式展现奇观化的视觉效果。

1917年，俄国爆发了十月革命，斯塔维奇举家迁往巴黎，他加入了法国电影大师乔治·梅里爱的工作室，拍摄了《稻草人》(1921)一片后便辞职。此后，斯塔维奇一直居住在巴黎近郊继续从事动画拍摄的工作，完成了两部比较重要的作品《小福神》(1934)和《狐狸的故事》(1937)。

《狐狸的故事》改编自欧洲中世纪时期的民间故事《狐狸列那》,讲述了机智聪明的狐狸列那如何与狮子国王和贵族老狼斗争的故事,列那总是能凭借自己的聪明才智化险为夷。故事中的各种动物象征着现实社会中各个阶层的人,而列那狐是反对强权,又有些狡诈和自私自利的市民阶层的代表。这部动画延续了一贯的拟人风格,木偶体型较大,动物们身着制作精良的服装,直立行走,并且行为举止酷似人类。斯塔维奇为这部《狐狸的故事》投入了 10 年的时间,木偶的制作相比之前更为复杂精细且颇具质感,影片细腻灵动的黑白画面和精致复杂的动画制作在当时达到了一个高峰(见图 1.7)。

图 1.7 斯塔维奇和他的木偶们

《小福神》讲述的是一对贫穷的母女相依为命,母亲靠缝制布偶艰难度日,而失明的女儿想要吃橘子,母亲没有钱买橘子,只能偷偷哭泣,泪水滴到了手中正在缝制的玩偶小狗上,小狗活了过来。活过来的小狗阴差阳错地流落街头,并幸运地拿到了一个橘子。夜幕降临,魔鬼召集各种稀奇古怪的玩偶参加集会,想要趁机夺走小狗的橘子。经过一番奋战,小狗成功逃脱,回到了小女孩家,让失明的小女孩终于吃到了喜爱的橘子。

《小福神》对角色的神态动作刻画得细致入微,主角"小福神"是一只布偶小狗,它的眼神表情和摇尾巴的动作非常活灵活现,令人心生爱怜。动画还在材料的选择上做出了全新的突破,为了展现魔鬼召集来参加集会的玩偶们"群魔乱舞"的场景,斯塔维奇采用了大量繁杂的材料:木偶、黏土、陶瓷、玻璃、金属、骨头、纸片、干草、气球……,甚至洋葱头和萝卜头等。多种材质的拼贴组合并形成动作,使影片相比单一材质的形式呈现出诡异的丰富感,颇具哥特风格和邪魅的气质,其前卫的形式和先进的技术都是领先于时代的。

斯塔维奇的作品在艺术上充满了探索性和人文精神,但是因为他只局限于家庭内部的制作团队和手工制作的方式,工艺复杂,作品有限,随着时代的发展越来越偏离大众化的动画市场,而逐渐被边缘化,从而被人们渐渐遗忘。

第二章
走向动画产业高峰的美国动画

美国动画从早期的动画大师斯图尔特·布莱克顿开始出现，到 1914 年透明赛璐珞的发明使动画得以大量生产。赛璐珞是英文 celluloid 的音译，是一种合成塑料片，用于制作动画的胶片。菲利克斯猫的成功代表着商业化、产业化的开始，很快取得了令人瞩目的成就，并在华特·迪士尼的领引下雄踞世界动画市场，创造了无数风靡世界、家喻户晓的动画片，使人们不得不感叹美国动画在故事题材的挖掘，艺术形式的不断创新，以及在想象力无限激发等方面所创造出来的辉煌成就。

第一节 从美国动画草创期走入
黄金期的弗莱舍兄弟

20 世纪 30 年代到 40 年代中期，被称作美国动画业的"黄金时代"。弗莱舍（Fleischer）兄弟不仅是美国动画创始期的开拓者，而且他们的成就一直延续到 20 世纪 40 年代。

弗莱舍一家共兄妹七人，参与动画事业并最有成就的是马克斯·弗莱舍和戴夫·弗莱舍兄弟二人。他们创建的动画公司创造了小丑可可、宾宝狗、贝蒂小姐、大力水手等动画明星。

弗莱舍兄弟的父亲维利安·弗莱舍是澳大利亚人，为了躲避政治迫害而移民美国。维利安非常热爱发明创造，他发明的装置至今还颇有实用价值，如超级市场里顾客付款时输送商品的传送带，以及把牙膏装入软管的装置。弗莱舍兄弟继承了父亲的发明天赋，并把它们运用到动画创作的领域，取得了突出的成就。

马克斯·弗莱舍（1883—1972年）出生于维也纳，是七个孩子中的老二。他没有接受过正规的艺术教育，先后在"机械与商业学校""艺术学生联合会""工匠协会"学习实践。因为对绘画的爱好和天赋，1900年他开始在报纸上发表名为《小艾牟》的连环画。1914年，他为《每月科普》做美术编辑工作，开始接触到动画，并深深被这门新兴的艺术所吸引。

戴夫·弗莱舍（1894—1979年）的艺术生涯则是源自为父亲的时装店绘制时装画，后来他成了一个剧场的引位员，因此有机会免费观看大量电影与马戏表演。之后戴夫又在步行者版画公司及电影公司做剪辑师等工作。

一、弗莱舍兄弟在动画领域的发明和创作

1911年，温瑟·麦凯的《小尼摩游梦土》上映，许多有识之士开始倾心于动画创作，但复杂的工艺流程和巨大的工作量让他们望而却步。马克斯开始致力于解决动画的制作技术问题，1917年，他发明了一套名为"转描机"的装置，可以把实拍电影中真人的动作描画在赛璐珞片或纸上。此技术先拍摄动

态的主体,再将拍摄的胶片
当成一系列静态的照片,把
它放在投影仪上,再在上方
安装一块由毛玻璃制成的
工作平台。投影仪打开后
就可以把胶片的影子投射
到毛玻璃上,动画师可以清
晰地描绘毛玻璃上投影的
画面。或者也可以把电影
放射的画面投射到毛玻璃
上,每放映一帧画面,动画
师可以在毛玻璃上描绘一
个画面。有了这种设备,动

图 2.1 马克斯·弗莱舍和
"小丑可可"

画中的角色可以被赋予真人的动作与姿势,大大提高了动画
制作的效率,更能准确地记录了真人表演的动作轨迹。喜爱
马戏的戴夫提议用这个装置拍摄一个小丑的动画片,由戴夫
亲自扮演小丑,拍摄下他的表演过程,然后通过"转描机"将拍
摄的画面转化成动画。

经过将近一年时间漫长的探索与制作,动画片《小丑可可》
诞生了。这是一部真人与动画角色结合演出的动画片:一个小
丑在真人扮演的动画师手中诞生,他做了很多滑稽动作后,开
始捉弄他的创造者,做了许多恶作剧,最后受到动画师的处罚,
跳进墨水瓶里消失了。整部动画片栩栩如生,成为动画史上的
重要作品。动画史学家查尔斯·索罗门引用了 1920 年 2 月 22
日《纽约时报》上的报道来表达媒体对这项技术效果的赞扬:
"这个小小的墨水小丑……他的动作非常顺畅优雅,他走路、跳

舞及跳跃的方式,就像个真正的人类一样。"《小丑可可》对中国早期动画的诞生也产生了重要影响,可以看出中国动画先驱万氏兄弟制作的短片《大闹画室》无论在情节还是制作上都明显受到了《小丑可可》的影响。

派拉蒙电影公司的乔·布瑞对《小丑可可》很感兴趣,于是从 1916 年开始,马克斯和戴夫以"跳出墨水瓶"为名,每周制作一集以小丑可可为主角的动画片。这个跳出墨水瓶的小丑使兄弟俩一举成名,他们终于有能力开办自己的公司了。

1921 年,"跳出墨水瓶"电影公司宣布成立,弗莱舍兄弟不再局限于带给他们成就的墨水瓶小人,并在动画的表现内容上进行了大胆的突破。1923 年他们拍摄了科学教育长片《爱因斯坦的相对论》,这部作品把实拍和动画融合在一起,许多知名的科学家都给了他们很好的建议,据说爱因斯坦本人对这部片子十分赞赏。同年他们又与美国自然历史博物馆合作拍摄了《达尔文的进化论》,这部同样是实拍和动画相结合的片子用旁白阐述知识和理论。这种用动画来表现艰深的科学理论的方法在当时颇有争议,尤其是达尔文的进化论并未获得宗教人士的认可,所以《达尔文的进化论》一经问世也受到许多人的批驳。

但不绝于耳的诟病之声并没有阻止弗莱舍兄弟在动画艺术上进行探索,他们又开始了新的创作。在作曲家查尔斯·哈里斯的建议下,弗莱舍兄弟为当时拍摄的电影默片配上歌曲,并把歌词打到屏幕上,形式类似于后来的卡拉 OK,在歌词上有个跳动的圆点,这个动画"跳跳球"随着节奏跳动以此来提醒观众歌曲的进度。1925 年 9 月上映的电影《我的伯尼》就使用了这个新发明的"跳跳球"。这些为歌曲所制作的动画短片被命名为"可可汽车小调"，每一部都会出现动画角色可可的形象。为默片配上歌曲可以增强观众的现场参与感，调动观众的情绪，也为现场演奏的乐队更好地把握节奏提供了帮助。有时这个动画的"跳跳球"还会随着剧情的演变变身为与剧情有关的元素，增添了趣味性。这种状况持续到1929年有声电影出现之后，弗莱舍兄弟又把电影歌曲配上动画，仍然用动画"跳跳球"做歌词引导。

早期的"可可汽车小调"使弗莱舍兄弟在声画同步技术上远远领先于其他电影公司，他们采用的是著名的"电子管之父"、收音机的发明者和广播技术的先驱李·德·福雷斯特提供的设备和方案，来制作声画同步动画。在汽车小调的基础上，弗莱舍兄弟于1926年5月13日发行了《我的肯塔基老家》。影片中有一只狗一边吹喇叭一边说："现在让我们跟着跳跳球一起歌唱吧。"这些技术的应用使弗莱舍兄弟成为有声动画的先驱者。

这期间马克斯还发明了一个新的动画制作工种——"中间画师"。在此之前，一个动画师要承担动画影片中的所有绘画，工作烦琐而且工作量巨大。有了中间画师以后，动画师只要画出原画，其余的画面则可以让一些绘画水平较低的中间画师依照原画来绘制。这样，动画师就可以减少许多重复的劳动，从而有充足的时间来构思和创作，这也是提高动画片制作效率的有益改进。

二、弗莱舍兄弟的动画成就

弗莱舍兄弟的声画同步动画片要比华特·迪士尼1928年

拍摄的《威利号汽船》问世要早，但是这些片子可以说是生不逢时，都没有受到太多的关注。另外由于当时的剧院缺乏必要的播放硬件，好莱坞的电影公司也对这门新兴的技术缺乏热忱，甚至连福雷斯特创立的有声电影公司也很快倒闭了，以至于几年后华特·迪士尼可以宣称他的《威利号汽船》才是第一部同步率百分之百的有声动画，并由此迅速占领了有声动画市场。

作为先驱的弗莱舍兄弟不甘被排挤，他们在1929年2月推出了银幕歌曲《纽约的人行道》，将真人乐队的歌曲配上动画片在影院播放。同年10月又推出了第一部有对白的动画片《诺亚的云雀》，还推出了有声动画《谈话卡通》节目。在这个节目中作为串场出现了许多动画明星，其中有小丑可可的爱犬"菲兹"，后改名为广为人知的"宾宝狗"。

在"宾宝狗"系列动画片中还出现了一个更加耀眼的动画明星——贝蒂·波普(Betty Boop)。贝蒂第一次出现是在《秀色可餐》一集中以宾宝狗的女朋友出现，她是一只有着女性丰满性感身体的狗。贝蒂小姐的形象是弗莱舍公司的漫画家格雷姆·那茨威克依据当时红极一时的女演员海伦·凯恩的形体所创造的。后来戴夫·弗莱舍对这个形象进行了加工，去掉了狗类的外形特征而使她真正成为一个性感美女。贝蒂出道不久便人气急升，取代了宾宝狗，而成为此后多个作品的主角。从1931年5月的《愚蠢的丑闻》开始一直到1939年，贝蒂系列动画片创造了惊人的收视率。贝蒂作为一个传奇的动画明星从20世纪30年代一直到今天，也持续着她独特的品位与风格，在服装、饰物、化妆品等消费领域中依然有着强大的号召力。

贝蒂的名字源于这个角色的口头禅：一连串可爱的象声

词"波普波普",在1932年8月的《停止演出》一集播出后她正式被取名为"贝蒂·波普"。贝蒂是动画片中少见的性感尤物,她有着樱桃小口、大眼睛、大脑袋,既有着成熟女人的韵味,又有着小女孩的天真,尽管有时举止轻浮,卖弄一下风骚,但往往被认为有着孩子般的天真无邪(见图2.2)。

图2.2　贝蒂是早期动画片中少见的性感尤物

但是,贝蒂虽红极一时却又生不逢时。20世纪30年代,抵制电影中不文明语言和行为的抗议在美国愈演愈烈,1934年,电影界出台了新的电影产品规范,在这股浪潮下,性感的贝蒂受到伦理法典和道德协会的干涉,不得不有所收敛,逐渐变得举止行为中规中矩,失去了她的特点,直至1939年彻底在动画片中消失,但贝蒂在女性消费领域还持续保有自己的影响力。

1934年,贝蒂系列首部彩色片《可怜的灰姑娘》问世,贝蒂首次以彩色的形象出现。弗莱舍兄弟在片中还第一次尝试使用了三维立体的技术,先制作立体实物模型,使用缩微设备来拍摄,再根据实物的形状、色彩、明暗对比来制作动画。与同时代的其他作品相比,这部影片产生了十分真实的视觉效果和逼真的色彩明暗对比。

贝蒂的一个搭档"大力水手"也是弗莱舍兄弟塑造的动画明星。"大力水手"波派的原创者是漫画家伊尔·克里拉·西格,弗莱舍兄弟购买了该形象的版权,作为贝蒂的配角,在1933年贝蒂系列的一集《大力水手》中推出,此后成为一个独立的系列,女主角也换成了西格漫画中的人物奥利弗。片中的反面人物布拉图是西格按照弗莱舍兄弟的要求创造的。他长着满脸胡须,总是想霸占大力水手的女朋友、后来成为其妻子的奥利弗。为爱情挺身而出的波派也总是先被布拉图打败,当他吞下一罐菠菜后,迅速膨胀起来的右臂二头肌使他变身为力大无穷的超级英雄,每一次都把敌人痛打得落花流水。神奇无比的菠菜在片中起了重要作用,以致菠菜罐头一度脱销。

图2.3　为了夺回奥利弗,波派与布拉图做着无休止的斗争

《大力水手》系列虽然每一部的情节都大同小异,却得到观众的普遍喜爱。其中,1936年的《当大力水手遇到水手辛巴

达》还获得了奥斯卡的提名。此后，一直到 1957 年，弗莱舍兄弟一共制作了几百部《大力水手》。

有了当家明星贝蒂小姐和大力水手的弗莱舍兄弟并没有止步不前，1940 年他们又推出了一个新的系列《石器时代卡通》，这部作品因缺少一个个性鲜明、令人难忘的角色而没有引起太大的反响，但激发了后来在电视动画领域赫赫有名的"猫和老鼠之父"汉纳和巴伯拉的灵感。在《石器时代卡通》的基础上，他们创作了与其风格和情节都较为类似的电视动画系列《摩登原始人》。

1939 年，弗莱舍兄弟还推出了《动画小丑》系列，力图从观众的反馈中挖掘新的动画明星，但这一尝试以失败而告终。这个系列中只有一个叫格莱比的喜剧小丑赢得了观众的喜爱，但格莱比从第一集《一日国王》中出现到停播只持续了 8 集，在短短一年的时间内就从观众的视线中消失了。

20 世纪 30 年代是迪士尼动画大发展的时期，也许只有弗莱舍兄弟才能与之抗衡，当 1937 年迪士尼推出世界上首部动画长片《白雪公主和七个小矮人》后，弗莱舍兄弟在两年之后也推出了他们首部动画长片《格利弗游记》。故事改编自英国作家斯威夫特同名小说的一部分，描写了格利弗在小人国的历险经历。虽然前期进行了空前的宣传，但影片公映后反响平平，只有一些片段还堪称经典，令人难忘。例如巨人格利弗被小人国居民团团围住，被绑后运进城里，他喝下整桶美酒，把整只牛羊扔进嘴里，还有格利弗拖走前来进攻的舰队的壮观场面。

1941 年的《草蜢进城记》是弗莱舍兄弟的第二部长片，也是最后一部。这部长达 78 分钟的彩色动画片讲述了草蜢霍普提与蜜蜂小姐哈尼相爱，但受到他的情敌甲虫巴克里的阻挠的故事。最后，霍普提不仅击败了阴险的巴克里，还让因为人类的建设而失去家园的昆虫们重新住上了梦寐以求的花园与小屋，过上了快乐的生活。

美国著名动画评论家约翰·格瑞特曾对此片评价说："《草蜢进城记》比迪士尼有生之年拍摄的任何一部动画片都要成熟。"①迪士尼动画往往故事追求虚幻，而场景与细节却精雕细刻地极力追求真实，这种由动画制作出来的拟真效果，虽然有时让人叹为观止，但也一定程度违背了动画超现实的特性。相比较而言，随心所欲的跳跃思维、毫无限制的夸张和变形、令人折服的想象力使《草蜢进城记》成为当之无愧的经典之作。在以后迪士尼公司制作的《101忠狗》中显然借鉴了《草蜢进城记》中的许多元素，动画电影《小蚁雄兵》《虫虫特工队》与《草蜢进城记》有许多异曲同工之妙。

在制作《草蜢进城记》的过程中，弗莱舍兄弟购买了当时十分畅销的漫画《超人》的影视播放权。《超人》被寄托了美国人强烈的个人英雄主义情结，在观众的期待中弗莱舍兄弟以最快的速度推出了《超人》系列短片。第一部《超人》在《草蜢进城记》上映前三个月推向了市场，影片表现出逼真的色彩与动作效果，在当时红极一时，但观众对它的冷淡和遗忘也同样快得惊人。也许是太过于追求数量，《超人》一集接一集地赶制严重影响了它的品质。片子刻意加快了速度，结果造成人物快速地闪来闪去，使观众眼花缭乱。同时，过于依赖转描机

---

① 薛燕平：《世界动画电影大师》，中国传媒大学出版社，2006年，第24页。

技术也使人物的动作常常连贯得不可思议。虽然动作能够表现得像真的，体态姿势却失去了生命感。

超人这个邪恶势力的终结者，没想到也"终结"了弗莱舍兄弟的动画事业，在最后一集《超人》发行后，弗莱舍兄弟的公司宣布解散。这个动画先驱的最终解体很大程度上源于兄弟之间长期的不和睦，马克斯和戴夫在公司管理和创作上都产生了严重的分歧。脾气暴躁的马克斯常常把主要成就归于自己名下，这对于在动画创作方面付出更多的戴夫来说是十分不公平的，积怨颇深的兄弟二人最终分道扬镳。动画片的发行方派拉蒙公司也趁此机会落井下石，要求弗莱舍兄弟的公司提前归还大笔贷款，无力偿还的公司只好就此解散，所有精英人员包括马克斯的女婿都被收揽到派拉蒙新成立的动画制作室——"著名工作室"。

弗莱舍兄弟的公司解体后，戴夫继续着他的动画事业，他来到哥伦比亚公司旗下的动画子公司宝石银幕公司，从事领导工作，并参与创作了不少动画片。其中主要有在1941年就开始上映的《狐狸与葡萄》系列的基础上创作的系列动画《狐狸与乌鸦》等。此后，戴夫又在环球公司另谋高就，从事写剧本、做特效等工作，他的名字也经常出现在一些经典的影片中，如著名悬念大师希区柯克导演的《群鸟》、奥斯卡影后朱丽叶·安德鲁斯主演的《摩登米莉》等，一直到1967年退休。

马克斯则一直致力于自己重新创立公司，但几经波折也没有成功，他后来加入詹姆斯·汉迪的公司从事动画创作。1944年马克斯创作出《红鼻子驯鹿手鲁道夫》，这部动画片经常在电视中播出。1958年马克斯成为布雷影片公司的艺术总监。弗莱舍兄弟的不断探索和富有创造性的动画生涯为美国动画留下了一笔宝贵财富。

第二节　迪士尼和美国联合制片公司(UPA)对两种不同动画形式的引领

华特·迪士尼和他创办的迪士尼公司不仅是美国动画历史最重要的篇章,也是世界动画史上的奇迹。20世纪20年代,华特·迪士尼开始涉足动画制作直至21世纪的今天,迪士尼动画不仅长盛不衰,而且依然保持着旺盛的生命力,对世界动画业产生着不可估量的巨大影响。

一、华特·迪士尼的生平经历

华特·迪士尼(Walt Disney,1901年12月5日—1966年12月15日)出生于美国芝加哥,童年时的家庭并不富裕,父亲在堪萨斯州有个农场,他是一个严厉的人,经常要求华特和哥哥们帮忙做工。虽然有着生活的压力,但农场生活使华特接触了很多小动物,留下了许多美好的回忆。

图2.4　迪士尼动画帝国的创造者华特·迪士尼

华特·迪士尼很小就表现出绘画天赋,他们一家搬到堪萨斯城后,他曾在堪萨斯城艺术学院的儿童班学习美术,并结识了好友华特·法伊弗。华特·法伊弗乐观开朗,爱好戏剧和歌舞杂耍表演,两个男孩经常在一些业余晚会上进行喜剧表演,这也许就是华特最早萌发的讲故事和表演的才能。1917年华特又随家庭搬回了芝加哥,读高中期间,他业余的时间学习了一些有关艺术函授的课程。

(一)几经挫折的创业历程

1918年,美国参加第一次世界大战,华特的兄长罗伊应征入伍,华特也成了国际红十字会的一名志愿兵。1919年,战后回到美国后,华特立志要当一名画家,他投奔罗伊来到堪萨斯,并在普雷斯曼-鲁宾商业艺术工作室做绘画师。在这里华特遇到了以后重要的合作伙伴乌布·伊沃克斯,两个人决定联合起来自己创业。1920年,华特和乌布·伊沃克斯合伙成立了伊沃克斯—迪士尼商业美术公司。

创业之初公司发展并不顺利,很快就由于入不敷出只得停业了。华特又开始找工作,他来到堪萨斯城电影广告公司应聘。被录取后,华特开始接触动画,并被这个新兴的艺术门类所深深吸引。他学到了拍摄电影和动画制作的基本技术,开始自己尝试制作一些动画短片。华特制作了一些讽刺时事的片子,如嘲讽那些不愿意交公路费的人的片子等,得到了影院放映的机会,也获得了观众的认可。

这个时期华特一直没有放弃自己创业的念头,1922年他建立了欢笑动画公司,还是与乌布·伊沃克斯继续合作,并雇佣了鲁道夫·伊辛、休·哈曼等一些动画画师。欢笑动画公司制作了一系列7分多钟的动画短片,是从一些妇孺皆知的童话故事中挑选出来的,有《红帽小骑士》《不莱梅的四个音乐家》《杰克和豆茎》《小姑娘和三只熊》《靴中的猫》《灰姑娘》六部。在欢笑动画公司一同工作的都是 20 岁左右的年轻动画人。怀着对动画的热爱,他们"不计报酬,先做片子,每天在趴在绘图桌上奋笔疾书 15 小时以上"……但这种热情并没有带来真正的收益,片子没有顺利卖出去,对于囊中羞涩的华特甚至连发工资都一度成了问题。

但窘迫持续了一段时间后华特的事业终于有了转机,1922 年底他制作的宣传口腔保健卫生的短片带来了一些利润,他开始有了一个大胆的设想:把真人和动画结合起来,于是开始拍摄《爱丽丝漫游仙境》。《爱丽丝漫游仙境》改编自英国著名作家刘易斯·卡罗尔的作品,这部童话在西方流行甚广。但是华特的宏伟计划又一次面临困境,由于资金问题,1923 年欢笑动画公司宣布破产。

1923 年 7 月,华特准备去好莱坞发展,到洛杉矶后,华特和哥哥罗伊成立了迪士尼兄弟工作室,接着制作系列动画《爱丽丝漫游仙境》。不久,华特向昔日堪萨斯城的合作伙伴发出了邀请,乌布·伊沃克斯、鲁道夫·伊辛、休·哈曼很快就动身前往洛杉矶,他们一起制作了爱丽丝系列动画片。

1925 年迪士尼兄弟工作室改名为华特·迪士尼公司。1926 年《幸运兔子奥斯华》系列中的多部作品也接连诞生了,推出后反响不错。但此后发生的"幸运兔事件"使华特终结了和休、鲁道夫的合作。1928 年 2 月,华特到纽约去找发行人查尔斯·明茨讨论续签合同的问题,但因为价格问题不欢而散,查尔斯拥有动画的版权,并买通了大部分《幸运兔子奥斯华》的制作人员。休和鲁道夫暗地里已经跟查尔斯达成了协议,他们一边继续做"幸运兔"动画,一边准备离开华特,1929 年休和鲁道夫跳槽到了华纳兄弟公司。

（二）开创了迪士尼动画帝国的米老鼠

虽然早期的创业充满曲折和艰辛,但是给华特·迪士尼带来重创的"幸运兔事件"也从另一个角度成就了世界上最著名的老鼠——米老鼠的诞生。与查尔斯·明茨不欢而散后,在回好莱坞的火车上,众叛亲离的华特·迪士尼极其失望,他不得不放弃自己亲手创造的幸运兔,开始构思新的动画形象。正在冥思苦想的华特突发灵感,想起了在堪萨斯艰苦创业时曾经居住在一个破旧的仓库里,一只小老鼠经常爬到桌子上偷食面包屑,可爱的小老鼠成为华特闲暇时的朋友,华特为它画下了许多速写。此时,那只令他念念不忘的小老鼠突然从华特的脑海里蹦了出来,他由此创作出了一个以老鼠为原型的动画形象,并取名为莫迪默,后来经过妻子莉莲的建议,改成名字为更为响亮的米奇。

当时只有老朋友乌布·伊沃克斯没有离开华特,为了不让"幸运兔事件"重演,乌布·伊沃克斯和华特在一个车库里开始了秘密的工作,在乌布·伊沃克斯的妙手下,米奇老鼠诞生了。米奇在一开始和幸运兔非常相像,他们之间的差别仅在于胳膊和大腿的粗细,还有鼻子和耳朵的长度。

1928 年 3 月,华特担任导演和米奇的配音,制作了《飞机迷》,这是第一部米奇动画,随后又制作了第二部《飞奔的高卓人》,两部动画推出后并没有得到很多关注。当时正值有声电影的兴起,华特决定运用同步录音合成技术来给第三部米奇动画《威利号汽船》配音,从而创作出了世界上第一部有声动画。这部动画虽然没有台词,但与画面配合默契的音效和音

图 2.5　世界上第一部有声动画
《威利号汽船》

乐，富有幽默感的口哨、汽笛、踩脚声、动物的叫声都给观众留下了深刻的印象。1928 年 11 月 18 日，《威利号汽船》在纽约侨民影院进行首映，受到观众热烈的欢迎，这一天也被定为米奇的生日。

"一切从一只老鼠开始……"，一个动画传奇奏响了它的序曲。米老鼠聪明、快乐、勇敢，天真调皮，心地善良，好打抱不平，但又有些粗心、急躁和不自量力，常常闹出一些笑话。他永远乐观、执着向上、不畏强暴的精神寄托了美国人追求理想的不灭梦想，米老鼠的成功拉开了日后迪士尼帝国的序幕。尽管米老鼠外形的主要绘制工作是由乌布·伊沃克斯完成的，但是人们普遍认为乌布创造了米老鼠的外貌，而华特赋予了米老鼠诸多的创意和它的灵魂。

米老鼠面世后大受欢迎，还得益于有声电影的问世，这时电影中的声音并不是主要用于对白的，而更多的是根据情节的气氛来配乐。伴随音乐、音效的出人意料的有趣画面赋予了米老鼠故事以更加鲜活的生命力。华特大量运用古典音乐配合动物的喜剧化表演，如《威利号汽船》最有趣的场景是米老鼠拽着猫尾巴弹琴，就像弹着弦乐器演奏；《米老鼠管弦乐队》中乐队正在演奏音乐大师焦阿基诺·安东尼奥·罗西尼的《威廉·退尔》序曲,忽然天空刮起一阵风,把米老鼠、乐器以及地面上的其他东西都吹到半空,此时米奇仍然坚持演奏,吹吹打打,不肯罢休。音乐旋律配合在暴风中翻滚的米老鼠和翻飞的乐器,令人捧腹。而同时期的有声动画的先驱弗莱舍兄弟还只局限于利用动画来表现民间歌曲。1929 年,迪士尼公司将音乐和动画相结合,又制作了《糊涂交响曲》系列短片。其中一部《骷髅舞》表现了夜晚几个从坟墓钻出来的骷髅随着音乐在跳舞,在音乐《死亡的舞蹈》强烈的节奏下,这些骷髅动作整齐划一,用自己的四肢骨头敲敲打打,用胫骨敲着胸腔的骨架,发出类似木琴的声音,画面与声音结合在一起产生了有趣的视听效果。

1930 年,纽约商人乔治·博格费尔特为了给自己孩子送圣诞礼物,向迪士尼公司购买了米奇和米妮形象在玩具、书籍和服装上的使用权。接着,华特授权纽约的拜博—兰出版公司出版发行了米奇的出版物。同年的一个下午,华特坐在公园的长椅上,看着两个女儿嬉戏,就在这一刻,他心想可否建造一座独一无二的乐园,让大人小孩乐在其中,共享温馨,创建迪士尼乐园的想法在这一刻萌发在华特的脑海中。由此,由动画片衍生而成的动画产业构建起来的迪士尼帝国初具雏形。

（三）渐入佳境、步入辉煌的迪士尼动画

1931 年,泰尼·柯勒公司发明了一种彩色电影拍摄技术,华特采用这种技术在 1932 年 7 月 30 日推出了一部彩色动画《花与树》。同年,为了表彰华特·迪士尼在动画领域取得的成就,电影艺术与科学学院向华特授予了奥斯卡特别奖。

1933 年,华特根据一个古老的民间故事,推出了动画片

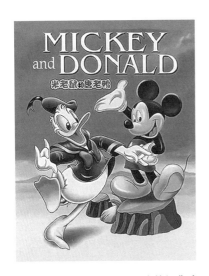

图 2.6 迪士尼公司长盛不衰的经典动画明星——米老鼠与唐老鸭

《三只小猪》,这个故事的主题是鞭策好吃懒做的人,歌颂勤劳,片中的主题曲《谁怕大灰狼》由于其中的一句歌词"谁怕那只大恶狼?不是我们!不是我们!"成为处于经济危机中的美国人用来勉励自己的热门流行歌曲。

1934 年 6 月 9 日,动画短片《聪明的小母鸡》中的唐老鸭作为一个逃避劳动的小角色第一次出现,他那搞怪的性格、爱发脾气的毛病非但没有被人们所厌恶,反而出人意料地成为孩子们的新宠。此后,这只坏脾气的鸭子逐渐成为与米老鼠齐名的迪士尼动画明星。也许和乖孩子米老鼠相比,唐老鸭那暴躁、乖僻,为自己的屡屡碰壁而大发脾气的形象更接近孩子们的本性。

1935 年 2 月 23 日,华特又推出了一部彩色动画《米奇音乐会》,米老鼠首次以彩色的形象出现。

迪士尼公司还在技术上不断地突破。1937 年的《老磨坊》体现了摄影技术上的革新。该部动画使用了当时先进的多层摄影机,在视觉方面表现出错落有致的空旷高远的空间感,增强了画面的纵深感和表现力,还在风雨、雷电以及水中倒影等细节的表现上做了有价值的尝试,获得了第 10 届奥斯卡金像奖最佳动画短片奖。

20 世纪 30 年代，虽然迪士尼的动画片取得了巨大成功，但它还是一直被看作电影界的"小儿科"，因为这些动画片主要以插科打诨的闹剧为主，而且大部分动画片长度只有 8 分钟左右，只能作为故事片前面的加映。华特对此产生了新的想法："难道拍摄动画长片是不可能的吗？难道我们永远满足于米老鼠和唐老鸭吗？我倒要试一试，一定要拍出一部动画故事片来！"在 1934 年的一个晚上，华特把迪士尼公司的几位主要动画师带到录音室，他按照"白雪公主"的故事给每个人分配角色，让他们根据设想中的情节表演。当时在场的动画师肯·安德森后来回忆说："他把我们圈在那里，从 8 点钟折腾到半夜，我们扮演他设计好的角色，互相对话，甚至唱里面的歌和哼音乐，他呢，对我们扮演的角色作出反应。"当表演结束时，华特向在场的所有人宣布："这就是我们将要摄制的第一部动画长片。"

几乎所有的人都认为这是不可能的，很多人都认为孩子们不可能有耐心长时间坐在电影院里，也不会有人去看一部一个多小时的动画电影。在一片质疑声中，华特坚持自己的主张，他曾在回忆录中这样写道："我拥有最有同情心的小矮人，我抓住了问题的关键，还增加了王子和白雪公主的罗曼史。我想这是个完美的故事。"《白雪公主和七个小矮人》的拍摄制作过程中困难重重，影片花费大大超过预算，美国媒体甚至称这是"迪士尼的愚蠢"。最后在主管公司财务罗伊的安排下，美国银行董事局副主席约瑟夫·罗森伯格观看了《白雪公主和七个小矮人》的片段，他很欣赏这部作品，决定给予支持，才缓解了财务危机。

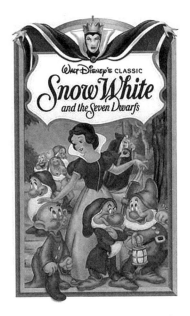

图 2.7 弘扬真善美的《白雪公主和七个小矮人》

1937 年 12 月 21 日，迪士尼公司历时 3 年，花费近 200 万美元拍摄制作的世界首部动画长片《白雪公主和七个小矮人》在美国洛杉矶哥特圆环戏院举行了盛大的首映礼，好莱坞的大人物们悉数到场观影。观众们对美轮美奂的画面和曲折离奇的故事赞叹不已，为小矮人的滑稽动作而欢笑，为白雪公主的死而悲伤。长达 84 分钟的影片放映结束时，全场响起雷鸣般的掌声。

《白雪公主和七个小矮人》是世界动画史上一个重大的突破，开辟了影院版动画长片的先河，使动画从此不再是幼稚的"小儿科"，在主题深刻、结构巧妙、画面精美等方面都可以与真人电影相媲美。影片采用了包括"多重景深"等全新动画技术，增强了背景的纵深感。动画绘制空前华丽，人物动作平滑流畅，细节表现考究，使得人物举手投足之间仿佛有了真人才有的生气与活力。此后，影片被翻译成 10 种语言，在 46 个国家中放映，受到了世界各国观众们的热烈欢迎。由于影片中的歌曲非常受欢迎，1938 年迪士尼公司发行了影片的原声带，这也是世界上第一张电影原声带。同年的奥斯卡颁奖仪式上，经由著名的童星秀兰·邓波儿之手，华特·迪士尼被授予了一个独特的奥斯卡金像奖——一个大金像附带七个小金像，以表彰这部影片"在电影艺术方面的重要创新，为动画故事片开辟了一个令人着迷的伟大的新领域。"

此后，迪士尼公司再接再厉，1940年2月7日推出第二部动画电影《木偶奇遇记》。这部片子的品质受到了一致称赞，但在票房上一败涂地，主要是由于二战的爆发，海外市场损失惨重。同年11月13日推出世界上第一部使用立体音响制作的音乐动画电影《幻想曲》，这是一部抛弃了传统的叙事而毫无故事情节的作品，力图以动画来诠释音乐，超前的艺术理念受到了褒贬不一的评价。影片以其独特的艺术形式和魅力获得了1942年奥斯卡金像奖最佳音乐表现及杰出贡献两项特别奖，但不理想的票房还是说明这部曲高和寡的作品并不符合大众的口味。这部片子之后华特不再亲自从事绘画工作，只担任制片。

20世纪40年代是一个不安稳的年代，战争爆发，出现经济危机。1941年，迪士尼公司的动画师由于不满华特的一些做法，比如加班、工作量大、薪酬低、不承认工会等，举行了大罢工，后来经过罗伊的努力，才平息了这场罢工。

二战期间随着美国的参战，迪士尼公司的不少员工都被征参军，大部分制片厂的厂房也都被美国军方用征用。这期间迪士尼公司的作品锐减，但也不断有新作问世。1941年10月23日，迪士尼推出广受好评的动画片《小飞象》。1942年推出了动画长片《小鹿斑比》，这部片子首创渲染式水彩画法，极富视觉感染力，描绘了一个如梦如幻的丛林世界。

战争期间，华特走访了美洲各国，拍摄了许多当地的风土民情，回国后于1943年推出了有纪录片性质的动画片《致侯吾友》，1945 年又推出动画片《三骑士》，都是以唐老鸭为主角。由于人手不足，这个时期华特无法继续拍摄动画长片，因此开始拍摄中短篇幅的动画电影制成合辑发行，1946 年推出真人与动画角色共同出演的《南方之歌》《为我谱上乐章》等。《为我谱上乐章》类似于《幻想曲》的形式，但音乐主要选取一些流行音乐，包括歌曲、乐曲、爵士乐、乡村民谣等来配上动画。战争期间迪士尼公司也为美国政府拍摄了不少宣传影片，在这些短片中常以唐老鸭为反面典型，进行教化和劝诫的宣传，如在一个劝人纳税的片子中，讲述了唐老鸭逃避纳税自讨苦吃的故事，这种批判反面典型的宣传取得了很好的效果。

1947 年，迪士尼公司又推出动画片《米奇与魔豆》，华特最后一次为米奇配音。同年，史高治麦克达克首度在唐老鸭漫画中亮相，它是第一位由漫画捧红的迪士尼明星。1948 年又推出动画片《旋律时光》，1949 年推出真人与动画角色共同出演的《悠情伴我心》，同年推出动画片《伊老师与小蟾蜍大历险》。

二战结束后，很多参军的员工重新回到片场。1950 年 2 月 15 日，迪士尼公司又一次推出了动画长片《灰姑娘》。从这开始，迪士尼公司的动画制作又进入了一个黄金时期，在接下来的十多年里，相继推出了《爱丽丝梦游仙境》《小飞侠》《小姐与流浪汉》《睡美人》《101 忠狗》《石中剑》《森林王子》等多部脍炙人口的影片，并推出首部小熊维尼短片《小熊维尼与蜂蜜树》。1950 年 7 月 19 日，推出了迪士尼第一部真人电影《金银岛》。1964 年 8 月 29 日，迪士尼还推出了真人与动画结合，由朱丽叶·安德鲁斯主演的电影《欢乐满人间》，这部影片一举获得奥斯卡 13 项提名、5 项获奖，这也是早期迪士尼公司成就最高的电影。另外，迪士尼也开始在电视上播出节目《迪士尼奇妙世界》。

图 2.8 永远保有一颗童心的华特·迪士尼

从 1952 年华特开始筹备迪士尼乐园，他想象中的乐园拥有宏伟城堡、魔幻仙境、太空飞船、蒸汽火车、热带雨林等，还有美丽善良的公主、王子、小仙女和许多童话故事人物，这个梦幻世界逐步变为现实。1955 年 7 月，第一个迪士尼乐园在加利福尼亚州开幕，将童话故事变成真实世界。

1966 年 12 月 15 日，华特由于肺癌医治无效逝世，作为他最后一部遗作的动画片《森林王子》在 1967 年上映时票房空前。

华特·迪士尼不仅仅是一位动画大师，创作了一系列经典的动画作品，他卓越的洞察力和对商业敏锐的眼光还使他创造了一个迪士尼帝国，开创了动画产业的商业奇迹。他传奇的一生中共获得了 56 个奥斯卡奖提名和 7 个艾美奖。哥伦比亚广播公司在他去世后曾这样评价："华特·迪士尼是一位富有创造性的天才，他为全世界的人带来了欢乐，但如果我们仅仅从这一方面去评判他所做的贡献，仍是远远不够的。他在医治、安慰人类心灵方面所做的贡献，也许比任何一位心理医生都要大。"

二、早期迪士尼公司的主要作品

这里的作品主要是指华特·迪士尼从创办迪士尼公司开始直至他去世期间,由华特·迪士尼亲自参与制作的作品,虽然这些作品大部分不是他本人导演的,但作为迪士尼公司的灵魂,这些作品无疑应该归于华特·迪士尼的名下。

(一)《威利号汽船》

《威利号汽船》是一部黑白片,1928年上映,片长7分钟,是世界上第一部有声动画(此前已有一些影响不大的有声动画问世)。这部动画推出了著名的米奇和米妮,故事讲述了在一艘船上残暴的钉子腿船长和舵手米奇之间有趣的明争暗斗。整个片子没有对白,但借用了密西西比河上的汽笛、轮船的马达,以及轮桨的击水声来加强音效,与画面和音乐配合默契的口哨、跺脚、汽笛、动物的叫声等,赋予了影片十分幽默滑稽的效果。而米奇不畏强暴,乐观向上,以轻松自如的姿态战胜强悍凶恶的对手,赢得米妮的青睐,延续了一以贯之地融合着美国精神的英雄形象,从而在社会经济面临大萧条时期成为美国观众疏导压抑情绪的新宠儿。

(二)《花与树》

《花与树》是一部彩色片,1932年上映,片长8分钟。同《威利号汽船》类似,这部片子被称为世界上第一部彩色动画片,但实际上在这之前已有一些不太出名的彩色动画问世。这部动画片描绘了一个爱上花的树用自己的勇气战胜困难,获得爱情的故事。虽然讲述的是极其简单的善恶对立,善战胜恶的故事,但整个影片洋溢着单纯恬静的田园气息,花朵在作曲家门德尔松和舒伯特的乐曲中翩翩起舞,森林中的动物陶醉在春天即将来临的氛围中。花与树都被拟人化处理,男主人公是一棵有着浓密深棕色头发和强健棕色树干的树,女主人公则有着淡绿色头发,气质优雅端庄。独特的造型、柔美的画面使《花与树》为迪士尼赢得了第一个奥斯卡金像奖。

(三)《米老鼠和唐老鸭》系列

米老鼠和唐老鸭是迪士尼动画中两个最著名的动画角色,以他们为主角的系列动画片长盛不衰,成为动画史上的传奇。

米老鼠在动画短片《威利号汽船》中一举成名,一经问世便引起轰动。米奇阳光、乐观、豁达,和善而率真,有着孩子般的纯真与真诚,积极向上和诚实正直的价值观以及敢想敢为的勇敢精神,这些优秀品质让米奇人见人爱。和米奇同时诞生的米妮是一个美丽善良、关爱他人,热心助人的小女孩,她的坦率天真、纯洁可爱也赢得了观众的喜爱。实际上米奇的形象是由乌布·伊沃克斯绘制的,但华特担任了米奇的配音,并赋予了他鲜活的生命和鲜明的性格。

身穿水兵服,头戴水兵帽的唐老鸭第一次出现在动画片《聪明的小鸡》中,这个小配角反而出人意料地受到人们的欢迎。于是他便在《孤儿的义演》中再度登场,片中唐老鸭大发脾气的形象从此成为经典,在以后唐老鸭主演的多部片子中,这只麻烦不断的倒霉的鸭子总是大发雷霆,为观众带来无数欢乐。

唐老鸭是个倒霉却执着的家伙,他总以充满希望的心情开始满怀抱负的一天,盼望着一切都按照他的计划和意图进行。可是人生不如意十有八九,于是当事情进行得不顺心时,唐老鸭便常常暴躁不已,大发脾气。也许是观众在他的身上找到了更多的共鸣,所以这个运气不佳却坚持不懈的坏脾气鸭子逐渐成为迪士尼最耀眼的明星,甚至人气一度超过了米老鼠,成为观众的最爱。

在《米老鼠和唐老鸭》系列中有些比较固定的角色,他们成为米老鼠和唐老鸭的绝佳拍档。1937年,唐老鸭的女伴黛丝首度登场。黛丝是个时髦的摩登女郎,打扮优雅,香气袭人,同时又有着坚强的毅力和极强的个性,自信而独立。作为唐老鸭的搭档,黛丝的衬托使唐老鸭的形象更为传神生动。

布鲁托和高飞也是米奇动画系列中经常出现的角色。布鲁托是一只敏感而胆小,有点愚笨又十分忠诚的小狗,非常听从主人米奇的话。在他身上保持了动物本性,没有语言,只凭动作和表情表达感情。布鲁托常常热心地想取悦米奇,喜欢在圆满完成任务后获得奖赏,但由于他思想简单并充满好奇心,常常因为过头的好奇心干一些蠢事,引人发笑。与布鲁托相比,高飞更为拟人化,他是一个运动健将,很受女孩子们的

图 2.9 《米老鼠和唐老鸭》系列

欢迎。但他常常笨手笨脚,反应迟缓,自以为聪明,也会犯点小错误,但过失总会被他乐观、热情、积极和让人惊讶的好运气所弥补。

（四）《白雪公主和七个小矮人》

《白雪公主和七个小矮人》,1937 年上映,片长 84 分钟。本片创造了许多世界第一,是世界第一部长篇动画电影、世界第一部有隆重首映的动画电影,还是世界第一部使用多层次摄影机拍摄的动画,使画面的景深、透视和层次等方面都有了极大的突破。影片荣获了年度奥斯卡最佳动画电影、最佳电影主题曲等奖项。

《白雪公主和七个小矮人》改编自《格林童话》,讲述了白雪公主的母亲死后,国王娶了个新皇后,后母嫉妒白雪公主的美貌,想方设法要除掉她,逃到森林里的白雪公主得到了善良的小矮人的帮助,战胜了恶毒的皇后,并得到了王子的爱情的故事。

图 2.10　美丽善良的白雪公主和七个性格各异,
　　　　　形象鲜明的小矮人

《白雪公主和七个小矮人》中善与恶、美与丑形成了鲜明的对比，白雪公主美好纯洁、心地善良，坏皇后则美丽而邪恶，她身姿婀娜，当喝下自己调制的魔液，变成一个老巫婆时，又显得形态夸张、举止古怪。而七个小矮人虽然外形类似，但是每一个都有鲜明生动的个性。华特开始设计了50多个名字，最后从中挑选了"万事通""喷嚏精""害羞鬼""瞌睡虫""开心果""糊涂蛋""爱生气"作为小矮人们的名字，与小矮人的性格塑造、形象设计相得益彰，十分富有想象力。

（五）《木偶奇遇记》

《木偶奇遇记》又名《匹诺曹》，1940年上映，片长88分钟。《匹诺曹》原著是一部意大利儿童文学经典，由作家卡洛·科洛迪创作，并于1883年首次出版。讲述了小木偶匹诺曹历经磨难，终于成长为一个真正男孩的故事。匹诺曹在成长的过程中不断地面临各种诱惑，因为贪玩，他先是被狡猾的猫和狐狸骗到了马戏团，满足了被许多人观看喝彩的虚荣心。为了

图2.11　老伯伯盖比特制作出小木偶匹诺曹

掩饰自己的错误,匹诺曹又向赋予了他生命的仙女撒谎,结果越说谎话,他的鼻子就变得越长。后来,匹诺曹又和许多小孩子一起被骗到了欢乐岛,在这里不用学习,可以尽情玩耍、抽烟、打台球,一切都随心所欲。但不幸的事发生了,这些孩子相继变成了驴子,原来欢乐岛是为了诱骗贪玩的小孩,把他们变成驴子卖钱的。如何拥有一颗分辨善恶美丑的良心,战胜各种诱惑,是匹诺曹成长为真正男孩的关键环节。

华特在创作这部动画片时对影片质量提出了很高的要求:"山要画得看上去就能爬,房子要看上去就能从门进去,并能在厨房找到好吃的,画鲸鱼的时候大海要画得又冷又深,带着咸味"。[1] 这部片子运用了新型动画摄影机,进一步增强了拍摄画面的景深感,使动画画面更接近人眼所看到的真实场景。影片最终获得奥斯卡最佳原创配乐和最佳原创歌曲两项大奖。

《匹诺曹》通过运用多种精彩的手法与技巧,巧妙地展现了故事情节的丰富性和多样性。例如匹诺曹第一次遇见仙女的场景,当匹诺曹迷失在黑暗的森林中时,仙女以明亮的光芒出现,给予匹诺曹希望和指引。在这一场景中,通过将仙女的光芒与周围的黑暗形成鲜明的对比,突出了仙女的神秘和救赎意义。

另一个精彩的场景是匹诺曹遇到狐狸和猫的时候。这两个狡猾的角色试图欺骗匹诺曹,让他追求虚荣和快乐,而忽视责任和诚实。在这个场景中,动画采用了夸张的表情和动作

---

[1]　薛燕平:《世界动画电影大师》,中国传媒大学出版社,2008年,第65页。

来突出狐狸和猫的欺骗本质，同时加以音效的配合，如狐狸的诡计笑声和猫的嘲讽语调，更加强调了它们的恶意和阴险。这种夸张的表达方式不仅让观众更加清楚地了解角色的意图，还为故事注入了幽默感和戏剧性。

在匹诺曹决心改变自己的时刻，动画转变了画风，画面的色调变得更加明亮，画笔的线条变得更加柔和，营造出一种温暖和谐的氛围，不仅在视觉上传达了匹诺曹内心的转变，也为观众带来了希望和喜悦的情感体验。这些表达方式增强了场景的戏剧性和视觉吸引力，还强化了角色的形象和情感共鸣。

在《匹诺曹》中，在主人公身边出现了一个饶有趣味的小配角——蟋蟀吉米尼，它是一个流浪者，居无定所，衣着破旧，但颇有绅士风度。仙女授命吉米尼作为匹诺曹的良心，教他分辨善恶美丑。但幼稚的匹诺曹总是不听它的劝阻，从而酿成大错。在此后漫长的美国动画发展史中，观众经常可以看到主人公身边会有一个类似吉米尼的伙伴，说话唠叨，动作滑稽，富有浓郁的喜剧色彩，诸如《狮子王》中的丁满、《花木兰》中的木须龙、《冰河世纪》中的树懒、《怪物史瑞克》中的驴子等。由此可见《匹诺曹》对美国商业动画所产生的深远影响。

《匹诺曹》以讽刺和寓言的形式，通过木偶匹诺曹的冒险故事，传递了关于成长、诚实和责任的重要价值观。与简单的善恶对立故事相比，片中对撒谎、贪玩等恶习的批判，不仅对儿童有着教育意义，对现实的成人社会显然也有着更为深刻的含义。影片表达了人只有战胜内心的种种欲望和诱惑，才能成为一个真正的人，那些抵御不了诱惑、追求享乐的人，则要堕入深渊。作品以其生动的想象力、动人的情感和智慧的寓意，教导人们珍视真实和善良，并鼓励每个人不断学习和成长。

（六）《幻想曲》

《幻想曲》，1940年上映，片长120分钟。在早期一些具有实验性质的动画片中，已经出现过力图用视觉因素来表现听觉，阐释音乐的作品，通过银幕上不断运动变幻的图形和色块来诠释一些乐曲，迪士尼公司制作的《幻想曲》就是在这个基础上创作的。作品首次把焦点聚集在音乐而非故事内容上，试图为观众展示"听得见的动画片"和"看得见的古典音乐"。

在《幻想曲》中，华特与英国著名指挥家史托科夫斯基合作，以巴赫的《D小调托卡塔与赋格曲》、柴可夫斯基的《胡桃夹子组曲》、蓬基耶利的《时间之舞》、斯特拉文斯基的《春之祭》、贝多芬的《田园交响曲》、穆索尔斯基的《荒山之夜》、保罗杜卡的《魔法师的学徒》、舒伯特的《万福玛丽亚》八段古典音乐为影片背景音乐，利用动画来诠释音乐表达出的境界，表现音乐所激发的思考和想象。史托科夫斯基后来曾回忆说："在制作《幻想曲》的过程中，音乐通过颜色，形象设计，物体运动的曲线、速度被表现在银幕上，华特和我们所有一起工作的人都相信，每一部美妙的音乐作品都可以配上美丽的图画。"[①]

影片的开篇是实拍的场景，在黝蓝色的背景中乐队登场，在全球唯一不用指挥棒的指挥家史托科夫斯基的指挥下，层层绚烂的色彩映照在天幕上，场景从实拍逐渐过渡到动画，一个梦幻般的世界在音乐和动画的配合中展现了无尽的魅力。《幻想曲》为观众解释了三类音乐：绘画性音乐、叙述性音乐和抽象音乐，企图营造出一种全新的视听感受。作品将风格不同的音乐用不同形式的动画表现出来，除了由米奇主演的《魔

① 段佳：《世界动画电影史》，湖北美术出版社，2008年，第49页。

法师的学徒》一节外，其他六个段落都无剧情，纯粹在表现影像与音乐之间的巧妙融合。在《胡桃夹子》中舞动的仙子和跳舞的蘑菇；在《春之祭》中恐龙的决战和火山爆发、山崩地裂、冰河世纪的到来；《田园交响曲》中春天大地上的小天使、飞翔的天马和希腊神话中的众神；《时间之舞》中跳舞的大象、河马、鸵鸟、鳄鱼；《荒山之夜》中夜晚飞舞狂欢的魔鬼等。对于只表现音乐技巧的抽象音乐用各种跳动的线条和色彩来呈现，画面上时而是短促有力的线条掠过，时而是特定的色彩在润染、飞舞，时而是五彩缤纷的变幻莫测的几何图形，它们代表着不同的乐器和不同的音乐主题。

《幻想曲》是世界上第一部立体音响的电影，它使动画片的制作走向多元化，它展示了音乐跟动画成功结合的效果，同时对于新形式的动画探索也有非凡的启示意义。可以说《幻想曲》是一种全新的艺术形式：既是一部可以"听"的动画作品，也是一场可以"看"的音乐盛典。

但《幻想曲》问世后一直是毁誉参半，有些观众认为这是一部天才之作，而另一些人则认为它亵渎了古典音乐。当时的媒体称《幻想曲》"是电影史上粗劣与天才最奇怪的融合"。也有许多音乐家和评论家对《幻想曲》颇有微词，欧纳斯特·林格伦在1948年伦敦出版的《论电影艺术》一书中，曾说过这样的话："迪士尼对《田园交响乐》的处理方式，对我的音乐感受有这样大的破坏作用，致使我长期以来担心迪士尼所创造的形象将无法从我心中被抹去，同时我还担心以后听到贝多芬的音乐时，将永远不会再有喜悦的感觉。"

《幻想曲》在票房上也并未取得成功，但历经时间的检验，如今这部动画作品已经被认为是动画史上"永远不会随时间消逝的瑰宝"。正如后世评价的那样:"这部视觉音乐片成了主流动画片中最具有创新性的一部影片,其震撼力已经持续了半个世纪,同时还创造了迪士尼有史以来最富有冲击力的、博采众长的动画艺术"。[①] 时隔60年,迪士尼在1999年末再一次推出了《幻想曲2000》,延续了以往的形式,重新为动画配以新的音乐片段。无论如何,作为与众不同地将音乐与动画艺术进行完美结合的典范,《幻想曲》在诸多方面都是领先于时代的动画佳作。

(七)《小飞象》

《小飞象》,1941年上映,片长64分钟。小象丹波诞生在马戏团,它长了一对超乎寻常的大耳朵,成为众人讥笑嘲弄的对象,丹波为此非常苦恼。在好友老鼠的鼓励之下,丹波发现了自己耳朵会飞的潜能,它增强信心,不再自卑,最后成为能够翱翔天空的大明星。

《小飞象》有着很强的教育蕴意,"天生我材必有用",每个人都有自己的特点,相信自己,发现自己的优点和长处是对每一个孩

图2.12 战争中给孩子们带来心灵慰藉的小飞象丹波

---

① 段佳:《世界动画电影史》,湖北美术出版社,2008年,第50页。

子的教导和鼓励。本片是在珍珠港事件爆发前两个月上映的,也许是战争将近,《小飞象》不像迪士尼以往的作品那么奢华,显现出十分朴素的色彩和简洁的风格,细节十分细腻生动。小飞象在被嘲笑时的落寞、看望因为救它而被关起来的母亲时表露出来的母子情深,都十分令人感动。该片上映后受到了美国观众的热烈追捧,《时代》周刊甚至别出心裁地评选不懈努力的小飞象丹波为当年的风云人物,并称"这位新人在一个战争年代里几乎成了儿童王国的主宰"。

(八)《小鹿斑比》

《小鹿斑比》,1942 年上映,片长 70 分钟。《小鹿斑比》改编自奥地利作家费利克斯·萨尔腾的童话小说。本片是迪士尼于"二战"期间推出的一部动画长片,也是迪士尼第一部完全以动物作为主角的动画电影。《小鹿斑比》共获得奥斯卡最佳录音、最佳剧情以及最佳歌曲三项提名。

图 2.13　森林中小鹿斑比和小伙伴们和谐相处

故事讲述了森林王子小鹿斑比诞生了,一群可爱的小动物和斑比一起玩耍,它们相处得十分融洽。树木葱郁的森林、慈爱的母亲、威严的鹿王、可爱的小伙伴伴随着斑比在季节的变换中逐渐长大。可是，不幸终于发生了，斑比的母亲被猎人所杀，人类又引起大火在森林中蔓延，斑比在鹿王不断的鼓励下跃入瀑布中得救。在又一个万物复苏、鲜花盛开的春天，历经磨难的斑比终于长成为一头雄伟的公鹿，它与母鹿法玲生了一对可爱的双胞胎，并代替年老的鹿王，成了森林新的统治者。

《小鹿斑比》是迪士尼庞大的设计制作阵容联合打造出来的精良之作，是迪士尼历史上最为成功的作品之一，影史上的经典之作动画片《狮子王》中百兽云集，大自然中生命生生不息地循环等灵感也是来自这部作品。为了使笔下绘制的动物更加生动形象，制作人员在动物园与动物相处了很长一段时间，仔细观察动物的种种行为，对动物的形体与运动进行剖析，利用解剖学的原理来绘制动画，再配上拟人化的人类表情，使动物角色的一颦一笑、一举一动都充满了鲜活的感染力。

在《小鹿斑比》中，迪士尼第一次选取森林和草原作为场景，影片多角度、多层次地呈现出层层叠叠的、茂密的森林，营造出美丽壮观的景象。随着四季的变化，森林景观也呈现出不同的美景，画面处得非常细腻逼真。故事开始在春天炫目而丰富的色彩中，森林里的各种小动物都聚集在刚出生的小鹿斑比周围，花草树木斑斓而绚丽。而在这雨中的场景中，淅沥的春雨仿佛给画面罩上了一层淡淡的薄暮，柔化朦胧地勾勒出层林尽染的景象，这样的画面用手工绘制是非常需要功力的，所以《小鹿斑比》绝对能够代表当时最高的动画制作水准。

这部作品的原作者费利克斯·萨尔腾是曾被德国纳粹迫害的犹太人，因此斑比的故事也在一定程度上蕴含了作者对人类所历经的欢乐与忧伤、懵懂与恐惧、毁灭与重建的表现。《小鹿斑比》上映之时正是第二次世界大战最为紧张激烈的时候，整个世界弥漫在战争的硝烟之中。作品以小鹿斑比的经历来见证生命的艰难与伟大，打动了许多备受战争煎熬的人们。片尾描绘了一场巨大的灾难，大火几乎烧光了整个森林，这场有着强烈象征意义的大火引起了深受"二战"伤害的观众的共鸣。斑比和小动物们最后逃离了这场灾难，开始了新的生活。春天来了，饱受摧残的森林又萌发出新的生机。这强调了生命顽强不息的宏大主题，无意中契合了饱受战争创伤的人们的心理，鼓励人们伤痛总会过去，人们终究还有梦想和希望，家园还可以重建，生活还可以继续。

《小鹿斑比》中森林的季节变换和小鹿的成长轨迹互相辉映，充满了对自然界生生不息的赞叹。同时贯穿其间的是斑比与森林伙伴们之间充满温馨的友情与爱，纯真可爱的小动物们相互关心与扶持，当人类带着猎枪闯入森林，屠杀了它们的亲人，摧毁了它们的家园，只有爱是慰藉心灵、抚平伤痕的唯一力量。影片把动画片的剧情进一步深度化，赋予了它更为深刻的主题和意义，画面则极为精良、美妙，充满立体感，把森林美景和小动物们刻画得惟妙惟肖。观众无不被影片高超的绘画水平和流畅的故事情节所吸引感动。

（九）《灰姑娘》

《灰姑娘》，1950年上映，片长74分钟。《灰姑娘》改编自家喻户晓的同名童话，是第二次世界大战之后推出的第一部动画长片，荣获了年度奥斯卡最佳音乐片配乐、最佳录音、最佳歌曲提名，并获得了柏林电影节最佳音乐片金熊奖。

故事讲述了女孩辛德瑞拉的母亲死后，后母和两个同父异母的姐姐都对她十分刻薄。辛德瑞拉只能穿着破旧的衣服在厨房里干活,人们叫她"灰姑娘"。在小动物们和仙女魔法的帮助下,灰姑娘变身为美丽的公主,参加了王子挑选王后的舞会,成为会场最引人注目的焦点。可是魔法在午夜就会消失,灰姑娘在午夜钟声敲响之前匆忙离去,慌乱之中跑丢了一只水晶鞋。王子四处寻找水晶鞋的主人,虽然后母百般阻挠,但在朋

图 2.14 演绎了王子与公主的浪漫童话的动画片《灰姑娘》

友们的帮助下,丑恶的后母受到了应有的惩罚,灰姑娘和王子幸福地结婚了,他们快乐地生活在一起。

经过一段时间的积累后,迪士尼的动画制作又进入了一个全新的阶段,这在《灰姑娘》中体现得比较明显,在情节的处理上详略得当,人物的动作、语言和整体的表现基本上脱离了前期舞台剧的感觉,更加接近于电影的表现方式。在动画制作方面,由于《灰姑娘》是迪士尼第一部以人为主角的作品,为了使影片能够更加符合真实情况,在给人物作造型时采取先用摄影机实拍模特,再对画面进行逐格分析,从而细微描绘人物的肌肉纹理,以获得丰富生动的表情。如辛德瑞拉的后母作为一个中年女人,其面目表情常常是瞪大双眼,眼角和嘴角下垂,显现出人物恶毒的本质。影片在技术手法上也更前进

了一步,如在绘制场景时,根据需要适当地加以夸张变形;在表现皇宫的气势恢宏时,将门窗和床之类的设施全部变大,来体现空间感,效果非常出众。影片还使用了动态重叠的制作手法,与以往静态背景简单的重叠不同,动态重叠是将两部分动画分别制作,然后再将画面重叠在一起拍摄,进一步加深了画面的层次感和纵深感。

(十)《小飞侠》

《小飞侠》,1953 年上映,片长 77 分钟。改编自英国作家詹姆斯·巴里的同名小说,影片公映的年份恰好是原著诞生的 50 周年。

故事发生在维多利亚时代(19 世纪中后期)的英国伦敦,林达一家的三个孩子中,大女儿温迪一直相信流传已久的小飞侠的传说。在一个夜晚,温迪打开窗子,她看见了一个奇迹——小飞侠和可爱的小精灵出现了。小飞侠彼得·潘是生活在梦幻岛的永远长不大的孩子,他拥有能够自由翱翔天空的本领。这时,温迪的两个弟弟也醒来了。为了帮助温迪实现愿望,小飞侠带着姐弟三人一起飞向梦幻岛。在梦幻岛他们遇到了想捉住小飞侠的胡克船长,在经历了一系列冒险和追杀后,他们终于赶走了胡克船长,驾船向伦敦驶去。

《小飞侠》的题材曾多次被搬上银幕和舞台,但此前的所有电影和舞台剧中全部都是由成人来扮演彼得·潘的,这次迪士尼制作的动画片第一次还原了他的少年形象。彼得·潘的形象带有一些小狡猾,眼角向上微微上扬,给人一种非常机灵自信又带有一丝轻慢不屑的感觉,不同于以往传统少年英俊和正直的形象。

在《小飞侠》中出现了一个不会说话的宠物小精灵的形

象,它一直伴随着主人公的身边,虽然没有对白,却有着丰富的表情变化和特异的功能,它的身上随时会抖落的金粉表现出十分炫目的画面。这个跟随主人公的小宠物形象与前文所述的《匹诺曹》中的蟋蟀吉米尼一样在很多美国动画片中都能找到类似的影子。这个角色在动画片中往往有着调节气氛的作用,在它们身上富有强烈的喜剧色彩,使主人公的冒险经历也变得轻松活泼。

（十一）《小熊维尼和蜂蜜树》

《小熊维尼和蜂蜜树》,1966 年上映,片长 26 分钟。改编自英国作家艾伦·亚历山大·米尔恩的系列童话故事《小熊维尼》,是迪士尼第一部小熊维尼的作品。此后迪士尼还相继推出了《小熊维尼与大风吹》《小熊维尼与跳跳虎》《小熊维尼历险记》《小熊维尼发现季节》等十多部作品。

小熊维尼的来历其实是米尔恩送给儿子克里斯托夫·罗宾作为生日礼物的玩具熊,故事中它居住在罗宾假想中的百亩森林中,一起生活的还有其他一些动物朋友,如小猪、跳跳虎、屹耳等,它们其实也都是一些玩具布偶。小熊维尼因为其可爱的形象而成为迪士尼公司的又一个当家角色,出品了一部又一部维尼

图 2.15　第一部维尼动画《小熊维尼和蜂蜜树》

动画。

维尼是一只爱吃蜂蜜的熊,为了寻找蜂蜜,它想尽办法,甚至会进入蜂窝。维尼最好的朋友是男孩克里斯多夫·罗宾,还有纯真可爱、总是穿着粉红条纹衣服的小猪。维尼有点儿笨拙,但非常善良,他天真、单纯、诚实、乐观、关心朋友、乐于助人、热爱生活、性格温和。维尼还有着孩子独特的天真和好奇心,总想去百亩森林里寻找新鲜有趣的事,时常有新奇的主意及独特的洞察力,所以很多百亩森林里的动物朋友都很喜欢它。

小熊维尼的故事中没有善与恶的对立,也没有过多的情节冲突,故事表现的都是发生在维尼和它的朋友之间的日常生活的琐事,观众通过百亩森林居民们温馨的友谊与和谐的生活,感受着一个充满童心和美好的世界。

小熊维尼系列动画的风格是典型的手绘动画,画面中充满了童话色彩,对比鲜明的色调和纯粹的颜色能够给观众带来一种非常赏心悦目的感受,配合着纯真可爱的角色形象,这俨然是一个鲜活的童话世界。

三、早期迪士尼公司动画的艺术成就

由华特·迪士尼主导的迪士尼公司出品的动画片有着鲜明而独特的艺术特点,轻松愉快应该说是它们共有的风格。迪士尼曾雇用了几百个工作人员,在这些人员中就有很多人是专门设计笑料的,他们从古典喜剧作品、喜剧电影、藏书丰富的图书馆,以及其他各种渠道收集喜剧笑话。迪士尼经典动画形象唐老鸭可以说是个十足的喜剧人物,他总是倒霉事不断，在《唐老鸭和布鲁托狗》的动画片中，就描写了唐老鸭吞食了一块吸铁石，结果受到各种金属物品的攻击。唐老鸭总是在各种打击中大发脾气，但这只呱呱乱叫的鸭子也带给观众无穷的欢乐。先于唐老鸭诞生的米老鼠则总是乐观向上，从不愤世嫉俗，永不沮丧，永远保持着快乐的心情，米老鼠在某种程度上已经为美国精神的一种象征。而迪士尼的动画长片也保持着载歌载舞、浪漫明快的风格，即使主人公经历了一系列挫折，但结尾都是完美的大团圆结局，带给观众美好愉悦的心情。

迪士尼动画始终走在动画创作的前列，创作了世界上第一部广为人知的音画同步的有声动画《威利号汽船》和第一部彩色动画《花与树》，这与华特·迪士尼对艺术的敏感和不断创新是分不开的。两部影片不仅引起了轰动，《威利号汽船》的主角米老鼠成为长盛不衰的动画角色，《花与树》还为迪士尼赢得了奥斯卡动画短片奖。从此，声音和色彩都成为动画艺术中不可或缺的元素，承载着表情达意、渲染气氛、烘托场景的重要功能。

在迪士尼动画出现之前，动画片只能作为电影放映前的加映，来等待那些晚到的观众。所以那时候的动画短片大多是一些插科打诨的、滑稽可笑的闹剧，只看重视觉效果而不太注重故事情节。迪士尼的动画短片，如米老鼠系列等一开始就对作品的情节进行详细的安排，重视剧情的设计，让短短七八分钟的片子变得非常引人入胜，再加上制作优良的画面，成为动画中的精品之作。

迪士尼还开创了动画长片的先河。迪士尼耗费数年时间精心打造的第一部动画剧情片《白雪公主和七个小矮人》是一部划时代的动画片,具有里程碑的意义。从此,动画电影不仅仅是儿童娱乐的一种形式,也开始成为主流的电影形态。此后,迪士尼开始向长片倾斜,相继推出了《木偶奇遇记》和《幻想曲》等多部动画长片。其中,《幻想曲》整部影片没有情节,只有对音乐的诠释,以其超越以往动画片的独特的形式,被视为现代主义动画片的经典之作。

从流传久远的神话、民间故事、传说、童话以及儿童故事名著中取材,也是华特的一贯做法。把这些家喻户晓、妇孺皆知的故事改编成动画片,不仅是保证了票房,而且还打破了地域和民族的界限,并把存在于人们想象中的故事变成了鲜活生动的视觉画面。华特·迪士尼曾经说过:"将世界上伟大的童话故事、令人心动的传说、动人的民间神话变成栩栩如生的戏剧表演,并且获得世界各地观众的热烈响应,对我来说已经成为超越一切价值的体验和满足。"①

在长期的动画创作中,华特已经总结出模式化的剧本结构,即首先确立两股善恶对抗的势力,他们相互冲突,产生危机,一般总是恶势力先占上风,经过一系列的追逐、纠缠、磨难,更大的危机出现,迎来故事的高潮,在紧张的对峙中善终于战胜恶,留给观众的是一个心理满足的大圆满的结局。"要吸引世界各地年龄不一的观众,对于童话、传说及神话故事的处理本质上要简单;无论善和恶,伟大戏剧作品中的各类角色,都必须具有可信的人性;必须保持所有人类常有的道德理想;胜利不能来之太易;如同所有的银幕娱乐,对英勇的试探

---

① 段佳:《世界动画电影史》,湖北美术出版社,2008年,第65页。

冲突仍然并永远是动画故事的基本因素。"①在这些符合观众心理期待的创作思想的指导下，迪士尼公司出品的动画片基本都遵循着这样的故事发展脉络，形成了较为固定的模式。

华特在动画创作观念上的独到见解，使动画在艺术上达到了另一个高度。他在创造动画中发现，观众不仅仅满足于闹剧式的剧情，而是要观赏真正的"动作表演"，即使是最基本的说话，都应该依照角色的个性和情绪，在每个词语上有不同的韵律、

图 2.16　世界各地的迪士尼乐园

表情。他更是从动物的动作上得到灵感，因为动物的情绪表达都是经由肢体语言表现的，比人类更为夸张、直白而在情感表达上又存在许多共通之处。

迪士尼公司还推出了许多人见人爱的动画明星，除了米老鼠之外，还有米妮、布鲁托、高飞、唐老鸭、白雪公主、小矮

① 段佳：《世界动画电影史》，湖北美术出版社，2008 年，第 65 页。

人、小鹿斑比、小熊维尼等。它们的形象各异,但都有着鲜明生动的个性,如米奇的乐观开朗、唐老鸭的暴脾气、高飞的憨直和运动健将形象等。华特一直坚信著名喜剧家卓别林的名言"没有个性就没有喜剧",并本着这个原则塑造了层出不穷,富有趣味的动画形象。这些家喻户晓的动画明星被应用到各种玩具、图书、服饰等商品中,从而形成了一个庞大的动画产业。此外,随着迪士尼乐园在世界各地的兴起,迪士尼由原来的小小动画工作室迅速膨胀为国际娱乐界的巨大王国。

华特·迪士尼和他的迪士尼公司创造了最为成功的动画片,虽然为了制作精良的动画他也多次面临财务危机,但他的理想、坚持和为艺术而奋斗的精神使他终于成为辉煌的成功者,而且他的成功一直延续到今天。迪士尼现今已经成为世界性的"娱乐王国",除了电影、电视,其经营范围扩张到主题公园、玩具、服装和书刊出版等多个行业,这也证明了华特的理想和成功是超越时代的。

四、美国联合制片公司的有限动画

迪士尼公司的动画取得了巨大的成就,但是当时也有一些批评的声音,如德国著名电影理论家、艺术史家克拉考尔批评迪士尼的动画太过追求真实:"适用于照相式影片的论点当然不适用于动画片。动画片的任务是描绘不真实的事情,即不可能发生的事情。由此而论,迪士尼那些试图用现实主义的笔法来表现幻想的影片在美学上颇有问题。"克拉考尔认为过于追求真实违背了动画的本质。同时,一些年轻的动画艺术家也针对迪士尼工业化式、流水线式的作品提出了质疑,他们认为迪士尼华美的动画虽然赏心悦目，但甜腻的、千篇一律的风格是对动画艺术的禁锢。

1941年二战期间，迪士尼公司受到很大的打击，同时公司内的一些动画师开始组织工会抗议罢工，反抗长期的剥削。迪士尼公司采取了强力压制的态度，双方长期激烈论战，导致两败俱伤，结果一批动画人离开了迪士尼。他们中的詹却利·史奈兹、大卫·希伯曼和史蒂夫·鲍沙斯于1943年成立了"美国联合制片公司"（United Productions of America，简称UPA），一些原迪士尼的动画师包括约翰·胡布利等人也加入了进来，他们决心要改变动画既定的风貌，由此走上了与迪士尼完全不同的动画创作道路。

迪士尼的作品，尤其是动画长片比较注重三度空间的真实表现和追求极致的写实主义，而UPA则偏爱平实、风格化的线条描绘，并以对政治的表现和社会批判代替了迪士尼动画美好浪漫的童话故事。早期UPA拍摄了一些政治宣传片、教育片以及竞选动画片，如《连战热潮》《魔鬼也为竞选狂》《兄弟亲情》等。

（一）UPA的主要作品

由于资金来源有限，UPA无法负担迪士尼动画一贯的高昂成本，只能以"有限动画"的方式创作，即用较少的画稿绘制，强调角色的关键动作，以强烈的故事性和多样的声音设计来推动剧情的发展。UPA在动画创作上独辟蹊径，逐渐改变了以往人们对动画的固有看法。动画片利用简略的绘制方式，一反以往以动物为主角的形式，而是创造以人类形象作为主角的动画片，马古先生是UPA创作出来的最著名的动画形象。

马古先生的全名为昆西·马古,是一个矮个子的退休老头,他非常有主见,但是性格顽固不化,绝对不肯接受别人的意见,情绪极端化,大家都认为他是个疯子。同时,他的眼睛近视严重,动画片中的很多笑料都是由于眼睛看不清楚而造成的。

　　马古先生第一次出现是在1949年的动画短片《爵士熊与马古先生》中,此后马古先生动画赢得两次奥斯卡奖,分别是1955年的《马古飞行》和1956年的《马古狗狗的跳跃》。1959年,马古先生出现在《一千零一夜》中,这是UPA的第一部动画长片。

　　UPA还尝试了以声音为主角的创作方式。主要作品有1951年由罗伯特·坎农导演的《砰砰杰拉德》,讲述小男孩从生下来口中就会发出奇异的声音,仿佛藏着一个声音素材库,他还能模仿出很多声音,如汽笛声、枪炮声、上课铃声……然而因为过于与众不同,男孩总是被世人投以惊讶的眼光,被同学孤立,连他的父母都无法接受他。但幸运的是小男孩最终因为这异于常人的特点而有了才华可施展的舞台,并成为万众瞩目的明星。

　　1952年的《噜嘀突突》是约翰·胡布利的代表作,运用了音乐剧的形式来创作动画片。故事基本框架来自非常有名的美国传统歌曲《弗兰姬与乔尼》,原曲讲述了一名女子发现爱人不忠后将其枪杀的故事,本片在原曲的基础上改写成法庭戏后,与著名音乐剧《芝加哥》有异曲同工之妙。

　　此后,UPA在约翰·胡布利、恩斯特·平托夫等人离开后,动画品质逐渐下滑,进而转向电视市场。但是转型并没有太成功,动画系列片《马古先生》与《狄克·崔西》的品质很不稳定,严重地影响了收视率,1959年以后UPA逐渐淡出了人们的视野。

20世纪60年代,电视动画片盛行,使得马古先生短暂重新受到欢迎的是1962年的《马古先生的圣诞节歌》,这部短片是根据英国作家查尔斯·狄更斯的小说《圣诞颂歌》改编的,是圣诞节里很温馨快乐的一个节目,也成为以后每个圣诞节前夜都要播放的经典动画片。后面根据这个模式一连串推出了好几个短片集,叫作《马古先生著名的冒险故事》,都是把马古先生放在一些著名的故事、小说里面,作为主角,如《基督山恩仇记》《亚瑟王》《罗宾汉》《仲夏夜之梦》等。

UPA动画为摆脱迪士尼的影响,在资金不足的情况下,使用有限动画的制作方式,以丰富的故事内容和声音元素来加强作品。UPA每个动画艺术家皆能发挥自己的个性与创意,这使得作品的风格各异,手法创新,故事不落俗套,创作出了更富有现代艺术特征的作品。

(二)完全动画与有限动画

完全动画(full animation)泛指执行高质量动画流程的影片,绘制极为精致,动作刻画非常细腻,往往需要巨大的人力和资金投入,更需要高额票房作为再生产的动力。完全动画代表作,如迪士尼的《白雪公主和七个小矮人》《匹诺曹》《小鹿斑比》等,也有日本动画大师宫崎骏的《千与千寻》等作品。

有限动画(limited animation)的发端与质疑以迪士尼为代表的好莱坞动画直接相关,是通过削减资金成本以追求简洁、拙朴的动画风格。以UPA为代表的有限动画的画面风格非常简约,造型舍弃了传统绘画中讲究的构图色彩、透视效果、明暗对比和细节刻画,具有装饰性和几何化的特征。

UPA 动画的动作设计与迪士尼动画相比，不再遵循写实的运动形态，动作设计极为简练概括，注重轮廓线的粗细变化，并采用大量静止的画面，或只有小部分活动的画面。主要手法有：① 只对角色的某些部位进行动作变化，尽量简化减少动作，如只进行嘴和胳膊的动作变化；② 循环使用动画素材，如只绘制角色一种走的动作，反复使用；③ 利用摄像机镜头运动，如倒放、慢进、快进等，以及运用特定的剪辑方法来减少动作的绘制量；④ 利用声音和对白加强角色的表现力，以减少动作的工作量。

迪士尼的大多数动画影片是每秒 18 张绘制稿，远远多于一般动画的 12 张绘制稿。但有限动画更节约张数以降低成本，因此有限动画的成本很低，为动画艺术家能够独立掌握动画的创作，拥有更为自由的创作环境开辟了道路。

UPA 反对好莱坞的制片人占绝对主导地位的生产模式，注重创作者的艺术独立性，它的独立和实验精神激发了创作者对动画模式的反思和新的探索，通过创作有限动画推行以动画艺术家为中心的创作模式，确立了"恢复动画艺术本质，发挥作者个性和创作力"的发展宗旨。此外，有限动画的方式还激发了小成本电影电视动画、MTV 以及后来的网络动画的创作。英国动画家奎恩的经典影片《黄色潜水艇》和美国动画大师查克·琼斯的《线恋点》是重要的代表作品。

《线恋点》只运用简单的线条变化，拼贴了一些绘画、图片等，讲述了一条直线和一个圆的爱情故事。直线爱上了圆的完美精致，然而圆却认为直线太过古板保守，不懂得变通，拒绝了它。圆喜欢曲线的激情刺激，失恋的直线伤心不已，于是它尝试着改变自己。通过不懈的努力，直线可以自由变化成万千图形,对神秘、睿智、性感、飘逸、深邃等各种风格信手拈来,它终于鼓起勇气想去赢回属于自己的爱情。

UPA 的艺术家们曾说过,"实验电影"是有意要造成冲击,针对新颖的、各种尚未完成的、未下定义的对象进行实验。动画这门艺术常被形容是"魔术",它有着令人无法抗拒的吸引力,及不可限量的可能性。

有限动画在动画长片也得到了发扬光大。2007 年的动画长片《我在伊朗长大》虽然只有简单粗线条的平面构图,色彩也主要以单调的黑白色为主,但看过影片的观众都会产生感慨——动画只是电影的表现形式,真正打动人心的是它的真挚内容与独特气质。2009 年的爱尔兰的动画电影《凯尔经的秘密》追求平面化的动作设计,与迪士尼动画以观察模仿现实中的运动规律背道而驰。影片图案化的景物表现与几何图形的人物造型,不强调明暗和透视,构图和色彩具有很强的装饰性和设计感,传统的 2D 平面绘画技巧在现代电影技术的渲染下呈现出独特的艺术美感。

完全动画与有限动画都有各自的特点和美学风格,在动画制作和技巧方面都开辟出自己独特的道路。完全动画生动自然、刻画细致入微、细腻流畅,而有限动画则简洁明快、抽象概括、更善于表现丰富的故事情节。可以说,作为两种截然不同的动画创作模式,两者共同构建了充满艺术魅力的动画世界,它们并没有孰优孰劣之分。

五、《猫和老鼠》系列及其对有限动画创作方式的承接

进入 20 世纪 60 年代之后的美国动画产业,因为电视的发

展而再度转移中心,美国电影动画的黄金岁月就此结束,而动画史也翻开新的篇章。在新产业中最为成功的动画大师非威廉·汉纳与约瑟夫·巴伯拉莫属。他们的辉煌从20世纪40年代的《猫和老鼠》开始,之后转战电视动画,制作了《摩登原始人》《猎犬哈克贝利》《瑜伽熊》《辛普森一家》等经典的电视系列动画,成为永恒的经典。

(一)威廉·汉纳与约瑟夫·巴伯拉的生平与创作

威廉·汉纳(William Hanna,1910年7月14日—2001年3月22日)出生于新墨西哥梅尔罗斯,大学里学的是建筑学,由于赶上20世纪30年代经济大萧条时期,生活困顿使汉纳不得不辍学谋生。1930年,汉纳在哈曼·伊辛动画制作室找到了一份给动画片上色的工作,同时他的幽默感初步得以显现,他还写过许多歌曲和笑话。哈曼·伊辛动画制作室最初为华纳公司制作动画片,后来开始与米高梅合作。米高梅成立动画部门后,汉纳于1937年开始为米高梅公司工作,在这里与约瑟夫·巴伯拉成为同事。

约瑟夫·巴伯拉(Joseph Barbera,1911年3月24日—2006年12月18日)生于纽约,自幼就有绘画天赋,起初他在纽约大学和美国金融学院学习经济。大学毕业

图2.17 "猫和老鼠之父"——威廉·汉纳与约瑟夫·巴伯拉

后在华尔街的一家信托公司找到一份工作。业余时间他入迷地从事绘画创作,创作了大量的漫画作品。巴伯拉具有非凡的绘画才能,能用最简单的线条迅速勾勒出流畅生动的角色轮廓。1937年,巴伯拉加入了当时刚刚创立不久的米高梅动画部,一开始的工作是脚本设计。

1938年,威廉·汉纳与约瑟夫·巴伯拉第一次合作了一部短片。1939年,他们再次合作,创作了《甜蜜的家》,讲述了一只叫贾斯伯的小猫和一只老鼠的故事,不久小猫的名字被改为更为大众化的汤姆。汤姆最初的形象牙齿尖利而突出,看起来很凶残。他们的这次合作制造了一对动画史上最有名的角色——汤姆和杰瑞。这部在1940年2月10日上映的时长约9分15秒的短片成为《猫和老鼠》系列的第一部动画片。以此为起点两个人开始了长期的合作,观众所熟知的一段动画传奇也就此拉开了序幕。

横空出世的《猫和老鼠》取得了巨大的成功,并赢得了许多奖项。1940年到1952年间,有7部获得了奥斯卡动画片奖,它们是1943年的《洋老鼠从军记》、1944年的《老鼠的烦恼》、1945年的《请肃静》、1946年的《猫咪协奏曲》、1948年的《小孤儿》、1951年的《双剑客》、1952年的《约翰鼠》。

在《猫和老鼠》系列动画片的创作中,汉纳与巴伯拉的工作有着明确分工,事实也证明了他们是最好、最合适的搭档。约瑟夫·巴伯拉一般负责剧本创作和笑话编写,以及前期的一些案头工作,如绘制角色形象小样,而威廉·汉纳则负责实际拍摄中的导演工作。

20世纪50年代,电视的兴起使影院的观众越来越少,对动画短片的需求量也不断缩减。面临动画影片制作高昂的成

图 2.18 《猫和老鼠》系列

本和日益缩小的观众群，1957年米高梅停止了动画制作业务，汉纳与巴伯拉因此离开了米高梅。由于版权的限制，他们也不能继续制作《猫和老鼠》系列。

汉纳与巴伯拉于是决定自己创办公司，汉纳—巴伯拉工作室就此成立了。他们很快适应了时代的发展，转变了经营思路，不再局限于影院动画，而是将目光投向了当时的新兴产业——电视动画。

在当时，刚刚兴起的电视被人们视作电影的附带产业，制作费用十分低廉，汉纳与巴伯拉可以用有限的资金来制作电视动画。他们承续了由 UPA 开创的有限动画的创作方式——动画角色采用"有限活动"的方法，即角色动作尽可能地精简，角色的身体固定不变，其他部位则可以独立地活动。比如人物眨眼睛的时候，只有眼睛在动。当胳膊伸出去取东西时,也只有胳膊移动,其他身体部位都保持不动,这种方法大量减少了动画的重复劳动。此外,前文提到的有限动画节约成本的主要技法在动画创作中被大量地运用。

汉纳与巴伯拉制作的第一部电视动画系列剧是《罗夫和瑞弟》,这是一部黑白的系列节目,每周播出半个小时,主要讲述了由罗夫狗和瑞弟猫组成的队伍如何与外星入侵者斗争的故事,他们接手后把它改成彩色版本。

此后两人合作制作了大量电视动画剧集,有1959年的《快速绘画师》、1960年荣获艾美奖的《猎狗》、1960年首播的《摩登原始人》、1961年的《顶级猫》《瑜伽熊》、1962年的《喷气小子》、1964年的《乔尼大冒险》、1966年3月30日在ABC电视台首映的长片《爱丽丝漫游仙境》、1970年的《怪车一族》、1973年的《阿达姆一家》等。

图2.19 《摩登原始人》系列

汉纳与巴伯拉还成功地把他们制作的电视动画延伸到影院的领域,如改编自《瑜伽熊》《摩登原始人》《阿达姆一家》的影院动画每部长约22分钟,在影院上映时取得了不俗的票房成绩,甚至此后由此衍生出许多翻拍的真人版电影,可见这些影院动画广泛的影响力。

汉纳—巴伯拉工作室于1964年推出的影院动画《嘿,那就是瑜伽熊》改编自早期的电视动画《瑜伽熊》,幽默动人的歌曲、滑稽可笑的人物形象以及出色的故事,使这部影片成为由电视动画改编为影院动画的经典。此外,比较优秀的影院动画有 1973 年根据怀特经典儿童故事改编的《夏洛特的圈套》,影片一改以往插科打诨的滑稽风格,呈现出优美明快和热情的格调。还有于 1972 年推出的改编自著名小说的《奥利弗和狡猾的潜逃者》等。

20 世纪 80 年代,两人又共同推出了一大批电视动画片,其中比较有影响的是以圣经故事为题材的 13 集动画长片《圣经中的奇异冒险故事》。90 年代他们与"卡通电视网"合作,推出了一部名为《这就是卡通!》的系列动画片集,向所有动画制造者敞开大门,征集各种题材、各种风格的创意及作品。他们计划在 3 年内制作 48 集,每集 7 分钟的动画短片。这个计划吸引了许多动画新人参加,甚至许多著名的动画导演也参与了制作。最后这个系列被命名为《世界首播动画》,其中涌现了许多广受好评的作品,如《这是在帮助小猫吗?》《宝贝,他叫我》《母牛与小鸡》《强力女孩》等。汉纳与巴伯拉虽然在这个系列中更多的是以制片人的身份出现的,但是在挖掘新人,开拓动画的表现领域等方面做出了很大贡献。

(二)《猫和老鼠》系列

《猫和老鼠》系列动画片于 1939 年开始创作,继第一部动画短片《甜蜜的家》大获成功后,到 1957 年汉纳与巴伯拉离开米高梅,《猫和老鼠》系列动画已经出品了百余部。

1957 年,由于电视业的兴起,制作费用高昂的影院动画日益衰微,米高梅不得不关闭了动画部,汉纳与巴伯拉也就此告别了他们一手创造、扶植起来并带来巨大荣誉的《猫和老鼠》,

离开了米高梅，转战电视行业。

1960 年，米高梅力图东山再起，他们选择继续创作曾大获成功的《猫和老鼠》，但这次米高梅聘请的是曾经获得过奥斯卡奖的吉尼·戴迟，尽管他是位优秀的动画制作人，但他并没有延续这个系列的辉煌。在 1961—1962 年，吉尼·戴迟和他的捷克动画制作团队制作了 13 部《猫和老鼠》系列动画，但都是毫无创意的平庸之作，汤姆的狡诈、耍小聪明和杰瑞的机灵可爱被无聊的不断奔跑追逐和扔盘子所取代。

华纳兄弟关闭了动画部门以后，动画大师查克·琼斯又加盟米高梅，他接手了《猫和老鼠》的制作工作。曾经使兔八哥和达菲鸭光彩耀人的查克·琼斯给《猫和老鼠》带来了一些新的元素，如对片头和音乐都进行了较大的修改，米高梅标志性的片头"狮子吼"被汤姆吼叫的片头所代替。对汤姆的形象也做了一些改变——给它加了一对更加粗壮的眉毛，以示凶狠，但这虚张声势的外貌并没有给它带来好运，它依旧是被杰瑞"玩弄"的倒霉蛋。汤姆的尾巴也被修改得更长更大，所以新的笑料就是这个大尾巴带来的麻烦不断，不是被夹就是被咬。而杰瑞更接近于日本卡通的形象，眼睛又大又圆，耳朵更大，显得十分机灵可爱。这些改变虽然新奇又有趣，但并没有带来什么奇迹，在制作了 34 部作品而毫无起色之后，1967 年米高梅彻底放弃了这个题材。

《猫和老鼠》共有 116 个角色，每一集有 2 至 3 个角色搭配在一起，讲述一个噱头十足的故事，多样的人物特点也带来了丰富的故事性。《猫和老鼠》并没有太多的对白，更多的是靠滑稽的肢体动作、丰富的面目表情、与画面配合得天衣无缝的音乐、音效以及想象力丰富的故事情节取胜。

虽然采用了猫与鼠是一对天敌的思维定式,但《猫和老鼠》又对固有的弱肉强食模式进行了颠覆。在动画史上,像猫和老鼠这样不是冤家不聚头的角色可以说并非绝无仅有,兔八哥和他的老对手猎人就是其中著名的一对。永无休止的追逐和反追逐,常理上的弱者往往屡屡得胜,强者则成了被愚弄的对象,这些情节构成了一个较为固定的故事基本框架,但观众们却往往对这种司空见惯的故事乐此不疲,这是值得思考的。

貌似强大的汤姆总是在信心满满的追逐中一败涂地,而弱小的杰瑞却总能转危为安,把汤姆戏耍得团团转,这种与人们正常心理截然相反的错位,似乎正是满足了人们渴望颠覆权威,超越自我的痛快淋漓的一种宣泄。由于动画片可以不受正常思维的限制,在技术上也可以自由表达心中所想,所以在汤姆和杰瑞的互动中观众经常可以发现出乎意外的惊喜,饱受摧残的汤姆虽然无数次地被撕碎和压扁,却又能再一次完好无损地奔跑在追逐的路上,类似的情节依然能够带给观众不断的新奇感,不得不让人佩服创作者惊人的想象力和创造力。

图 2.20　猫和老鼠无休止地追逐与对峙

《猫和老鼠》运用了丰富多样的动画手法与技巧，为观众呈现了精彩纷呈的艺术效果。速度、节奏在音乐的配合烘托下，通过精确的计时和富有戏剧性的画面切换，为故事注入了紧张刺激和滑稽可笑的元素。

速度是片中常用的手法之一。通过控制角色和物体的移动速度，创作者能够调整情节的紧张程度。例如，在追逐场景中，汤姆和杰瑞的快速奔跑和迅捷的动作制造了紧张感，引发观众的期待和兴奋。而在慢动作镜头中，创作者能够突出关键时刻的细节，精确控制角色的表情和动作，增强喜剧效果和丰富情感表达。例如，在汤姆试图捉拿杰瑞的场景中，动画让观众能够看到汤姆的各种滑稽表情和夸张动作，增加了笑点并放大了喜剧效果。

节奏也是重要手法之一。通过精确的计时和节奏感，动画片能够控制笑点和悬念的释放。在众多追逐场景中，创作者巧妙地安排汤姆和杰瑞的动作和反应，使两者的动作紧密配合，恰到好处地切合剧情。创作者也会运用快速连续的动作，创造出滑稽可笑的效果，让观众捧腹大笑。或者通过运用慢节奏和停顿增加紧张感和戏剧性，让观众紧张地期待剧情下一步的发展。

1975年后，汉纳和巴伯拉决定再次创作这一对银幕最佳搭档。由于时代的变迁，人们更喜欢给孩子们看和谐温馨的动画。而早期的《猫和老鼠》有着过于暴力之嫌，在击打、坠落、挤压甚至爆炸的情节中角色的身体会呈现出不同程度的变形，如用器物互相敲打对方的头，直到把头打扁或出现大包为止。所以再次合作后尽量减少猫和老鼠之间的暴力侵犯，这对剑拔弩张的冤家为了共同的利益或是由于同病相怜的境遇也会有着片刻的合作与友谊。新版强调了它们在面对共同的敌人时的携手合作，如合力赶走威胁它们在这个家的主人地位的外来者；以及面对类似生活境遇时产生了感情共鸣，如共同感慨追求异性屡屡受挫的惆怅与感伤等。这对冤家常常还有携手同游和海边谈心的情节，这些小小的温馨时刻也会打动观众。没有绝对的善恶，也没有绝对的对立，猫和老鼠是不可分割的整体，没有什么好坏之分，它们同样可爱而又不可或缺。

第三节　华纳兄弟公司的"无厘头"动画

从 20 世纪 30 年代到 40 年代中期，被称作美国动画业的"黄金时代"，这是美国动画片最单纯、最有趣而又最辉煌的时代。走过了初创时期的懵懂与青涩，美国动画开始进入一个发展迅速，生机勃勃的年代，这个时期无数的梦想家怀着梦想，用他们高昂的冒险精神和实践理想的执着坚定造就了动画史上的一段段荣耀与传奇。

跟随迪士尼其后，华纳兄弟公司动画佳作频出，大师层出不穷。华纳兄弟影业公司于 1923 年 4 月由哈里·华纳、阿尔伯特·华纳、山姆·华纳和杰克·华纳四兄弟创建，主要从事电影的制作与发行，其动画业的开创源于曾经是华特·迪士尼早期合作伙伴的休·哈曼和鲁道夫·伊辛的加盟。

1929 年，在"幸运兔事件"中背叛了华特·迪士尼的休·哈曼和鲁道夫·伊辛带着他们创作的《墨水人博斯科》离开了迪士尼公司。制片人里昂·史勒辛格很欣赏休·哈曼和鲁道夫·伊辛的才华,他计划让休和鲁道夫用同步录音技术为华纳电影的音乐配上动画,于是休和鲁道夫就跳槽来到了华纳公司。

图 2.21　华纳兄弟影业公司的标识

休和鲁道夫创造的"博斯科"可以说是华纳公司最早的动画角色。1930 年,华纳推出了《乐一通》系列动画,由休和鲁道夫共同执导。1931 年,鲁道夫开始独立执导华纳的另一个动画系列《欢乐小旋律》,这个系列配合着歌曲的旋律为动画角色设置了一些短小的情节,或者干脆就没有情节,只是由动画角色来演唱歌曲。这个时期的弗里兹·弗里伦是休和鲁道夫的助手,参与了两个系列的制作,偶尔也执导一些片子。

到 1933 年,华纳已经推出了 67 部《乐一通》和《欢乐小旋律》系列动画,但是由于预算问题,休和鲁道夫与制片人大吵一架之后,跳槽到了米高梅公司,他们又成了米高梅动画制作的开创者。

1934 年,华纳兄弟影业公司正式创立了动画部,为迎合大众需求,以生产喜剧动画短片为主,在制片人里昂·史勒辛格的主导下,以特克斯·艾弗里、查克·琼斯、鲍伯·克莱皮特和亚伯雷夫·托夫等负责动画制作,除了已有的《乐一通》《欢乐小旋律》以外,还推出了《猪小弟》《达菲鸭》《兔八哥》等系列作品。

二战期间,华纳制作了大批短小幽默的动画短片,在政府征兵、募捐等方面起到了宣传与鼓舞的作用,这个时期兔八哥成了当仁不让的动画明星。兔八哥于1938年出现于《猪小弟猎兔》中,大受欢迎,1940年在《一只野兔》中走红,它十分聪明,将猎人玩弄于股掌之间,还带点神经质,一刻不停地跳来跳去,招牌动作是一边用一只脚啪啪地拍击着地面,一边啃着一只胡萝卜。此后,兔八哥主演了无数电影,历久不衰,还三次获得奥斯卡提名,并在1958年捧得了小金人。

华纳兄弟公司的动画明星还包括达菲鸭、猪小弟等。达菲鸭于1937年首次出现在《猪小弟猎鸭》中,它精力旺盛,活

图 2.22　华纳兄弟影业公司的动画明星们

蹦乱跳,虚荣心十足,怪态频出,常常和自己过不去;笑容可掬的猪小弟则 1935 年首次出现在《我没有得到一顶帽子》中,在美国邮政 100 周年纪念时还被印上了邮票。

这些动画明星在美国不仅家喻户晓而且长盛不衰,它们是华纳的动画大师集体创作出来的。这些动画大师在离开华纳后虽然也有流传下来的经典作品,但他们最辉煌的创作时期还是在华纳,如特克斯·艾弗里、查克·琼斯等,所以还是把他们划到华纳公司的动画大师来介绍。

一、"无厘头"动画的特征

"无厘头"就是没有缘由、没有原因、没头没脑、莫名其妙之意;还有一种说法是"厘头"就是"准则","无厘头",即"无准则、无分寸、乱来",由此引申出戏说、搞笑等含义。这个词多被用来形容喜剧电影的特点,有人认为这个词来源于粤语,因为在中国香港周星驰的"无厘头"喜剧电影家喻户晓。也有人认为这个词其实来源于华纳早期动画系列"LOONEY TUNES"的音译。不管来源是怎样的,华纳动画和周星驰电影确实有很多相似的喜剧手法,而且华纳动画的时代要比周星驰电影早很多。

与迪士尼那些老少皆宜、甜美浪漫的动画不同,华纳的动画彻底摆脱了动画只能给孩子们观看的观念,更加成人化,更具有灵动性和幽默感,被称作"无厘头"动画。华纳的动画片的黄金法则就是节奏极快、简洁生动、妙趣横生、灵动飞扬、夸张变形、弹性十足,在角色一招一式的表情与动作变化中融入动画师丰富的想象力。华纳公司创造的动画明星之所以受欢迎,其原因之一就是它们热衷于疯狂刺激的追逐、惊险迭出的对抗,以及那些超出常规时空原理,打破现实逻辑,经常使用不按常理出牌的令人耳目一新的表现手法。这些动画明星与迪士尼的米老鼠、唐老鸭等比肩,成为动画历史上永恒不灭的经典。

二、华纳主要的动画大师

（一）特克斯·艾弗里

1935年,动画导演特克斯·艾弗里加入华纳,他以"疯狂与思维怪异"而著称,这种接近现在所说的"无厘头"的搞怪表现手法奠定了华纳动画的基本风格,他被称为华纳最伟大的动画导演。可以说,在艾弗里执导之后,兔八哥和达菲鸭等才一跃成为光彩耀人、家喻户晓的华纳动画明星。艾弗里赋予了它们鲜明的个性,以至在他离开华纳后仍深刻地影响着华纳动画角色的个性特征。从艾弗里加盟华纳的20世纪30年代中后期开始,华纳动画终于摆脱了"抄袭"迪士尼的阴影,保持着与迪士尼比肩的势头迈向了

图2.23 特克斯·艾弗里创造了超乎常理的夸张搞笑动画风格

40 年代。

1. 生平经历及创作

特克斯·艾弗里(Tex Avery,1908 年 2 月 26 日—1980 年 6 月 26 日)生于美国的得克萨斯州的泰勒,他自幼非常喜欢绘画,高中时就为学校校刊画漫画插图。高中毕业后曾进入当地的《达拉斯报》做插图绘画工作,后来进入芝加哥美术学院学习,但过了一个月就离开了那里,也许他认为学校的学习对他并没有什么益处。之后他搬到了洛杉矶,在查尔斯·密茨的动画工作室找到一份为动画片做描线和上色的工作,后来又在华特·兰茨工作室找到了一份初级动画师的工作,他的漫画才能在动画制作中得到了展现,从此他和动画结缘。

在兰茨工作室的一次事故中艾弗里失去了他的左眼,当时许多同事经常互相打闹,并互掷纸球,不幸的是一次打到艾弗里脸上的并不是一个纸球,而是一个铁夹子,这次伤害使他逐渐变得敏感和没有安全感。

1935 年,兰茨工作室没有满足艾弗里的加薪要求,于是他跳槽到了华纳公司,同弗里兹·弗里伦、查克·琼斯等人成为同事。艾弗里和他的同事们工作在一个十分简陋,有着大量白蚁的房子里,他们就以“白蚁梯队”自称。这个团队制作的动画片以出品速度快和幽默可笑见长,这也是能和迪士尼竞争的法宝。迪士尼动画以吸引人的故事和出色的动画角色成为观众的宠儿,华纳动画不得不另辟蹊径来赢得市场的认可。

艾弗里在华纳执导的第一部作品是《1949 年的淘金者》,这部作品推出了两个华纳的动画明星:猪小弟波基和豆子猫。它们并不是艾弗里首创的,在这之前也曾在一些乏味的动画短片中出现过,豆子猫是一个厚脸皮的小黑猫,曾在 1935 年的黑白短片《漫画家的噩梦》和《好莱坞怪谈》中作为主角出现。同年，猪小弟也在《与你共舞》中成为主角。这两个动画角色也曾在1935年由弗里兹·弗里伦执导的动画片《我没有得到一顶帽子》中出现过，另外在《油嘴滑舌的青蛙》和《幸运兔子奥斯华》中都有它们的身影，但是它们只是这些短片里的小配角而已，没有得到人们的关注。

《1949年的淘金者》这部电影是专门为"猪小弟"和"豆子猫"而制作的，艾弗里以弗雷德·艾弗里的名字出现在制作人员的名单中，这个名字以后也多次出现在他执导的动画中。

在艾弗里的影片中，猪小弟和豆子猫成为最佳拍档，它们不再像以往是天真可爱、幼稚可笑的小动物，而是具有幽默感和疯狂举动的十分成人化的角色。对这两个动画角色的革新受到观众非常热烈的欢迎，这个时候华纳公司开始意识到动画片不仅可以拍给小孩子看，对成人市场也极具吸引力。以后，艾弗里的作品大多超出了幼稚的童话世界，而以生存、社会、地位等为主题。由艾弗里所带来的这一动画观念的革新不仅对华纳具有深远的影响，同时令整个美国的动画产业都受益匪浅。

在已经被遗忘的墨水人博斯科之后，猪小弟成为华纳最耀眼的动画明星。《猪小弟》系列动画大多是一些乡村生活的趣事，诸如猪小弟与女朋友之间的浪漫小故事以及它的历险经历。虽然猪

图2.24 肥胖、口吃的猪小弟

小弟的光辉最终被兔八哥所遮掩,但很长一段时间几乎所有的华纳动画片都以猪小弟典型的结结巴巴的代表性语言结尾:"故……故事讲完了,观众们。"据说猪小弟的第一个配音演员竟然是一个真正的口吃者,而后来为猪小弟配音的布兰克则赋予了它这句著名的台词。

艾弗里为华纳公司创作的全新动画角色是达菲鸭。达菲鸭在《猪小弟猎鸭》中首次出现,当时它被称为"那只该死的蠢鸭",嘎嘎乱叫的达菲鸭不断被猎人猪小弟追踪,却屡屡得以逃脱,它还疯狂地捉弄和嘲笑猪小弟。一年后,这只鸭子在动画片《达菲和书呆子》中第二次出现,被正式命名为"达菲鸭"。怪诞出奇的达菲鸭大受欢迎,很快成为华纳公司的当家明星之一,并有了自己的动画系列片,它经常与兔八哥、猪小弟一起搭档登台。

图 2.25　疯狂搞怪的达菲鸭

达菲鸭具有鲜明的性格特征，从一开始它就被定位为喜怒无常得近乎于失控的小丑，任性而毫无责任感。达菲鸭时常变换自己的身份，时而扮演魔鬼，时而扮演上帝，时而是非洲神话中的蜘蛛人，时而是惩恶扬善的大侠，时而又成了无恶不作的坏人。1939年在《达菲鸭在好莱坞》中，它扮演了一个专横的电影导演；1940年在《达菲鸭在飞行器中》中，它又成了一个胆大冒失的飞行员；在《罗宾汉达菲》中，达菲扮成罗宾汉，白费唇舌地劝说猪小弟加入它的队伍，但结果却适得其反；在《渴鸭》中，干渴难熬的达菲鸭在沙漠中找水，结果只找到了无用的黄金。

在和兔八哥同台的许多较量中，尽管达菲鸭对兔八哥耍尽伎俩，但是这只喋喋不休的鸭子常常会惨遭失败。动画片的结尾总是饱受折磨的达菲鸭对着大嚼胡萝卜的兔八哥无奈地哀叹："你可真卑鄙！"与其他华纳动画明星一样，1969年，达菲鸭逐渐从银幕中淡出，但它仍活跃在电视动画节目《兔八哥和他的朋友》中。

"鸡蛋头"是艾弗里创造的另外一个著名动画角色。他第一次出现在动画片《鸡蛋头卷土重来》中。1939年，《危险的麦克老狼》里给鸡蛋头配音的演员赋予了这个角色极为出色的表现，于是华纳公司决定力推鸡蛋头，并且重新给他设计了造型，最终就成了现在观众熟悉的鸡蛋头埃尔默·富德的形象。鸡蛋头第一次以埃尔默·富德的身份出现是在查克·琼斯导演的《鸡蛋头偷拍摄影机》里。而另一种说法是埃尔默·富德的首次登场在1940年的《一只野兔》中，这部片子聚集了华纳众多的动画明星。

大名鼎鼎的"兔八哥"也是艾弗里一手扶持起来的。其鲜明的性格特征在《猪小弟猎兔》《疤脸兔》等影片中不断得以突出和完善,并成了十分走红的动画明星。到了《一只野兔》时兔八哥第一次使用了它的著名口头禅:"怎么样,伙计?"并且这时已经有了成熟的人物个性,其形象与后来观众熟悉的形象十分接近:傲慢,富有优越感,狡猾而幽默,无所不能是兔八哥鲜明的性格特征。观众喜爱兔八哥与邪恶的猎人约塞米蒂·山姆之间较量的情节,在紧要关头兔八哥都能机智地战胜对手。

图 2.26　华纳的当家动画明星兔八哥

虽然兔八哥大获成功,但艾弗里在华纳的处境每况愈下,主要原因是他长期与制片人里昂·史勒辛格不和。里昂·史勒辛格否决了艾弗里关于给真实动物角色制作动画口形,来讲述滑稽故事的建议。他还大加干预《喋喋不休的兔八哥》一片的创作,甚至想要观众喜欢的兔八哥在这部片子中永远死去。盛怒之下的艾弗里剪掉了影片最后重要的四十尺胶片,最终他被华纳永远地解雇了。

作为一个出色的动画师，艾弗里很快得到了米高梅的邀请，在米高梅，他的才能得到进一步展现。1942 年，他为米高梅公司制作的《闪电狼》获得了奥斯卡最佳动画片奖，他还塑造了一系列新的引人注目的动画角色：斯库瑞松鼠、乔治和朱尼亚夫妇、牛头犬斯伯克等。此外，还有两个经典角色德鲁比狗和大坏狼，德鲁比狗体型矮小，看起来无精打采，但它却是身强力壮的大坏狼的噩梦。德鲁比的任务就是阻止大坏狼邪恶的阴谋，只要老狼在干坏事，德鲁比马上就能赶到出事地点。

1943 年，艾弗里制作了一部完全打破常规，带来全新演绎的成人版动画片《小红帽》。片中小红帽变身为一个性感的夜总会舞娘，大灰狼则成为追逐女孩的色狼。这部片子没有通过好莱坞的审查，因为片中的老狼对在夜总会唱歌的小红帽显出色眯眯的样子，大跳艳舞，尽显其色情暴力的本性。其实这只是战时拍摄的众多具有色情意味的影片中的一部，这些片子并不是拍给孩子看的，而是提供给战场上的士兵。影片最后剪掉了色情镜头才得以在影院放映，可就是这一删节版本依旧被电视台禁播。但该影片在成人世界却好评如潮，"小红帽"这个漂亮性感的形象在当时成了大众偶像。

艾弗里显然很喜欢小红帽这个角色，1937 年以后他又拍摄了《步行的小红帽》《乡下小红帽》等。小红帽和她的搭档老狼在其他片子中也曾出现，包括 1945 年的《上班的灰姑娘》、1940 年的《狗熊的尾巴》、1945 年的《斯库瑞松鼠逃课记》等。

20 世纪 50 年代，由于电视的兴起，动画电影面临着电视节目的巨大挑战，许多动画师都把电视动画看作新的机会，但艾弗里仍固执地坚守影院动画，面对日益流失的观众，艾弗里的失意可想而知。1954 年，米高梅关闭了动画部门，艾弗里又回到了他最初工作过的华特·兰茨公司,在这里他只制作了两部该公司的奇利维利系列中的短片,即获得奥斯卡提名的1954年的《我很冷》和1955年的《摇篮的传说》。1955年艾弗里又加盟了一家名叫卡斯克德的好莱坞小工作室,这家公司专门为电视台制作广告动画片。1960年,艾弗里获得了电视广告协会奖。

在生命的最后几年,艾弗里经受了一系列沉重的打击而意志消沉,1972年,他年仅24岁的儿子因吸毒过量而去世,他和结发妻子40多年的婚姻关系也日益恶化,经常酗酒的艾弗里在这个阶段也没有什么像样的作品问世。1977年,他加入汉纳—巴伯拉工作室,负责笑话编写和角色设计的工作,直至72岁因肺癌去世。

2. 突破常规,疯狂搞怪的特克斯·艾弗里

特克斯·艾弗里奠定了华纳动画"无厘头"的基本风格,他流传至今的名言是——"动画,就要逆天"! 这是他留下来的动画财富。从一开始制作动画,艾弗里就悟出了视觉幽默的本质,他认为动画片首先要使观众发笑,而使观众感到意外才能创造出滑稽幽默感。艾弗里擅长用充满荒谬性和出人意料的情节和场景来营造特殊的视觉效果,提供给观众许多欢笑和令人愉快的体验。

艾弗里比较惯用的手法就是使动画角色直接和观众交流,并让观众角色参与动画进程,他笔下的动画角色常常疯狂搞怪,打破常规,从剧情里跳出来,向观众喋喋不休地唠叨,抱怨自己所处的动画世界的环境,抗议粗野的剧情,从一个动画空间跨越到另外一个本来毫不相干的动画空间。剧情进行时还会插入观众的剪影,这些剪影根据剧情窃窃私语或者干脆中途走掉。在1943年的《谁杀了谁》中，片中的探长大喊一声"不许动！"这时，一个观众的剪影像中途退场的观众一样起身走掉，探长则一棍子打倒了那个剪影并大声喊道："这是对你的惩罚。"这种动画处理是一种从常规的思维、禁锢的生活中被解放出来，正常的逻辑和规则成了他恣意戏谑娱乐的对象，正如艾弗里所说，你可以做任何你想做的事。

艾弗里还擅于运用各种常人难以想到的动画处理来产生引人发笑的效果。动画角色在追逐的过程中常常跨越超常时空的场景，从冬天追逐到夏天，从海滩追逐到高山，跨越地球两端等。最常见的还有从彩色世界追逐到黑白世界，或是从电影胶片的上一格追逐到下一格。在经典的德鲁比影片《西北追捕特警》中，德鲁比被赋予了神出鬼没的能力，只要老狼在干坏事，无论是在哪里，德鲁比会立刻无理由地出现在事件发生的地点。

在歌剧题材《神奇的故事》中则出现了更为出奇的片段——一根类似于胶片杂质的杂毛在银幕下方伴随着音乐抖动了半分钟，就在观众以为是影片放映出了问题时，片中的角色一把拔起了这根搞怪的杂毛；在早期经典动画片中经常出现的狩猎情节中，常规的笑料不过是狩猎人反被猎物捉弄，但艾弗里的特异处理还包括猎枪被猎物的鬼脸吓得失声尖叫，萎缩瘫软在地；《猪小弟猎鸭》中猪小弟对于出乎意料的情节自言自语道："剧本可不是这样写的"；在《小红帽》系列中，传统清纯可爱形象的小红帽变身为时髦性感的女郎，而色眯眯的大灰狼在被小红帽摸到时立刻兴奋异常，在表达大灰狼如触电一样的战栗时，艾弗里让大灰狼的全身像霓虹灯一样不断变换色彩。类似的情节在艾弗里的影片中数不胜数，人们不得不钦佩他脑子里千奇百怪的新奇点子。

在动画片中艾弗里不断地创造出新角色,他接手的华纳的动画明星都打破了以往人们惯性思维中天真可爱、幼稚可笑的小动物形象,而具有更为成人化的疯狂搞怪的性格特征。猪小弟、豆子猫、达菲鸭、兔八哥等都成为具有幽默感和疯狂夸张举动的性格鲜明的动画角色。艾弗里认为外形并不是角色塑造的最重要元素,最重要的是其内在的性格特征。所以兔八哥是一只兔子或者其他什么动物并不重要,关键是它的个性是其他角色无法比拟与模仿的。所以外形只是动画角色创作的一个方面,更重要的是它独一无二的、鲜明的个性。兔八哥的举止行为也许与实际生活中的兔子相距甚远,但它最重要的是独特的走路方式、有个性的语言,这些都构成了它机智调皮的总体形象。

这些由艾弗里所独创的超出常规的动画创作手法深刻地影响了华纳以后的动画片制作,他的跳跃性思维、幽默搞怪和略带色情的成人幽默对其他动画师都产生过很大影响。艾弗里尽可能在短片中加入笑料的插科打诨的动画形式为其他制作者所效仿,动画大师威廉·汉纳、约瑟夫·巴伯拉、查克·琼斯等则被认为深得艾弗里真传。后期与艾弗里同在米高梅的威廉·汉纳、约瑟夫·巴伯拉就借鉴他的手法创作出经典的《猫和老鼠》。由此可见,特克斯·艾弗里在动画史上的开创地位不可低估。

(二)弗里兹·弗里伦

弗里兹·弗里伦(Friz Freleng,1904 年 8 月 21 日—1995 年 6 月 26 日)出生于美国的密苏里州的堪萨斯城。1919 年就读于堪萨斯城的西点中学,为校刊绘制漫画。1923 年中学毕业不

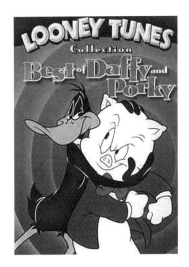

图 2.27 《乐一通》里的波基猪和达菲鸭

久，他进入堪萨斯城的电影广告公司工作，与华特·迪士尼、休·哈曼、鲁道夫·伊辛、厄布·埃维克斯等人成为同事。但不久华特·迪士尼就去了好莱坞，乌布·伊沃克斯、休·哈曼、鲁道夫·伊辛也很快追随华特·迪士尼而去，弗里伦因为休·哈曼的极力推荐也到迪士尼公司工作过很短暂的一段时间，他很快又回到了堪萨斯城的电影广告公司。

休·哈曼和鲁道夫·伊辛后来进入华纳，不久，弗里伦也离开了故乡，投奔两位友人，他曾协助休·哈曼和鲁道夫·伊辛制作"墨水人博斯科"系列动画。弗里伦还参与绘制了《乐一通》和《欢乐小旋律》系列中的一些动画角色的制作，如狐狸傅克斯和它的女伴若克斯等，此外也导演制作了其中一小部分短片。

1933 年，休·哈曼和鲁道夫·伊辛离开了华纳并带走了他们创作的动画明星博斯科，《乐一通》和《欢乐小旋律》系列也由此中断。弗里伦接替了他们的工作，导演了以后大部分的《欢乐小旋律》动画片，并以一个白人男孩巴迪代替了博斯科。1935 年，弗里伦模仿当时流行的喜剧片《我们一伙》导演的一部音乐动画短片《我没有得到一顶帽子》中出现了两个著名的动画角色——猪小弟波基和豆子猫。肥胖而口吃的猪小弟在以后由特克斯·艾弗里执导的片子里得到发扬光大，并很快成为华纳的当家动画明星，甚至一度成为华纳动画工作室的标志。

1937 年，弗里伦跳槽到米高梅，这时米高梅购买了鲁道夫·德克的连环漫画《痛苦的孩子》的荧幕播映权，并把它改名为《船长与小孩》，由弗里伦执导这部系列动画片。弗里伦早就预见到由人物做主角的动画片并不会受到欢迎，人们会更喜欢动物明星。事实果然如此，虽然投入了大量的物力与精力，但这部作品拍了 15 部，只持续到 1935 年就停播了，于是弗里伦又回到了华纳。

弗里伦在华纳参与了早期兔八哥角色的设计与开发，他主要担当音乐的导演。他参与制作的第一部兔八哥动画片是 1941 年的《海华沙的猎兔行动》，该片获得了奥斯卡的一项提名。随后，弗里伦还有几部片子也在音乐方面获得了奥斯卡的提名，如 1941 年的《铆钉狂想曲》、1943 年的《猪的波尔卡》、

图 2.28　外貌和性格都十分接近弗里兹·
弗里伦本人的"燥山姆"

1946年的《兔子狂想曲》。1959年,弗里伦制作的《骑士兔八哥》获得了奥斯卡最佳动画短片奖,他塑造的兔八哥一方面延续了疯狂滑稽的性格,另一方面也十分智慧聪明。

弗里伦还塑造了其他一些著名的动画角色。如在1950年的《盗金者》中引人注目的配角——小歹徒饶克。饶克虽然只在四部片子中出现过,但他是一个比较有趣的角色。在1953年的《猫之堵截》中有几个华纳著名的角色,其中就包括饶克和他的笨蛋朋友马格斯、兔八哥以及金丝雀翠滴;弗里伦还创作了一个由兔八哥的老对手埃尔默·富德引发出来的角色——约塞米蒂·山姆。约塞米蒂·山姆被称为"燥山姆",他是个小个子男子,留着红胡子,戴着大帽子,脾气十分暴躁,这个角色的外貌和性格都十分接近弗里伦本人。弗里伦有时用约塞米蒂·山姆代替埃尔默·富德同兔八哥作对,有时也让他和达菲鸭一起登场;1945年在《有羽毛的日子》里希尔维斯特猫首次登场,虽然它也受到了观众的青睐,但名声还不够响亮。于是弗里伦把它和华纳的另一位动画明星金丝雀翠滴

图2.29　聪明可爱的金丝雀翠滴

组成了一对欢喜冤家,此系列中比较出名的是1957年出品并获得了奥斯卡奖的《鸟的烦恼》。

1962年,由于行业的不景气,华纳关闭了动画部门,弗里伦与人合伙成立了"德帕蒂—弗里伦"公司继续生产动画片。

1963年,米高梅的电影《粉红豹》需要一个动画片头,弗里伦接手了这项工作,结果这只本来只在电影的片头和片尾活跃的豹子,赢得了比电影本身更高的声望。于是"德帕蒂—弗里伦"公司采用这个角色制作了影院动画系列,一直热播到1977年。其中1964年的第一部《名流菲恩克》还获得了奥斯卡奖。此后,粉红豹不断出现在各种影视节目中,风靡世界近半个世纪。

图2.30　粉红豹

20世纪80年代后,弗里伦还执导了多部由华纳当家动画明星——兔八哥和达菲鸭主演的电影和电视动画,同样深受好评。之后他又在著名的动画制作公司——汉纳—巴伯拉工作室任职。

（三）查克·琼斯

查克·琼斯(Chuk Jones,1912年9月21日—2002年2月22日)出生于华盛顿的斯波坎,之后随家人迁到好莱坞。在家中排行老三,父亲是文具店老板,兄弟姐妹四人都在艺术设计领域取得了一定的成就。

查克·琼斯从小就在好莱坞长大,他家就在卓别林的片场附近,他经常偷偷溜进这位喜剧大师的拍摄现场,那些经典喜剧的制作过程和卓别林夸张幽默的肢体动作都给他留下了深刻印象,这是琼斯较早获得的艺术启蒙,也许正是这种耳濡目染带给他日后许多创作灵感。在 15 岁时,琼斯到了洛杉矶的艺术学院学习绘画,在那里接受了系统的绘画基础训练。

1931 年,从周纳德艺术学院(现在的加州艺术学院)毕业后,琼斯就在历史悠久的洛杉矶集市奥尔维拉街靠绘画人像为生。一年后他找到了第一份工作,在乌布·伊沃克斯的"名人"公司谋得了一个职位,主要是清洗胶片。当时的赛璐珞非常昂贵,所以要把用过的赛璐珞片洗干净,继续用于绘制动画背景。在"名人"公司工作期间,琼斯的绘画才能很快被发现,他被提拔为"中间画师",动画制作水平得到了进一步提高。

1936 年,琼斯成为里昂·史勒辛格工作室的动画师。里昂·史勒辛格工作室当时正在给华纳公司制作《乐一通》和《欢乐小旋律》两个系列。由于这两个系列的主要制作人物跳槽到米高梅公司,刚刚接手的弗里伦还无法自如地完成作品,他招募了一些助手,其中就包括查克·琼斯和前文介绍过的特克斯·艾弗里。

琼斯在华纳制作了许多《乐一通》和《欢乐小旋律》系列中的动画片,延续了兔八哥和达菲鸭的辉煌。刚进入华纳时,动画片制作部设置在一座简陋的旧办公楼中,但就是这个破旧的工作场所孕育出许多天才的灵感。在回忆如何给达菲鸭配音的情节时,琼斯曾经回忆道,一天,制作人员正在讨论这个问题,这时制片人里昂·史勒辛格走了进来,他说话有些含糊不清,十分有特点。在鼓励大家继续努力工作后,他离开了。所有的人都立刻想到模仿里昂的声音来给达菲鸭配音。琼斯接着说:"当影片制成准备看样片时,里昂来到放映室,坐进他的宝座里一挥手：'开始，'我们就看了起来。影片一结束，他说：'那是我听到过的极有趣的声音，你们从哪儿给配来的？'他最终竟没有听出来。"

图 2.31　查克·琼斯制作的兔八哥系列

在和特克斯·艾弗里共事期间，艾弗里的"无厘头"创作风格对琼斯影响很大，在 1946 年的《鬼屋惊魂》中，兔八哥问道："这有医生吗？"结果银幕下方一个观众的剪影回答道："我是医生。"这一表现手法与艾弗里的搞怪如出一辙。1953 年琼斯创作的《疯狂鸭》也可以充分说明这一点。在片中，大量胶片错格、背景穿帮、声画不对位等拍摄中的技术问题都成了兔八哥捉弄达菲鸭的手段，而达菲鸭完全不合逻辑的动作举止也十分疯狂，正是这种反常规带给观众很多视觉冲击和滑稽可笑的感受。

1936 年，琼斯开始独立制作，他的第一部动画片是《守夜人》，片中已经有了后来《猫和老鼠》中汤姆和杰瑞的雏形。纯熟的动画创作技法也使人对琼斯的这部处女作刮目相看。之后在华纳工作直到 1962 年华纳动画部关闭，琼斯参与了华纳公司许多著名的动画形象的创造，并使这些已经声名鹊起的形象更加生动和鲜活。

琼斯还创作了许多二战时期的宣传动画片,如《大兵史拿弗》,一共执导了12集,第一集是1939年的《顽皮的小老鼠》,最后一集是1946年的《安静,我的小老鼠》。通过小老鼠史拿弗频频闯祸的情节来制造笑料,并起到了告诫士兵杜绝错误行为的作用。接着,琼斯创造了许多脍炙人口的动画角色,如1942年的《斯考金老鹰》中的亨利·霍克,这个角色一直上演到1955年的《捕鸟记》;马文·马蒂安从1948年的《恶魔兔》一直上演到1980年的《兔八哥遨游太空》;还有喜好寻花问柳小臭鼬派普·乐菲,它出演了16部动画片,从1945年的《有气味的猫》,到1962年的《罗浮宫之行》。乐菲常常煞费苦心地讨女孩子的欢心却往往以失败而告终,琼斯曾说这是他自己幼年生活的写照。或许这里也有每个人生活的影子,所以派普·乐菲受到了观众的热烈欢迎。

琼斯在华纳还创作了著名的"荒野狼和哔哔鸟"系列,其中包含43部影片,第一部是1949年的《快跑》,最后一部是1994年的《毛皮战车》。荒野狼也曾出现在兔八哥系列中,如1952年的《动手,兔子》、1961年的《压缩兔子》等,成为兔八哥尽情玩弄嘲讽的对象。荒野狼和哔哔鸟也是一对欢喜冤家,一个是总是倒霉的追逐者,一个是行动迅速的、只会"哔哔"叫的小鸟。荒野狼还是个狂躁的家伙,会和一只恼怒的苍蝇厮打,它也是一个妄想狂,甚至想登上月亮。

琼斯的一些单部动画片也取得了成功。1955年的《青蛙之夜》讲述一个人发现了一个能歌善舞的青蛙,希望能借助这只青蛙挣很多钱,但是事与愿违,这个人最后还是穷困潦倒而死去。1960年的《五线谱》还获得了一项奥斯卡提名。

20 世纪 60 年代，华纳关闭了动画部门，琼斯也从此结束了在华纳的辉煌时光。1962 年，琼斯创建了自己的动画公司"十二塔产品公司"。该公司的主要业务是为米高梅公司制作动画短片，琼斯接手了米高梅的《猫和老鼠》系列。琼斯创作的《猫和老鼠》更多的延续了荒野狼和哗哗鸟的风格，总是让汤姆无休止地追逐杰瑞。虽然他的创作并没有超越原作者汉纳和罗巴伯拉的作品，但是他的创作使这个系列延续了经典和传奇。

1962 年，琼斯还创办了查克·琼斯公司，专门为电视生产动画片，同时也参与一些真人电影的制作，专门制作影片中穿插的动画部分。这期间琼斯也创作出许多优秀的作品，如 1973 年的《时代广场的蟋蟀》及其续集、1978 年以兔八哥为主角的影片《亚瑟王宫里的康涅狄格兔子》、1979 年的《兔八哥与哗哗鸟》等。琼斯还制作、导演了电视经典动画片《格林奇偷走圣诞节》，这部片子从 1962 年在电视台首播以来，以后每年的圣诞节都会在很多国家的电视台重复播放。此后，根据该片改编的由著名喜剧演员金·凯瑞主演的同名电影也同样引起了轰动。

琼斯在长达 60 多年的动画生涯中，共参加过 300 多部动画片的制作，其中《冰冷的野兔》《太少里的太多》《点与线》获得了奥斯卡奖最佳动画短片奖。1996 年，琼斯荣膺奥斯卡终生成就荣誉奖。

好莱坞大导演斯皮尔伯格曾经表示，查克·琼斯的创意和幽默至今无人能敌。一方面，琼斯继承了特克斯·艾弗里的搞怪滑稽风格；另一方面，他也确立了自己独特的幽默风格。琼斯经常对电影史的经典桥段进行模仿和恶搞，在 1952 年的《猎兔季节》中兔八哥和达菲鸭这一对冤家机关枪似地互相

图 2.32　查克·琼斯与他所塑造的动画形象

斗嘴,结果互抢对方的台词,这种制造笑料的方式在早期美国喜剧电影"劳莱与哈代"系列中是常用的手法;在《音乐兔八哥》中,兔八哥模仿英国著名指挥家史托科夫斯基的一段非常有趣。史托科夫斯基客串过很多电影,最著名的就是迪士尼出品的《幻想曲》。兔八哥的发型、眼神以及小动作都与这位大指挥家如出一辙;在《兔八哥之塞维利亚理发师》中,兔八哥在古典音乐《塞维利亚理发师》的伴奏下为鸡蛋头美发,这个情节不禁让人想起卓别林在《大独裁者》中理发的片段。兔八哥伴随着音乐节奏,一会在鸡蛋头脑袋上做奶油蛋糕,一会撒生发灵的动作也令人忍俊不禁。

2002 年 2 月 23 日,查克·琼斯因心脏衰竭在加州克罗纳德尔小城的家中去世,享年 89 岁。琼斯的逝世使美国动画界哀痛不已,他多年的好友兼同行特里·索伦说:"动画制作者们都将琼斯称作'现代动画之父'……他是华特·迪士尼去世后我们这一领域真正的领袖。他的逝世给我们动画工业留下了难以填补的空缺。"

三、"无厘头"动画中的"神经质"主角

颇具疯癫特质的达菲鸭和兔八哥的成功带动了一股"神

图 2.33　达菲鸭是动画史上从来没有过的疯癫角色

图 2.34　《敲一敲》中的伍迪与安迪

经病"角色的风潮,类似的角色中比较出名的动画形象还有啄木鸟伍迪,1940年熊猫安迪系列的《敲一敲》中出现了这个神经质的疯癫角色。如果说达菲鸭和兔八哥捉弄人是因为猎人与猎物的关系,伍迪则纯粹是毫无理由的以戏弄人取乐的疯子,一出场就嘎嘎乱叫,用它那又长又尖的嘴把安迪家的木屋捣了个底朝天。

神经病角色其实源自 20 世纪 30 年代中期好莱坞电影中

的神经喜剧（Screwball Comedy）风潮，在美国大萧条时期逐渐流行，并一直持续到 40 年代中期。神经喜剧里通常利用身份与社会地位的差异制造冲突，例如在求偶或再婚过程中制造大量捉弄人或嘲笑人的笑料，但结尾总是皆大欢喜。神经喜剧中的对话大多机智讽刺，语速很快，戏剧效果强烈。

但这种无理由地捉弄人的把戏在持续了一段时间之后，观众对这些疯癫搞怪的角色逐渐开始厌倦，并还会对总是被它们捉弄而无辜受害的、倒霉的普通人产生同情。在这种情况下动画创作意识就必须要有所改变了，查克·琼斯就提到应该改变创作策略："一定要有人先招惹它（兔八哥），然后它再进行反击。我们学到它被人招惹非常重要，否则的话就是它在欺凌别人了。"于是创作者们引入了新的反派，并由反派的种种恶劣行径去引发冲突，典型的例子还是啄木鸟伍迪。一开始伍迪自己才是惹是生非的源头，总是由它挑起争端。到了后期，动画创作者给伍迪系列引入了反派秃鹫巴兹，让伍迪变成了被动的受害者，只是迫于无奈进行反击，这样观众才会感同身受地与角色产生共鸣，从心底接受这样的角色。

四、"无厘头"与"后现代主义"动画

以上所阐述的"无厘头"动画，实际上与学界所说的"后现代主义"的特征有许多不谋而合之处。后现代主义是一股产生于 20 世纪 50 年代末 60 年代初的文化思潮，在哲学、宗教、文学、影视、建筑、艺术中均有充分的反映。它的中心含义就是解构，具有解构传统，离析正统，颠覆权威，破坏秩序，嬉戏、调侃、玩世不恭等一系列特征，由华纳开创的无厘头动画进而

引领了后现代主义在影视作品中的发展。

在动画领域,比较典型的后现代主义作品就是《怪物史瑞克》系列。由好莱坞动画导演安德鲁·亚当森和维基·詹森共同执导的《怪物史瑞克》是梦工厂与 PDI 公司联手制作的三维动画,2001 年上映并荣获 74 届奥斯卡最佳动画片奖。影片改编自美国著名作家、插画家威廉·斯泰格的同名作品,虽然

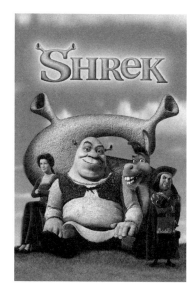

图 2.35　颠覆传统、戏仿经典的《怪物史瑞克》

故事取材于著名的传统童话《睡美人》,但基本上运用了后现代主义典型的颠覆和戏拟的艺术手法对这个古老的故事原型进行了彻底的变形。

威廉·斯泰格是个童话怪才,他坚持认为应该从小培养儿童乐观的性格,而不是把他们拉入乏味的成人世界,所以他的童话充分具有着恶搞和滑稽的后现代精神。故事讲述了在大沼泽里居住着一只叫史瑞克的绿色怪物,过着美好的独居生活。一天,突如其来的大批逃亡者涌入了他的领地。原来是恶棍法奎德霸占了童话王国,抢走了美丽的公主菲奥娜,将王国里的居民赶了出去,这些无家可归的童话角色纷纷跑到了大沼泽。史瑞克为了恢复自己宁静的生活,不得不与法奎德展开一场斗争。史瑞克踏上了拯救公主的旅途,话痨驴子

唐基也一同前往。经过一路的艰险，他们终于顺利救回了公主，遭受魔法诅咒的公主无法变回美丽的容颜，她成为史瑞克的新娘，他们一起斗败了法奎德，过上了幸福快乐的生活。

《怪物史瑞克》最大的荒诞之处就是运用了后现代主义手法——戏拟经典和颠覆权威。梦工厂的领导杰弗里·卡森伯格评价说："《怪物史瑞克》是传统童话的搞笑版，他讽刺了所有经典童话，也颠覆了一般人对童话故事的刻板印象。"影片"极尽嘲讽调侃之能事"，拿一些人们耳熟能详的经典作品当噱头，进行了彻底的颠覆和改造，英雄不再是潇洒英俊的白马王子，只是一个住在沼泽地用烂泥洗澡的绿色怪物，公主也不再美丽、可爱、善良，她不但会中国功夫，在夜晚还会变成丑八怪。

片中借用了经典童话中的许多形象和情节，它们也曾出现在以往很多动画片中，如《白雪公主和七个小矮人》《灰姑娘》《睡美人》《匹诺曹》《三只小猪》《戴翅膀的小仙女》等，并将它们丢进了搅拌器，进行了一次彻底的混合与颠倒。如《白雪公主和七个小矮人》中的魔镜用脱口秀主持人的口才向国王演示了三位单身女性，即白雪公主、睡美人、灰姑娘的美貌和其他特征。该片中大批童话故事中的角色与原著有着截然不同的、令人瞠目的行为举止。如白雪公主在影片结尾与灰姑娘大肆争夺婚礼上抛出的花束，毫无传统甜美的淑女风范；狼外婆一向是孩子们噩梦中的主角，在该片中却温顺有礼，在柔和的夜灯下阅读休闲杂志；可爱的小红帽在片中挎着篮子负责送炸鸡外卖，当她敲开史瑞克夫妇小屋的门时，被面目奇特的夫妻俩吓晕了，手中的炸鸡也飞了出去；匹诺曹则被本来善良可亲的爸爸出卖，被丢进了"童话人物难民营"；美人鱼一改痴情优美的形象，反而成了诱惑史瑞克的艳丽女郎，被公主拖着扔回到海里;西方传奇英雄——绿林大盗罗宾汉反而成了公主东方式功夫的手下败将等。

2004年5月15日出品的《怪物史瑞克2》作为《怪物史瑞克》的续集,讲述了结婚后的史瑞克夫妇俩收到来自公主父母的邀请信,便带上老朋友驴子赶往"遥远国"。所有人都以为美丽的公主会带回来一位英俊的王子,却没有人想到出现在众人面前的是一对丑八怪。国王怎能容忍女儿嫁给一个怪物,他请来仙女教母、想娶公主的英俊王子和怪物杀手"穿靴子的猫",妄图拆散史瑞克和公主。面临危机的史瑞克在考验中又一次呈现出英雄本色,最终化险为夷,和公主幸福地生活在一起。

《怪物史瑞克2》对许多流行一时的影片场景进行了戏仿。例如,片子开头菲奥娜戴上结婚戒指的镜头明显是对《指环王》的模仿;而片中穿靴子的猫其实就是大侠佐罗的化身,只不过猫咪用剑画出的是个三角形符号,而不是著名的"Z";猫所说的"我讨厌星期一",则是引用了加菲猫的名言;史瑞克在攻城战中跳上驴子的动作模仿的是精灵王子莱格拉斯在《指环王》中的动作;在不高兴俱乐部中,长着黑痣的胖老板娘让人不由得想起与之酷肖的老牌歌星天后麦当娜;著名影片《铁钩船长》中的铁钩船长在不高兴俱乐部中弹起了忧伤的钢琴曲;《指环王》中的树人也在俱乐部中聚会,他们掰腕子较劲,结果掰断了手臂(树杈)等。

导演安德鲁·亚当森表示:"当我们拍完第一集,几乎把传统的童话故事颠覆到了极限,后来发现婚后的生活才是更棒的搞笑题材。"《怪物史瑞克》用诙谐的语言和夸张幽默的后现代主义手法深深地吸引了观众。

第四节　哥特式风格动画

一、哥特式风格阐释

哥特式风格最早是建筑的一种形式,起源于欧洲中世纪以来高耸尖顶的大教堂和阴暗荒凉的古堡,这些建筑最大的特色就是高大的梁柱和尖拱形的结构,给人一种升腾向上,接近天堂的感觉,而镶嵌的彩色玻璃和建筑空间中大量存在的纵向立柱及向上延伸的线条,则呈现出宗教的迷幻和神秘,这些建筑中最为著名的就是巴黎圣母院。

表现在哥特式建筑上黑暗和唯美的气息,影响了文学、雕刻、绘画、装饰等各个艺术领域。哥特式小说多以黑暗阴郁的荒废城堡、幽深的修道院以及古墓、幽暗的森林为背景,讲述奇异、古怪、神秘的恐怖故事,渲染黑暗的恐惧、死亡的悲伤、禁忌的爱、彻底的痛苦所带来的另类的极致美感。

19世纪,美国作家埃德加·爱伦·坡引导了哥特式风格的文学创作,他以神秘故事和恐怖小说闻名于世,笔下的女主人公无一例外地经历了恐怖的死亡,她们或被活埋,或被损毁,或遭受精神吞噬。另外,爱伦·坡的一些短篇小说,如《鄂榭府崩溃记》《陷坑与钟摆》《一桶白葡萄酒》《黑猫》《提前埋葬》等小说的男主人公都经历了变态恐惧和焦虑,这充分说明他是描述变态心理与人物的高手。根据精神分析学,邪恶是人内心深处的原始冲动,是人内心本能的体现。变态恐惧的真正起因是一个人的潜意识,而非现实生活中的某人某事,即受压抑的欲望要以某些变化形式释放出来，这些形式如果不协调，相互冲突，便产生会变态恐惧心理。它和一般恐惧不同，是源自内心持续不断的，而非因一时一事的恐惧。任何人在这种潜意识的支配下都可能会做坏事或者蠢事，这样做的时候往往是没有缘由的，心里不想做，但是在实际行动中又会受潜意识的支配去做。即使明知道这样做是犯法的，但是还是不顾后果，以身试法，这就是邪念的体现。

爱伦·坡的恐怖小说对人的心理状态进行了深入挖掘，他的作品主题大都"揭示了人类意识及潜意识中的阴暗面"，以恐怖小说这样一种特殊的文学形式深入刻画与呈现了非现实状态下人的精神状态和心理特征，试图"以非现实、非理性的表达方式来揭示现代人的精神困顿"。他借助想象奇特、恐怖怪异的故事情节，通过夸张、隐喻和象征等修辞手段表现人性的危机，激起读者浓厚阅读兴趣的同时，震撼心灵，发人深省。

哥特式风格延伸到影视艺术中，充满了神秘、浪漫和黑暗的元素。它常常探索与死亡、超自然、灵异和恐惧有关的主题，通过对人性、孤独、痛苦和内心情感的描绘，传达出深邃而复杂的情感。影视作品以怪异的氛围、阴暗的色调和扭曲的形象为特征，创造出独特的视觉效果和情感体验。音乐在作品中也起着重要的作用，通常采用悲伤、催人泪下的旋律，与画面相得益彰，加强了氛围和情感共鸣，探索了人性的暗黑面，为观众带来了独特而深刻的体验。

在哥特式动画中，也常常出现古堡、教堂、墓地、黑暗森林等具有诡异风格的背景元素。角色形象通常呈现出瘦长的身材、苍白的肤色和深邃的眼眸，营造出一种神秘而奇异的感觉。但由于动画从诞生起就具有的童真稚气和轻松愉悦的属性,很多哥特式动画往往只具有哥特式的风格和形式,阴暗诡异只是徒有其表,在其内涵上则呈现得更多的还是一个较为愉悦和纯真的世界。

二、华特·迪士尼早期重要的合作者——乌布·伊沃克斯

乌布·伊沃克斯(Ub Iwerks,1901 年 3 月 24 日—1971 年 6 月 7 日)出生于密苏里州的堪萨斯城。1914 年毕业于堪萨斯的爱施兰德语言学校。与华特·迪士尼的相遇与合作,开启了乌布·伊沃克斯的动画事业。

(一)华特·迪士尼的忠实拥趸和得力助手

1919 年,乌布·伊沃克斯来到普雷斯曼—鲁宾商业艺术工作室做绘画师,在这里遇见了华特·迪士尼,两个人很快成为好友。虽然两个人不久都被解雇了,但他们决定联合起来自己创业,于 1920 年合伙成立了伊沃克斯—迪士尼商业美术公司,但这个公司很快也由于经营不善而停业。

此后乌布·伊沃克斯进入了堪萨斯电影广告公司工作,而华特·迪士尼则到了洛杉矶,与哥哥罗伊·迪士尼成立了迪士尼兄弟工作室。华特·迪士尼一直十分欣赏乌布超凡的绘画技巧和速度,曾这样评价:"他绘画速度之快令人难以置信,这注定他天生是做动画的材料。"[1]华特思维敏捷,乌布绘

---

① 薛燕平:《世界动画电影大师》,中国传媒大学出版社,2006 年,第 33 页。

画技艺一流，两人正好取长补短。所以，不久华特就邀请乌布共同创业，乌布很快就动身前往洛杉矶。1926年到1927年，乌布和华特一起创造了一个新的动画形象——幸运兔奥斯华。

在短期的合作之后，"幸运兔事件"使本来已初尝成功滋味的华特·迪士尼又落入失败的困

图2.36　正在创作米老鼠的乌布·伊沃克斯

境。这时候只有乌布坚定地支持华特，他和华特在一个秘密的车库里开始了新的创作，共同设计了米奇的形象与故事。1928年3月，由华特担任导演和米奇的配音，乌布负责绘画，他们受到1927年驾机独自飞越大西洋的美国英雄查尔斯·林白的故事的启发，制作了第一部米奇系列动画《飞机迷》，随后又制作了《飞奔的高卓人》《威利号汽船》等。

在和华特合作的期间乌布绘制了大部分的动画，米老鼠结合了早期动画角色的一些特征，有着圆大的黑色耳朵、细长的四肢，外形既有些像菲利克斯猫，也有些像奥斯华兔。

乌布不仅是一位有着超凡绘画能力的动画大师，还是一位动画技术探索者和发明家。在绘制《威利号汽船》的过程中，他制作了一个名为"电影麦克风"的同期录音装置，并将它应用到声轨中以达到声画同步的效果。

米老鼠这一形象取得成功以后，迪士尼公司的音乐制作

人卡尔·斯多灵在古典音乐的基础上创作出新的乐谱,并把它配上动画,乌布·伊沃克斯和卡尔·斯多灵进行了合作,他们根据交响乐《死亡之舞》改编的《骷髅舞》于1929年公映,虽然这部影片更接近于表现艺术观念的实验动画,但优美的音乐配上幽默有趣的动画使《骷髅舞》还是获得了广泛的好评,并由此引发了动画系列片《糊涂交响曲》的诞生。

(二) 离开迪士尼公司后的创作

在制作《糊涂交响曲》的过程中,乌布和华特的友谊开始出现裂痕,乌布认为自己离开迪士尼公司也能同样创造出奇迹。在制作了《糊涂交响曲》系列中的几部作品后他离开迪士尼,于1930年1月25日创办了自己的名人影片公司。

乌布在塑造人物个性、讲述故事的能力方面远远要逊色于华特·迪士尼。离开迪士尼后他创作了不少作品,主要有以弗利普青蛙为主角的系列片,但人们普遍觉得这些动画很平庸。

乌布还创作出一个动画角色威利·沃泊,这个被人们称作"大话王威利"的小男孩极爱夸耀自己的冒险经历,他总是不断挑战邪恶,在经历种种磨难和打击之后赢得美女的青睐。在第一部《空中竞赛》中,讲述了威利在飞行表演中如何赢得比赛并得到美女的吻;《哇!威利》中威利来到荒芜的西部,打败了强盗并赢得了女孩的青睐;《好侦探》中,威利卷入营救被绑架女孩的事件。虽然故事只是当时很流行的美国西部片中英雄救美的老套模式,但威利·沃泊还是获得了一定的好评。

从1933年起乌布的名人影片公司为米高梅公司推出了《喜剧色彩卡通》系列,直到1936年的最后一部《幸福的日子》。此后,乌布又接到了华纳公司的邀请,他为华纳导演了两部《乐一通》系列中关于猪小弟波基的短片——《波基和甘彼》和《波基的特级服务》。此后很快又被邀请导演了哥伦比亚公司的《彩色狂想曲》系列短片,乌布为哥伦比亚公司工作了四年,共导演了十四部短片,其中有个好斗的小男孩"斯卡皮"个性极为鲜明。

离开哥伦比亚后乌布曾经到英国工作过一段时间,这期间他创作了两个动画系列——《外出》和《格兰的摩登猴子》。《外出》系列主要讲解了一些旅行见闻。而《格兰的摩登猴子》以英国插图画家劳森·伍德为明信片特别创作的猩猩为主角,塑造了一只老谋深算的黑猩猩形象。

(三)重回迪士尼公司后在动画技术领域的开拓

时间逐渐冲刷了不快和积怨,乌布回到美国后又回到了迪士尼公司工作,但这一次他的岗位不是动画导演,华特把他安排进特效部门,开始了对动画技术的试验和开发。乌布在动画技术领域取得了很多成就,他曾在 1937 年发展出多层摄影的技术,在后来的《幻想曲》中,将此项技术运用到极致。乌布还参与制作了一些动画和真人相结合的电影,制作了神奇的视觉效果,如 1946 年的《南方之歌》、1964 年的《欢乐满人间》、1971 年的《飞天万能床》等。乌布还发明了一种复制图画的技术,即把画稿直接复印到胶片上,这样节省了很多动画片制作的工序,大大提高了效率,这种方法首次使用在《101 忠狗》的拍摄中。

乌布曾经获得两项奥斯卡科技奖,一项是 1960 年因"改进了光学打印机和遮幕摄影技术"获得奥斯卡科技成就奖;另一项是 1965 年因"色彩合成电影技术"而获得奥斯卡终身成就奖。此外,乌布凭借著名悬疑大师希区柯克导演的《群鸟》获得了奥斯卡最佳视觉效果的提名。

作为迪士尼早期的重要合作伙伴,乌布·伊沃克斯与华特·迪士尼一起创造了米老鼠这一形象,开创了迪士尼的动画王国,但乌布的成就却无法与华特相媲美,曾与乌布一起工作过的动画大师查克·琼斯曾经说过:"他是个技术天才,但无法把握影片的节奏,他可以把别人的思想很好地表现出来,但他自己却是毫无创意的人。"[①]这正是说明了动画不仅仅是绘画与电影技术的结合这样简单,跌宕起伏的故事情节和惟妙惟肖的角色形象是必不可少的成功因素。动画角色的成功不仅在于他们生动的外形,更重要的是体现在他们身上超凡脱俗的想象力、幽默感和赋予他们的鲜明的性格,以及活生生的灵魂。

(四)《糊涂交响曲》的哥特式风格

作为乌布·伊沃克斯的代表作,这个系列中有一些短片有着哥特式风格。以最为出名的《骷髅舞》为例,这部短片充满阴郁和死亡的元素,但音乐和画面的配合,加之骷髅充满韵律和节奏感的舞蹈,带给人滑稽可笑的效果。画面从一只猫头鹰在满月前栖息在树枝上开始,另一根树枝从猫头鹰的右边出现,变成了一只阴险的手,试图触摸它,这吓坏了猫头鹰。随后出现的场景是一个空荡荡的墓地,后面是一座教堂。教堂十二点的钟声响起,一群蝙蝠从钟楼逃走。一只狗的轮廓随着对着月亮的嚎叫而膨胀和收缩,而两只猫则在争夺一座坟墓。当骷髅从坟墓中出现,吓坏了猫,它们四散逃跑。在此

---

① 薛燕平:《世界动画电影大师》,中国传媒大学出版社,2006年,第37页。

之后，骷髅从坟墓中出现并开始跳舞，其中一个从另一个骷髅身上取下两根骨头，用它的脊柱、椎骨和头骨来演奏音乐。另一个骷髅拉着猫的尾巴演奏小提琴。骷髅们跳得正欢，忽然公鸡的啼叫吓坏了它们，天快亮了。骷髅们急忙躲藏起来，慌乱之中它们的身体互相碰撞、连接、变形，然后融合在一起，骷髅们逃回了坟墓里，一切恢复了平静。

短片运用黑夜、骷髅、蝙蝠、猫头鹰、黑猫这些哥特作品中常见的元素，营造了一种恐怖和死亡的气息，但《骷髅舞》充满了令人感觉滑稽新鲜的情节，骷髅们整齐而有趣的舞蹈动作，以及它们用自己的骨骼和猫尾巴演奏的情节非常有想象力。

《糊涂交响曲》系列中的第四部《地狱钟》同样是地狱之火燃烧，接连上场的有蝙蝠、蜘蛛、神话中看守地狱之门的三头狗刻耳柏洛斯、用骷髅琴演奏的黑猫们，它们配合挪威作曲家格里格的乐曲《在山魔王的宫殿里》的旋律、节奏，上演了一场地狱中的狂欢。

动画片虽然运用了许多恐怖元素，但正如欧美盛行的万圣节的狂欢一样带给了人们别样的刺激和欢乐。万圣节在欧美最早的含义是追思亡故的亲人，但后来逐渐演变成为一场包含化装舞会、恶作剧、刺激、恐怖等元素的狂欢活动。人们装扮成各种吓人的样子，提着南瓜灯，在夜晚的街上游荡，用娱乐的方式调侃死亡与恐怖，而这一点也恰恰是哥特艺术的精髓。

三、"鬼才导演"蒂姆·波顿

蒂姆·波顿（Tim Burton，1958 年 8 月 25 日—）被誉为好

图 2.37　"鬼才导演"蒂姆·波顿

莱坞"鬼才导演"，他并不仅仅是一位动画大师，更是一位有着独特风格的电影导演，他在电影方面取得的成就令世人瞩目。蒂姆·波顿的动画作品为数不多，数量要远远少于真人电影，但他充满动画意味的真人电影和有着浓郁个人风格的动画片都确立了他在动画领域的大师地位。

（一）生平和创作

蒂姆·波顿出生于加利福尼亚州的伯班克市，这里是美国影视娱乐业的核心区域之一，许多电影公司和电视台都将摄影棚搭建在这里。蒂姆·波顿童年生活的地方离好莱坞的几个大制片厂很近，这使他和电影有了无法割舍的联系。

蒂姆·波顿由祖母抚养长大，他是一个内向而孤僻的孩子，不喜欢接触外界，最大的爱好就是躲在房间里画画和看电影，后来在他的电影中出现的很多奇思妙想都是源自童年时期在封闭的环境中产生的稀奇古怪的遐想。高中毕业后蒂姆·波顿进入了加州艺术学院学习艺术，这是由迪士尼创办的动画学校，他在这里正式开始学习和从事动画工作。在学校里蒂姆·波顿是个较为优秀的学生，拿到了迪士尼公司提供的奖学金，他制作的一部动画短片《芹菜魔之茎》也得到一致的好评，1978 年毕业后顺理成章地进入迪士尼公司成为一名动画师。

迪士尼传统的动画制作形式和刻板的规则并没有束缚蒂

姆·波顿不羁的思维和想象力,在参与制作了动画片《狐狸与猎犬》之后,蒂姆·波顿对这种代表迪士尼主流的动画颇感厌倦。迪士尼公司生产的动画就像模具和生产线制作出来的标准件一样甜腻华美而缺乏个性。蒂姆·波顿开始尝试提出自己独到的建议,虽然这些想法因为太过于超常规而被否决,但迪士尼公司也很赏识他的天赋,给了这个充满特异灵感的年轻人一些空间。在这种情况下,被认为十分有自传倾向的动画短片《文森特》诞生了。1982 年的《文森特》是一部仅有五分钟的黏土动画片,这部黑白动画讲述了一个名叫文森特的 7 岁小男孩脑子里颇有爱伦·坡风格的种种古怪而新奇的念头。这部作品已经初步具备了蒂姆·波顿后来招牌的哥特式元素,阴郁、神秘、黑暗,充满鬼怪的世界里体现的是小男孩受到成人社会压抑的深深孤独感。虽然短片获得了评论界的好评,但被迪士尼公司认为太过于阴暗因而未获准公映。

延续阴郁幽暗的风格,蒂姆·波顿拍摄了一系列真人电影。1984 年的真人电影短片《弗兰肯斯坦小狗》是对改编自19 世纪初玛丽·雪莱同名恐怖小说的经典电影《科学怪人》的重新演绎。由于被认定不适合儿童观看,所以被划为限制级只在小规模影院放映过。接下来让蒂姆·波顿开始崭露头角的是票房上非常成功的《大冒险》,怪异而前卫的超自然喜剧片《甲壳虫汁》则使得观众和影评家对这位年轻的导演刮目相看,而大获成功的是 1988 年的《哗鬼家族》,使蒂姆·波顿跻身好莱坞一流导演行列的是 1989 年根据畅销漫画改编的大投资商业电影《蝙蝠侠》。

因为《蝙蝠侠》的巨大成功,蒂姆·波顿终于有机会创作完全体现他个人风格的电影,1990 年,《剪刀手爱德华》问世,这部影片无论在商业上和艺术上都是一部无可替代的佳作。片中孤独一人住在幽暗城堡内的主人公爱德华,他那蓬乱的头发、忧郁苍白的脸和敏感脆弱的心无疑是蒂姆·波顿个人的真实写照。

1992 年,蒂姆·波顿又拍摄了《蝙蝠侠》的续集《蝙蝠侠2》,同时也参与了另一部动画电影《圣诞夜惊魂》的拍摄,这是一部定格拍摄的人偶动画,整部影片耗时三年时间才制作完成。虽然导演是亨利·塞利克,但作为这部影片的监制,蒂姆·波顿提供了原创故事和几个主角的造型和背景设计,而且这部影片贯穿着浓郁的蒂姆·波顿式风格,把他的哥特式理念发扬得淋漓尽致,因此习惯上仍被归入蒂姆·波顿的创作之中。

此后,蒂姆·波顿拍摄了真人电影《艾德·伍德》《火星人玩转地球》《断头谷》《人猿星球》《大鱼》《查理和巧克力工厂》《爱丽丝梦游仙境》《爱丽丝梦游仙境2:镜中奇遇记》《佩小姐的奇幻城堡》《大眼睛》《理发师陶德》,以及 2022 年在 Netflix 上线的恐怖奇幻剧《星期三》等。黑暗、阴郁、惊悚、超现实,无所不在的黑色幽默,以及惯用的温情结尾等无不体现了蒂姆·波顿的独特风格。

2005 年,蒂姆·波顿推出人偶动画《僵尸新娘》,影片描绘了阴阳两个世界,延续了蒂姆·波顿一贯描绘的人世间灰暗阴冷,死气沉沉,而阴间却色彩明亮,生机勃勃的风格,结尾虽然有些悲凉无奈但依旧充满温情。影片最终获得 2006 年最佳奇幻类电影土星奖,入围第 33 届安妮奖最佳动画电影导演奖,还获得了奥斯卡最佳动画长片的提名。

在 2007 年第 64 届威尼斯电影节上,蒂姆·波顿被授予终身成就奖,这是对他独特的艺术创作和鲜明的个人风格的最好奖赏。2012年10月,蒂姆·波顿出品了动画长片《科学怪狗》,影片获得奥斯卡奖和金球奖最佳动画长片的提名。

(二)主要动画作品

1.《圣诞夜惊魂》

《圣诞夜惊魂》,1993年10月上映,片长76分钟。故事发生在阴冷灰暗的万圣镇,这里的鬼怪唯一的任务就是为每年一度的万圣节作准备。万圣镇的头领是瘦高的骷髅杰克,他对万圣节千篇一律乏味的节目早已厌倦。一个偶然的机会,杰克在树林的深处发现了一棵大树,树上有一扇奇怪的门。杰克推开门,坠入到了另一个洁白的冰雪世界——圣诞镇。这里正在准备过圣诞节,斑斓的灯光和五彩缤纷的装饰物使这个小镇充满着欢乐的气氛。杰克忽然有了新的创意,他决定绑架圣诞老人,由自己假扮圣诞老人来体验一个别出心裁的圣诞节。但是杰克的手下以为这是杰克想出的又一个"整人计划",他们生产了各式各样恐怖的东西如骷髅头、毒蛇、蜘蛛等,这些吓人的玩具被装进袜子里送到孩子们手中,孩子们都被吓得不轻,愤怒的人们架起大炮把装扮成圣诞老人驾着鹿车飞过天空的杰克一炮轰了下来。最终,杰克意识到了自己的错误,他从怪物乌基的手里拯救了圣诞老人,让圣诞老人重新带给人们一个快乐的圣诞节。

《圣诞夜惊魂》就西方最重要的节日圣诞节开了一个怪异而有趣的玩笑,没有传统的白雪、圣诞树、许愿袜和明亮欢快的气氛,取而代之的是绿色的毒液、红色的脑浆、阴暗恐怖的色调和造型各异的鬼怪。主角杰克是个细长的人的骷髅骨架,他的宠物狗也同样是狗的骨架,而他的女朋友是一个拼合

图 2.38　万圣镇群鬼云集

而成的布偶,苍白的皮肤上布满刀疤,她经常要收拾自己无意被碰掉的残肢。反面角色乌基是由各种蛆虫组成的,还有残疾博士时常会打开自己的天灵盖瘙痒,这些稀奇古怪的东西不得不让人感叹创作者的奇思妙想,独树一帜的《圣诞夜惊魂》被喻为"一场幻想的狂欢"。正如蒂姆·波顿所说:"没有恐怖就没有乐趣,每个人都在期待新的刺激,隐秘角落的异类空间展示了一个不一样的圣诞节。"

本片的导演是亨利·塞利克,蒂姆·波顿担任制片和编剧,这部作品充分展现了蒂姆·波顿一贯的视觉风格和创意。亨利·塞利克与蒂姆·波顿有着十分相同的经历,他同样毕业于加州艺术学院动画学系,也在迪士尼做过动画师,早期曾与蒂姆·波顿合作拍摄过《文森特》。亨利·塞利克一直被笼罩在蒂姆·波顿鲜明的风格与盛名下,拍摄的《圣诞夜惊魂》和《飞天巨桃历险记》等动画片都具有典型的蒂姆·波顿诡异迷人而又颇具黑色幽默的风格。

《圣诞夜惊魂》以一首万圣节歌剧开头,开篇便充满了阴暗惊悚的氛围,各种各样灵异夸张的怪物在歌唱中轮番登场,百老汇歌剧的手法贯穿了整部影片。杰克初入圣诞镇时,歌剧的风格与之前在万圣镇的风格形成强烈对比,突出了圣诞镇对杰克造成的震撼,表达了杰克对圣诞镇万事万物的好奇。

杰克回到家后,想弄清圣诞节到底是怎么回事,于是就用从圣诞镇收集到的东西做实验,这一段也戏剧性地展现了杰克做各种化学实验来研究圣诞节的过程。杰克让三个小孩去绑架圣诞老人,以便自己在圣诞节那天代替圣诞老人,这三个孩子在谋划时的合唱非常有趣,很有节奏感。在结尾的大决战中打败了乌基先生,这场决战带有浓浓的好莱坞电影"最后一分钟营救"的味道。

《圣诞夜惊魂》的制作形式为定格动画,为了拍摄这部长片,制片组在4 000多平米的摄影棚中搭建了20多个场景,100多位好莱坞最著名的动画高手拍摄了三年才得以最终完成。片中几乎所有的角色都是用陶土模型捏制而成的,道具制作工程非常庞大,单单是人物的模型,就合计制作了227个。剧组采用了更换脑袋模型的方式来表现出人偶丰富的表情变化,为了配合剧中人物的动作、表情,每一个偶型都有数个对应的模型,光是主角杰克就有400多个模型头,工作人员由此制作了几千个各式各样模型。

定格动画在影片拍摄时要一帧一帧地去打磨片中每一个人物的每一个动态,一个画面一个画面地逐格拍摄。这种拍摄方法非常耗时耗力,每一格画面都要一点一点仔细移动,只能允许出现少许的差异,这样才能保障动作的连续性。整个影片片长为71分钟,对于电影来说,一般都是每秒24格,虽然动画可以适当减少,但完成这部动画要拍摄的画面数量也是惊人的,这其中还不包括被剪辑掉的。

这部在美国动画史上前所未有的大规模定格动画制作工序十分复杂烦琐,在制作上十分精益求精,动画技巧上表现得也十分纯熟。《圣诞夜惊魂》采用了百老汇的古典音乐剧的形式,以一段一段的歌舞来连贯全剧,歌舞不仅部分地起到了叙事的作用,还营造了强烈的阴郁而华美的气氛。在镜头的运用上,影片也营造出诡异阴暗的氛围,糅合着奇幻童话的幻影,较为完美地诠释了蒂姆·波顿的独特构思,该片也因此获得奥斯卡最佳视觉效果提名。

2.《僵尸新娘》

《僵尸新娘》,2005 年 9 月上映 ,片长 77 分钟。影片取材于俄罗斯的古老童话,故事发生在 19 世纪的欧洲,青年维克多和一位名叫维多利亚的少女订了婚。虽然在订婚的前夕他们一见钟情,但这场父母之命的婚姻注定只是个交易。心情烦闷的维克多来到树林中准备为自己的婚礼做个演习,当他把结婚戒指套到一个树枝上,没想到树枝竟是一个在婚礼上被谋杀的新娘已经腐烂的手指。破土而出的僵尸新娘艾米丽一直在等待那个能够给她戴上结婚戒指的男子,她把维克多带入了阴间的世界,没想到这里充满了情趣和生机。

图 2.39 风格诡异的《僵尸新娘》

在与艾米丽相处的过程中,维克多从最初的恐惧到开始渐渐地同情艾米丽的遭遇,人鬼之间原本的隔阂也逐渐消弭。为了完成艾米丽的心愿,他甚至想喝下毒药与之成为真正的夫妻。但最终艾米丽为了维克多的幸福,放弃了要与他结婚的念头。影片的最后维克多和维多利亚终成眷属,而艾米丽则化作万千美丽的蝴蝶消失在夜空之中。

《僵尸新娘》是一部极具创意和表现力的动画电影,视觉效果充满奇幻、浪漫和诗意,从色彩搭配到角色设计都富有想象力,音乐配乐深刻的情感表达更加丰富了电影的内涵,情真意切,深刻动人。

(1)视觉效果。画面是动画与观众交流的核心,本片的色彩具有很强的情感表达作用,导演使用对比分明的色彩,塑造了地上地下截然不同的世界,颠覆了常规人们对于阴间世界阴郁恐怖的想象。在人间,导演运用了灰白影调,人物脸上毫无血色,画面阴冷潮湿,单调无光,压抑异常,死气沉沉。人物大多都阴险狡诈或呆板枯燥,仿佛行尸走肉,人与人之间的交往只有算计和勾心斗角,维克多和维多利亚父母之间的互相恭维让人倍感虚伪做作。维多利亚被父母强制穿上使人喘不过气的紧身衣,反映了传统社会对女性的压迫,更展现出现实世界带给人的窒息感。

与阴暗压抑的人间世界相反,阴间是一个鲜活而又多姿多彩的世界。这里的鬼魂们个个能歌善舞,热情洋溢,无忧无虑,无牵无挂,他们活得比真正的活人更有血有肉。除了怪诞又欢乐的骷髅们,这里的动物骷髅狗、蠕虫、蜘蛛们都很通人性,渲染了欢乐和温情的氛围。影片最后,趁艾米丽举办婚礼的机会,地下的鬼魂们与地上的亲人相会,这使得整个世界也温暖明亮了起来。蒂姆·波顿构建的阴间世界没有痛苦悲伤，他认为死亡并不是一切事物的终结，反而美好生活的开始。

蝴蝶是本片中非常关键的一个元素。影片从蝴蝶视角起始，一只美丽的蓝色蝴蝶从窗户里飞出，飞过阴暗的街道，飞过建筑的屋顶，飞过一个个看起来无比古怪的人物，在这个压抑的城市里，仅有这只美丽的蝴蝶是能够自由飞翔的。影片最终以艾米丽的化蝶奔月完结，表明了她真正获得了灵魂的自由。

（2）人物塑造。电影对于人物形象的塑造也是非常特别的。僵尸新娘艾米丽，虽然外表是腐烂残缺的尸体，披着一袭破败的白纱，颇有阴森恐怖之感，但是她的内在却是一个活泼大胆、善良温柔，敢于追求真爱，冲破种种束缚的少女，虽然是骷髅之身，但她的灵魂依旧鲜活美丽。反观现实社会的少女维多利亚，却是典型的传统女性形象，受到社会规训与父母之命的种种限制和种种束缚，虽然维多利亚是一个现实中的活人，但她的心早已变得麻木而枯槁死寂。

男主人公维克多在电影开头是一个懵懵懂懂的年轻人，他反反复复地排练婚礼誓词，却怎么都做不好。这反映出维克多还不够成熟，还未具备一个男人该有的镇静与强大。而在电影结尾，面对伯爵巴克斯的威胁与恐吓，他毫不犹豫地站出来，勇敢地挥剑保护妻子，与电影开头那个笨手笨脚、犹豫不决的形象判若两人。维克多与艾米丽的相遇不仅使艾米丽获得了解脱，同时也使自己得到了历练。

（3）情节主题。《僵尸新娘》围绕着生存、死亡和爱情进行深入探讨。人间世界的尔虞我诈，利益至上，人们将亲情和爱情都基于名利之上。没落的贵族需要金钱,暴发户鱼贩子想要荣誉地位,而他们的儿女的婚姻便沦为了利益交换的筹码。维多利亚父母的婚姻并没有爱情可言,只是一段合作关系,他们把女儿也只看成可利用的工具。当他们发现维克多失踪时,首先想到的是自己的经济是否会受影响,会不会给家族带来丑闻和耻辱,完全没有关注维多利亚的感受。之后又急于把她嫁给阴险狡诈的巴克斯,觉得他伯爵的身份地位比卑微的鱼贩儿子高多了,逼迫维多利亚成婚,让她沦为婚姻的牺牲品。

艾米丽被骗婚并被谋杀掠财,最后只被草草地埋在树下,她的父母想必也和维多利亚的父母一样唯利是图。城镇里的其他人也同样冷漠无情,对于别人家的事没有同情,只会幸灾乐祸。城镇里人们的生活与工作枯燥乏味,钟表店的人和钟表的指针一样不停重复着扫地的动作,卖鱼的也是如此。人们的笑容虚伪僵硬,所有的人仿佛只有肉体存在而失去了灵魂。

但是阴间的世界却是如此的有温度,骷髅们真诚善良,热情投入地生活。艾米丽在这里因为善良的品格得到了所有骷髅的爱护,热心地为艾米丽筹备婚礼,因她找到了真爱而由衷地高兴和感动地落泪。维克多一开始来到阴间世界时也带着人间世界的狡猾,欺骗了艾米丽并借她之手回到人间,但后来他被艾米丽的善良和骷髅们的真诚打动,决定履行承诺,结束自己的生命,永远留在阴间世界与艾米丽完婚,完成她的夙愿。在蒂姆·波顿的生死观里,人间世界尽是悲痛,而在阴间世界才能得到快乐的永生。

影片也表达了对自由爱情的追求。维多利亚被父母逼迫嫁入暴发户家庭,她心中怀着对真挚爱情的向往,在遇到了与她灵魂相似的维克多之后才得以释放。而维克多也是一个渴望自由的人,他在人世间中屡弱而犹疑,但在经历了阴间的世界后变得坚强勇敢,他逐渐获得了失去的自信,也找到了真爱。

(4)音乐配乐。在《僵尸新娘》中,电影配乐中使用了弦乐器和钢琴,情感丰富的音符渲染出带有忧郁气氛,使影片充满了诗意和华丽感,与电影的整体风格相得益彰。影片初始,随着蓝蝴蝶的翩翩飞舞,画面流转,背景音乐也缓缓奏起。怪诞的和弦与音阶把灰暗阴郁的人间世界衬托得更加压抑,重音节拍与机械钟摆动以及人物机械化劳作的动作相合。之后运用了音乐剧的元素,让维克多的父母在"歌唱"中交代了故事背景。

钢琴在本片中也是很重要的表达人物情感的媒介,维克多和维多利亚在浪漫的钢琴声中初次见面。之后,维克多和艾米丽在阴间的钢琴合奏充满韵味,低音阶部分的艾米丽和高音阶部分的维克多的结合,给人一种特别的凄美感。艾米丽仿佛在诉说自己的悲惨遭遇,而维克多也在积极地回应,表现出对艾米丽的怜悯和对不公的控诉。

伴随着艾米丽的主旋律由四种乐器接力演奏,讲述着她凄美的一生。首先是轻快灵动的八音盒引入,这象征着她憧憬爱情的少女时期。之后是低沉婉转的大提琴和高亢悠扬的小提琴缓缓诉说,八音盒再次进入,情绪层层递进至高潮。此后的长笛仿佛女子如泣如诉的歌声,表现的是她被欺骗、杀害的痛苦与漫长等待的煎熬。第二次出现的八音盒象征着她与维克多的相遇使她重燃希望,长笛是她与维克多求而不能、喜忧参半的恋爱。最后，小提琴再次登场，在渐弱的伴奏声中收尾，艾米丽释然，化作万千蝴蝶翩然而去。

（5）偶动画的艺术手法。偶动画有着平面动画所没有的材料的质感与立体感，又比真人电影多了奇幻的元素。由于拍摄《圣诞夜惊魂》积累了丰富的经验，《僵尸新娘》显得更为成熟和华美。《僵尸新娘》筹划了10年，拍摄了3年，蒂姆·波顿亲手绘制了所有人物的造型草图，创新性地将陶土人偶内部装上精密的机械装置，使所有角色的身体都会自如地运动，面部还会配合动作和语言，表现出丰富的表情，然后这些被精雕细刻出来的人偶被放进摄影棚里逐格拍摄，片中人物动作非常流畅，连骷髅的舞步、艾米丽的头纱飘动都表现得非常细致真实，可见制作组的煞费苦心。片中所有的物件、建筑、光影、背景、人物表情和服饰细节都十分考究，连人物弹琴的姿势和琴键位置顺序都是精确无误的，堪称偶动画中的精品。

3.《科学怪狗》

《科学怪狗》，2012年10月上映，片长87分钟，这部黑白动画长片是在前作电影《弗兰肯斯坦小狗》的基础上重新制作的动画版本。

维克多·弗兰肯斯坦是一个聪明好学的十岁男孩，他和父母还有名字叫火星的小狗住在新荷兰的小镇上。维克多醉心于拍摄电影，并且还喜欢搞一些小发明，经常会在阁楼上自己搭建的小实验室里做一些科学实验。火星是一只斗牛犬，有着无穷无尽的活力与热情。一天，火星不幸被一辆疾驶而来的车给撞死了，维克多一家把它埋在了宠物墓地里。失去了火星的维克多茶饭不思，直到有一天，在学校的科学课上，老师用电击青蛙的方法使其神经抽搐，这一幕让维克多有了救活火星的灵感。

于是，在一个月黑风高的夜晚，维克多前往宠物公墓，挖出了地下埋着的火星的尸体，借助闪电的力量，成功让火星死而复生。但是重新复活的火星变得和以前不大一样了，它身上装满了钉子和螺丝，旁人很容易被它电到。火星也不再需要进食，当它感觉到累了，只需要坐下来充会电，马上就又会元气满满。重生的小狗吓坏了邻居们，他们想要消灭这个怪物。维克多和火星在逃跑时被逼进一间小木屋，邻居们放火失手，几乎要烧死他们，火星将维克多救出，自己又一次死去。维克多和父母决心再次救活它，他们用汽车发动机制造电能，终于又救活了火星。

影片在开场就给观众铺垫了一层黑暗和恐怖的气氛，再加上时不时出现的墓地和骷髅，无一不彰显着这部动画浓厚的哥特风格。《科学怪狗》还把很多常见的哥特元素融入电影的各个"角落"里。火星死后复生变成科学怪狗，脖子上两颗螺丝钉一眼就能认出它活脱脱是《科学怪人》的翻版；火星和邻居家的贵宾狗眉来眼去却一不小心电流过猛，小母狗头上多出一道闪电纹也戏仿了《科学怪人》中的新娘；片中嗓音沙哑的驼背小子，也是弗兰肯斯坦博士助手的标准造型；维克多邻居家的小姑娘叫范海辛，范海辛是经典电影中的吸血鬼猎人。而结尾小姑娘被猫变成的吸血鬼蝙蝠攻击正是致敬了经典的吸血鬼类型片；复活的变异动物们大闹小镇，鬼斯拉在横幅后一声咆哮，市长情急之下躲进厕所，这些都是电影《侏罗纪公园》经典的桥段。

（三）哥特式风格下的纯真和温情

蒂姆·波顿的电影一向被认为是哥特式风格的代表，他的动画作品也延续了这种风格，而且由于动画片较之真人电影可以更自由地表达，所以表现出更为令人惊叹的阴郁而华贵的美感。但蒂姆·波顿的电影中体现得更多的并不是哥特文化的内涵，而是借鉴了其外在的表现形式，有人曾这样评价蒂姆·波顿的电影："他用故事小小地惊吓你，但给你却是很快乐的感受，就像万圣节戴上个鬼面具，而面具底下却是善良的脸和善良的心。"

图2.40　蒂姆·波顿的作品尽显黑暗、阴郁和唯美的哥特式风格

在动画片《圣诞夜惊魂》和《僵尸新娘》中，无一例外地有着恐怖阴郁的背景和角色造型。影片色彩暗淡，基本上是黑白灰三色，种种细节都流露出恐怖片的特质，如《圣诞夜惊魂》中骷髅杰克遛狗的方式是把自己的肋骨扔出去，再让他的骷髅小狗把它叼回来；万圣村的报警方式是拽猫尾巴，让猫发出

凄厉的叫声；台词竟是："吓死人不偿命，没有恐怖的生活多无聊""你太伟大了，因为你使伤口爬满了蛆"等。《僵尸新娘》中僵尸新娘艾米丽出现时阴风阵阵的树林，艾米丽枯枝一样的手指、残缺的断肢、眼睛里爬进爬出的蛆虫、阴间世界形态各异的鬼等。

但就是在这些恐怖恶心的外表下，观众所感受到的却是不同于人世间的情趣与温情。蒂姆·波顿在电影中总是极力渲染一个死气沉沉的人类世界，而异类的鬼怪世界却是生机盎然的，这些面目可憎的角色后面往往都有一颗善良美好的心。僵尸新娘艾米丽为了他人的幸福可以放弃自己生前、死后最大的愿望，杰克则简直可以说是一个彬彬有礼的绅士，他对下属关怀备至，对女主角柔情万种，对其他人也很有礼貌。杰克所做的一切并没有恶意，只不过是同人类开了一个玩笑。《僵尸新娘》中场景从人间转入阴间世界则一下子从阴暗压抑变得多姿多彩，不仅色彩从幽暗变成明亮，人物形象也从阴险贪婪变得欢快可爱。阴间的鬼怪造型虽然诡异，但也十分有趣，他们的生活也充满情趣和欢乐。反观人类世界，维克多和维多利亚的婚姻完全是他们父母进行交易的产物。维克多失踪后，维多利亚的父母为了金钱又同意把女儿嫁给骗财骗色的巴克斯。贪婪凶残的巴克斯不仅杀死了艾米丽，还准备杀死维多利亚。这些形形色色的人所暴露出的本性都是极其贪婪而丑陋，蒂姆·波顿就是通过这种方式来揭示人类社会所带来的冷漠和压抑。

奇形怪状的异类、暗黑的氛围与色调、雄伟但是又有些诡异的建筑、神秘的灵异世界，但蒂姆·波顿的电影却并不会让观众感到惊悚与害怕，反而会有着温暖的愉悦感觉，正如他所塑造的许多角色一样,外表怪异甚至恐怖,但内心却极为纯真而充满温情。

四、奇幻惊悚风格的亨利·塞利克

亨利·塞利克(Henry Selick,1952年11月30日—)出生于新泽西州格伦里奇。1991年执导个人首部动画片。1993年,执导了动画电影《圣诞夜惊魂》,他凭借该片入围第20届土星奖最佳导演奖,并获得第22届动画安妮奖最佳创意监督奖。1996年,执导冒险动画电影《飞天巨桃历险记》,讲述了小男孩詹姆士无意中进入一

图2.41 亨利·塞利克与动画人物卡洛琳

个巨大神奇的桃子里面,结识了六个奇异的昆虫,他们一起乘着巨桃前往梦想乐园的冒险故事。2001年执导奇幻动画电影《蹦蹦猴》,2005年担任动画短片《月亮女孩》的导演。2009年,自编自导奇幻冒险动画电影《鬼妈妈》,该片入围第82届奥斯卡金像奖最佳动画长片奖,获得第62届英国电影和电视艺术学院最佳电影长片奖。2013年,执导动画电影《坟场之书》。2018年,自编自导动画电影《影子之王》。2019年,导演了动画电影《小小噩梦》。2022年导演的动画电影《温德尔和怀尔德》讲述了叛逆少女凯特为了能令父母起死回生而与恶

魔兄弟订立契约的故事。

《鬼妈妈》，2009 年 2 月上映，片长 96 分钟，改编自尼尔·盖曼的同名畅销小说，以其精湛的动画技巧和引人入胜的故事情节而广受赞誉。影片创造出了令人惊叹的视觉效果和细节，其中包括生动的角色形象、丰富多样的场景设计以及逼真而独特的人偶动画效果。

电影中卡洛琳是一个充满好奇心的小女孩，她家刚搬迁到另外一个小镇，父母就算搬到了新地方也一直在忙于工作。这个新入住的小镇看起来十分阴郁和诡异，这里有训练了一个老鼠马戏团的老爷爷，还有肥胖怪异、养着几只吓人大狗的姐妹。卡洛琳对这里的种种兴趣盎然，她还发现在这栋老房子里有一个大秘密——原来她曾经数过家里的门，数字停留在"13"这个不吉利的数字上，第十三扇门是一个外面是一堵墙的小门，晚上，在小老鼠的指引下卡洛琳爬进了这扇门。

卡洛琳进入了一个与现实平行的世界。从表面看来，这个世界只是现实世界的镜像复制，其中的事物与现实里的几乎一模一样。在这个世界中，卡洛琳也有父母，他们对她十分关注和呵护，但这个看似完美的世界实际上隐藏着可怕的秘密。镜像世界的"妈妈"很和善，但她却有着一双诡异的纽扣眼睛。后来这个看上去很和蔼的妈妈不但绑架了卡洛琳真正的父母，她更是试图缝上卡洛琳的眼睛，把她永远地留在这个世界中。不过卡洛琳没有束手就擒，她勇敢地面对危险，并找到了回归真实世界的途径。

电影融合了神秘、惊悚和奇幻的元素，给观众带来了一种充满紧张和奇妙的体验。它不仅展现了小女孩卡洛琳的坚强机敏与勇气，同时也探讨了关于家庭中的亲子关系、孩子成长等主题。

（一）怪诞的哥特美学

与前作《圣诞夜惊魂》有着很大的不同，《鬼妈妈》摒弃了传统的哥特元素，不再将人物设定为吸血鬼、骷髅、鬼魂等，场景也不再是远离人烟的荒野古堡，但依然在无形中展现了哥特风格。比如电影片头就是昏暗黯淡的房间，一个布偶娃娃被剪开、拆卸、重新缝制，锋利的剪刀、穿梭的针线、积灰的老缝纫机、屋角的蜘蛛网都渗透出诡异的气息。正片开始，阴沉的粉殿公寓、灰暗的原野土路、光秃秃的成片枯树、瘦削病态变形的角色等，是对哥特风格的一种创新与提升。

哥特式的人物一般生活在灰暗压抑的环境之中，外形、行为和性格都十分夸张怪异。《鬼妈妈》中卡洛琳家里整体笼罩着一种阴郁暗淡的氛围，父母常常各忙各的，对卡洛琳疏于关心，缺少陪伴，令她倍感孤独。卡洛琳的头比较大，四肢却异常纤细，蓝色的头发和明黄色的外衣蕴含着强烈的反差感和冲突感，表现出其叛逆乖张、渴望关注的性格。而另一个世界中的鬼妈妈有三个阶段的造型：第一阶段，服饰整洁精致，举止优雅，但完美得令人不适；第二阶段，在卡洛琳拒绝鬼妈妈用纽扣缝上眼睛之后，鬼妈妈露出了自己的真实面目，躯干又高又细，极度瘦弱病态；第三阶段，愤怒的鬼妈妈与卡洛琳搏斗时，她暴露了其本身的形态——蜘蛛。这种造型和形态形象地描绘出了鬼妈妈的心理变化，但不管哪个阶段，都包含着一种不协调的哥特式的病态怪异，给观众以视觉的冲击。

与蒂姆·波顿的作品有着异曲同工之妙，《鬼妈妈》也是只借鉴了哥特风格的外在表现形式，在阴郁的氛围之下讲述的却是一个温馨纯真的故事。虽然观众从场景、角色造型等中感受到了恐怖压抑的氛围,但影片最后实际却让人感受到了平凡朴素的亲情与友情。

(二) 人偶动画艺术手法

《鬼妈妈》能给观众带来如此大的视觉冲击,最大限度地表现其奇幻惊悚的特质,与人偶动画的艺术形式是分不开的。电影中的粉殿公寓、鬼妈妈的平行世界、卡洛琳及其父母、鬼妈妈等人物等都是动画制作人耗费时间和精力手工创造出来的,具有强烈的真实感。在影片中最令人印象很深刻的是鬼妈妈的纽扣眼睛,这里也运用了真实的纽扣,令观众有一种很强烈的代入感,仿佛那个纽扣下一秒就要缝到人的眼睛上了。卡洛琳的毛衣、手套都是用毛线编织而成的,与现实中的量体裁衣别无二致,这种独有的质感和温度感是其他形式比拟不了的。

《鬼妈妈》中CG技术被首次应用于定格动画中,使人物动作表情都十分丰富,自然流畅。全片一共制作了200多个人物模型,表情模型多达上千个,并融入了CG技术制作面部表情过渡。场景设计同样结合CG技术,使这部影片既呈现出精彩奇幻的视觉效果,又保留着定格动画的亲切感和原始的古朴感。

这部动画不是完全意义上给孩童看的,孩子可能对影片中的一些设定无法理解,但是大人看了却会有深刻的感悟。片中两个世界呈现出了巨大的对比与反差:在现实世界中,卡洛琳的父母由于繁忙的工作和拮据的生活常常忽略孩子的需求;而在鬼妈妈的世界里,父母是热情温暖、有求必应的,他们会放下手中的工作全身心地陪伴孩子,所有卡洛琳渴望的事情在这里都会实现,这样的世界是完美的,充满诱惑力的,但在完美之下却隐藏着危机。鬼妈妈也是渴望爱的，但是她只想要占有孩子，给孩子缝上纽扣眼睛，使其永远留在自己的世界里陪伴她，这是一种病态的掌控。

这两个世界里都能带给观众一些亲子相处的启示——无论是现实生活中忽视孩子，还是鬼妈妈世界中父母想要掌控孩子，都是不利于孩子成长的，这也是对所有父母的警示。对孩子的爱就像片中出现的蜘蛛网，过度溺爱会将孩子推入看似完美世界的深渊，一味掌控则会毁掉孩子。同时，这里面也包含着对孩子的提醒——所有的孩子不要被"理想生活"的假象所骗，不然就容易像影片中灵魂被困在平行世界的孩子，变成鬼妈妈蜘蛛网上的昆虫任人宰割，而在面对困难的时候则要向卡洛琳学习，勇敢面对，坚定信念，才是解决危机的最好办法。

《鬼妈妈》既是一部给孩子的童话，也是对家长的启示。通过对哥特式风格的运用、定格动画技巧和艺术手法的完美结合、具有创新性的精心设计的情节，非常有创意地讲述了一个奇幻惊悚外壳下的温暖故事，表达着家庭和睦温馨的美好愿望。

第三章
风靡全球的日本动画

在电影技术还未发明之前，漫画是动画的前世，以一幅幅图画来讲故事，也是民间大众喜闻乐见的一种娱乐方式。以日本幕府时期为背景的动画片《剑客琴心》曾描绘了这样一个情节，那个时代一些有名的剑客都有专门的画师为其画像并将画像出售，这种画像被称为民间草笔。19 世纪后期，民间草笔由单幅的画像逐渐发展出具有连续故事情节，并逐渐出现了一些漫画大师。

随着动画技术的萌芽与发展，20 世纪 20 年代左右，西方的动画制作技术开始传到日本，在这一背景下，1917 年下川凹夫制作完成了日本第一部动画片《芋川掠三玄关》，同年还有幸内纯一的《钝刀》、北山清太郎的《猿蟹和战》。进入有声片时代后，政冈宪三拍摄了《海滩物语》，以及 1935 年拍摄的《森林的妖精》是此阶段比较杰出的作品，这是日本动画的草创时期。

此后动画技术日益成熟，许多漫画大师开始转入动画制作，他们往往把自己创作的、已经得到读者广泛欢迎的漫画作品改编制作成动画片。促使日本漫画和动画紧密相连的更重要的是商业上的原因,漫画在日本比较普及,已经形成了较为成熟的市场,拥有庞大的拥趸群,为投资动画降低了不少风险。在这个前提下,许多漫画大师顺理成章地转变成动画制作人,这个特点在日本动画界尤为明显,为人们耳熟能详的动画大师手冢治虫、宫崎骏、大友克洋、今敏等莫不如此。

日本动画题材广泛,制作水平在全世界处于领先地位,但是不像美国那样被一些大的制作公司所垄断,个人的灵光闪现往往淹没在流水线般的制作流程当中。日本的独立动画制作比较普及,所以动画导演的个性化风格较为明显,也促进了创作者的不断进取和独具个人风格的新人辈出。日本动画立足本土,强调个性,注重商业与艺术的融合发展,开拓出自己的一片广阔天空。

早期的动画大师们,他们的灵感取自神话、传说、童话或者是民间故事。然而随着时代的发展,人类所创造的文明在带来科技的进步、社会的发展的同时,也给人类社会带来了各种负面的影响,尤其是第二次世界大战之后,人们在战争中经历了巨大的灾难。经受过战争的巨大创痛和原子弹爆炸的日本,开始全面反思自动化、机械、机器人、现代化武器等这些高科技的产物对人类未来社会发展带来的隐忧,人性和末日情结的交织,也成为当今日本动画片的重要主题之一。

第一节 "日本动画之父"手冢治虫

动画在日本成为最为大众化、流行化的艺术而被普遍接受是从手冢治虫开始的,他的动画随着电视的普及而使商业

图3.1 "日本动画之父"手冢治虫

动画逐渐成为日本动画的主流。他不仅是日本动漫产业的奠基人,也是世界动漫文化的先驱和创新者。手冢治虫的成就最早是从漫画开始的,二战以来他的漫画和动画作品对青少年的影响十分巨大,他所确立的"情节漫画"的表现方法突破了以往惯有的形式,以漫画为基础创作的电视动画片《铁臂阿童木》《森林大帝》等更是风靡许多国家,成为世界各地儿童心目中难以忘怀的记忆。

一、生平经历及其创作

手冢治虫(1928年11月3日—1989年2月9日)出生于关西的大阪,本名手冢治,因为从小特别喜欢昆虫,就以手冢治虫为笔名。手冢治虫很小就喜爱漫画,对美国迪士尼动画片更是痴迷。据他自己回忆说,光是《白雪公主和七个小矮人》和《小鹿斑比》他就看了一百遍以上。1942年,中国的动画片《铁扇公主》在日本上映,给了年幼的手冢治虫以极大的震撼,为他以后走上动画之路打下基础。

(一)手冢治虫的漫画创作

手冢治虫从小就表现出惊人的绘画天赋,小学三年级的一幅漫画在画展中被授予一等奖。1945年,手冢治虫进入大阪大学附属医学专门部学习医学,但他依然延续从小就开始的漫画创作,并于1946年在《每日小学生新闻》上发表作品,连载了四格漫画《小马的日记》。

1947年,手冢治虫根据酒井七马的原作进行改编,连载发行了漫画《新宝岛》,这是他的成名之作。《新宝岛》是日本漫画表现手法的一次划时代的进步。在《新宝岛》之前,日本主要是单幅或四格的漫画,像连环画一样,图片旁配上文字,画面和文字配合完成故事叙述。但《新宝岛》有别于传统漫画的讲故事方法,运用了大量类似电影拍摄镜头的手法来绘制漫画,把影视中广角、变焦、俯视、特写等镜头语言运用到漫画的叙事中,根据情节的需要对一页纸进行分格,每一格类似于一个电影镜头,用电影分镜的方法来安排画面,将大小不同的画格排列在一起,从而产生类似镜头推移的效果。在欣赏漫画的时候,如同看电影电视一样,表现情节、渲染气氛完全用画面来进行,人物就像动起来一样,除了必需的对话外,无须再用文字对情节进行交代。《新宝岛》这种令人耳目一新的方式一经推出就取得了巨大成功,极大地丰富了漫画的表现形式,使日本漫画从此走入了一个新的时代。

1950年,手冢治虫开始在《漫画少年》上连载他个人的第一部长篇漫画《森林大帝》,《森林大帝》讲述了失去了父母的小白狮雷欧如何在艰险历练中成长为真正的森林之王的故事。据说当时手冢治虫绘制草图的时候,由于夜里黄色的灯光很暗,第二天白天才发现原以为是黄色的小狮子并没有被涂上颜色。手冢治虫想到"白色的狮子从来没有人画过,一定会有用的",索性就保留了这个白色狮子的形象。

1951年,手冢治虫从医学院毕业后并没有从事医学工作,而是完全投入了漫画创作中,中篇漫画《阿童木大使》开始在

《少年》杂志上连载，但此时的阿童木还不是绝对的主角。1952年以阿童木作为主角的漫画《铁臂阿童木》问世，轰动了日本。手冢治虫也成功地改变了日本国民普遍认为漫画"幼稚"的偏见，凭借这个具有高科技武器的、可以上天入地的小机器人，奠定了自己在日本漫画界的地位。

1953年，手冢治虫开始在期刊《少女组》上连载漫画《蓝宝石王子》，这是日本公认的第一部少女漫画。在当时日本几乎还没有女性漫画家，市面上也没有特定的以年轻女性为受众群体的作品。手冢治虫开创了日本少女漫画的先河，并由此提出了应该针对不同的人群的需要来创作漫画的观点，从此日本漫画开始出现"少女""少年"的区别，后来又派生出更多其他的类别，由此开启了日本漫画高度产业化的时代。

(二) 手冢治虫的动画成就

1956年，手冢治虫加入了著名的"东映动画"工作室，由大川博创建于1956年10月的"东映动画"是日本动画工业的领头羊，被称作"日本的迪士尼"。手冢治虫在里面担任一些动画的绘画工作，这是他进入动画界的开始。

1961年，手冢治虫获得医学博士学位，但他依旧把动漫创作作为自己的首要职业，并创建了"手冢治虫动画制作部"，第二年更名为"虫制作公司"。这时，随着电视的日益普及，手冢治虫确立了以创作电视动画为主的理念。当时影响世界的迪士尼动画主要在影院播放，以制作的精良和高昂的成本让一些动画人望而却步。在资金有限的前提下，手冢治虫探索出一套尽可能减少角色动作，缩减绘画数量，简化动画的制作流程，不追求形式上的极致，而是尽可能地表现深入人心的故事内容。手冢治虫用很少的资金和人力把动画引入电视这一新兴媒体,利用电视把动画推广到千家万户。1963 年元旦,《铁臂阿童木》开始在电视台播放,这也是日本第一部黑白的电视连续动画片。《阿童木》的收视率高达 47%,也就是说每两台电视机中就有一部在收看这个节目,并连续上演了四年之久。手冢治虫由此获得了巨大成功,从此日本漫画界也形成了将成功作品改编为电视动画系列片的不成文的惯例。

手冢治虫
(出生于1928年)

日本漫画之父

他的《铁臂阿童木》开创了日本卡通画的一个新时代。

图 3.2　手冢治虫和阿童木

此后,虫制作公司制作了日本第一部彩色电视系列动画《森林大帝》,第一部长达 2 小时的电视动画特辑《100 万年地球之旅》《熊猫书》等动画作品。其中《森林大帝》不仅在日本国内获奖无数,1967 年,《森林大帝》的影院版还获得了威尼斯国际电影节圣马可银狮奖。后来迪士尼 1994 年出品的名噪一时的动画电影《狮子王》在画面的呈现、镜头的运用、角色塑造以及故事创意等许多方面都可以看到《森林大帝》的影子。

1967 年,手冢治虫开始连载长篇漫画《火鸟》,《火鸟》的创作持续了 20 多年,直至手冢治虫临终时,作品最后一章《现代篇》仍未完成。《火鸟》由多个独立成篇的故事组成,包括黎明篇、未来篇、大和篇、宇宙篇、凤凰篇、复活篇、羽衣篇、望乡篇、乱世篇、生命篇、异形篇、太阳篇,共十二篇。《火鸟》吸收了大量的神话故事、传说史实,借在浴火中重生的凤凰的传说,展示了各个时代人类面对生与死的不同态度,探讨自然与生命的奥秘。火鸟驰骋在人类的历史和未来中,对人类文明、生命的意义以及宇宙本源进行了全面深刻的思考。

手冢治虫虽然是一位优秀的漫画家和动画大师,但不是一个好的经营管理者,1971 年,手冢治虫辞去虫制作公司社长一职,1973 年,公司因经营不善而倒闭。之后手冢治虫开始了漫长的全球旅行,在旅途中寻找新的创作灵感。

1973 年,漫画《怪医黑杰克》开始在杂志上连载,这是手冢治虫结合自己医生的生活体验创作的作品。杰克是一个满脸伤疤,脾气古怪的医生,他有着超一流的医术,却没有执照,非法行医,还向患者收取高额医药费。这个冷酷无情、令人厌恶的家伙藐视权威,反社会,反传统。作品通过杰克这个具有代表性的叛逆形象,对医疗行业、医生与医德、医患关系等话题进行了深入探讨,对社会进行了严肃的批判,同时也介绍了丰富的医学知识。

手冢治虫在 20 世纪 40 年代就曾经看过中国动画《铁扇公主》,他还创作了向中国古典名著《西游记》致敬的漫画作品《我的孙悟空》。1952 年 2 月,《我的孙悟空》开始在杂志《漫画王》上连载,这部作品在原作的基础上加入了许多富有时代性的创新元素,如佛祖抽起了香烟,唐僧做起了侦探,猪八戒、沙和尚和白龙马的合体变形是一架长着翅膀的坦克,金角银角大王看起了电视,雷公电母组成了一支爵士乐队,师徒四人在取经路上还东渡邻国帮助桃太郎打鬼,甚至还出现了美国的大力水手上天庭,西部牛仔拦路抢劫等情节。1989 年 8 月,动画片《我的孙悟空》播映,这也是手冢治虫最后完成的动画作品。

手冢治虫晚年时倾向于制作各种实验性动画,在国际社会上获得了很高的评价。1984 年摄制的《跳》从主观的视角表现了一个时而跳得高高的,时而飞越大海,时而掉入地狱的不明物体眼中的景象。对于这个跳跃的物体,手冢治虫认为就是观众,进而扩大到整个人群、人类,因为他认为人类总想做一些力所不能及的事,而这往往是造成困境或灾难的原因;1985 年,手冢治虫拍摄了《破碎的电影》,影片故意模仿一些在美国默片放映时常出现的故障,如胶卷卡住的人物等,以调侃电影发展的历史阶段,产生了十分幽默的效果;1987 年的《森林传奇》则显得怪异难懂,采用了极度夸张的手法,流露出一定的环保意识;手冢治虫还想把作家歌德的名著《浮士德》改编为动画,可惜还没来得及完成就离开了人世。

二、手冢治虫的主要作品

(一)《森林大帝》

《森林大帝》,1965 年上映,主要讲述了森林之王狮子彭吉鲁为救妻子而被人类猎杀,他的妻子产下小白狮雷欧后也死去了。失去父母的雷欧被人类收养。在人类社会成长的雷欧既感受到人类的关爱,又痛恨人类中贪婪的狩猎者。长大后雷欧被放回森林,在这个弱肉强食的陌生环境里,勇敢善良的小狮子历尽艰辛终于成长为新一代的森林之王。本片以非洲大地雄伟壮观的自然风光为背景，在雄壮而跌宕起伏的音乐的渲染下，淋漓尽致地展现了"对生命的崇敬与热爱"这一主题。

　　和手冢治虫非常喜爱的迪士尼动画片《小鹿斑比》一样，《森林大帝》同样讲述了森林中的动物故事，表现风格也深受《小鹿斑比》的影响，但《森林大帝》显然充满着手冢治虫个人对现实社会和生活更为深刻的理解。他本着万物平等的理念表达了即使是人类也没有权力剥夺其他物种生存权利的思想。面对人类对动物的猎杀、对森林资源的掠夺，雷欧带领他的伙伴勇敢地为保护森林而战斗，最后迫使人类认识到了保护自然的重要性而放下了武器。

图 3.3　《森林大帝》通过小白狮雷欧的成长经历阐释了
"对生命的崇敬与热爱"的主题

　　片中着力塑造了为了维护森林和平安定而不断奋斗的小狮子雷欧的形象，勇敢善良的雷欧从不恃强凌弱，他帮助弱小的动物，努力地与森林动物们和睦相处。在成长的过程中，雷欧还要不断地面对自我的脆弱和孤独,他一直抱着生命平等的态度与其他种群的动物甚至与人类沟通交往,与伙伴们分享悲伤忧烦和喜悦,逐渐懂得了友谊的珍贵和彼此信任带来的力量,懂得了如何成为一个真正具有责任感的领袖。在各种艰难困苦中,雷欧要不断地战胜凶狠的敌人甚至还要战胜自我,最后才成长为森林真正的主人。

(二)《铁臂阿童木》

1952年4月,手冢治虫的科幻漫画《铁臂阿童木》在《少年》漫画杂志开始连载,直至1968年历时16年长盛不衰。当时正是美国的米老鼠盛行全球的年代,手冢治虫自己也曾说过,阿童木的形象设计深受米老鼠的影响。米老鼠头上有两只圆圆的大耳朵,阿童木脑袋上则是用头发做出的两只尖角。阿童木上身赤裸下身穿短裤的形象也是类似于早期米老鼠的造型。

1963年,手冢治虫把深受读者喜爱的阿童木制作成了黑白动画片在电视上播放,《铁臂阿童木》讲述了在科学技术省任职的天马博士因儿子在车祸中丧生而悲痛欲绝,他制作了一个与儿子一模一样的小机器人来排解忧伤,于是阿童木诞生了。但阿童木终究难以取代自己的宝贝儿子,郁闷至极的天马博士一气之下将他遗弃。好心的茶水博士收留了阿童木,并赋予了他超常的10万马力和7种武器。作为超能力机器人的阿童木与邪恶势力展开了顽强的斗争,经历了各种冒险和挑战,成为人类正义与和平的守护者。但是,同时拥有人类的情感的阿童木却始终无法摆脱自己只是一个机器人,永远也成为不了人类的遗憾。

《铁臂阿童木》将当时战后日本人民亟须重建精神家园、

图 3.4 不屈不挠、永远奋进的铁臂阿童木

渴望国家繁荣富强的时代背景与阿童木纯真善良、聪明勇敢、坚持正义、百折不挠的精神品质巧妙地加以结合,成功地使阿童木走入了日本观众的心里。阿童木两只手臂里可发射的机关枪武器,脚底可喷射的原子动力火焰,他常常与比自己体积大几倍甚至十几倍的机械怪物作战的激烈战斗情节,以及勇往直前的身影、灼热的理想和坚定的信念、决不向任何邪恶势力低头的品性,都使阿童木成为日本人心中的最爱。

1. 艺术风格

手冢治虫在《铁臂阿童木》中,创造了各种各样的角色,包括人类、机器人、动物、外星生物等。他在主要人物的造型上,使用了大眼睛、小鼻子、小嘴巴等可爱化的特征,来增强人物的亲和力和表现力。他也根据人物的性格和身份,为他们设计了不同的服装、发型、装饰等细节,来区分他们的个性和身份。他还注意人物的动态和表情,使得人物既有动作又有情感。

片中展现的世界是一个充满未来感和幻想色彩的世界,有各种各样的奇幻元素和惊险事件,如外星生物、超能力、神秘文明等。还出现了各种未来科技设备,如高速飞行器、自动化工厂、宇宙空间站等。这些场景都通过精妙的细节描绘和镜头特效呈现出来,给观众带来了强烈的科技感和视觉冲击力,展现了手冢治虫对于未来世界和科学幻想的丰富想象力。

在动画制作方面,《铁臂阿童木》采用的是传统手绘动画技术,每一帧都经过精心的绘制和制作,画面非常流畅和细腻。同时,剧中也采用了许多特效和动态摄影技术,如烟雾、火花、光线等,使得整个画面更加丰富和生动,营造出科幻和奇幻的效果。还根据不同的场景和主题,选择合适的色调和搭配,表现不同的气氛和情感,如使用蓝色、绿色、紫色等冷色调表示未来和科技,使用红色、橙色、黄色等暖色调表示热情和活力等。

手冢治虫在绘制阿童木时,善于利用画面空间,创造出充满动感和张力的场景。经常使用不同的角度和视点,如俯视、仰视、远景、近景等,来表现不同的情绪和氛围。也善于运用对比和变化,如黑白、明暗、大小、速度等,来突出重点和节奏。在《铁臂阿童木》中,展现了许多精彩和惊险的动作场面,如飞行、战斗、爆炸等。在动态表现上,使用了多种方法,如速度线、运动轨迹、变形、重影等,来提升动作的速度和力度,增加动作的声响和效果。还注意动作的连贯和逻辑,使得动作既流畅又合理。

2. 主题思想

阿童木所处的世界是一个高度发达的科技社会,有各种各样的科学奇迹和技术创新,如飞行汽车、太空旅行、时间旅行等。这些科技给人类带来了便利和乐趣,也带来了危机和灾难,如核战争、环境污染、生物武器等。手冢治虫既展示了科技对于社会进步和文明发展的积极作用,也暴露了科技对于社会问题和道德危机的消极影响。正如手冢治虫本人所说:"人们说《铁臂阿童木》是我的代表作,说我的理念是革新技术、造福人类,实在是误解。如果认真阅读就会明白,滥用科学技术将产生副作用，导致人情淡薄，引发社会矛盾。"

阿童木或者说机器人就是科技这一抽象概念的具象化。从最开始受到人类的质疑，到后来阿童木在帮助人类的过程中得到人类的认可、信任和依靠，机器人和人类的相处关系发生变化。当时的日本社会还处于二战和原子弹的阴影下，许多人对于高科技，尤其是原子能等感到恐惧，而阿童木的能量来源就是原子能。手冢治虫希望通过阿童木这个形象改变日本社会对待科技的看法，也向人们传达一个信息——科学不是邪恶的，只要能够被正确地使用，科学也可以为人类带来幸福和希望。

动画中还有一个与阿童木同源的机器人亚特拉斯，创造他的邪恶科学家希望借助他统治世界并且让他屡次袭击阿童木。虽然亚特拉斯最终被感化，牺牲自己，毁灭了外星军团，但由于没有接收正确引导他屡次为人类带来了麻烦。这其实也就从另一方面反映出手冢治虫对于科技的看法，他认为科技是不分好坏的，区别只是在于怎么使用，要负责任地面对科技带来的后果。

《铁臂阿童木》更为深刻地探讨了"人类与机器人"的关系问题。作为高级机器人的阿童木虽然有类似人类的心灵，但它其实是最纯真的，没有被人性的丑恶所污染，所以他常常对于现实社会中人类的种种欲望和由此产生的罪恶与黑暗感到无尽的迷惘。他在人类社会中遇到了各种各样的困难和挑战，如被歧视、被利用、被背叛等。他也遇到了许多不同类型的机器人，有些是他的同伴，有些是他的朋友，有些是他的敌人，他在与人类和机器人的交往中，不断地寻找自己的身份和价值，也不断地展现自己的善良和正义。手冢治虫通过阿童木的故事，探讨了人类与机器人之间的相互理解、相互尊重、相互合作的可能性和必要性，也揭示了人类与机器人之间的矛盾、冲突、对抗的现实和危险。同时，拥有高级思维的阿童木又常常对自己的既是机器又是人的身份感到困惑，产生强烈的无所归属感。从阿童木身上折射出的矛盾，即人类社会与科技文明发展的悖论问题，在半个世纪以后的今天仍具有强烈的现实意义。

同时，在《铁臂阿童木》中，手冢治虫也展现了对环境问题的强烈关注。动画中经常会出现地球环境被污染或破坏的场景，例如工业废料、核辐射、海洋垃圾、森林砍伐等。阿童木作为一个机器人，反而比人类更加关心这些问题，经常与破坏环境的人类和机器人斗争。手冢治虫希望唤起人们对环境问题的关注，也传达了一个观点——人类在发展科技的同时一定要关注环境保护，做到人与自然和谐相处。

3. 对日本动漫及动漫产业的影响

《铁臂阿童木》是日本第一部电视连续动画，也是日本第一部出口海外的动画，它开创了日本动漫产业的先河，为后来的日本动漫发展奠定了基础。作为20世纪具有划时代意义的日本动画，手冢治虫在拍摄技法领域进行了一系列创新，在动画界甚至在社会层面都有深远影响。

手冢治虫在制作《铁臂阿童木》动画时大胆地使用了一种动画技巧——"一拍三"，也被称为"三格拍摄法"，即"有限动画"的创作手法。一般来说，电影胶片每秒24格，动画的"逐格拍摄法"每秒24个画面，效果最为流畅。但实际上人眼中形成相对流畅的动感效果只要每秒12张画面就可以了，这被称为"二格拍摄法"。而每秒8张左右的画面就能让人产生画面运动的视觉效果,称为"三格拍摄法",这种拍摄方法可以大大节约绘画的时间与人力。《铁臂阿童木》运用的"一拍三"降低了制作难度和成本,虽然比"一拍一""一拍二"的视觉流畅度有所减弱,但是"一拍三"并不是简单地省略动画的细节。著名动画大师黄濑和哉(代表作有《天空战记》《攻壳机动队:崛起》等)就认为,"一拍一""一拍二"使动作变得柔润圆滑,反而表现不出力量感,而"一拍三"会使动画师最想展示的动作姿态停留更长时间,突出关键的画面,让观看者印象更为深刻。

在当时,日本最大的动画公司东映动画以成为日本的迪士尼为目标,学习迪士尼的"一拍一"的完全动画形式。而手冢治虫制作《铁臂阿童木》时首次在日本动画制作中使用"一拍三",刚开始的原因主要是考虑到经济效益,但在后面的剧场版中也大量地使用了这种形式,反而开拓了日本动画独特的道路。

《铁臂阿童木》运用的这种"三格拍摄法"给动画制作带来了巨大革新,之后被日本动画业界广泛运用,成为日本动画制作中一种有效的方法。"有限动画"在《铁臂阿童木》中运用的方法大致如下。

(1)移动背景赛璐珞。动画中经常出现飞行、奔跑,以及汽车、飞行器疾驰等镜头,这种情况下往往通过快速移动背景赛璐珞片来拍摄,以此来制造前景事物的强烈动感。如前景是正在飞行的阿童木,中景是一些高大的建筑物,远景是天空。拍摄镜头时前景中阿童木保持向上运动的姿势不变,通过向下移动中景和远景造成阿童木向上飞行的错觉。片中其他人物或车辆横向运动的镜头,也都是通过这种方式拍摄的。

(2)重复循环典型动作。根据角色的个性制作一整套典型动作,在不同的背景和场合中重复使用。例如表现走或跑的动作时,只变化行进过程中的背景,动作则重复循环。片中的阿童木无论走多少步,都重复一个迈步的动作循环,没有其他变化。这样的走路方式很机械化,行为很单一,但是也符合阿童木机器人的身份。

(3)呈现部分运动画面。当角色只有身体的某部分动作时,画面除了利用全景镜头交代场景人物外,仅呈现出该运动的部分。如很多的近景镜头按照剧情和画面需要只呈现出身体某部分的动作,如手或脚等即可。

(4)运用静止画面。静止画面大部分是特写镜头,以此来突出角色的特征或情绪。据说这种手法的灵感是来自日本传统的能剧,剧中戴着面具的演员,每段念唱中总要停顿下来摆出一个造型,形成一种静态的美感。静止画面大量运用特写镜头而不用全景镜头,是因为全景镜头长时间静止会让观众感到困惑,甚至去关注画面中种种并不重要的细节,这也不符合人眼的视觉暂留习惯。

(5)简化表情。比如简化说话时的口部动作,不一定要口型与说的话完全对应,在角色说话时只画出张嘴、闭嘴和中间状态三种来配合对白内容,还大量使用了静态的对话场面。

不仅在技术上进行了创新,《铁臂阿童木》对日本人观念的影响也是巨大的。之前很多人对于动漫有很大的偏见,认为画漫画的人不务正业,而且动漫中的一些血腥暴力与色情的画面会给青少年的成长带来不良影响。可是阿童木一出现,他天真正直、健康无邪的形象使人们的态度发生了很大改变。由此,日本动漫业蓬勃发展起来,一大批心怀热爱、才华横溢的年轻人投身到动漫的创作之中。

科幻类的动画一直是日本动画的主流之一,手冢治虫不仅开创了科幻动画片的先河,作品中的一些精妙构思,如对未来世界的架构、高科技的种种产物、改装机器人、变形机械、人与机器的并存与悖论关系等进行探讨,也为之后日本的科幻动画所沿用。

《铁臂阿童木》是一部长篇叙事的鸿篇巨制,堪称开山力作,这要归功于原版漫画。手冢治虫突破了传统的四格式漫画,首创了长篇叙事式漫画。他将小说与电影艺术融入漫画中,以剧情发展和人物塑造为主,确定了此后日本动漫的基本风格与技法,推动了日本动漫产业的飞速发展。

《铁臂阿童木》也创造了日本动漫产业的商业模式,它不仅通过电视播放获得收视率和广告收入,也通过周边产品和授权合作获得经济效益。《铁臂阿童木》还促进了日本动漫产业的专业化和规范化,虫制作公司成为日本第一家专业的动画制作公司,为后来的日本动画工作室提供了范例。

(三)《怪医黑杰克》

手冢治虫本人有医学博士的学位,有着丰富的医学知识,他创作的《怪医黑杰克》开创了日本医学漫画的先河。在漫画创作时,手冢治虫正值事业的低谷期,他把自己对生离死别、生命和人性、医疗科技发展与医德冲突的思考,以及对人生起落的感悟,对社会的冷眼观察,都悄然融入了《怪医黑杰克》的上百个故事中。

《怪医黑杰克》动画版在手冢治虫辞世后于1993年首次改编为OVA,共12集。(OVA是英文Original Video Animation的缩写,即原创动画录影带,也包括VCD、DVD等形式,它是日本独特的一种动画发行形式。OVA一般是首次推出时未曾在电视或影院播放过的。)1996年《怪医黑杰克》播映剧场版,2004年起改编为电视动画,2006年再度播映剧场版,也多次被拍成真人版电视剧。

《怪医黑杰克》讲述了外科医生黑杰克在医学界素有恶名,他没有行医执照,总是索要巨额的医疗费。但实际上黑杰克是一个心怀医治世人,具有高尚医德的医生,他只按照自己的医学理念行事,是挑战整个医学界,否定传统的价值标准的人。黑杰克高超的手术技能无人能及,因而被权威医学界所排斥孤立,但他无所畏惧,坚定地沿着自己所信仰的医学之路走下去。

杰克脸上有一部分黑色皮肤,是因政府镇压环保组织意外死亡的黑人朋友高志捐赠的,高志一直鼓励支持着杰克。杰克在一次爆炸中失去母亲,他自己也身受重伤,为了活下去,移植了高志的皮肤,并为了纪念朋友一直保留着这块黑色的皮肤,所以被称为黑杰克。杰克在本间医生的治疗和教育下成长为一代天才外科医生,他外表凶恶冷酷,为人冷漠,实际上内心却是坚韧温暖。

手冢治虫把生活中的感受全部融入了漫画创作中,在剧情上也有诸多发人深省的思想内涵。手冢治虫曾在访谈中表示,自己借着剧情,发泄了一些自己对于社会的不满情绪。他宣称现代的道德观,往往只是一层掩盖事实的虚荣阴霾。杰克身上被赋予了太多深刻的东西,同时也拥有平常人有趣的性格。如他有自己的价值体系,在手术先后顺序上,"濒临灭绝的山猫绝对比议员重要得多",自己的助手"皮诺可绝对比医师的资格证书重要得多";他敬畏生命和自然,绝对不救不想活的人;对所有的手术他都明码标价,但更愿意要金钱以外的替代品，比如，他明确告诉一个嫁入豪门的女人，"相比你老公的钱，我更希望你能用自己的钱请我吃碗拉面"；重视承诺，一旦施以手术就要全力完成；绝对相信医学，但也惊叹生命的奇迹，例如，在推出手术房时发生意外，撞断了针头，让针头跑进了病人血管，手术并没能取出针头，但最后却奇迹般地靠生命的力量将针头取出了。

当然，在这部作品中黑杰克往往只是很多故事的见证者，作品中有很多伟大的小人物更值得认可和歌颂，比如用性命守护恐龙化石的男人，将琴和手指一起埋葬在雪原的小提琴演奏家；生活在海岛上的富豪请黑杰克来为他治病，富豪的病症十分怪异，他只能依靠大量喝水来短暂缓解病痛，黑杰克对此病也是一筹莫展。与此同时，富豪的秘书觊觎着他的财产和年轻貌美的妻子。随着剧情的发展，故事的谜团被一点点抽丝剥茧地揭示：原来富豪就出生在这个小岛上，他现在所患的病症多年前曾经在岛上流行过，为了防止传染，当时的患者几乎全部被村民杀死，只有年幼的他逃了出去。在功成名就之后，由于怀念故土，富豪回到了家乡，没想到病症再次复发。当地的村民们也开始得这种病，他们还发现了富豪的真正身份，并且愚蠢地认为是他将病症又带了回来，于是集结在一起准备再次杀死富豪。

在紧张的剧情中，手冢治虫展现了对于故事架构超强的把控能力，人性的凉薄和自私在故事里被展现得淋漓尽致。故事中一直像是阴暗反派的富豪在临死前向黑杰克吐露心声：原来他高价雇佣黑杰克不是为了请他治病，而是想要让他在自己死后进行解剖研究，希望能够攻克这个疾病，从而终结这个困扰小岛多年的梦魇。此时已经被病魔折磨得形销骨立的富豪和自私丑恶疯狂的村民形成了鲜明的对比。最终黑杰克完成了富豪的夙愿，也破解了奇美拉病症之谜。手冢治虫通过这个故事证明了生命的意义和不朽，也更是驱走了这个社会的阴霾，将真实人性展现给观众，引人深省。

手冢治虫的漫画一般都有着深层的讽刺寓意，如《虚像》这篇漫画取材于真实事件。1979年9月，日本埼玉县的一名初中学生从12层楼顶跳下身亡，自杀的原因是长时间受到校园霸凌。少年并不是第一次自杀，第一次自杀未果后，反而被同学们嘲笑为"自杀野郎"。少年每到课间休息时就去老师的办公室门口徘徊，以躲避欺负他的人，老师们对此并没采取特别的保护措施。几个月后，不堪重负的少年又一次自杀殒命，而那些欺负他的同学们不仅没有内疚，反而拍手称快说："这小子终于自杀了！"

在手冢治虫的漫画中，黑杰克少年时代的样子与这位被欺负的学生极为相似。幸运的是，黑杰克遇到了志摩老师，并在他的关心和影响下最终实现自我。实际上，这个志摩老师本身就象征了一个虚像，他也许是一个朋友、一个家人，甚至一个陌生人，也有可能是一本书或是一部电影。手冢治虫通过《虚像》一方面在告诉世人："珍惜那个对你好的人，因为他原本可以不那么做。"另一方面也是在谴责社会总体的人情冷漠。

手冢治虫说："我虽然有医师执照，却曾是个会在病历上顺手画起病患人像的医生。尽管如此，我还是会幻想，假使我要当医生，我想当这样的医生，于是我就把这个梦想画成了漫画"。关于《怪医黑杰克》的创作初衷，手冢治虫曾经这样说。身为医学博士的手冢治虫拥有丰富的医学知识，他对种种病症和人体结构的了解令人信服，对医疗事件的选择也非比寻常，甚至加入了许多超自然的元素。漫画通过黑杰克在治病救人的过程中所接触到的形形色色的人和事，向观众展现了"生命的尊严"的意义所在，也对社会现实进行了批判，对人性进行挖掘和反思，同时整部作品还充满了手冢治虫作为漫画家的浓厚的幽默气质。

三、手冢治虫的作品评价

对于手冢治虫的逝世，日本最具代表性的报纸《朝日新闻》评论说："为什么日本人（包括大人在内）那么喜欢漫画？凡是到日本来的外国人，似乎都对这个现象感到奇异。这个理由很简单，那是因为别的国家没有手冢治虫。"

手冢治虫的作品有着超越时代的深邃的思想和恒久的魅力，直到今天还有许多读者和观众。他的作品主题强调"尊重生命""生命平等"与"忽视精神世界的科技发展，一定会导致人类和地球的灭亡"的价值观和世界观，能触动人性深处，作品中蕴含的深刻哲理给观众带来了人生启迪。

在《森林大帝》中，通过小白狮雷欧成长的过程，以及刻画他正义、善良、勇敢、智慧等优秀品质的同时，生动地展现了人类与自然、动物之间相互依存、和谐共生的复杂而又微妙的关系，将"对生命的崇敬与热爱"的主题表达得淋漓尽致。

《铁臂阿童木》赞颂了种种美好的人情和人性，如阿童木与茶水博士的亲情之爱、与患难朋友们的友情之爱、对底层弱者的深刻同情等。阿童木身上还更多地凝聚了手冢治虫对未来人类社会科技发展的思考，曾有著名学者评价说："手冢治虫的作品里充满了东方的智慧，以及对未来的思索。"在高度的自动化、网络科技、精密机械、计算机技术的高速发展过程中，人类拥有更高度的机械文明，但也会出现更深刻的社会矛盾，《铁臂阿童木》中就提出了机器人与人类的关系、机器人的权利等这些蕴涵着哲学深度的命题。同时，人类贪欲的本性随着科技的发展也会给人类带来更大的灾难，这是手冢治虫带给人们的警示。

手冢治虫的作品对社会上很多领域都所有涉及，在经历过二战后，他的作品常常带有呼吁和平、反对战争的沉重主题，如《昭告希特勒》等作品，这些题材扩展了动漫的表现领域。手冢治虫还改编了不少的世界名著，比如《新浮士德》《一千零一夜》《三只眼》等，这些作品不仅保留了原著的精髓，还加入了很多手冢治虫对人生和社会的理解。

手冢治虫作为日本动画的先驱者，还开辟了日本动画的发展道路。阿童木在故事中传递出的"机器人是人类的朋友"，以及机器人也有人类的感情，也拥有"爱"的心灵这样的主题，初步构成了日本人对机器人的想象和看法。作为全日本动漫作品中机器人的始祖，阿童木作为"科学之子"与他的"父亲"手冢治虫一起，成了日本国民心中永远的英雄。

20世纪60年代是美国动画盛行的年代，《米老鼠和唐老鸭》系列等基本上占据了大部分的日本动画片的市场，《铁臂阿童木》的横空出世给观众带来了强烈的震撼和冲击，有很多以前担心动漫会带给孩子不良影响的家长们，开始鼓励孩子看漫画和动画片。

风靡世界的美国动画往往是善恶分明、单纯明快的，宣扬超人式的英雄主义，是西方文化的产物。而从手冢治虫开始，日本动画走出了不一样的道路。手冢治虫赋予了日本漫画强烈的民族文化色彩和独特的个性,并引领日本动画逐渐走向对生命、社会和人本身更深层次的思考与探索。

手冢治虫还使电视动画得以普及和发展,使动画片实现了大量生产,走入千家万户。他开发了一整套电视动画的创作流程,力求形式简化。手冢治虫认为与其关注人物的动作,不如关注人物的内心,最重要的是故事,要以精彩的故事和情节取胜,这种创作理念成为以后日本动画创作的一大特点。低成本、重故事的日本电视动画在手冢治虫的倡导下从大银幕走向电视银屏,拥有了更为广大的观众群,并逐步占领了全世界的动画市场。

手冢治虫一生创作不息,连环漫画百余种,共塑造了2 000多个极富生命力的漫画形象,创作60多部动画作品。《铁臂阿童木》《森林大帝》《火鸟》《怪医黑杰克》《我的孙悟空》《新宝岛》等作品都曾在日本引起轰动。在他的作品中,有生动鲜活的形象,有曲折奇幻的故事,有发人深省的哲理,充满了东方的智慧和对未来的思考,对动漫创作产生了不可估量的影响。日本动漫的繁荣昌盛与手冢治虫的倡导与贡献是分不开的。日本动漫界给了他"漫画之神""动画之父"这样的称号和荣誉来表达对他的崇敬之情。

第二节　宫崎骏及吉卜力工作室

一、宫崎骏的生平经历及创作

宫崎骏(1941年1月5日—)出生于东京,后来全家为了躲避第二次世界大战的战乱,迁到了东京东北部的栃木乡下,这段乡村生活成为宫崎骏难以磨灭的儿时记忆,也时常出现在他日后的创作中。后来全家又迁往宇都宫市和鹿沼市,伯父在鹿沼市经营一家军工飞机工厂,宫崎骏的父亲在那任职,

图 3.5　宫崎骏创造了日本动画的辉煌

所以在战争物资匮乏时期全家也过着基本上能保持温饱的生活。

(一)走上动漫之路

宫崎骏从小就喜爱漫画,并刻苦练习绘画。1947 年宫崎骏的母亲患了结核病,在病床上躺了九年之久,从动画片《龙猫》中就可以透视出在母亲生病的时候一家人灰暗艰难的生活。1958 年由东映动画制作的日本影史上第一部彩色动画电影《白蛇传》上映,还是高中学生的宫崎骏迷上了这部片子,并对动画产生了浓厚的兴趣。

高中毕业之后,宫崎骏升入东京学习院大学,攻读政治经济学专业,这期间他创作了大量的漫画。1963 年大学毕业后,宫崎骏进入东映动画工作,在手冢治虫创办虫制作公司之前,东映动画几乎占据了日本全部的动画市场。虫制作公司出现后以制作流程简单,价格较为低廉的电视动画著称,而成本高、画面精细的动画电影依然是东映动画的天下。进入东映动画时宫崎骏仅是底层的原画人员,他第一部参与制作的作

品是电影动画《汪汪忠臣藏》，随后又参与了东映动画首次制作的电视动画系列片《狼少年肯》的制作。

当时年轻的宫崎骏提出的一些策划常常不被采用，但是他还是坚持着自己对动画的热爱。看了苏联动画片《冰雪女王》之后，宫崎骏更下定决心献身于动画事业："我看到了动画的制作是何其慎重且值得珍惜的事业……动画是一种如此纯粹、素朴，又可让我们发挥想象力来表现的艺术……它的力量不会输给诗、小说或戏剧等其他艺术形式。"①

1964年，宫崎骏当选为东映动画劳工协会的秘书长，在这里他认识了人生最重要的合作者高畑勋。1965年秋，宫崎骏加入高畑勋导演的《太阳王子霍尔斯的大冒险》的制作小组，担任场面设计及原画。同年十月，宫崎骏和同事太田朱美结婚，此后宫崎骏和妻子一起参与了《穿长靴的猫》《幽灵飞船》的制作。1969年宫崎骏开始以秋津三朗为笔名创作连载短篇漫画《沙漠之民》，这部作品有着后来《风之谷》的一些雏形。

1971年，宫崎骏离开东映动画，和高畑勋一起进入了"A-Pro"工作室，并开始筹拍《长袜子的皮皮》，为此宫崎骏专门出国到苏格兰考察，但这部作品最后并没有付诸制作。不过宫崎骏在此期间游历的欧洲村镇的风景给他留下了深刻的印象，此后这些景象经常出现在他的作品中。

宫崎骏还参与了电视版《鲁邦三世》部分剧集的制作，大侠鲁邦的形象对日本的影响可谓深远，《鲁邦三世》一直到现在还几乎每年都有相关作品推出。1973年，宫崎骏和高畑勋

---

① 云峰：《与梦飞翔宫崎骏——动漫、梦想还有往日的纯真》，北京文化艺术出版社，2002年，第1页。

两人合作的《熊猫·小熊猫》上映了，这部作品宫崎骏一人身兼原案、脚本、场面设计、原画四个职务，较大地体现了他个人的风格。1973 年 6 月，宫崎骏和高畑勋离开"A - Pro"工作室，共同加入 Zuiyo 图片社。

1974 年，由宫崎骏担任制作，高畑勋担任导演的动画片《阿尔卑斯山的少女海蒂》播出，该片受到广泛好评。1976 年，他们又合作了《寻母三千里》。为了保证动画片的质量，宫崎骏还曾经到意大利和阿根廷等地拍摄外景。这部片子还曾在中国的电视台播出，也获得了广泛的好评。

1978 年，第一部由宫崎骏监制的《未来少年柯南》在日本 NHK 电视台播出。该片讲述了少年柯南为拯救人类，不断与拥有高科技武器的恶魔战斗的故事，片中流露出对现代科技文明的反思和对人类未来的忧虑，这成为宫崎骏以后作品中反复强调的主题。宫崎骏对原著的改编更富有想象力和表现力，塑造了柯南这个充满活力，有个性，富有创造力和冒险精神的未来少年，赢得了许多观众的喜爱。1979 年，宫崎骏进入了东京电影新社，1980 年首次执导了电影版的《鲁邦三世·卡里奥斯特罗城》，再度讲述了冒险和传奇的故事。

1982 年到 1994 年，宫崎骏的长篇漫画《风之谷》开始在德间书店的杂志上连载，这部历时 12 年，长达 7 卷的漫画巨著，内容丰富，人物众多，充满神话与科幻色彩，有着史诗般宏大壮美的气魄。1983 年，宫崎骏开始筹划把《风之谷》拍摄成动画电影，由他自己任导演，由高畑勋担任制片。1984 年 3 月，动画电影《风之谷》上映，该片以其丰富的想象力及深刻的内容震撼了观众。其丰富多彩的人物形象、优美精致的画面、幽默诙谐的对话，积极向上的精神也使得宫崎骏声名鹊起。

在漫画《风之谷》连载期间，宫崎骏遇到了全日本最大书店的总裁德间康快。德间康快非常欣赏宫崎骏的才华，在他的资助下，1984 年 4 月，宫崎骏和高畑勋两人合伙创立了"二马力"会社，这也就是吉卜力工作室的前身。

1984 年和《风之谷》一起公映的还有由宫崎骏导演的《名侦探福尔摩斯》，分为《蓝色红宝》和《海底财宝》两篇。影片的最大特色是片中所有的角色全被换成了动物，极大地发挥了动画片天马行空的表现力。著名的侦探福尔摩斯的形象变为一只德国小猎犬，助手华生医生的形象变为一只憨厚的苏格兰长毛犬，美丽的女主角哈德逊夫人则是英格兰约克夏贵妇犬，丑陋的沙皮狗成了片中的邪恶一派。此后，该片还被改编成电视版动画。

（二）在吉卜力工作室取得的成就

1985 年，在动画电影《风之谷》成功之后，吉卜力工作室创立，该名字来源于宫崎骏自幼对飞行器的热爱。"吉卜力"是二战时意大利的一款侦察机，意大利语的意思是"撒哈拉沙漠的热风"。吉卜力工作室创立之初就开始筹划制作动画片《天空之城》，于 1986 年上映，是吉卜力的开山之作。宫崎骏一人身兼原作、导演、脚本和角色设定数职，使得这部作品从头至尾注入了宫崎骏一以贯之的理念。宫崎骏富于戏剧张力的细节描绘、充满视觉冲击力的幻想时空的刻画都使这部作品获得了极高的评价。

此后《龙猫》和《魔女宅急便》于 1988 年和 1990 年先后上映，宫崎骏将完全想象出的虚幻的时空转向更为真实的人类社会生活，极富戏剧性和传奇性的剧情也被平淡温馨的故事所代替。《龙猫》中对亲情和友情的描绘，《魔女宅急便》中对少女成长过程中必然遇到的种种烦恼进行了细致入微的刻画，使人备感亲切。《龙猫》虽票房不尽如人意，却包揽了当年日本很多电影奖项，而且龙猫也成了最受欢迎的动画形象，被制成各种玩具，十分畅销，后来龙猫还成了吉卜力工作室的标志。而《魔女宅急便》的上映，是吉卜力成为票房保证的开始，它吸引了大约 2.64 亿名观众，成为日本当年度最卖座的电影。

1992 年，《红猪》上映，同样获得了高票房。宫崎骏动画一直以来都是以少女或少年作为主角的，这次却细腻地描绘了一个有着猪一样面貌的中年男人的经历和心态，这不能不说是已年到中年的宫崎骏本人生活体验的投影。宫崎骏曾自喻为剧中的主角波哥，将自己在俗世中身不由己的无奈通过波哥的传奇故事表现出来。

1998 年的《幽灵公主》是宫崎骏的一部鸿篇巨制，尽管出于票房的考虑，片长从 5 个多小时被压缩到 2 个小时，从而使有的情节显得突兀和生涩，但这部作品仍呈现出精美的制作画面、壮观的场面和宏大的主题，是宫崎骏对自然和人类关系苦苦思索、呕心沥血制作出的作品。

制作完《幽灵公主》之后宫崎骏曾一度宣布退休，但很快就难以抗拒带给他荣誉和骄傲的动画的诱惑，再度拿起画笔。2001 年 7 月，《千与千寻》横空出世，这个讲述了一个平凡的小女孩在神域世界的冒险，从而获得心灵成长的故事，上映后两个月便成为日本电影史上票房最高的动画电影，并于 2002 年在柏林电影节斩获“金熊”大奖，2003 年还获得奥斯卡最佳动画长片奖。

此后宫崎骏仍然继续执导和参与了多部动画片，如 2002

年担任森田宏幸导演的动画片《猫的报恩》的企画，这部作品虽然不是宫崎骏导演的，但仍有着鲜明的宫崎骏风格。2004年11月，宫崎骏导演的《哈尔的移动城堡》上映，影片改编自英国科幻小说家黛安娜·韦恩·琼斯的同名小说，以19世纪末20世纪初期的欧洲为背景，讲述了一个有关魔法、战争和爱的温暖故事。

宫崎骏的《悬崖上的金鱼公主》于2008年7月上映，故事融合了安徒生童话《海的女儿》中的一些元素，讲述了和母亲生活在悬崖上的5岁小男孩宗介和一个海中拥有魔法的金鱼公主之间的故事。这部由17万张纯手工绘图制作而成的影片，就像孩子们的蜡笔画一样稚气纯真，并继承了宫崎骏深刻的哲学式反思，通过孩子们之间真挚的友情故事来反思环境保护等一系列社会问题。

2013年，《起风了》上映。《起风了》的背景设定于二战时期，是零式战斗机创造者堀越二郎的个人传记。尽管《起风了》依旧有宫崎骏优美的画作风格、灵巧的人物动作设计，有久石让悠扬而轻盈的音乐变奏，但在不同于以往的氛围中，以沉静平淡如水的口吻叙述了在那个"起风了"的动乱年代，终于梦想成真却不知所追梦想是否正确的故事。影片表达了宫崎骏一贯反战的主题：在战争的狂风下，没有人能幸免于难。

2014年11月8日，宫崎骏被授予奥斯卡终身成就奖。2015年2月22日，又获得了第87届奥斯卡金像奖奥斯卡荣誉奖。2018年10月23日，被洛杉矶影评人协会授予终身成就奖。

宫崎骏的新作是退隐十年后于2023年推出的《你想活出怎样的人生》，这是一部原创的冒险动作奇幻作品，片名取自宫崎骏小时候读过并非常喜爱的吉野源三郎的同名小说，主角为第二次世界大战时的一名少年，讲述他成长过程中的困惑，探讨了什么是生而为人真正重要的东西。

二、吉卜力工作室的创建及发展

1985年，宫崎骏和高畑勋共同创建了吉卜力工作室。吉卜力工作室从创立之初就秉承一个原则：只制作由原作改编，用于剧场放映的动画电影，制作出动画精品。这个原则与当时日本其他的动画制作室有很大不同，吉卜力创立的时期正是日本电视动画大发展的时期，在全世界都有很大影响，当时中国的电视台就播放了很多日本动画片。电视动画制作程序相对来说比较简单，制作周期短，所以风险较小，并且很受大众欢迎。而制作动画电影则不仅要耗费大量的人力物力，投入大量资金，还要冒很大的票房的风险。但宫崎骏和高畑勋坚持认为，电视版动画片难以创作出高品质的动画，无法达到他们心中追求的理想境界。而动画电影可以保证动画片真正的艺术品质，体现创作的理念。秉承制作高品质动画的原则，吉卜力制作的动画片不仅在票房上屡创佳绩，还站在人文主义的高度，传达了更为宏伟的主题，开辟了另外一条动画创作的道路，并赢得了全世界的尊重，这不能不说是一个奇迹。

宫崎骏是吉卜力的领军人物，但高畑勋的作用也不可小视，他是宫崎骏的重要合作伙伴，也是吉卜力的著名动画制作人，还有另一个重要人物就是音乐人久石让。吉卜力出品的大部分动画的配乐都是由久石让完成的，音乐也是吉卜力成功的一个主要因素。到了后期吉卜力又启用了望月智充、近藤喜文这样的新人执导影片,同样取得了不俗的成绩。

在创立之初,吉卜力工作室的成员并没有预料到日后的辉煌,"我们制作一部电影,如果它成功了,就再做下一部。如果失败了,那这个工作室就得结束生命"。为了把风险降到最低,吉卜力工作室没有雇佣全职人员。在制作一部影片的时候,他们会招募一个多人团队,实行计件工资制。当电影完工之后,这个创作团队便自动解散。1986 年,根据宫崎骏同名漫画改编的《天空之城》上映后,吉卜力工作室取得了初步的成功,不仅票房十分可观,同时得到了极高的评价。

图 3.6　憨态可掬的龙猫成了吉卜力工作室的标志

《天空之城》上映之后,吉卜力工作室又开始同时制作宫崎骏导演的《龙猫》和高畑勋导演的《萤火虫之墓》,对于刚刚发展起来的一个动画制作室来说,其难度可想而知。两部作品上映后虽然票房并不是很理想,但它们卓越的品质得到了广泛的称赞。《龙猫》在日本获得了很多电影方面的奖项,《萤火虫之墓》那种清新流畅而略带悲情的感觉,则被称为"真正的艺术"。

《萤火虫之墓》表达了高畑勋对战争痛切的控诉和反思,故事讲述了二战结束前夕,14 岁的日本男孩清太和 4 岁的妹妹节子失去了父母,他们只得寄住在姨母家中,却饱受虐待。倔强的清太决定带着妹妹自食其力,在野外度过了一段艰难的日子,残酷的战争最后把他们吞噬,他们的身影消逝在漫天的萤火中。整部电影完全被笼罩在一种阴暗悲凉的气氛中，深刻地表现了战争带给人们的伤痛，具有直达人心的深度和力度，许多观众被感动得潸然泪下。

几部佳作使吉卜力工作室声名鹊起，《龙猫》虽然在票房上并没有太多盈利，但被制成玩偶的龙猫竟然成为畅销玩具，最后吉卜力决定用可爱的龙猫形象当作工作室的标志。1989年的《魔女宅急便》是吉卜力第一次取得极佳票房的电影，之后吉卜力开始改革用人制度，雇佣全职人员并进行工作人员的训练和扩增计划，建立了更为完善的组织结构，以保证工作室的经营运作和动画片的制作质量。1991年公映的高畑勋导演的《点点滴滴的回忆》是吉卜力启用新制度后拍摄的第一部影片，它同样成为当年最卖座的电影。《点点滴滴的回忆》由女主角夕子对小学生时代点点滴滴的回忆和她现实的生活相交织，通过细腻感人的描写，真实地再现了已经逝去的那个时代，使观众在这部片子中找回了对往昔的记忆。1992年宫崎骏导演的《红猪》依然保持着强劲的势头，又成为年度票房最佳的电影，吉卜力已经成为品质和票房的保证。

在《红猪》上映的同时，吉卜力也告别了创业之初租来的简陋的办公室，搬进了新建成的办公楼。此后，吉卜力又购进了两部大型电脑摄影机，正式成立了摄影部门。吉卜力成为部门齐全、初具规模的动画制作公司，全职雇员达到百人左右。

1994年，高畑勋导演了以环保为主题的《平成狸合战》，以日本传说中神奇的动物狸猫作为动画的主角，讲述了狸猫们用巫术法力来抗拒人类对它们赖以生存的森林草场的侵袭。在日本传统信仰文化中，狸猫是一种神秘的动物，它们会使用幻术,身体可以任意变化,或者把树叶变成钱一类的物品来欺骗人类。影片以黑色幽默的方式对人与自然动物如何和平相处的问题进行了思考。在这部片子中,吉卜力第一次使用了CG技术。参与这部动画片制作的人员,大部分都是在20世纪90年代初新近加盟吉卜力的年轻人,他们为这部作品也为吉卜力注入了新鲜和活力。

随着高畑勋与宫崎骏年事已高,吉卜力开始考虑注入新鲜血液。1993年引入了青年导演望月智充,并开始拍摄第一部电视动画《听见涛声》。《听见涛声》改编自日本少女小说家冰室冴子的同名小说,是一部青春爱情文艺片,讲述了女生武藤里伽子因父母离异转学来到高知县,与男主角杜崎拓同读一班。娇生惯养的武藤里伽子和杜崎拓因为性格原因经常产生矛盾,但在吵闹中逐渐爱上对方,成为一对恋人。这部电视动画获得了广泛好评,是吉卜力进入电视动画领域的开始。导演望月智充和影片的其他制作者都是二三十岁的年轻人,他们的工作信条是"快速、便宜而又有品质的制片"。

1995年,为了培养更多一流的动画人才,吉卜力在工作室所在的区域建立了东小金井动画学院,由高畑勋担任校长。同年,吉卜力推出剧场版动画片《侧耳倾听》,由近藤喜文导演,但是策划、脚本、制作仍然是由宫崎骏负责。影片主要讲述了一对恋人互相勉励,互相学习,共同努力,为各自的理想而奋斗的故事。

1997年,宫崎骏构思酝酿长达十六年之久,制作历时五年的动画片《幽灵公主》隆重上映。宫崎骏亲任原作、策划、脚本、导演四职。该片片长133分钟。在制作过程中,共完成画稿13.5万张,另外还大量运用了计算机辅助技术,CG技术会使原来只有 2D 的平面影像变得更加立体真实而有层次感,令影片的制作质量有了大幅度的提高。为了运用好 CG 技术,吉卜力专门设立了一个 CG 小组,购置了全套设备,并邀请了擅长 CG 的导演铃木敏夫加入影片的制作小组,此前铃木敏夫也曾参与到《平成狸合战》的制作过程中。

《我的邻居的山田君》是高畑勋 1999 年的作品。这部作品舍弃了吉卜力以往惯用的动画制作手法,运用数字技术代替了传统手绘,在计算机上使用铅笔线条与水彩色调进行绘制,呈现出素描般的效果。这是吉卜力第一部完全在电脑上完成绘图和动画制作的作品。

在《幽灵公主》获得成功之后,将近 60 岁的宫崎骏一度宣布退休,希望年轻人能够接替他来完成动画事业。但 1998 年宫崎骏的得意门生近藤喜文突然去世,这也是促使他重新拿起画笔的一个原因。在沉寂了四年之后,宫崎骏于 2001 年 7月 20 日推出了迄今为止吉卜力的巅峰之作《千与千寻》。《千与千寻》屡次获得国际大奖,还成为日本有史以来最卖座的电影。

2002 年,由森田宏幸导演的《猫的报恩》是动画片《侧耳倾听》的姊妹篇,片中的主角就是《侧耳倾听》中曾经出现的胖猫,以及穿着燕尾服的"男爵猫"。影片围绕着两个猫试图营救一名救过猫王子的小女孩而展开。从某种意义上说,吉卜力制作这部动画片也是对《侧耳倾听》导演近藤喜文的一种缅怀。

此后吉卜力还推出了由新人导演的《种山原之夜》和《地海传说》两部电影。2005 年的《种山原之夜》根据著名作家宫泽贤治的同名作品改编而成,由担任过《龙猫》《平成狸合战》

《幽灵公主》等作品艺术设计和场景设计的男鹿和雄导演并负责作画。

2006年的《地海传说》由宫崎骏的长子宫崎吾郎担任导演,改编自美国科幻小说女作家厄休拉·勒古恩的小说《加德战记》。《加德战记》是与《指环王》《纳尼亚传奇》齐名的西方幻想文学作品。厄休拉·勒古恩曾公开表示:"只有宫崎骏才可以将这部小说拍成动画。"但宫崎骏当时正忙于制作《哈尔的移动城堡》,导演的工作就落在了宫崎吾郎身上。

此后,吉卜力出品了很多动画精品。主要有宫崎骏导演的作品《哈尔的移动城堡》《悬崖上的金鱼公主》,还有2013年11月的由高畑勋导演的《辉夜姬的物语》,该片以日本最古老的故事《竹取物语》为题材,以及米林宏昌执导的《记忆中的玛妮》、宫崎吾朗的《阿雅与魔女》等。

三、宫崎骏的主要作品

(一)《风之谷》

《风之谷》,1984年3月上映,片长125分钟。电影故事源自宫崎骏同名漫画的前三分之一,讲述了人类的繁荣在"七日之火"战争后结束。一千年后,仅存的少数人类即将被栖息着虫类的散发着有毒气体的"腐海"森林所侵蚀,王虫是一群可以毁灭人类栖息之地的可怕生物。

在腐海的边缘,有一个凭借着风的力量而没有受到侵害的人类的家园风之谷。野心勃勃的邻国多鲁美奇亚人想征服世界,发动了战争。他们攻占了培吉特,挖掘出武器巨神兵,又占领了风之谷。培吉特人为了报仇,竟然以小王虫为诱饵,想引王虫群来消灭占据风之谷的多鲁美奇亚人。

　　娜乌西卡是风之谷族长的女儿,她喜欢乘着滑翔翼在腐海森林中漫游,遇到了人人害怕的王虫,发现了腐海的秘密。原来腐海底下竟是干净的水、土和空气,腐海的存在是为了使受污染的大地复苏,王虫则是为了保护腐海而生的。娜乌西卡面对疯狂的人类和王虫,用自己的智慧和真诚化解了这场一触即发的战争,终于使风之谷恢复了宁静。

图3.7　御风而行的娜乌西卡是自由和和平的象征

　　《风之谷》一经播放,不仅引起了巨大的轰动,女主人公娜乌西卡这一形象在日本也连续十年成为动画人气排行榜的冠军。娜乌西卡来源于希腊史诗《奥德赛》中出现的派阿基亚公主的名字。据巴奈德·艾维斯林的《神话小事典》中的描写,娜乌西卡是一位聪慧而充满梦想的美丽少女,她喜欢在大自然中漫游。她曾经救过海上漂流的希腊英雄奥德修斯,为奥德修斯即兴演唱的歌曲所心动,娜乌西卡的父母不准他们相爱,急忙送走了奥德修斯。娜乌西卡从此一生未嫁,成为一个女性游吟诗人,不断吟唱奥德修斯和他的海上漂泊故事。《风之谷》里的娜乌西卡同样也具有着如此的浪漫和勇气,她能够调和王虫与风之谷谷民之间的矛盾,避免了许多无谓的争端,也能够勇敢地去拯救培吉特少年阿斯贝鲁,在面对疯狂的王虫群时,她能毫无惧色地面对它们的冲击。《风之谷》探讨的是人与自然如何共生的主题,娜乌西卡深刻地懂得人类并不是大地的主宰,要与其他生物和谐共处的道理。她在人与人、人与生物之间周旋、斗争、沟通、调节,最终带来了世界的和平安宁。娜乌西卡不仅表现出一个少女的纯洁可爱,更表现出正直、顽强和舍身救世的情怀,这个勇敢、细心和坚韧不拔的少女形象深入人心,赢得了观众的喜爱。

(1)腐海之美。电影开头讲述了在千年后的世界,人类高度发达的物质文明被战争毁于一旦,名为腐海的特殊生态系统统治了整个世界,腐海由危险的菌类和长相奇异的虫类组成。腐海中的菌类会释放出对人类有毒的瘴气,同时散布孢子,将它们的菌丝沿腐海边缘逐渐外扩。腐海中的虫类数量繁多,十分危险,每当人类试图烧掉腐海,数以万计巨大的王虫会从腐海深处倾巢而出,它们成群结队地在大地上狂奔,一片黑暗中血红色的眼睛笼罩了整个大地,远远地就可以听到它们的足部叩击大地时的隆隆巨响,王虫不停地奔跑,摧毁所经之处的一切村落、城邦,直到精疲力竭地死去,在它们的尸体上会生长出新的腐海。从人类的角度来看,腐海是令人恐惧的"死亡之海"。

而当剧情以娜乌西卡的视角展开,腐海的恐怖色彩被一点点消解,人类的罪孽则慢慢浮出水面。其实形貌骇人的虫群并不会主动攻击人类,只有在人类惊扰它们或是意图烧毁腐海时,才会展开反击。致命的瘴气的产生也是因为人类,在洁净的土和水中生长的菌类并不会散发瘴气,就是因为这个世界上几乎不再有洁净的土与水了,才会产生有毒的气体。"到底是什么把世界污染成这个样子了?"片中娜乌西卡这样发问,当她和阿斯贝鲁一起被流沙吞没,坠入腐海的深处时,这个问题的答案也昭然若揭——腐海的表面瘴气密布,底下却有着世界上最为洁净的水与空气。腐海的菌类吸收并消化着这个世界上被污染了的水、风、土,将其中有毒的成分转化为瘴气释放,将干净的物质输回地底,它们在死后逐渐化为洁净的细沙,千年后细沙化为洁净的土,洁净的土地上将再次孕育出健康的植被。其实腐海是地球上被人类伤害得千疮百孔的脆弱生态系统中执着的净化者,虫群是腐海的保卫者,而人类才是毁灭世界生态的存在。

影片使用对比的手法来凸显腐海的静谧美丽。电影开始于一片荒芜的景象——灰色的天空、漫天土黄色飞扬的沙尘、随处可见的散发着瘴气的诡异菌类。接下来画面一转,镜头引向腐海深处,呈现的却是大面积清澈的蓝,背景声也从前面萧瑟的风声转变成轻盈空灵的乐声,娜乌西卡在腐海深处愉悦地探索,观众的心情也由沉郁转向欢快。在短短几分钟的镜头中,宫崎骏向观众呈现了腐海深处巨大而美丽的植被、会发光的菌类、低空慢速飞行的各种虫类,当音乐响起,雪白的孢子从顶部落下,金色的光线从顶部洞口斜射进来,照耀在娜乌西卡以及她身下的巨大王虫壳上时,观众仿佛被引入了一个与世隔绝的仙境。宫崎骏通过鲜明的对比展示了大自然的魅力,他对于自然的亲近偏爱也可见一斑。

随着剧情的推进,腐海与人类的角色进行了正与反的转变,这也引出了宫崎骏在《风之谷》中想要讨论的主题——正是由于人类对自然环境的破坏,消耗了大量的资源,自相残杀,才导致"腐海"的产生,让全人类处于危险之中。

(2)娜乌西卡的选择。娜乌西卡作为主角,其思想其实也是宫崎骏本人的所思所想。与其说娜乌西卡是拯救人类的圣女,倒不如说她更像是自然的孩子。娜乌西卡对自然表现出的是一种超乎想象的亲近与适应,从幼时哭泣着试图藏起小小的王虫幼崽这一时刻便已十分明晰,这其中也暗含了宫崎骏本人对自然的亲近与对人类破坏自然的行为的责备与反思。

娜乌西卡亲近自然,她也热爱着人类,电影中数次出现她从王虫手中救下人类的剧情,哪怕是面对占领了风之谷、杀死了她的父亲的多鲁美奇亚王国的王女库夏娜,娜乌西卡仍然伸出了援手。娜乌西卡对人类的种种援助并非出于理解或是原谅,而是尊重,娜乌西卡对于生命天然的尊重,她尊重人类,如同尊重腐海、王虫,如同尊重一只小小的狐松鼠。

娜乌西卡徘徊于自然与人类中的这种倾向,也预示了她最后的选择。她不愿看到自己的族人死在王虫巨大的躯干之下,也不能眼睁睁地看着王虫被人利用,力竭而死,她只能选择用生命去平息王虫的愤怒。宫崎骏对于自然与人类的态度也是如此,他只能选择用动画艺术的方式提醒和警示人类。

(3)对反战主题的演绎。一切的源头都来自战争,战争的源头来自人类的贪欲。在《风之谷》中,宫崎骏利用色彩的转变来展示战争的起始与终结。风之谷的象征是蓝色的水与风,多鲁美奇亚的象征是红色的火。多鲁美奇亚的运输机坠毁的时候,风之谷燃起的熊熊大火,预示着谷内宁静生活的结束,战争之中,没有人能够置身事外。未能发育完全的巨神兵流着滚烫的红色黏液,一张口便是一道粗壮的白色激光,炸起一朵巨大的蘑菇云。风停了,愤怒的王虫群带着火红色的眼睛,将要把风之谷的一切毁灭。而当火红的巨神兵倒下,娜乌西卡的红色衣装被王虫幼崽的血液染蓝,王虫的眼睛由愤怒的红转变为宁静的蓝,战争也走向终结。

在电影的最后,娜乌西卡被王虫的金色触须包裹,奇迹般地死而复生,多鲁美奇亚王国的士兵也灰溜溜地离开了风之谷,风之谷恢复了往日的宁静,这是宫崎骏给予观众的一个童话般的美好结局。但值得思考的是,战争带来的创伤能够复原吗?战争结束后还会有战争吗?许多人死在了这场战争里,野心勃勃的多鲁美奇亚也并不会就此放弃他们的掠夺。火只需一日便可以将整个森林燃尽,而这样的森林需要风和水花上千年的时间去培育。这场战争结束了,未来的战争呢?

(二)《天空之城》

《天空之城》,1986 年 8 月上映,片长 124 分钟。《天空之城》是根据斯威夫特的畅销小说《格列弗游记》部分内容改编的,故事将背景设置在 19 世纪工业革命时期的欧洲。"天空之城"拉普达有着高度发达的文明,但它在地球人类社会中只是一个传说。拉普达的公主席塔向往着遥远神秘的地方,她带着从母亲那里继承的王室世代相传的飞行石悄悄出走,遭到空中海盗的袭击而坠落到地面,被小男孩帕索所救。但海盗很快就追踪而至,人类军队的首领穆斯卡也要得到天空之石,找到拉普达以称霸世界。席塔和帕索一次次地躲避追杀,为了不让坏人阴谋得逞,最终席塔念起毁灭一切的咒语,天空之城的所有文明统统化为灰烬,只有天空之石载着生命之树,

图 3.8　天空之城是大自然送给人类的珍贵礼物

缓缓上升到天空的尽头。

1. 画面

宫崎骏的作品往往都色彩鲜明,黑漆漆的矿洞、老式的轨道和火车、机器人、飞艇等,影片的场景既有欧洲工业革命时期的感觉,又充满科幻的色彩。天空之城的存在依赖一棵巨树,它为这个城市遮风挡雨,树根紧紧抓住泥土,而这个城市的动力和能源就来自这棵巨树的光合作用,这是人类的净土和世外桃源,是大自然送给人类的珍贵礼物。天空之城中草地永远是绿油油的,充满生机和希望。晴朗的天空永远是蔚蓝的,沁人心脾,让人流连忘返。夜空深邃神秘,给人以无限遐想。

同时,为了突出主题和营造气氛,影片中的画面时常具有鲜明的对比,例如美好静谧的绿草地、蔚蓝的天空与暴烈的战争火光所呈现出的红色形成鲜明对比,通过让人沉浸在美好之中而又失去这种美好来表现战争的残酷。此外,影片中同样的颜色也会在不同情境中表现出不同的感觉,例如蓝色,根据时间和故事的推进在暗黑的蓝色和明亮的蓝色中切换,席塔被抓走的时候天空是暗蓝色的,而当她获救之后,天空也逐渐明亮起来。这样使得画面不单一,显得更加立体,更加具有张力。对于观众来说,他们的情绪和心理往往会随着画面的改变而改变,当出现晴天的时候,观众也往往是乐观、愉悦的心情;当出现静谧而月明星稀的夜晚时,观众则会感到惬意;当战火纷飞,画面混乱且被红色大量充斥的时候则会感到愤怒、恐惧和无奈,而这些也是宫崎骏想要传递给观众的情感。画面是传递信息的重要方式,对于推动故事发展和塑造意境具有重要作用。

除了色彩以外,很多角色在造型设计上也是别出心裁,以两位主人公为例,他们均衣着简朴素净,象征着孩童般的天真和纯净,而反派穆斯卡虽然看起来道貌岸然,穿着一身西装,给人一种正人君子的感觉,但实际上却是个阴险狡诈、狠辣自私的角色,表现了成年人对于欲望的贪婪追逐。还有影片中的机器人角色,当席塔和帕索到达拉普达后遇到了一个身上长着青苔,围绕着小动物和花朵的机器人,与前面残暴的机器人形成了鲜明的对比,展示出拉普达是一片宁静祥和的土地。

2. 配乐

音乐是人类情感沟通的重要语言,对于《天空之城》来说,配乐对于故事的发展具有重要作用,同时也让人难以忘怀。钢琴曲《天空之城》在旋律上安静而舒缓,悠扬而略含忧伤,空灵中蕴含力量,让人感到伤感中包含着希望,身心的放松而又唤起了人们心中的纯真,与影片的主题交相辉映。随着生命之树渐渐高飞,更是引人无限联想,引发观众对于自然和工业发展的思考,同时也给观众以遐想空间,表达了一种对美好生活的希冀与渴望。

3. 思想

影片有着深刻的立意和思想内涵,首先是作品表现出高度发达的工业社会和自然之间的矛盾。"天空之城"拉普达美丽梦幻,在特写和空镜头交错的使用下,一点点揭开神秘的面纱,把它的令人震撼的绝美景色呈现给观众,而拉普达最终的破灭也让人扼腕叹息。"现在我终于了解拉普达为什么会灭亡了,灭亡的原因就写在肯得亚山谷的歌词里:根要扎在土壤里,和风一起生存,和种子一起过冬,和鸟儿一起歌颂春天。不管你拥有了多少惊人的武器,也不管你操纵了多少可怜的机器人,只要离开土地,就无法生存!"这些都体现出宫崎骏所坚持的理念——自然是根本,人类之于自然就像植物之于土壤,当植物开始破坏这片养育它的土地时,其实也是在毁灭它自己。

片中宫崎骏痛斥了那些像穆斯卡一样贪婪自私,一味追求科技和利益而毫不顾忌自然的人,并表明这种行为终究会导致自身的失败和灭亡。而最终生命之树在抛弃了那些工业产物后保持着郁郁葱葱并且飞向更高的天空,也体现出"自然永恒"的主题。

其次,影片还体现了猛烈的人文关怀。宫崎骏在影片创作时常常会站在儿童的角度去看待问题,他认为很多父母都在无意中践踏、摧毁了孩子的童真和对于未来的期望,让他们过早地失去了应有的天真和单纯。这部影片的正面人物就是两个儿童,而反面人物则是道貌岸然的成年人,儿童悉心守护的东西却要被成年人夺去以摧毁世界,这也体现出宫崎骏对于成年人世界现实而世故的厌恶反感,也通过两位主角的行为表达了他对于儿童所代表的纯粹纯真的赞扬欣赏。当席塔被海盗追踪,被军方堵截,无论多么艰险,帕索也坚定地保护她,席塔也不希望牵连帕索。少男少女在冒险旅程中的成长,也是《天空之城》贯穿始终的核心主题之一。面对世俗的邪恶和贪婪,要有不惧危险的勇气,永葆善良真诚的人性之光,以积极向上的正能量面对挑战,实现自我价值的升华。

最后,表达了对人类未来发展的担忧,人类文明的进步是一把双刃剑,既能给人类带来福祉,也可能给人类带来灾难,科技的高速发展必然会导致权力的膨胀,抱有野心之人为了追求绝对的力量会抛弃底线,狂妄、无情、冷血,妄图支配世界,人类文明带来了科技,却也带来了欲望和邪恶。

《天空之城》最终的结局是席塔和帕索说出毁灭的咒语,拉普达崩溃,粉碎了穆斯卡的野心,两人被生命之树保护,最终驾驶滑翔机离开,消失在云中。席塔和帕索摧毁了拉普达先进的科技,却留下了最美好的空中花园。宫崎骏想表达的是对于科技文明野蛮发展的抵制,而主张美好人性在这邪恶碾压下的不可磨灭性。

(三)《龙猫》

《龙猫》,1988 年 4 月上映,片长 86 分钟。故事讲述了姐妹俩跟随爸爸一起搬家到了乡下,由于妈妈生病住院,爸爸经常要去陪护,两个小女孩只好留在家里。她们在大自然的怀抱里体会到了从未有过的快乐,妹妹小梅无意之中在庭院里看见了小龙猫,她一路追随发现高耸的老橡树的树洞里还有一窝可爱的龙猫。下雨的傍晚,姐妹俩在车站等爸爸回家,这时大龙猫静静地出现在她们身旁,它也在等自己的猫巴士,姐妹俩和龙猫交上了朋友。

夏天快过去了,妈妈的身体没有康复。心情不好的姐妹俩大吵了一架,小梅大哭着跑远了,在森林里迷了路。姐姐小月让龙猫帮忙寻找,她乘坐着猫巴士在森林里飞驰,终于找到了小梅。猫巴士又带着她们去看望妈妈,妹妹把自己摘的玉米送给了妈妈。

"在我们乡下,有一种神奇的小精灵,它们就像我们的邻居一样,居住在我们的身边嬉戏、玩耍。但是普通人是看不到它们的,据说只有小孩子纯真无邪的心灵可以捕捉它们的踪迹。如果静下心来倾听,风声里可以隐约听到它们奔跑的声音"。这是宫崎骏小时候在家乡听到的传说,他也曾像动画里的姐妹俩一样在草丛间寻找,在树林里寻找,期待着能够与这些神奇的精灵邂逅。几十年后宫崎骏如愿以偿,在动画的世界里延续了童年的梦想,为孩子们塑造了有着尖尖的耳朵,圆圆的大肚皮的超级可爱的龙猫,平静而温馨的动画片使龙猫的形象家喻户晓。关于龙猫的设计,宫崎骏曾说:"不是一上来就找形象,而是一种好像近在咫尺的感觉,或者是心里,或者是黑暗的地方。它给人的感觉不应该只有害怕,而是让你紧张、心跳、诡异,还有刹那间的喜悦,让你又兴奋又期待呢。不只是花、蝴蝶这样的东西才好看,一个玻璃瓶、一块积木也都是童真世界的一部分。在我们的身边,确实有神秘的东西存在,虽然不知道到底是什么,但这种心跳的感觉,是创造龙猫最关键的东西,设计成那个样子,只是给这种感觉赋予了一个形状。"

1. 人物:立体饱满

姐姐小月是家中的小大人,她成熟而又不失童真。小月不仅要照顾妹妹,还要帮助忙碌的父亲料理家务。但是她一直都很坚强,并用一颗童真的心去看待这个世界。当得知有龙猫的时候,她既吃惊又兴奋,期待能够见到龙猫。正是因为这颗童心,让她和龙猫之间发生了一系列的温暖的故事。

小梅虽然年纪小,胆子却很大,第一次遇见龙猫没有丝毫胆怯。她不仅趴在龙猫的肚皮上来逗它,还躺在它身上睡觉。小梅还是一个非常渴望母爱的孩子。她希望妈妈能够早点好起来,晚上可以搂着她睡觉。然而就连这个小小的愿望都不能实现,长期缺乏母爱也会让她缺乏安全感。

图 3.9 有龙猫相伴的童年是多么的温馨而快乐

片中这些情节都来源于宫崎骏小时候的生活经历,父亲忙于工作,母亲却因为患肺结核而卧病在床,儿童时期的他很少有父母的陪伴,动画《龙猫》中患病的母亲、独自在家的妹妹,都像极了小时候的他。宫崎骏通过影片的人物刻画,更加突出了孩子对于父母的陪伴的渴望。

片中的其他人物也都善良和温暖,父亲是研究院的老师,有知识有涵养,对待工作十分尽责。对待生病的妻子他尽心尽力,为了能多照顾生病的妻子,搬到了乡下的一个新地方。

对待孩子,父亲非常关爱和宽容,不会打击小孩的自尊心,愿意相信姐妹俩看到的奇异的情景,自己也非常富有童心,像孩子一样有着对大自然最深的尊重和热爱。妈妈虽然生病住院,但积极乐观,以书信或者短暂见面的方式,陪伴孩子的成长。

《龙猫》里面涉及的人物和场景,其实很简单,大致围绕着一个平和安静的小村子而展开。人物除了主人公一家之外,就是村子里的那些村民了。名字叫小凯的羞涩而捣蛋的男孩子、仍然充满着童真的婆婆,以及当小梅失踪之后热心帮忙的邻居们,无一不是善良而友好的。在那个自然风光优美、小溪潺潺的小村子,生活简单而充满友爱和乐趣。

2. 主题:突出善和美

整个故事没有大起大落,处处充满了温馨和希望。两个蹦蹦跳跳而又听话懂事的小姐妹、可爱的龙猫,他们之间相处的点点滴滴,以及爸爸对姐妹两人童心的保护,很是让人动容。

《龙猫》中有着美好的田园风光,而龙猫作为自然的精灵,和姐妹俩的特殊友谊传递着当人与自然和谐相处,就会受到大自然的庇佑的理念。所以热爱自然,珍惜生态环境,这也是对大自然恩赐的最好回馈。

3. 背景和环境的设定

这部动画的背景是自然气息十足的乡间:高大的、绿意盎然、生机勃勃的乔木,大片湿润的稻田,朴实温和的邻家婆婆,宽厚热情的村民们。动画片营造出的似乎就是每个人千里之外的、内心深处渴望回到的那个最舒适温暖的故乡。

《龙猫》的画面细腻生动,色调自然明快,大自然的种种景象都给人以清新的感受,很多镜头中使用了层次丰富的绿色,凸显自然在人类生活的重要性,对观众有一种天然的亲和力。片中人物漫游于乡村田园之中,生活里植物处处可见:妹妹给爸爸摘的黄色蝶蛱菊、龙猫睡觉的树洞周围明亮的毛茛、爸爸骑行路边的向日葵等。片中充满了种种对于细节的刻画,姐妹跑上楼后黑黑的脚底板、妹妹摔倒后满身的泥巴等,令人感受到宫崎骏对自然的喜爱与向往。影片对色彩的使用和偏向写实的风格,大量运用了色调统一、饱和度较低的颜色,使得整个画面十分柔和,切合了温暖的故事情节。

(四)《千与千寻》

《千与千寻》,2001 年 7 月上映,片长 125 分钟。影片讲述了千寻是一个任性娇气的 10 岁的小女孩,她跟着父母搬家到了另一个城市,途中无意间闯入了鬼怪神灵的魔幻世界。父母因为禁不住食物的诱惑被变成了猪,为了拯救父母,千寻必须在魔界找到一份工作。她与魔女汤婆婆签下合约,开始在汤屋里工作,并被汤婆婆拿走了原本的名字,变成了"千"。

名字一旦被夺走,就无法找到回家的路,在朋友白龙的帮助下,千寻历经磨难最终没有丢失自己的名字。她凭借自己的善良真诚,努力工作,把恶臭熏天的河神清洗得神清气爽。河神为了表达感谢之情,送给了千寻一个神奇的丸子。

千寻用这个丸子救了受伤的白龙,还帮助了漂泊无依的无脸男,怨恨颇深的钱婆婆和汤婆婆在千寻的沟通下也最终和好。在魔幻世界中经历了种种锤炼后,千寻带着被解除魔法的父母离开了这个诡异的地方,回到了人世间。千寻的父母已经忘记了曾经发生的一切,却不知他们身边的女儿已经在神奇的经历中已经悄然成长为懂得勇气、友情与爱的坚强女孩。

图 3.10　在挫折中历练成长的千寻

1. 唯美的画面

在数字化、计算机三维技术广泛运用的当代,宫崎骏依然坚持手绘动画,并适当使用 CG 技术。他的手绘画面精美,色彩温和,构图极具感染力,能够治愈人心。在《千与千寻》里,无论是夜色下的灯火还是电车道旁的风景,都美轮美奂,而千寻穿过花丛的镜头,结合电脑三维动画的技法,成为影片令人印象深刻的部分之一。

影片的色调转换可以大致分为三个阶段:第一阶段是千寻一家误入"油屋";第二阶段是千寻在"油屋"工作,寻找脱身的方法;第三阶段则是千寻救出父母,重返现实世界。在第一阶段中,画面逐渐由城市的灰蓝色调转换成森林的绿色调,而在小路的尽头则出现了有着朱红色的门的建筑,与周围绿色形成了强烈的反差,引起了观众的好奇,并为接下来的旅程增添了神秘感。在千寻被白龙警告并折返后发现父母变成猪时,周围环境的色调逐渐变暗,黑色的幽灵若隐若现,烘托出了千寻此刻内心的恐惧;在第二阶段中,作品主要展现的是

"油屋"内的场景,大量的红橙黄,暖色调的灯光让"油屋"的梦幻感进一步加强。同时,这种暖色调和河神以及"无脸男"形成强烈的反差,营造出了紧张的气氛。"无脸男"追逐千寻时色彩的快速变化,更是将整部作品的情节推向高潮;在第三阶段中,色调回归到第一阶段森林的绿色调,以及天空的蓝色调。整个画面给人以安静祥和之感,暗示着千寻重返现实世界以及她冒险的结束。色调的不断转换反映了故事在不同阶段时的不同氛围,各种颜色的快速变化则营造了紧张的气氛,为作品的情节发展、人物的塑造都添上了不可或缺的一笔。

2. 日本文化的继承与突破

《千与千寻》与以往影片设置的场景不同,以现代都市为背景,以一个有着浓郁日本传统风味的大澡堂为主要场景,一方面,展现了日本民族文化;另一方面,也蕴含着千寻在这样的环境中经受了人生的洗礼,获得了成长。

片中充满日本传统的文化要素,例如众神的形象来自神道教信仰,白龙身上体现出武士道精神。"宫崎骏的动画电影展示了日本民族的审美艺术和审美文化,在其背后渗透着日本的民族审美意识形态。动画电影为民族文化的展现提供了一个很好的平台,为人们展现着各国各民族的文化精髓"。

宫崎骏在继承日本传统文化的同时,也兼容并蓄地在此基础上进行发展创新,形成了自己独特的动画风格。《千与千寻》运用了现代都市的元素,如汤屋及鬼食街就是以东京的雅叙园和江户东京建筑园为原型构建的。同时,影片场景不仅以日本传统文化为基调,也可以感受到西方欧式建筑风格的融入。如汤婆婆的居室里欧式的壁炉、地毯、家具陈设,以及汤婆婆的欧式脸庞以及鹰钩鼻,甚至穿着打扮都类似欧洲女性,把日本传统文化与西方文化进行交融,有着出人意料的效果。

3. 人文思想主题

(1)对保护自然的关注。影片中有两个河神,一个河神满身淤泥和恶臭来到汤屋洗澡,所有人都纷纷避之不及。宫崎骏曾经参加过一次河道清理,人们从淤泥中清理出种种垃圾,这给他留下了深刻的印象,于是在片中用肮脏的河神来批判人类污染自然环境的行为;另一个河神是白龙,白龙的栖息地琥珀川被人类填满之后,他来到魔幻世界并忘记了自己的过往。白龙曾经救过落入琥珀川的千寻,并一直陪伴着她克服困难。千寻也通过自己的努力拯救了白龙的生命,他们的相互帮助象征着自然和人类相互依靠不可分离。

(2)对成长的关注。宫崎骏曾说,《千与千寻》这部动画是献给所有"曾经有过10岁和即将进入10岁的观众"。10岁在人生旅程中意味着童年的结束,人注定要长大,千寻在灵异的世界中得到历练,获得了成长。当她失去自己的名字面对困难的境况时,白龙出现并对千寻说:"不能忘记自己的名字,忘记了就找不到回家的路了。""名字"在这里指的是自我的人生价值和原则,人必须坚持自己的原则才能不断实现自我的价值,这对一个人的成长至关重要。

(3)对人性美好的赞颂。首先,体现在千寻和她父母之间的亲情中,在父母被变成猪的时候,千寻没有逃避,而是坚决地选择通过自己的努力救出父母。在"汤屋"工作时,千寻也常常因为生死未卜的父母而感到伤心难过;其次,是千寻和"汤屋"内众人的深厚友谊。一方面,这种友谊集中体现在白龙和千寻之间的互相救助。比如白龙多次帮助千寻躲避危险,给千寻写着原本名字的卡片,安慰因父母被变成猪而伤心落泪的千寻。而千寻在白龙受伤奄奄一息之时冒险前往"钱婆婆"家为白龙求情,最后用河神的丸子救了白龙;另一方面,千寻在"汤屋"工作时也与其他人结下了友谊。比如在千寻找不到工作时,"锅炉爷爷"和小玲帮助她和"汤婆婆"签订了工作契约,以避免被变成动物。在清理干净河神后,河神赠予千寻的丸子,也是对千寻的认可;影片中看似可怕的"无脸男"实际上指的是社会中的常见的一类群体:他们孤独寂寞,怨天尤人,生活在迷茫空虚中。遇到千寻后,无脸男被她的真诚所打动,总是想办法暗中帮助她,最后也在千寻的帮助下,找到了自己的位置。对于亲情、友情的体现,表现出《千与千寻》对于人性美好的歌颂。

(4)不忘初心。《千与千寻》的日本片名为《千と千寻の神隐し》,其中"神隐し"有迷路、迷失之意。千寻误入充满神和妖怪的魔幻之地后不忘自己的名字,找到了回家的路。而现实生活中人们往往迷失在繁华庸碌的现代都市中,梦想像泡沫一样破碎,正是因为他们早已忘记了自己的初心,就像忘记了自己的名字,迷失在追逐欲望与名利的琐碎与庸常之中。

影片真正的主题,不只有成长,还有记得——让成年人寻回被遗忘的初心。魔幻的油屋其实就是整个社会的缩影,千寻始终遵循着父母最初教诲自己的善恶之道,以及最为质朴而珍贵的生存之道——店主不在就不应该先吃东西,不应该要的金子就拒绝接受,遇上坏人心有戒备,遇到好人心存感激,该做的工作就认真对待,与人为善也会回馈自己,遇到困难不要畏惧要勇敢面对,不管什么时候都应该好好生活下去,努力自救……这些都是最基本、最朴素的道理。正是靠着这些单纯却充满力量的选择和行为,靠着孩子对这个世界纯真的认知,才让千寻最终拯救了自己和家人。

(五)《哈尔的移动城堡》

《哈尔的移动城堡》,2004年11月上映,片长119分钟。故事讲述了少女苏菲由于受到诅咒,变成了90岁的老太太,她离开家,进入了一座带有魔法的移动城堡,遇到了魔法师哈尔。哈尔为了获得神奇法力,放弃了自己的人心,也就放弃了人的感情。苏菲和哈尔一起想办法解除了身上的魔咒,并谱出了一段恋曲。从表面来看,《哈尔的移动城堡》似乎只是一个有些俗套的平凡少女与英俊魔法师相爱的故事,但影片充满隐喻的奇幻情节,不仅是对美好爱情的讴歌,也表达了对成长的期许、对战争的控诉、对和平生活的呼唤,具有深刻的人文主题。

可以移动的城堡在整部影片中有着重要的作用。影片一开头,就是巨大的城堡在浓浓的雾霭中穿行,充满了神秘感。城堡由炮塔、房屋、烟囱、金属制成的管子、滑轮、圆筒、球状物等组装在一起,看起来就像一堆破铜烂铁的集合体。它有着巨大的,像鱼嘴般的开合口,细瘦的用来移动的四只脚。这种奇幻的场景造型设计,既符合剧情的魔法背景设定,同时也是对人物性格的一种隐喻。破败、阴暗、封闭的城堡,布满灰尘、蛛网、杂乱肮脏的内部环境与城堡主人哈尔俊美、风度翩翩的外表形成强烈的反差,也预示着与哈尔的外表极不相符的封闭、孤僻、颓败的内心世界。而苏菲以清洁工的身份来到城堡,对肮脏的城堡展开大扫除,清理的不仅仅是房屋,更是哈尔的心灵。

除了产生外在形象的视觉冲击,哈尔的城堡在时空上也具有十分奇幻的作用。城堡的大门,实际上是时空转换的通道,扭动有四种颜色的轮盘,就可以进入相应空间维度上的四个地域。绿色区域是苏菲在现实生活中生活的空间,她从这里无意中闯入了移动城堡,这个场景里有日常生活的山川、小镇;蓝色区域代表港口附近,哈尔在这里以"詹金斯先生"的名义生活着;红色区域是国王镇,在这里士兵前来邀请哈尔的另一个化身"潘德拉肯大师"前往王宫;而黑色区域代表的则是残酷的战场。

　　这种不断转换的场景也暗示着每个人在生活中不得不在多重角色中转换,从而去应对生活的方方面面。绿色区域的市镇是市井凡俗生活的场所,芸芸众生在其中繁衍生息;国王镇代表着权力与制度、约束与服从;黑色的战争场域,指向国与国之间残酷的战争,也代表着人与人之间的钩心斗角、搏杀倾轧;哈尔那个梦境般的秘密花园,则是心灵的放飞与栖息之所,美轮美奂的环境表现了人类内心对美好、安宁的渴望;可以转换的神奇之门隐喻着人类的心灵之门,苏菲经由这扇门进入城堡,并慢慢深入哈尔的内心,实现自我的成长,并让爱充盈心间。哈尔穿梭往返于这扇门,完成着不同身份的不同使命。影片通过城堡的隐喻、平行世界的多维场景转换,巧妙地交代出情节的起承转合,在全片起到了引领的作用。

　　影片中,苏菲的容貌变化也是十分重要的一条线索。诅咒让苏菲从少女变成了一个老婆婆。这种年龄和容貌的变化,实际上也是她内心状态的一种外部投射。影片开头,其他女孩的叽叽喳喳与苏菲的沉闷形成鲜明的对比,她的着装也是十分单调老气,受到诅咒后呈现出的老婆婆的外貌正是苏菲内心老成和对自己外表感到自卑的一种表现。而在之后的情节中,苏菲的外貌也不是一成不变的,而是有着多次的转变,每一次外表的转变也是苏菲内心状态变化的体现。例如刚刚进入城堡时,苏菲对环境的脏乱差难以忍受,开始大力清扫。在打扫的过程中,老态龙钟的苏菲佝偻着的腰背渐渐伸直,行动不再像老年人一样迟缓,容貌也年轻了许多,这是内心抗争逆境时发出年轻力量的表征;在莎莉曼夫人面前,苏菲为维护哈尔而据理力争,此时苏菲的容貌一点点恢复了本来的少女模样。面对法力强大的莎莉曼,苏菲心中怀着对哈尔的爱,没有丝毫畏惧和退缩。直到莎莉曼夫人明确指出苏菲这位"妈妈"爱上了哈尔,苏菲愣住,瞬间回到老年状态;在哈尔的秘密花园中,哈尔向苏菲坦露心声,和她一起畅想着未来,而此时的苏菲,又变回了少女的模样。

这种容貌的转变,既符合影片的魔法主题,也是对人物心理细腻的表现,体现了苏菲内心的渴望与抗争。当苏菲的内心是自卑的,她便呈现出老妇的外表;而每当她的内心充满爱与勇气,就会变回少女模样,诅咒也不再有效。这也是影片主题的一个体现——爱与勇气可以创造奇迹,可以打败一切邪恶的魔法与诅咒。

影片中,主人公哈尔的人物形象也十分立体饱满。刚一出场,哈尔便是外表精致俊美、法力高强、风度翩翩的魔法师形象,但实际上,哈尔的内心就如他的城堡一般,封闭、灰暗、颓败。一次,苏菲在打扫卫生的过程中不小心搅乱了魔法,哈尔的头发变不回漂亮的金色,他只围着一条浴巾跑下楼来,向苏菲发脾气:"苏菲!你是不是动了浴室的架子了!看,头发变成这种古怪的颜色了!"哈尔绝望地大哭:"没救了,真是奇耻大辱……假如不美,活着还有什么意思……"他死一般倒在灶台上，身上不断流出绿色黏液，屋子里阴气森森，黑暗精灵纷纷舞动，房梁扭曲颤动，苏菲不得不把哈尔拖上楼。这部分情节颇有喜剧效果，打破了哈尔的完美形象，展现出他极度爱美且孩子气的一面，让人物形象更加立体。

而后进入哈尔的卧室，他的房间华丽拥挤，全部是用来抵御荒野女巫追踪的魔法，再结合哈尔看到苏菲身上荒野女巫诅咒时的慌乱，这个俊美魔法师胆小、敏感、脆弱的性格特点就生动地表现了出来。而正是这样一个人，一次又一次出入危险重重的战场来阻止战争，这也体现出哈尔的正义与善良，以及对战争的反感和对和平的期望。

在最后的战争中，哈尔说："我已经逃避得太久了，现在终于等到了一个愿意让我誓死守护的人，就是你。"一向胆小怯懦的哈尔因为苏菲、因为爱变得勇敢。如果说哈尔的爱拯救了苏菲苍老的心，那苏菲的爱也拯救了哈尔怯懦的灵魂，他终于拥有了一颗强大的内心。

四、与梦飞翔的动画诗人

宫崎骏一直是日本动画的中流砥柱，日本权威的《电影旬报》在评选日本 20 世纪 100 部最佳影片时只有两部动画作品入围，那就是宫崎骏的《龙猫》和《幽灵公主》。宫崎骏的成功也得到国际的承认，他的作品在国际上屡获大奖，得到过奥斯卡、威尼斯、柏林电影节的等多项奖项。

宫崎骏的动画电影多是天马行空的超现实主义作品，其风格独特、特征鲜明，并对社会，对自然，对人生都充满悲天悯人的社会意识和人文主义关怀。20 世纪对各个国家来说都是一个动荡而又快速发展的历史时期,人类的忧患意识也从来没有这么强烈,对人类未来不可知的忧虑,文明的发展、毁灭与再生,人类与自然的共存等各种沉重主题,都融汇交织在宫崎骏的创作里。宫崎骏曾经说过:"美国人要的是畅销产品,目的是谋取更多的利润。与此相反,我创作的首先是艺术作品。因此我不能欺骗孩子们,不能粉饰太平,不能掩盖世界上还有人在受苦受难,还有战争,还有经济危机,还在破坏环境。如果无视这些社会现实,也就没有资格给儿童讲故事。坦率地说,迪士尼是在欺骗孩子们。美国的许多影片——恕我直言——总是这样:善与恶的对立,好人反对坏人。千篇一律的简单化公式,好莱坞的电影把世界上的尖锐矛盾简单化了。我不想拍摄这样的影片。"

正因为如此,宫崎骏的动画电影有着区别于其他商业娱乐性动画片的思想深度,他的作品有着宏大而深刻的主题、深广的哲理内涵,切合时代与人类发展当中面临的种种问题。

(一) 对人与自然关系的深刻自省和反思

宫崎骏通过他的作品在执着地追求一个理想的世界,这是一个和谐的世界,包括人与人之间的和谐、人与动物间的和谐、人与自然间的和谐。而决定这一切的核心,必然是人类本身。可是,现在的人类却在不停地打破这种和谐平衡,相互争斗,拼命向自然索取,缺乏与自然沟通的灵性,这是宫崎骏一直关注和力图使人们警醒的,这也是他的作品在全世界产生共鸣的原因之一。

宫崎骏的很多作品一直都保持着对人类为了自己的发展破坏自然、砍伐森林、污染河流的种种行为的批判。《幽灵公主》中制铁业的兴盛使人类对自然的掠夺日益变本加厉。片中炼铁的村民大量开采自然资源,砍伐森林,于是保护森林的动物神灵与村民展开了生死决战。在人类的掠夺破坏下,大自然不再包容和宽厚,而是以狂暴的面目出现;《悬崖上的金鱼公主》中从金鱼公主波姬居住的深海到接近人类的浅海,镜头中美轮美奂的海底世界慢慢变成了污秽、肮脏、杂乱的垃圾场,两个场景形成了强烈的对比;《千与千寻》塑造了一个奇异的魔幻世界,但其实就是对现实世界的反讽。臭气熏天的腐烂神,其实是一条饱受污染的河流,千寻从河神身上清理出来污秽其实就是工业化社会践踏自然的结果。而千寻的朋友白龙更具象征意义,无家可归的白龙其实是一条被填掉的河流。

在宫崎骏构想的世界里,虽然有高科技文明在主宰着人类,但从人类诞生起就与人类相伴相生的大自然依旧是生命之水、生活之源。宫崎骏的动画中处处都有对大自然的赞美,而森林作为自然的象征,成为动画中最核心的意象。在《未来少年柯南》中,在未来高科技的时代,仍然生长着生命力强劲的大树,整个城堡中到处都是蔓生的植物,犹如原始森林一样,森林孕育了人类的永生;《风之谷》中,因为人类的污染,散发有毒气体的腐海在侵蚀着大地,但在腐海下也孕育了清新、茂盛的森林,净化着污浊的空气和水源;《天空之城》中真正撑起天空之城的是那棵参天巨树,它提供着无尽的能源,悬浮在空中的古城掩映在茂密的树林中,是人类回归美好家园的希望;《龙猫》中,主人公移居乡下,和出没于古老森林的精灵龙猫成了好朋友,这里有茂盛的森林、参天的大树、盘错的树根、繁茂的野草和恬静美好的自然风光。

在《风之谷》和《幽灵公主》中娜乌希卡和阿西达卡都扮演了人与自然之间沟通与调解者的角色,他们身上正是体现了宫崎骏力图表达的人与自然和谐共处的美好意愿。娜乌希卡在人类和保护腐海的王虫之间游走调节，企图消除二者之间的怨恨和战争，使他们共同和谐生存下去；人类少年阿西达卡爱上了狼族少女小桑，他在人类力图发展扩张和兽类保护自己的栖息地之间痛苦地徘徊，力图寻找到有效的途径来化解人与自然之间激烈而尖锐的矛盾；《龙猫》中的沟通与调解者则是纯真的孩子。在日本的神话系统中，孩子们能够看见大人所看不见的奇异生灵，她们在森林里发现了龙猫，还和大大小小的龙猫成为最佳的玩伴。

在《天空之城》中，拉普达人离开天空之城的原因是他们察觉到了表面的繁盛下所潜伏着的危机，正如席塔最后对穆斯卡所说的那样——无论拥有多么可怕的武器、拥有多少机器人，大自然给了拉普达文明以生命力，离开了大地的泥土，拉普达文明的生命之树就不能够生存。于是，拉普达人毅然放弃了那些现代人类梦寐以求的东西，以最本真的状态重新投入到大自然母亲的怀抱中，这种回归是文明发展到一定程度人类对自我的反思，也是对当今社会发展的警醒。

（二）人性的堕落与对人类未来的隐忧

宫崎骏的作品一向以叙事宏大、表现人类社会生死存亡而著称，随着文明的进步，人类掌握了最新科技、机器人、高科技武器，但人性的丑恶却难以消除，由此将带来更大的灾难。

在《天空之城》中，当拉普达已经处于野心家穆斯卡的控制之下的时候，文明的毁灭已经不可避免，拉普达可以说是人类历史上许多曾经辉煌但现已消亡的文明的缩影。在物欲横流的现代社会，人类欲壑难填的贪婪在影片《千与千寻》中表现得尤为令人震撼。千寻的父母因为难以抵挡美食的诱惑而被变成猪,而千寻在魔界如果不努力工作,也将逐渐变得透明,丧失自我,连名字也被没收。无面人用取之不尽的金子来诱惑汤屋里的侍者青蛙,青蛙们又因为贪婪而被吃掉,这些情节无疑是在影射人类的贪婪和懒惰。

无脸人的形象更是在昭告着现代人生活中的迷茫和不安,他们面目不清,不知道自己存在的价值和意义,人际的沟通越来越语焉不详,直至失语。人与人之间心灵越来越遥远,越来越孤独,就像无面人一样,成为黑夜的幽灵。《千与千寻》传达出作者对人类自身的反省和对希望的探索。宫崎骏曾说:"这是一个没有武器和超能力打斗的冒险故事,它描述的不是正义和邪恶的斗争,而是在善恶交错的社会里如何生存,学习人类的友爱,发挥人本身的智慧。最终千寻回到人类社会,并非因为她彻底打败了恶势力,而是由于她挖掘出了自身蕴含的生命力的缘故。现在的日本社会越来越愚昧,好恶难辨,用动画世界里的人物来讲述生活的理由和力量,这就是我制作电影时所考虑的。被封闭着,被保护着,彼此愈来愈疏远,日本人从孩童时代就开始变得麻木,他们过分沉迷于自我的世界,几乎患上了'自我肥大症',千寻被设计成瘦弱无力的体形和面无表情的形象就象征着这一点。语言是力量的载体。在千寻迷失的那个幻境,能够说话和沟通是回到现实社会的重要条件。现代日本,话语已经不为人所信任,我希望通过电影来表达这样的思想——每个人都应该用话语来表达真实的自己,抛弃那些空洞虚伪的语言垃圾。"

宫崎骏的作品中反映了爱的力量的伟大,表现爱的各种形式,包括亲情、友情、爱情、人与自然的爱。他的这种表达是温和的,让观众的心灵浸润在温暖之中,让原本麻木的心灵复苏,重新去感知每一种细微的感情,这种润物细无声的情感渲染使动画更为深入人心。

（三）在磨难中自立成长

宫崎骏的动画大多以十几岁的孩子为主人公,这些孩子们身上承载了宫崎骏对一切美好东西的理解和想象。孩子是纯真美好的,他们还没有被污浊的社会所腐蚀,宫崎骏把自己对于和平、环境保护以及对未来社会的希望都寄托在了自己动画中的孩子们身上,他们如何在历练中成长关系到人类未来的发展。宫崎骏说:"虽然我的影片首先是为日本儿童拍摄的,而且今后还会这样做,但动画片题材都关系到整个人类的命运问题,比如儿童失去生活兴趣的问题,儿童在我们的消费社会中迷失自我的问题。"

在《千与千寻》中,千寻本来只是一个很普通的小女孩,刚刚出场的千寻对搬家提不起兴趣,她没精打采地坐在车里,漠然地看着窗外闪过的风景。像所有同龄的孩子一样,她身体羸弱,也不漂亮,实在没有什么过人之处。但随着故事的发展,千寻必须承担起拯救父母并拯救自己的责任时,她逐渐变得坚强和自立,在超乎寻常的磨难中成长起来。在解释拍摄《千与千寻》的动机时宫崎骏说:"这部影片我是为朋友的女孩子们拍摄的,她们每年夏天都到我在日本山区的小屋里来。和许多其他日本孩子一样,她们心地善良,但也很脆弱。我的这部影片是想使她们在其中重新认出自己,并能间接地听到我的鼓励——'别害怕,你们一定能驾驭生活。'在孩子们的眼里,世界不断带来令人惊讶的事情。孩子们与成年人不同,无法对此做出合理的解释。尽管如此,千寻却做到了。我想以此鼓励我的小朋友们,要像千寻那样勇敢地投入生活。"

图3.11 宫崎骏笔下在磨练中成长的少女

少女的成长是宫崎骏作品中常见的主题,除了千寻以外,宫崎骏在《魔女宅急便》中描绘了身穿黑色衣裙,戴着大大的红蝴蝶的小魔女琪琪的形象。传统意义上的魔女是欧洲中世纪开始出现的一群具有特殊超能力、神秘的女性,她们的特长就是骑着扫帚飞行。片中的琪琪除了会飞翔以外,并没有什么特殊的超能力,在人类的现实社会中,她同样要学习独立生活,克服困难,这其实也是每个儿童在成长过程中面临的共同问题。琪琪凭借自己的单纯、善良和乐于助人的心灵,努力帮助每一个身边的人,虽然幼稚,但也令人为其充满童真的心灵而深深感动。

(四)日本民族风格

日本是一个信奉多神教的国家,宫崎骏的动画电影常常借助来自本民族的神仙鬼怪故事,探讨着人类共同面临的问题,这样使作品在风格上往往富有鲜明的民族特色,在思想层面又上升到全人类的高度,从而使全世界的观众产生共鸣。

在日本传统的神道教中,世间万物皆有神灵,宫崎骏善于利用原有的民间信仰元素来创造一个新的魔幻世界。《千与千寻》中在电梯里掩护千寻的胖子,实际上是萝卜神,他是日本的关东、东北及中部民间信奉的农神;泡在池子里的可爱的小鸡,是日本传说中被吃掉的鸡仔化成的鸡仔神;而那个在千寻面前戴了有翅子宫帽的面具神像则在日本春日大社祭中经常出现;《幽灵公主》中麒麟兽掌管着森林中的一切生物,在与人类的战争中,最后以麒麟兽的死换来大地的回春。

《千与千寻》还充分反映了日本的风吕文化。"风吕"原意是风炉,指的就是"澡堂"。片中巨大的神仙洗浴之地,展示了日本传统澡堂文化。日本有着悠久的温泉沐浴历史,很多日本人都会选择在澡堂度过闲余时间。沐浴在日本既有信仰上的意义,即洁净身体以表达对神的恭敬和感谢,也有清洁、活血化瘀、维持健康的功效。还有一个重要的功能是"社交",所谓"无遮无掩的交往"就是指在公共澡堂中没有地位等级差别的、平等的人与人之间的交往。《千与千寻》再现的就是这样一个充满日本风情的"风吕",这里聚集了八方的神仙鬼怪。"风吕"在日本文化中还被称为"钱汤",动画片中管理澡堂的汤婆婆和她的孪生姐妹钱婆婆名字便来源于此。故事发生的主要地点设定在"钱汤"符合日本人的心理,同时,澡堂里三教九流、各色人等俱全,也为形形色色的人物在这里粉墨登场创造了环境。

在日本人的民俗观念中,孩子的心灵是最接近神灵的,日本自古以来就有"六岁以前神之子"的说法,通灵者就成为神与人关系的调节者和沟通者。在宫崎骏的动画中,通灵者倾听着大自然的声音,他们兼备人类的理性和自然的灵性,有最单纯清澈的眼睛,可以看到旁人所看不见的神奇事物。孩子保持着与大自然的天然沟通与亲密接触,保持着对自然的敬畏与好奇之心,他们更懂得珍惜自然界的一切。

宫崎骏参与制作的一系列动画片中,有些来源于民间故事,如 2002 年的《猫的报恩》就来自日本"动物报恩"为原型的民间故事。放学回家的途中,小春意外地救下了一只差点被卡车轧到的猫,这只猫居然幻化成人形向她致谢;动画片《平成狸猫合战》是一部充满了日本民俗的动画片,日式的房屋建筑、随风飘扬的鲤鱼旗、人们祭拜的神社,无不体现着日本纯正的民风民貌。日本人向来对灵异的事物特别有兴趣,狸猫在日本民俗中,被看成神秘的动物,和狐狸一样,能够修炼而化身为人形。宫崎骏在指导制作这部动画片时,曾探访多摩丘陵的狸猫保护运动,调查了狸猫的生态,参考了狸猫的传说,及有关狸猫信仰的祭祀仪式等。

(五)电脑时代的手工绘画技法

尽管在《幽灵公主》中宫崎骏就已经开始使用电脑技术制作影片,但传统的手工绘制画面在宫崎骏的动画片中始终是主流,这几乎贯穿着他所有的影片。宫崎骏动画的魅力在于着重于精细写实的背景设计、流畅优雅的动作线条,并用细腻的画工来烘托气氛。《千与千寻》中千寻误闯神灵休息之地,迷失在神灵之界的场景中,恍惚的灯光下飘动着千寻的衣衫,千寻的身体在逐渐变得透明。大门缓缓打开,不辨面目的鬼影飘然移动,给人一种诡异和阴郁的感觉。影片里同样大部分是手工制画,虽然当今已经是电脑动画技术取代一切的年代,但宫崎骏还是坚持着较为淳朴、细腻的手工绘制。

《红猪》中要有大量飞机在天空上飞翔的画面,还有很多空中激战。一般的方法是将飞机的静态图在背景上移动生成动画,但是这样难免千篇一律,为了使画面富有动感和真实感,制作组最终还是一格一格地将飞机的各个角度的具体动作画了出来,这样令制作成本增加了不少,但看过影片后不得不为其颇具速度感和紧张感的战斗画面叫绝。

(六)怀着梦想飞翔

也许是童年在飞机厂长大,宫崎骏对飞行有着狂热的挚爱,在《风之谷》《天空之城》《红猪》《起风了》等作品中,都有他设计绘画的战机、飞行艇、水上飞机出现。在他的动画中多次以天空作为故事发生的舞台,以飞翔为主要元素,加上深具传奇色彩的人物描绘,来展现他超越平凡,放飞梦想的自由自在的心灵。

《风之谷》中驾驶着滑翔翼,御风飞翔的娜乌西卡寄托了宫崎骏对自然的热爱、对美好的追求;《魔女宅急便》中通过骑着扫帚飞行的小魔女琪琪来探讨成长过程中的自立与责任,以及理想与现实之间的关系;《天空之城》中,拉普达是一座以反引力装置的飞行石为悬浮动力的空中城市;《红猪》中蔚蓝的地中海上空上演着令人目不暇接的空中激战,波鲁克从年轻时的激情四射到中年时期的冷漠孤独,他一直在蓝天碧波

图3.12 畅游于蓝天白云之间是宫崎骏不变的梦想

间畅游。

《红猪》中最高潮的情景是波鲁克与卡奇斯在空中进行了一场惊险而又滑稽的激烈决斗,在这个场景中,宫崎骏逼真地描绘出了飞机的各种运动状态和飞行动作,令人惊叹地展示了波鲁克高超的驾驶技术,画面细腻流畅,节奏紧张刺激,比起许多电影大片中的真实场景也毫不逊色。

《悬崖上的金鱼公主》是一个发生在海里的故事,但这并不影响宫崎骏展示他对飞翔场景描绘的功力。当女主角波妞在海底畅游时,身边的珊瑚如同云彩,头顶的海面如同蓝天。这样的水下飞行充满想象力,而波妞全身桃红色更是非常醒目,如同小鸟穿梭云间。宫崎骏也没有放弃他的飞行器,波妞的魔法师父亲驾驶着海下飞艇在海洋里徜徉,这个飞艇长着一对翅膀,如同飞翔一样前行。

飞机与反战思想相联系是宫崎骏动画的重要特色。他对飞行器的兴趣并不来源于对其威力的崇拜,相反,他对战争的破坏性有着深刻的认识,在《起风了》《哈尔的移动城堡》中极力反对战争与侵略,表现出对人类社会内部安定、人与自然和谐的向往。

第三节　赛博朋克风格动画

一、赛博朋克风格概述

20世纪六七十年代起,冷战以及世界上的种种冲突形成了一个黑暗压抑的时代,作为工业时代后期科技爆炸前期,矛盾和冲突不断,希望和绝望并存,成为科幻艺术创作绝佳的生长土壤。这个时期科幻作品的主题风格主要就是反映出科技高度发展的人类文明,与脆弱渺小的人类个体之间的强烈反差,同时机械与肉体、过去与未来、外界与内心、现实与虚幻等矛盾在其中交织。赛博朋克的反乌托邦世界,被认为是20世纪中叶以来对未来充满惶恐的人们所构建的,是与以往所设想的乌托邦的对立面。

"赛博朋克"起源于文学,深受20世纪70年代后社会环境、流行文化的影响,包括摇滚音乐、地下黑客等。彼时的世界正见证着科技加速蔓延,科技革命以传统力量不可控、跟不上的力度与速度大肆地侵入文化,使得原本存在于科学与人性之间,文艺与工业之间的隔阂飞速收缩。正如"赛博朋克"(cyberpunk)本身便是一个融合派生词,其中前者"赛博"(cyber)代表技术、控制,而后者"朋克"(punk)则意味着反叛与超越,赛博朋克文学的杂交式写作基因可看作地下黑客与摇滚青年的交相映射。面对80年代越来越多的科技渗透,即越来越个人化的高科技设备诸如个人电脑、随身听、通信工具等入侵了人们的日常生活,"身体入侵"(义肢、植入电路、基因改造)或"思想入侵"(人机界面、人工智能)成为愈发频现的赛博朋克主题。在这些主题下,技术以一种激进的方式重新定义着人性的本质、自我的本质。而"赛博朋克"作为科幻小说的一个亚类型,一如彼时热衷于返璞归真美学的朋克青年们,同样主动脱离主流文化影响,通过追根溯源的方式,探索起一个并不光明的未来,并开始思索起一个本质问题:当生于我们的技术胜于我们该如何面对? 当科技改造人体之后,何以为人? 何以为我?

此后，当"赛博朋克"从文学领域一直延伸到电影、电视、漫画，乃至游戏中时，逐渐演变为一种风格。而在各式载体中，不变的是一些特定元素会重复出现：大型集权财团的掌控及其所导致的差距悬殊的贫富分化社会；赛博格（cyborg），即义体人，是肉体与机械相结合的人类；极度发达的人工智能或人造生命；赛博空间（cyberspace），即用来存储信息的某种虚拟现实空间……这些元素再加上"高端科技、低质生活"的设定，有助于将"赛博朋克"从其余科幻亚类型中辨别出来。

"赛博朋克"一词，最初来源于1980年美国作家布鲁斯·贝斯克一篇讲述青少年黑客故事的短篇小说的标题，是他单纯为了博眼球而试图融合朋克精神与高新科技所造的词。直到另一位美国科幻作家威廉·吉布森在1984年出版了《神经漫游者》，"赛博朋克"流派的边界才开始被真正框定。虽然也有一些早期文学和影视作品被称为"赛博朋克先驱作品"，但从1982年起连载的大友克洋的漫画《阿基拉》被广泛认为是日本赛博朋克的起源，同年于好莱坞上映的《银翼杀手》改编自1968年的菲利普·迪克的科幻小说《仿生人会梦到电子羊吗》，被普遍视为影史上第一部赛博朋克电影。

20世纪70年代，战后的日本社会加速围绕工业化与城市化开展经济重建，使得日本动漫产业也迎来黄金时期。大量的基建设施、现代化的交通与通信设备于日常生活中随处可见，促使机甲、机械科幻题材高度繁荣。1974年，被称作日本动画神作之一的《宇宙战舰大和号》上映，恢弘的星际宇宙的视觉打造，其中的反战思想使日本科幻动漫走上更为富有人文关怀的思考路径。进入80年代后，这一趋势愈发蓬勃发展，为日本赛博朋克动漫的出现埋下伏笔。

《阿基拉》《攻壳机动队》《铳梦》被称为三大日本赛博朋克经典,也显示出其发展的历史。

　　日本赛博朋克动漫发端自《阿基拉》,被誉为 20 世纪 80 年代日本漫画的代表作,也是首部被官方译介至美国的日本漫画,并于漫威漫画公司旗下的《史诗》杂志上刊登,为欧美国家所赞叹,而它的同名动画版再度荣获全球好评。2002 年美国权威人文科技刊物《Wired》曾评选"影史上 20 部最佳科幻作品",唯一一部非英美出品的上榜影片便是《阿基拉》,同时也是榜上唯一一部动画片。

　　《阿基拉》作为全球范围内赛博朋克流派的先驱作品,围绕着"高科技与地下文化"讲述了看似繁荣,实则底层生活混乱躁动的未来都市,朋克叛逆的机车帮主角无意被卷入并阻止了军方的高科技武器计划,但影片尚缺"赛博空间"这一重要的元素构成,在探讨肉身的人之于机械世界中的伦理困顿时也较为隐晦。影片的高潮是主人公铁雄无法控制拥有超自然力量的阿基拉在自身的肉体中疯狂生长,机械与肉体融合在一起,并不断膨胀,变得巨大无比,以此来象征飞速发展的技术正将人类的本质改造得面目全非。这一段落中,虽然爆炸最终毁灭了东京,但此世界的终结成为另一个新世界的开端。

　　之后的《攻壳机动队》在赛博朋克元素及典型性方面都更为完备。押井守在原版漫画的基础上着重表达了关于未来时代人、机械与网络之间边界消弭的趋势所引发的对于人性、生命和灵魂的叩问,令 95 年版《攻壳机动队》电影一鸣惊人,乃至名垂影史。

　　押井守版《攻壳机动队》中的视觉风格也独树一帜。对于未来城市的描绘，以及对科技和人工智能的表现方式，都使得《攻壳机动队》的视觉风格奠定了赛博朋克的基本形式。片中城市景观和建筑物充满了未来感，高楼大厦、繁忙的街道、广阔的高速公路、庞大的广告牌，以及各种高科技设备的出现，都为观众构建了一个赛博朋克的世界。影片中的科技和人工智能也是其视觉风格的一大特点。从主角草薙素子的全身赛博化，到各种机器人和网络技术的出现，影片中的科技元素都被设计得既先进又可信。这些科技元素不仅为影片带来了视觉冲击，也为故事的发展和主题的探讨提供了必要的设定。

受《攻壳机动队》漫画的影响，1991 年木城雪户开始连载《铳梦》至今。同样特别地以坚毅不屈的女性赛博格作为主角，《铳梦》讲述了在"高科技，低生活"的未来世界中，她那充满"何以为人"哲思的反抗之旅。作者从起初的恋爱伦理困境，再到关乎人类本质的究极难题：用肉体、大脑、记忆来定义"人"，还是由自由意志来定义"人"？ 与大友克洋相比，木城雪户在创作中体现出了同《攻壳机动队》原作漫画家士郎正宗一般更理性的积极态度，他们自然地接受了人与机械、与数字化信息平等融合乃至合而为一的发展趋势，并提出在怀疑中不断尝试去定义自己的本质这种行为本身，便构成了"人"的定义。此境界在全球赛博朋克文化的艺术探索中都谓之超前，与 20 世纪 80 年代日本战败后又奇迹复兴的时代背景密切相关。

除了《阿基拉》《攻壳机动队》和《铳梦》这三部漫画 IP 及其本土影视衍生品，日本赛博朋克动漫界还陆续涌现了如《虚界之魔兽》(1993)、《BLAME!》(1997)、《JUNK 末代英雄》(2004)、《夏娃的时间》(2008)、《心理测量者》(2012)等一系列

图 3.13 《攻壳机动队》的赛博朋克视觉效果呈现

"赛博朋克"的佳作,将赛博朋克的根本元素与社会犯罪等更日常化的戏剧矛盾相结合,同样发人深省。

　　日本赛博朋克动漫深受好莱坞的喜爱,因为其受众广泛,遍布全球,有着较高的知名度与较好口碑,可提前为好莱坞电影降低投资风险。另外,在视觉方面,赛博朋克日漫中对近未来科技奇观的大胆想象与描绘,便于好莱坞发挥其顶尖的特效技术专长,也迎合了观众的娱乐诉求。在内容方面,日本动漫受本国外向型经济的商业导向影响,自二十世纪七八十年代起便具有去民族化、全球化的特征,人物很早就有着金发碧眼的设定,场景也往往东西方混杂,传统与现代并存。至于赛博朋克题材的日漫,一方面,因其想象的未来充满全球元素的拼贴融合,进一步提高了文本在不同文化语境下的接受度,适合好莱坞在全球市场进行跨文化传播,扩大收益;另一方面,因其独有的深刻哲思与人文关怀,在思想层次上远超一般流行的科幻动作片,有利于好莱坞打破"超级英雄"类型片市场饱和的僵局,顺应新时代背景与受众的新要求。

从首部《黑客帝国》(1999)一鸣惊人地将好莱坞赛博朋克电影推上时代浪头,到《黑客帝国4:矩阵重启》(2021),二十余年间,几十部相关影片见证了此类型由成熟化、鼎盛时期至下滑阶段,这些影片中其实不难找到日本动漫的影子。可见,这些科幻电影的诞生发展与日本动漫在这个领域的开创是密不可分的。

二、动漫赛博朋克风格的开创者大友克洋

从20世纪80年代开始,大友克洋同宫崎骏一样使日本动画登上了国际的舞台,受到国际的瞩目。如果说宫崎骏的作品在关注人类命运的同时还带有一些诗意和温情的话,大友克洋则让人感到冷酷和绝望,带给观众强烈的震撼和彻骨的寒意。

(一) 生平经历及创作

大友克洋(1954年4月14日—)出生于宫城县登米郡,少年时代喜欢好莱坞的枪战、动作类电影,如《邦尼与克莱德》《逍遥骑士》等,这些影片经典的打斗场面都给他留下了深刻

**图 3.14 冷眼面向未来人类
社会的大友克洋**

的印象,并在以后的作品中有所体现。

大友克洋成长于日本十分动荡的 20 世纪 60 年代,这个时期反对日本政府的学生游行、工人暴动此起彼伏,混乱的社会状态成为大友克洋以后创作的灵感源泉。高中时期,大友开始接触漫画,欧洲现实主义色彩的漫画对他以后写实的画风产生了影响。1973 年,大友克洋来到东京,开始了他的漫画创作生涯。他的第一部作品《枪支报告》在《漫画 ACTION》上发表。1974 年,他又在该杂志上连载了一系列漫画小故事,主要表现了东京这个大都市中人们的生活百态,甚至包括吸毒、性变态等畸形社会现象。1973 年,大友克洋的漫画《再见日本》是以旅居美国曼哈顿的日本柔道师的生活为题材的。

1979 年,大友克洋发表了第一部以科幻为题材的漫画《火球》。1980 年到 1982 年连载的《童梦》使大友克洋一夜成名,他也从此跻身于日本一流漫画家的行列。这部作品讲述了在城市令人窒息的空间中种种精神分裂者和具有超能力者的毁灭性对抗,其光怪陆离的构思和非线性的表现方法引起强烈的反响。1983 年,《童梦》还获得了第 4 届日本 SF 大赏,大友克洋成为第一位获此殊荣的漫画家(之前该奖只颁给科幻小说家),他更被评论界誉为"新意念"漫画家。

这个阶段他还发表了多部漫画,如《已是战争的气氛》等,作品细致的描写和巧妙的故事发展都得到很高的评价。1982年,大友克洋开始与动画制作结缘,在《幻魔大战》中担任角色设计,为以后的动画创作打下了基础。

大友克洋的漫画《回忆》的第一部——《由她的思想中产生》于1980年在《青年漫画》上发表。1995年,《回忆》以三集的形式拍摄为动画片,包括《她的回忆》《最臭兵器》和《大炮之街》,其制作和背景都极为细致真实。导演由大友克洋和另外两位动画导演森本晃司、冈村天斋担任,其中《大炮之街》由大友克洋本人执导。

1982年11月6日,大友克洋的第一部长篇漫画作品《阿基拉》开始在《青年漫画》上连载,受到了日本漫画迷的狂热追捧,连载延续了8年长盛不衰,就连单行本也达到了每卷超过70万份的发行量,在业界和读者中引起极大轰动。《阿基拉》还被编译成英文版在美国、欧洲等国家发行,同样大受欢迎。1988年大友克洋把《阿基拉》改编成动画电影亲自执导,此片不仅在日本取得巨大成功,在欧美也受到很高的评价,并得到了各种电影奖项,大友克洋亦借此成为国际知名的动画制作人。

大友克洋革新着当时的日本漫画体系。"日本漫画的表现形式分为大友克洋之前和大友克洋之后"。漫画评论家米泽嘉博这句经典评价足可见大友克洋对日本漫画的革命性推动作用。在大友克洋之前,手冢治虫的作品是日本漫画的主流,在手冢治虫所开创的漫画表现体系中,往往以简单的线条勾勒趣味性,充满想象力的形象,整体呈现一种卡通式的绘画风格,漫画好像依然还是画给孩子们看的。

在漫画的表现形式上，大友克洋简直是"异类"。这首先体现在他对传统题材的反叛，从早期的《铳声》《童梦》到《回忆三部曲》《阿基拉》，大友克洋的作品一直都是披着科幻外衣的现实主义作品，虽然同时代也有现实主义题材创作者，但只有大友克洋能将对于现实世界的深刻认识和洞见寄寓在对于未来世界的预言中。异类也体现了在他对于复杂性细节的极致追求，这一点在他对东京大崩塌的场景描绘中完全体现了出来。整整14页对场景的刻画中，没有任何角色与对话，极致的线条带来的是令人震撼的毁灭冲击感。《阿基拉》中大友克洋毁灭了东京，现实里他打破了旧的漫画表现形式，站在废墟上重构属于他的体系。

1997年，由大友克洋协助新生代动画导演今敏拍摄的《未麻的部屋》上映，在柏林动画展等众多动画展中都得到很高的评价。真实与幻觉的交织、虚构与现实的相通制造了紧张恐怖的气氛，开创了心理分析动画片的先河。大友克洋还参与了《迷宫物语》《机器人狂欢》《老人 Z》《捍卫者》《大都会》等动画片的制作。2004 年 9 月 30 日，大友克洋筹备长达 9 年，并担任原作、脚本、导演的动画电影《蒸汽男孩》上映。《蒸汽男孩》耗资高达 24 亿日元，总共绘制出的图片就有 18 万张之多，还包含 400 个 3D 段落，成为日本历史上历时最久、制作最昂贵的动画电影。2013 年，与森田修平等三位导演联合执导的动画短片集《短暂和平》也获得了很多荣誉。2014 年获得第41 届安妮奖特殊奖项温瑟·麦凯奖（终身成就奖），2015 年获得第 42 届安古兰国际漫画节"最优秀奖"。

大友克洋还导演了多部真人电影，如 20 世纪 80 年代初的《给我们武器》和 2006 年的奇幻电影《虫师》，该片入围第 63 届威尼斯国际电影节主竞赛单元。2012年,执导古装动画短片《火要镇》,该片获得第16届日本文化厅媒体艺术节动画类大奖。

（二）主要作品

1.《阿基拉》

《阿基拉》,1988年7月上映,片长约126分钟。《阿基拉》改编自大友克洋的同名畅销漫画,它延续了漫画无尽的生命力,在银幕上同样绽放异彩。"阿基拉"在日语中有"光明"或是"亮"的意思,在片中阿基拉是自宇宙诞生起便存在的一种超自然的绝对力量。

故事讲述了1988年阿基拉引起的第三次世界大战毁灭了整个东京,31年后的2019年,东京被重建,恢复了往日的繁华,但是繁荣背后充斥着无所不在的丑恶和危机。世界末日即将到来的谣传、动荡不安的社会局势以及经济萧条使日本社会摇摇欲坠。

在一个被军方控制的秘密地点,阿基拉在密封舱中被冰封长眠。飞车党成员少年铁雄和金田等人骑摩托在街头飞驶时发生事故,他们被军队带走,作为实验品接受训练。铁雄无意中开启了阿基拉超常的神秘力量,慢慢地他发现自己的力量变得异常强大,甚至足以和军队抗衡,就连现代武器也对付不了他。于是以前一直备受欺负的铁雄开始变得疯狂,他的权力欲望膨胀到了极点,开始了一场疯狂的行径,与军方对抗,甚至毁灭了城市,他按照自己的意志去做任何想做的事情,可是阿基拉这种可怕的无法控制的力量最终也将铁雄送上了毁灭之路。

作为科幻题材的动画片,《阿基拉》提出了一个极其深刻

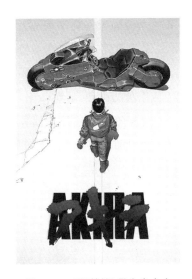

图 3.15 《阿基拉》是人类未来的恐怖预言

的主题——人类该怎样面对科学技术所带来的巨大力量，更提出了人类未来将何去何从的命题。随着社会的不断进步，人类创造了辉煌的文明，然而这高度发达的文明最终将摆脱人类的控制，将人类推向毁灭。

（1）精细炫目的画面。《阿基拉》打破了日本动画的历史纪录，总作画数达 15 万张，花费了 10 亿日元，无不体现了大友克洋对"真实性"这一特色的追求。对背景的绘制精细入微、精准的透视、细致的光影、紧凑的联接，以及逼真的人物动作使它立于经典作品之林。《阿基拉》还打破了动画片通常后期配音的模式，先录制台词，之后再根据配音演员的嘴型来制作画面，这样更加强了真实感。另外，从各种场景到道具，如片中东京的背景以及道具摩托车、人力车、机器、武器等都通过光学摄像机摄制，表现得十分逼真。但是，《阿基拉》由于过于追求真实以至于一些打斗场面表现得十分血腥和暴力，脑浆崩裂、肢体横飞等镜头不禁令人毛骨悚然，成了渲染暴力的特例之作。

《阿基拉》的强大之处不仅仅在于炫目的视觉效果和前卫的形象设计，更在于大量细节上的精细雕琢。光影的表现在摩托追逐的场景里，没有直接显示摩托的行驶过程，而是通过呈现被照射的物体表面从未被照亮的暗黄色，到被灯光照射的亮黄色整个过程的变化来表现摩托车的逼近。对东京都大厦的灯光呈现,甚至细致到一栋楼的每一个房间里光线都有变化。在运动的场景中,甚至将一闪而过的路上的石头的阴影都做了刻画。少年金田侧身停住摩托车的画面,非常炫酷,在很多影片中被致敬,如美国大导演斯皮尔伯格导演的商业大片《头号玩家》中,女主角骑的正是金田那辆具有标志性的红色摩托。

图 3.16　摩托车的尾灯带出的绚丽光线令人感到惊艳

《阿基拉》在技术上还开创了日本动画片第一次使用 CG 技术的先例,片中表现阿基拉生命体运动的"冠状环"的影像就是 CG 技术的产物,虽然很粗糙,但在当时也是十分领先的。

(2)空灵诡异的配乐。《阿基拉》的配乐由大桥力创作,艺能山城组演奏,配乐灵感来自印尼峇里岛及爪哇岛的传统音乐——甘美兰。传统甘美兰打击乐与现代电子乐融合在一起,组成刺耳且诡异、空灵又诡谲的声音。在科学家观察铁雄与阿基拉的成长时,这种压抑感和诡异感被甘美兰独特的音色表现得淋漓尽致。

(3)"毁灭"与"重生"的主题。《阿基拉》的故事是对战后东京毁灭与重生的隐喻。阿基拉毁灭了东京,几十年后,沉睡已久的阿基拉被唤醒,东京再次毁于一旦。人类一次又一次妄图掌控高度发达的文明,却都反过来被文明所毁灭。一味追求着更高级文明的人类真的无药可救了吗?阿基拉那种恐怖的力量,令人直接想到的是核武器。作为唯一一个被核武器轰炸过的国家,日本人对于核能有着畏惧与崇拜的复杂心理,他们既害怕核武器的力量,又崇拜着、渴望着,就像影片中众人对阿基拉的态度一样。那对于整个人类呢?人类是否会失去对科技的控制?大友克洋向日本观众,乃至世界观众提出了这个问题。在影片结尾,在东京一片废墟上伫立着毁灭中幸存的三个年轻人,阳光穿过残云照在他们身上,影片在不确定的"总有一天,总有一天我们会……"中结束,这也许算是大友克洋对这个世界的一丝怜悯,他认为也许人类还有希望,东京将会再度重生。

《阿基拉》作为日本动画史上反乌托邦作品的先行者,其意义和影响是十分深远的,如今还能在美国好莱坞电影中看到许多类似的场景和设定,它对于科技力量的思考和对未来世界的想象即使在今天看来也是十分令人震撼的。《阿基拉》对于现代社会也仍有着重要的现实意义,过度地追求科技力量最终会陷入不可挽回的境地,人类在前进时也应当回首和反思自己的所作所为,而不是一味贪功冒进,适当地伫步或后退也是为了更平稳地进步。

在这部作品之后,日本动画逐渐发展出了自己的特色,开始与欧美的动画片产生明显的风格差异。日式赛博朋克作品更是在科幻艺术史上留下了浓墨重彩的一笔,后世有无数作品对《阿基拉》进行了致敬。

2.《回忆三部曲》

《回忆三部曲》,1995 年上映,分为三部短片,导演分别是森本晃司、岗村天斋、大友克洋,内容荒诞,但主题十分深刻。

第一部《她的回忆》充斥着宇宙黑洞的幽深和华丽的幻觉,讲述了每个人的内心都藏着一个心魔,人的记忆的幻影变成真实载体的恐怖故事。未来的 2092 年,一艘太空运输船收到了神秘的求救信号,两位宇航员追寻着求救信号赶到现场,由此进入了一个华丽的、美轮美奂的虚幻世界,这其实是一个世纪之前,当年红极一时的歌剧女演员艾娃的回忆世

图 3.17 荒诞而深刻的
《回忆三部曲》

界。两个宇航员在光怪陆离的立体幻境中,陷入了艾娃的记忆。在这个世界里,普契尼歌剧《蝴蝶夫人》的音乐和唱段缠绵悠长,余音绕梁,这是艾娃昔日辉煌的铭记。她曾经事业成功,爱情甜蜜,拥有无数爱慕者的掌声和玫瑰花。但这个亦真亦幻的世界,最终轰然崩塌,进入其中的宇航员也葬身于此。

短片的气氛渲染十分到位,开头的残破的宇宙碎片和女高音歌剧唱腔搭配在一起营造了一股凄凉的恢弘感,奠定了故事悲凉的基调。结尾的废墟堡垒以贯穿全剧的玫瑰花的形式展现,再次点明了故事的浪漫且凄惨的基调。短片制作的细节令人惊叹,宇航员开始进入的大厅中,大理石立柱的纹路

清晰自然,高悬的炫目的吊灯、墙壁上的花纹、雕刻的塑像等很难让人相信这是手绘制作出的,短片对机器内部的机械构造与运作,例如交错的管道和齿轮转动等刻画得十分细致真实。

第二部《最臭兵器》讲述的是一个研究所的小职员信男误服了秘密为政府研究的药物,他成为奇臭无比的有毒的化学气体之源。在信男所到之处,动物纷纷倒地而亡,植物纷纷茂盛生长。但高层领导仍不知实情,命他将"样本"带到东京,于是信男穿过各种武器的重重围剿,"忠诚"地执行使命。在毒气的庇护下,信男最终成功地穿越阻碍到达东京,即使美国军队出手也没有成功阻拦他。故事的最后,当身穿防护服的信男将领导要求带到东京的物品交付时,打开防护服的瞬间,毒气悉数泄出,东京也就此沦陷。

这是一个十足的黑色幽默故事,通过信男的遭遇来讽刺日本社会的种种问题,例如医药管理混乱的问题,医药公司对自己生产的药品的功效甚至都不十分清楚。此外,还讽刺了日本政府受制于美国的现实。更为重要的是,故事还批判了像信男这样不会思考只会机械完成指令的麻木的人,正是因为这样的人存在,社会上的很多恶行才会像毒气一般蔓延,表现了被机械化的制度压榨得丧失独立人格的人,人完全成了履行规章制度的工具。

第三部《大炮之街》讲述的同样是人被机械化后社会的悲剧。在这个封闭的城市中,到处是一座座挺立的炮台,人们所有的生活都围绕着大炮,制造大炮、炮弹,装炮弹,研究弹道,发炮程序设定,发射炮弹展开,人们谈论的是炮弹,小孩子崇拜的偶像是大炮司令,每天的电视广播都和大炮有关。但是他们的敌人又是谁呢？人类已经完全地沦陷在大炮，不，应该说是沦陷在机器的世界里了。故事有着很浓的讽刺批判意味，预言了在机器文明时代人类的日益机械化，以至于最后完全被机器异化。

在《大炮之街》结束时，大友克洋调侃地使用了一首长达6分钟的舞曲作为片尾字幕的背景音乐。为配合影片的色调，这段音乐充满了冰冷、金属的质感，按大友克洋自己的话说就是观众可以"跳着舞离开电影院，同时好好回味一下刚才影片中所讲述的故事"。①

《大炮之街》的画面粗糙、陈旧，色彩偏灰暗，让观众不由自主地有一种回到旧工业时代的感觉。长22分钟的故事，却只有21个镜头，一个场景只用一个长镜头的画面来交代。为了追求场景的流畅转换与空间的纵深感，为影片特别制作的拍摄台长达十多米，背景延展数米长，制作人员要做好精确的计算，这不得不说是世界动画史上的大胆突破。

3.《蒸汽男孩》

《蒸汽男孩》，2004年7月上映，片长126分钟。故事发生在19世纪工业革命时期的英国伦敦，这是一个由蒸汽机占据主导地位的时代。在第一届世界博览会举办前夕，出身于发明世家的少年劳伊忙碌着制作自己的小发明。一天，劳伊收到了祖父从美国寄给他的神秘包裹，包裹里面是一项神奇的新发明：可以利用能源产生巨大能量的"蒸汽球"。一个邪恶组织妄图得到"蒸汽球"来控制世界，从此劳伊卷进了一场可

---

① 薛燕平：《世界动画电影大师》，中国传媒大学出版社，2006年，第373页。

**图 3.18 挽救世界未来的
"蒸汽男孩"**

怕的阴谋和冒险之中。坚信着科学是带给人类幸福的动力,劳伊最终利用这个蒸汽球升入了太空,摆脱了邪恶势力的追赶堵截,成为名副其实挽救世界未来的"蒸汽男孩",并由此开始了奇妙的太空历险。

大友克洋曾说:"我想表达的是'人性与科技的斗争'。阿基拉讲述的是超能力,《蒸汽男孩》则讲的是蒸汽机。我觉得人类一旦有了'力量',不是输给它,就是不能好好利用它,而陷入一种混乱状态。所以,我想要探讨如何与'力量'维持友善关系这件事。"①片中"蒸汽球"是一项足以改变人类历史的伟大发明,这个金属的球体将成为"人类的福音"还是"恶魔的渴望"呢? 大友克洋再次以反思科学发展的两面性为主题,阐述了随着人类文明的发展,出现了人类自己也控制不了的巨大能量,所以,科学虽然能带给人们福音,却也是毁灭的源头,一不小心也可能将整个人类带入深渊的谷底。

影片传神地表现出 19 世纪旧工业时期伦敦的风貌,所有人物、风光、建筑,以及科技、机械等元素都惟妙惟肖,真实可

---

① 薛燕平:《世界动画电影大师》,中国传媒大学出版社,2006 年,第377 页。

感。精致的画面配上 3D 计算机特效,以及为了表现过去时代而刻意采用的灰暗色调,使这个充满烟雾和蒸汽的城市有种时光倒流的历史沧桑感。

(三)艺术风格评述

1. 营造冰冷的机器世界,反思科学发展带给人类的两面性

大友克洋的动画作品基本上都是科幻题材,主题上也延续了他的一贯性:营造冰冷的机器世界,反思科学发展带给人类的两面性。

从 1986 年大友克洋第一次参与执导动画片《迷宫物语》开始,"关注人与科技,人与机器,人与机器人"就成了大友克洋作品不变的主题。《迷宫物语》讲述了机器人完全控制了工地的施工进程,任何人也无法让它们停止,只能看着它们疯狂地工作,这可怕的末世景象无疑是对人类无限依赖机器的深刻警示。

大友克洋只导演了《机器人狂欢》的开头和结尾的部分,但只看这两个片段,就可以体会到大友克洋对机器和人类社会未来发展的忧虑:开头表现了一部巨大的机器伴随着激昂热烈的乐曲自远方而来,一个个跳舞的机械小人从天而降,不间断的爆炸使人类居住的村庄被摧毁。结尾则是在人类的家庭中重生了一个跳舞的小人,美妙的音乐再次奏响,一家人沉浸在温馨的快乐中,可就在这欢快的气氛中,轰隆一声爆炸,一切都化为乌有。嘹亮的乐曲、跳舞的机器小人,机器使人类迅速地发展兴盛,人们为机器所带来的成就而欣喜若狂,但是最后的爆炸却令人不得不警醒——机器既能为人类服务,也能变身为炸弹毁灭人类。

由北久保弘之导演,大友克洋担任编剧的《老人 Z》是一部

有着黑色幽默色彩的喜剧题材动画片。这部影片又一次关注到了人与机器的关系：虽然机器在很多领域都可以取代人工，甚至比人做得更好，但人的感情却是永远被取代不了的。一个病中的老人，需要的不仅仅是机械性的护理，更需要的是人性的关怀。

在手冢治虫的遗作《大都会》中大友克洋还担任了编剧，这部作品延续了手冢治虫在《阿童木》中的思考——机器人是"机器"还是"人"？如果机器人高度发达之后具有了人性，它们该怎样面对自己？人类该如何面对它们？在这座具有高度文明的城市里，机器人在轰轰烈烈地上街游行，以争取"机器人权"。公爵根据死去女儿的样貌制造了机器人迪玛，它具有了女孩子的一切素质，机器文明已经达到极致。但大都会最后还是伴随着迪玛"我到底是谁"的追问崩溃了，大友克洋一贯的冷涩绝望也显露无遗。

图 3.19　大友克洋的作品里充满了未来世界冰冷的机械感

2. 根深蒂固的末日情结

作为世界上唯一一个遭受过原子弹袭击的国家，在日本的动画片中根深蒂固地埋下了一种末世情结,而大友克洋的创作则更为明显地体现出最新科技、机器人、武器,以及人性和末日情结的交织。宫崎骏曾经说过:"一个异能少年站立在东京的废墟之上,人人都会说这是大友克洋。"在大友克洋的动画片中,东京乃至整个日本已经被先后灭掉了数次。《阿基拉》故事的就表现了拥有阿基拉力量的铁雄飞入宇宙,炸毁宇宙飞船,并且进而毁灭了整个东京。面对东京毁坏得满目疮痍后的一片残骸,动画中的将军却喃喃自语道:"真美!"这也许是大友克洋强烈的毁灭意识的写照。

大友克洋的动画最擅长的就是用暴力来控诉暴力本身,在他的作品中,毁灭、暴力、各式的枪战、飞车、碰撞、爆炸都是常见的场景,社会动荡不安,人心惶惶,人类没有生存的希望,在这种不安的情绪之中,展现了大友克洋对于人类与社会未来发展的深层次思考。

3. 真实细致的场景刻画

虽然大友克洋的作品全部都是科幻题材,但赋予虚拟的世界以现实性可以说是大友克洋作品最突出的特色之一。大友克洋的漫画作品就以画面细腻精致著称,对物体的质感与运动的速度感有着高超的表现力。他曾经表示,他的漫画之所以与众不同在于:"我的漫画,在人物、背景的细微部分都画得非常真实,动画也延续这个特色。我的作品,不会像一般漫画给人平面的感觉,而是有着有深度的空间,产生慑人的真实感。"①

---

① 薛燕平:《世界动画电影大师》,中国传媒大学出版社,2006年,第367页。

早期作品《大炮之街》中的场景令人印象十分深刻,小至金属上的铆钉、螺丝,大至巨型大炮,大炮城中的各种装置都有一种古旧、粗糙的金属的质感,整个城市就像一个巨型的工厂。家中的旧式大钟,各种机械摆设,齿轮、仪表、轮盘、头盔、纵横交织的管道,像工厂升降机一样的电梯,街头的机车和冒着蒸汽的大炮,装卸炮弹的机械装置以及对发射炮弹的详细描绘使人有一种身临其境的感觉。

大友克洋曾经说过:"电影与舞台表演最大的区别就在于纵深感,我试图在动画片里营造一种别人没有做过的纵深感"。[①]《大炮之街》中仅有的几个长镜头一气呵成,为了追求场景的流畅转换与空间的纵深感,镜头中背景有丰富的变化。摄影机跟随主体旋转,或是做纵深运动,从近景过渡到远景,或是从远景过渡到近景,再进行镜头的摇移,这些超长镜头都是在特别制作的动画台上完成的。在《大炮之街》中大友克洋还引入了CG技术,把2D的人物和3D背景十分融洽地结合在一起,使画面的立体感、纵深感、真实感进一步加强。

《蒸汽男孩》将故事设置在了蒸汽时代的伦敦,为了传神地表现出19世纪大工业时代的大都市,本片完全参照了英国曼彻斯特和伦敦当时的自然风光、建筑景致和风物人情来设置场景,风光旖旎的泰晤士河畔、巨大的伦敦钟楼、钟楼旁的塔楼建筑群、有着烟囱的英格兰砖房、庞大恢弘的伦敦街区,所有这些元素都恰到好处地勾勒出大城市的工业文明。

在人物设计上,为了恰到好处地表现出复古式的人物造

---

① 薛燕平:《世界动画电影大师》,中国传媒大学出版社,2006年,第372页。

型,制作者更是花了大量的时间来查阅资料,女主角斯嘉丽的整套时髦行头,从红礼帽、红蝴蝶结、红礼服裙到尖头红皮鞋,都是查阅了当年大量的服饰资料的结果。

二维动画的优势是创造极具个性的美术风格,三维动画则可以像摄影机一样完成推拉摇移等镜头的运动,全方位、立体化地表现事物,如表现角色360度旋转,与之相对应的复杂的光影变化等。在表现劳伊与斯嘉丽潜入万博展览会的一场戏中,CG技术完美地表现了斯嘉丽在月光下舞蹈的曼妙身姿,产生了多重光影的效果。

正如片名一样,《蒸汽男孩》需要通过蒸汽来渲染工业时代的气氛,作为一个动画片来说非常具有难度。为了制造整个城市笼罩在蒸汽之中的感觉,以及用蒸汽配合角色情绪的表达与抒发,需要运用CG技术反复合成,以表现蒸汽在不同场合不同的透明度、形状、层次、喷射方向等种种弥散性效果。

秉承大友克洋一贯的精益求精的原则,《蒸汽男孩》的所有场景都极具质感,铺着木质地板,散发着机油清香的工厂车间,笼罩在透过巨大落地窗投射下来的光线之中,就连一个木纹、一块金属都看上去都十分逼真。精致的手绘画面配上强烈的3D计算机特效,以及灰旧的色调,使这个充满烟雾和蒸汽的城市无比真实可感。

4. 天马行空的科幻设计和构想

大友克洋的科幻片以表现机器、机械为主,许多场景、机械设计都要依靠想象来完成,看过大友克洋的作品的观众无不被其天马行空的想象力所折服。

在《最臭兵器》《大炮街》《老人Z》等片中,大友克洋多次绘制了犹如有机生命体般四处活动,如菌群般分裂蔓延的机器

图 3.20 纷繁复杂的机械设计

电缆。《老人 Z》中的全自动看护床是未来社会高科技的产物,它由第六代电脑控制,以人的蛋白质为元件,深深植入人的内脏细胞,人渐渐变成只能任由电脑摆布的活死尸,这深刻地透露出导演对人类在无限泛滥的技术侵蚀下逐渐丧失人性和尊严的深切恐惧。

在《蒸汽男孩》中,大友克洋对机械设定的要求是"追求不完美感与未完成感",他说:"我要看见的是一堆零件组装在一起,但是还没有加上外壳时其粗糙质感尽显无遗的感觉。"《蒸汽男孩》中随处可见的机械设置显示了工业时代的迅速发展,从蒸汽闸门、蒸汽球设计图纸、轮盘式蒸汽动力车、喷气式独轮车到巨型飞船及潜水艇,再从蒸汽机步兵、振动机翼飞行兵、蛙人机械兵、类似竖琴与钢琴结合的蒸汽城控制台等大小不同的细节设计,还有劳伊乘坐的蒸汽车,速度飞快、升降自如。这些由古董式闸柄、滑轮、仪表器、钢管烟囱组合在一起的科技,大部分都是在现实中人们闻所未闻、见所未见的,令人不得不赞叹大师那丰富绝伦的构思和想象力。

二、"原作粉碎机"押井守

同日本其他动画大师截然不同的是,押井守并不是一个漫画家,他的绘画才能没有那么出色,但他却成为与宫崎骏、大友克洋齐名的日本动画三大导演之一。押井守的动画作品基本都是改编自大获成功的知名漫画,但在动画的再创作中他往往与原作的风格背道而驰,加入自己独特的哲学思考,由此押井守获得了"原作粉碎机"的称号。

图3.21 不擅长绘画的动画大师押井守

（一）生平经历及其创作

押井守(1951年8月8日—)出生于东京大田区,酷爱电影的父亲经常带着年幼的押井守流连在电影院,使他从小就对这门神奇的艺术充满好奇。上高中时押井守由于参加了学生的游行示威而被父母关了一段时间禁闭,也许这段经历给他留下了十分深刻的印象,以至于后来他的许多作品中都有街头游行对峙的情景。

1970年,押井守进入东京学艺大学教育学系美术组学习,在大学学习期间怀着对电影的热爱,他组织成立了"映画艺术研究会",开始拍摄一些实验短片,并疯狂地观摩一系列著名的影片。1976年毕业后,他加入了日本著名的龙之子动画制作公司,开始了其动画制作生涯。

1. 《福星小子》声名鹊起

在龙之子动画制作公司,押井守得到了很多锻炼的机会,在前辈鸟海永行的大力提携与举荐下,他参与了如《科学小飞侠》《救难小英雄》等动画片的制作。1980 年,押井守在龙之子分离出来的小丑工作室里工作,担当了《福星小子》的电视版本导演。《福星小子》是日本漫画家高桥留美子的著名作品,在年轻人中曾风靡一时。电视版《福星小子》推出后受到了各界的广泛好评,押井守也在 1982 年获得了最佳动画制作人的殊荣。

借着电视版的东风,1981 年押井守的首部电影作品《福星小子 1》上映,1984 年《福星小子 2》也连续推出,虽然上映后成绩不如第一部,但是在押井守个人创作生涯中十分重要,是一部代表着他自己风格完全成型的作品。《福星小子》在保留原作精髓的同时,在剧情方面彻底拆解原作,以电影化的表现手法大量运用了光暗对比强烈的静止画面,并附加上人物的内心独白,为这部本来是十分搞笑的商业动画增添了许多阴郁舒缓的艺术色彩。《福星小子》系列作品的成功使押井守声名鹊起。

2. 《机动警察》再塑传奇

1983 年,押井守与鸟海永行合作推出了世界上第一部OVA 作品——《宇宙战争》。《宇宙战争》一套 10 集,描写了未来世界发生的战争,以科幻、机械、动作打斗为故事元素。1987 年,押井守与天野喜孝共同推出了另一套 OVA《天使之卵》,进一步拓宽了 OVA 市场,为日本动画界开辟了一个全新的运作模式。《天使之卵》长 70 分钟,是一部以影像取胜的实验动画,内容十分晦涩难懂,被评论界称为"只为两个人做的动画片"。电影画面则如梦似幻:远古荒凉的世界、肆虐的风、神秘的卵、美丽的少女、流浪的少年,生命的奇迹在流传……

1988年,押井守联合著名漫画家高田明美、编剧伊藤和典及漫画原作者结城正美共同合作推出了OVA版的动画《机动警察》。从这以后,高田明美、伊藤和典等成为押井守较为固定的合作伙伴。1989年到1993年,他们这个组合又推出了《机动警察》的两部电影版。

两部《机动警察》动画电影在票房上取得了很好的成绩,一些场面,如空降兵和机动兵的激烈对战极具美国商业大片的风范,但押井守灰暗悲观的个人风格在被带入《机动警察》后,原作具有的轻松幽默而又富有哲理的味道都荡然无存。押井守放弃了原作中最受欢迎的女主角泉野明,转而将沉默和喜欢静思的南云和后藤作为主角,显然是希望在作品中更多地凸显他个人的风格。影片在镜头运用、色调气氛上都给人阴郁冰冷的感觉,故事主题也更为深刻,指责人类沉醉于现实的虚假和平而不自省,这使许多《机动警察》漫画的忠实拥趸者难以接受。但无论如何,《机动警察》成为日本经典动画的代表。

1989年,押井守又推出了6集的OVA《御先祖大人万万岁》,这部作品无论是影片背景、人物表演方式还是台词风格都以舞台剧的形式贯穿整个故事。这种刻意的舞台形式别有一番风味,使这部充满讽刺意味笑声的喜剧片成为押井守最出色的作品之一。

3.《攻壳机动队》走上巅峰

1995年,押井守与漫画界大师士郎正宗合作了电影版动画《攻壳机动队》,这是使押井守在世界动画领域享有盛名的一部作品,也是日本动画中最为前卫的作品。在日英美同时公映时,令各国观众感受到了强烈的震撼,吸引了众多的科幻爱好者,还被称为"必看的科幻经典之一"。就连《泰坦尼克号》的导演卡梅隆也曾为此片撰写文章,称这部作品为"科幻电影中最美丽、最艺术、又最具风格的作品",并表示自己最欣赏的日本动画导演是押井守和大友克洋,可见此片引起的广泛关注。《攻壳机动队》对于未来科技的设想和精细的刻画还直接激发了美国导演沃卓斯基兄弟的创作灵感,促成了著名的科幻影片《黑客帝国》系列的诞生。

《攻壳机动队》成功后,押井守一直在"思考动画片在今天的局限性问题,这除了技术上的因素,还有我个人对于生命的追寻,我拍摄的动画片体现了所有我对生活的思考和我的哲学观"。[①] 2004 年,沉寂近十年的押井守推出了《攻壳机动队2:无罪》,此片延续了押井守一贯的阴暗忧郁和深邃玄虚的风格,影片在美国上映后反响空前。

2008 年 9 月 3 日,押井守的动画电影《空中杀手》亮相第65 届威尼斯国际电影节。《空中杀手》的主题诚如押井守所说:"人类不懂得珍惜和平。只要有人类存在,战争就永远不会消失。我们无法长久地维持一种和平的状态,我认为这与人性有关。很不幸,我们无法将天性中的某些东西消除,也无法挣脱它的束缚。"

2009 年,押井守以日本江户时代的大剑豪宫本武藏为题

---

① 薛燕平:《世界动画电影大师》,中国传媒大学出版社,2006 年,第346 页。

材推出《宫本武藏：双剑驰骋之梦》，押井守担任原案和编剧，导演则由和他在《攻壳机动队》《攻壳机动队2：无罪》中有过多次合作的西久保瑞穗担当。2010年，执导动作科幻动画片《光晕：传奇》。

图3.22　表现残酷人性的《空中杀手》

除了动画片外，押井守还参与制作或导演了一些真人电影，这些作品中包括根据押井守和漫画家藤原KAMUI的漫画《犬狼传说》故事改编的三部曲——1987年的《红眼镜》、1991年的《地狱番犬》、2000年冲浦启之执导的动画电影《人狼》，虽不是押井守本人导演的，原作和编剧却出自他。2001年，押井守还导演了真人电影《阿瓦隆》，讲述未来世界一群逃避现实而参与虚拟战争游戏的人混淆现实与虚幻，失去自我的故事。虽然是一部真人电影，《阿瓦隆》却使用了许多电脑动画技术，显示了押井守在动画领域的功力。2015年，他执导了动作惊悚电影《东京无国籍少女》等。

（二）主要作品

押井守的动画作品主要有三个系列，都改编自著名的漫画作品，《福星小子》《机动警察》《攻壳机动队》在年轻人中风靡一时，被推崇备至，押井守的动画版本则进一步使这些作品成为经典之作。

1.《福星小子》

《福星小子》开创了日本搞笑漫画的先河，主人公拉姆和诸星当上演了一场又一场荒诞的、令人捧腹的爱情喜剧故事，之后出现了大批模仿之作，可见其对日本漫画界影响之深。

《福星小子》曾经被拍过许多动画版本，押井守导演的主要是1981年10月14日—1986年3月19日播放的电视版，共计218集，还有1982年和1984年的两个电影版本。

图 3.23　爆笑滑稽的《福星小子》

电视版《福星小子》是一个系列，每一集都是一个独立完整的小故事。主要讲述的是外星女拉姆和高中生诸星当的爱情故事，以及在他们之间、同学之间，学校里发生的一系列疯狂可笑的闹剧。

拉姆是来自小鬼星球的公主，她是一个天真又可爱的女孩子，具有超能力，会飞，会发出电击。美少女拉姆的造型是穿着一身漂亮的虎皮纹比基尼，虎皮纹是小鬼星特有的标志性装饰。拉姆随其父踏上了企图征服地球的旅程，却在一场决定地球命运的捉迷藏对决中败给了诸星当，还误打误撞地与诸星当定下了婚约。

诸星当是友引高中2年4班的学生。他有着超人的耐力和体力，但生性顽劣，十分自由不羁，是出了名的"坏小子"，经常做别人不敢做的事，扰乱课堂，欺负同学。还特别喜欢与年轻貌美的女孩子搭讪，最喜欢说的一句话就是："小姐，请告诉我你的姓名、住址和电话号码！"学校保健室的樱花老师、班上臂力超群的女孩阿忍、暴力倾向严重的牟天、冷若冰霜的雪女等，都是他不遗余力追逐的目标。诸星当经常被美女拒绝，但他还是锲而不舍地坚持下去。当然，在女孩子遭遇危难的时候，他也会拔刀相助，挺身而出。

押井守执导的电视版的《福星小子》因为有很多篡改原著之处而遭到漫画迷们的攻击，但观众最后逐渐接受了头发被塑造成绿色，眼睛设定为金色的拉姆，为拉姆穿着虎皮纹比基尼的惹火身材、诸星当流着口水的色鬼模样，还有错乱僧那可以扭转180度的光亮脑袋所吸引，《福星小子》就像一面哈哈镜，照出了种种生活中的平凡小事，观众常常被其充满趣味性的夸张逗得哈哈大笑。

押井守导演的两个电影版《福星小子1：只有你》《福星小子2：绮丽梦中人》尤其经典。电影版作品既包含了观众喜闻乐见的搞笑元素，又加入了押井守个人对生活的解读。《福星小子1：只有你》中，押井守的压抑气息已初见端倪，《福星小子2：绮丽梦中人》主要的片段是诸星当身处在拉姆的梦境之中，他还常常追问自己是在梦中，还是在现实中。荒谬搞笑的情节，令观众捧腹大笑之余又会有所深思。

诸星当、拉姆和他们的朋友、老师们生活在无忧无虑的世界里，演绎着让人爆笑，又感动无比的故事。这是一个超脱现实的，随心所欲的世界，他们可以放肆地做一切想做的事，诸星当可以肆无忌惮地追求女孩子，拉姆对诸星当的爱痴情而又直接，学生在课堂上可以恣意地胡闹和恶搞，再加上来自外星的拉姆的亲朋好友的怪招频出，这个世界完全打破了现有社会的规范和秩序，打破了现有的价值观念，这种"无道德""真性情"和年轻人渴望突破权威、释放自我的心理达到了某种契合。所以,这个充满科幻与奇幻的世界在年轻人中风行一时。有评论家曾说道:"它将人性中被称为伪善的枝干剥落,而将一种人们隐藏至深的情感拉扯出来,它无视道德世俗的禁锢,无忌惮地延伸至外在,我知道这本更适合潜行于掩饰真实的面具下,将它赤裸裸地展现在众人面前是件滑稽的事情。"在无数的荒诞不经、恶搞和滑稽的剧情中,《福星小子》也隐含了对现实的讽刺与批判,以及对浪漫爱情的追求。面对顽劣不羁的诸星当,忍无可忍的拉姆决定随父亲离开地球,并要清除以前所有的记忆。在最后的关键时刻,诸星当终于以他的真诚感动了拉姆,使这对欢喜冤家终成眷属。

2.《攻壳机动队》

《攻壳机动队》是日本漫画家士郎正宗在1989年发表的科幻漫画。其后被押井守改编为动画电影——《攻壳机动队》《攻壳机动队2:无罪》,这两部影片奠定了押井守的大师地位,并让他风靡全世界。《攻壳机动队》引进北美后成功吸引了一大批影迷的关注,并让日本动画片走入好莱坞,赢得赞赏和认同。《攻壳机动队2:无罪》更是入选了2004年的戛纳电影节竞赛单元。

(1)《攻壳机动队》,1995年11月上映,片长82分钟。电影版的《攻壳机动队》取材自漫画中的几个故事,讲述了在未来世界的2029年,日本专门对付电脑网络犯罪和恐怖主义活动的公安9课(即攻壳机动队)的女队员草薙素子追杀高科技犯罪者"傀儡王"的故事。

草薙素子是一个除了大脑和部分脊髓外,几乎全都机械化了的义体人。傀儡王本是被公安6课操纵的电脑数字程序,可以通过网络侵入人的大脑,篡改人的记忆或控制人的行为,它在网络世界穿梭中逐渐感受到了自身的存在,有了自己独立的智能和意识。傀儡王没有实体,它很欣赏草薙素子,因为草薙素子有一个优秀的机体,傀儡王想要与她相融合。最后在毁灭一切的轰炸中,草薙素子和傀儡王都消失了,草薙素子的同事巴特警官私下重新拼装她的身体,草薙素子和傀儡王的意识在一个女孩的躯体中恢复,但是重新诞生的是草薙素子、傀儡王,还是融合变异的新个体呢?被重新组装的素子留下一句"网络是无限宽广的"后消失。

士郎正宗的原著漫画以未来世界为舞台,构筑了以人工智能的义体人为主角的充满科幻和机械色彩的科技世界,在紧张和悬疑之余整体风格还是较为活泼轻松的。但在押井守的影片中,素子和同事之间的许多轻松幽默的细节都被压抑和沉重所代替。押井守在展现未来高科技,继承原作"绘画精美和情节诡异"的精神同时,在此片中加入了很多个人的探索和理解,故事的主调亦倾向于草薙素子对自我的思索和追寻。电影深邃而冷酷的风格与素子对自身处境的困惑以及人类虽身处高科技社会,却无法摆脱末世情绪的彷徨心态相呼应,展现了押井守对人类未来的哲学思辨般的问询。

《攻壳机动队》围绕人与机械、灵魂与肉体、科技与人文的关系进行了深入的探讨,草薙素子因为同时具有机械躯体和人类灵魂而感到深深的迷惑。在漫画中,士郎正宗对素子的身世做过介绍,她是真正意义上的"全身义体人"。因为双亲遭遇事故,还在母亲子宫里的素子就被移植到了机械躯体里。所以她从来到世界上的那一刻起就没有自己的"肉体",相比于从肉身逐步改造成"全身义体"的人类来说,素子对自己作为"人"的认知更加薄弱,也就更加容易怀疑自身作为"人"的存在,她时常处于自己不是人类的焦虑中。为了减轻自己的焦虑,她也曾尝试自我解答:"就像人要成为人需要相当多的零件,为了让自己成为自己,所需要的东西也林林总总——异于他人的面容、下意识里的声调、梦醒时凝视的手掌、儿时的记忆、对未来的期盼,不光是这些,还有我的电子脑所触及的庞大信息以及广大的网络,这些全都是我的一部分,孕育出称为'我'的这个意识体,同时也将'我'限定在某个范围之中。"她想表达的意思就是人所感知的一切事物,都是意识的映射,客观事物的存在能够证明"我"这个意识体的存在。

尽管同事都说"我们是把你当人看的",但在素子头脑中还是有着一大堆问号,于是素子在潜水时看见自己水面的倒影也会不由自主地思考。在现代社会当中,每个人都被符号化,就像精密严谨的社会机器系统上的零件,不再拥有独立的意识、思维和感情,只能随着机器高速地运转。随着数字网络以及电子技术的进一步发展,一切均被数字化,人类的身体可以被制造和更换,大脑可以被随意地进入和操纵,记忆也可以被移植和更改,如果连灵魂都可以被技术处理,人类到底还有哪些是属于自己的? 这个时候又何谓人类? 何谓灵魂?

影片中的台词也进行了这样的追问:

"如果全身都是机械,那我还是人类吗?"

"如何保证我的记忆是真实的,而不是由程序所篡改生成的?"

"如果一个机械人宣称自己是人类并拥有人类的记忆,我们又该如何辨别他是人类还是由程序控制的机器人?"

不仅是素子,高科技环境下的每个人都有可能失去灵魂。一名运送垃圾的无名卡车司机为了获知妻子内心的想法,向一名黑客求取帮助,试图入侵妻子的"灵魂",被9课缉拿,他们被逮捕归案。当黑客大声喊出:"我什么都不会说!"时,素子问:"你的名字、你儿时的记忆、母亲的面容,你还记得起什么呢?连灵魂都没有的傀儡,真可怜。"真相揭露,黑客的记忆其实已被篡改,对于过去他什么都记不起来了,只是一个被任意摆布的棋子。黑客低下头,之后瞳孔放大,眼神迷茫空洞。画面切到另一端,曾向同事抱怨自己妻子要离婚,女儿不关心自己的司机,被告知他的妻女都是虚假不存在的,婚姻家庭生活的记忆也不过是计算机程序的产物。给同事看的全家福其实只是独自在天桥上溜达的自己和不知哪里来的狗,十年的"幸福生活"只是一场梦幻,他不过是一个在窄小公寓里独居的单身汉。得知真相后,他乞求用高科技手段消除这段记忆,被告知不可能后,他绝望地哭泣。

图3.24　草薙素子难以摆脱对自身定位的困惑

在这个高科技世界里,肆意入侵别人的大脑,编造谎言,篡改他人的记忆已经成为可能。那么在这个世界生活的人又如何能够证明人的灵魂是真实的,而不是被篡改过的数据呢?

押井守借未来世界的科幻题材重新叩问了一个古老的哲学命题,人类对自身的探索是一个难以终结的话题,只要人类存在,对自身的研究就永远也不会结束,"认识你自己"在数千年以前就被刻印在古希腊的阿波罗神殿的石柱上。《攻壳机动队》的结尾素子放弃了人形的躯体而选择与傀儡王融合,遁入网络,或许这暗示着她放弃了"人"的身份,反而在解除束缚之后找到了自我。

《攻壳机动队》在形式上将手绘、CG 和平面动画相结合,采用了电影运动镜头的表现手法,使画面具有丰富立体的层次并进行了完美的动静结合,并以其绚烂的视觉效果,使日本动画片达到另一个高峰。影片在制作过程中,采用了许多香港的城市景观,场景皆是实地拍摄,然后再将动画人物合成到画面中去。而且加了很多缓慢的定格镜头,来渲染未来阴暗忧郁的城市街景,并细致刻画了美奂绝伦的梦境。在繁华的都市里,河里漂浮的船、河面映衬着飞机掠过的倒影、耸立的招牌、闪耀的霓虹灯、川流不息的立交桥、林立的房屋、街角的垃圾、飘落的雨、面目不清的人群……不停变换的视角、缓慢的节奏、悲伤又压抑的背景营造出惶恐不安的氛围,表现了在现代社会精神空虚的人们所面临的无可挽回的失落感。

《攻壳机动队》从剧情、思想深度到画面和制作都水平极高。精细的机械、超前的特效、丰满又独具魅力的人物性格、扑朔迷离又步步紧扣的剧情,押井守以隐晦的手法探讨人物的内心与人类的未来。

(2)《攻壳机动队 2:无罪》,2004 年 3 月上映,片长 100 分钟。《攻壳机动队 2:无罪》根据原著漫画的部分章节改编,延续了第一部结尾草薙素子与傀儡王融合后不知所终的剧情。故事讲述了 2032 年,光电、机械、生物、网络等高科技依然迅猛发展,草薙素子已经消失了三年,巴特成了公安 9

课的主力干将,他的四肢以及大部分身体也都是机械化的。在破获一个少女玩偶机器人杀害她的主人的案件中,巴特得到了一个球形关节人偶的帮助,原来它是素子利用卫星网络寄身的载体,素子帮助巴特彻底消灭了高科技的恐怖活动,她重又回到广阔的网络世界中。

图 3. 25 《攻壳机动队 2:无罪》表达了对人类未来社会科技迅速发展的隐忧

影片以巴特为主视角,围绕"人""义体人""神明"等,进一步揭露和探讨了高科技社会下"人"这一存在的模糊界限。在动画制作上延续了上部的手法,而且技术更为成熟,投入更大,斥资 20 亿日元。影片融合了传统动画与电脑动画的技术手段,所有的人物皆由二维动画绘制,而机械设施及背景等三维动画则全部由电脑来完成,影片制作时把人物合成到三维空间中就花费了四年的时间,借助计算机所呈现的精巧复杂画面让人叹为观止。

影片的场景大多是实地拍摄,摄制组从纽约到台湾,从佛罗伦萨博物馆到米兰的哥特式教堂等多处取景,片中既可见到东方的庙宇建筑和民俗祭典,也可见到欧洲的古老建筑,产生了一个跨越时空的奇幻世界。

(3)《空中杀手》,2008 年 8 月上映,片长 122 分钟。《空中杀手》改编自小说家森博嗣同名作品。讲述了在和平年代,人类为了体验战争的残酷感觉而进行模拟战争表演,参与战争的飞行员是被称为"永恒之子"的年轻人,他们没有以往的记忆,肉体永远不老,直到在战斗中死亡。飞行员优一却逐渐恢复了记忆,他决心与这种把人当作机器的命运抗争。

这部电影残酷之处在于战争只是永不完结的表演,"永恒之子"在战争中反复死去并被赋予新的身份和记忆重生,他们只不过是用来表演的工具而已。战争的残酷性与表演的观赏性之间、战争内外的人们之间、孩子与成年之间、永恒的生命与无尽的轮回之间、肉体与精神之间、生与死之间处处存在着矛盾。而这也正是押井守在动画中体现出的超越现实的矛盾和对抗性主题。

这部动画能引发人们对生活、生命与人的总体反思。生命的存在、生与死的轮回、人性的残忍与矛盾,融合成"永恒之子",也融合成《空中杀手》。生命的存在,是那副躯体、那张面容,还是那些记忆、那些思想? 有人形容说:"一直航行在海上的'忒修斯之船',日积月累的伤痕,让它身上所有零部件全部被更换,甚至船长、船员也已更换,那么它是否还是忒修斯号呢?"

生与死究竟代表着什么? 影片的核心是一群拥有着"永恒"的人,他们有着永远的青春,肉体可以说永远不会死去。这样的人群,正是符合人们心中所谓"长生"的愿望。但是他们永恒的方式,却是被一再重新填充记忆,修复肉体,永远被定格在孩子的年龄。这样的"不死"还符合人们对长久生命的向往吗? 真正人们所向往的"生",应该是感官的延续、人与人关系的延续,作为某一个人可以去感受,可以去表达,而并非被替换肉体,被替换思考。当一个人的记忆被舍弃抑或被创造时,就是这个人的生命受到了控制,也是这个人的"生"的权利已经被剥夺。

动画影片中也具象化地呈现了生与死的接替,当一个身份与记忆消散,另一个身份与记忆被创造,二者接替进行,更仿佛是生与死的接力,一个人的前世、后世就这样被颇具宗教和神话意义的场景呈现。这样虽然实现了人们转世的愿望,却又塑造了"永恒之子"永恒的悲剧,就像《攻壳机动队》中草薙素子办公室里那个永远唱着同一首音乐的乐器,轮转不停,永恒而令人悲悯,从而引发人们重新思考对于"生"的理解。

(三)行走在哲学与艺术边缘的思辨大师

押井守对艺术的偏爱甚于商业,他以极富哲理的叙事方式而出名。因此押井守的作品对于大数观众来说实在是沉闷异常而且晦涩难懂,只有反复咀嚼才能体会影片的思想主旨。押井守自己也曾经说过:"我根本没有想过观众会喜欢什么,或者不喜欢什么。我是为了我自己拍电影。我只知道我想看到的是什么。其他人想看到什么,我一无所知(包括日本观众)。我不觉得我对观众有责任。"所以他创作作品的初衷更多地在于传达自己的理念,而不是与观众沟通和对话。

《攻壳机动队》创作于三十年前,但在今天看来在观念和表现手法上仍然十分先锋。透过华丽迷幻的影像,片中充斥着大量关于自我和灵魂的对话以及无处不在的隐喻,押井守试图向观众挖掘人、机器、灵魂三者之间复杂的辩证关系,在科技高速发展的社会中,什么是生命?什么是灵魂?生命是否伴随着灵魂?生命为何而存在?生命的意义是什么?种种追问使电影完全上升到了哲理思辨的层面。

《攻壳机动队2:无罪》开始之前的那句导语就道出了影片

要带给观众的警示："如果我们信奉的神,还有我们追逐的希望,只不过是科学的量化,那么我们的爱是否也将科学化呢?"

人类对世界的认识随着科学的发展而逐渐揭开了自然界神秘的面纱,一切都可以用科学的概念来分析和诠释,当科学技术高度发达的时候,是否它们可以代替一切? 押井守对此持完全怀疑的态度,他在影片中竭力在探讨的就是人的感情,包括信仰、希望、爱等,这些是不可能用科学来量化的。

《攻壳机动队》提出了具有人工智能的"义体人"的概念,这种有着人类大脑和机械体的半机器人究竟是"人"还是"机器"呢? 未来该如何对他们进行定位呢? 如果他们能与"人"等同地存在,那么人类本身是否也是科技量化的产物呢? 从而进一步提出了在未来世界究竟是"科技是我们的工具",还是"我们是科技的傀儡"呢? 这是人类未来发展中需要面临的问题。

《攻壳机动队2:无罪》中充斥着大量高深莫测,来源复杂的引语,这也为观众理解影片的内涵设置了层层障碍,因不知其来历和含义观众往往如坠雾里、不知所云。这些引语来自世界各地的哲学家、科学家、诗人、作家所说的至理名言,有英国诗人雪莱、法国哲学家拉·美特利、数学家笛卡鲁多、德国童话作家格林、古希腊哲学家柏拉图、中国的孔子等。这些引语无疑让《攻壳机动队2》成了探讨艰涩高深理论的艺术大片,而不是雅俗共赏的商业电影。下面对这些引语来源和含义举例说明。

(1)"未知生,焉之死",源自《论语·先进》:"路问事鬼神。子曰:'未能事人,焉能事鬼?'曰:'敢问死?'曰:'未知生,焉之死?'"

（2）"寝不尸，居不容"，源自《论语·乡党》："寝不尸，居不容。见齐衰者，虽狎必变。见冕者与瞽者，虽亵必以貌。凶服者式之。式负版者。有盛馔，必变色而作。迅雷，风烈必变。"

（3）"小子鸣鼓攻之，可也"，源自《论语·先进》："季氏富于周公，而求也为之聚敛而附益之。子曰：'非吾徒也。小子鸣鼓而攻之，可也'。"

（4）"生死去来，棚头傀儡。一线断时，落落磊磊"，出自"世阿弥"的能乐书《花镜》。原意是为了解说生死。其中"傀儡"可以理解为躯体，一旦操纵其的意识被切断，便生死相隔。而影片对其提出了挑战，因为躯体是可以被抛弃的。

（5）"人类是自己上发条的机械，是永远运动着的活范本"，语出法国哲学家拉·美特利的《人是机器》。片中还有类似含义的引用，如数学家笛卡鲁多关于"人类与机械，生物和非生物不可区分"的言论。

（6）"神永远在做几何学"，是柏拉图的言论，用以证明神创造人类的球形关节与几何学的关系。

押井守的动画片中常常会出现这样一些引语来作为符号意象，以表达他抽象而玄妙的理念。他说："几乎没有什么语言不被曾用作台词，所以不如直接用两三年前的至理名言更好。"

为了追求一种玄妙和高深的效果，影片大量堆砌了逼真的未来城市的繁华美景，这些以电脑技术处理来制作的充满质感和光影变幻的街景反而带给人一种空洞、虚幻和压抑的感觉。雨夜，汽车行驶在街头，车窗上的雨滴随着路灯的光线忽明忽暗，车窗玻璃上的污垢和人的指痕清晰可见；装着铁栅栏的老式电梯在升降的过程中以假乱真的复杂光影令人眼花缭乱。城市巨大的建筑群中却行走着面无表情、行动僵硬,如行尸走肉般的人群。押井守说:"我对描写人没有兴趣,如果非做不可、别无选择的话,我只好描写人类。我宁愿把人看成一种存在现象。我对'人是什么?它为什么存在?'这样的话题感兴趣。至于人类的感情和纠葛还是留给作家吧。我不喜欢通过描写人类感情而阐述主题的电影。我的影片全部是毫无感情的人类。"①

押井守力图消除每个人物的情感因素,而把影片中的人物只是作为一种客观的存在来描绘,而且由于片中大部分都是被注入人类灵魂的人偶,而不是真正的人类,所以他们的动作更为机械呆板,行走在都市中的人都化作了面目不清的符号。押井守曾这样解释自己创作的初衷:"人偶和孩子是人类自己制造出来的。狗也并非野生动物,而是人类从自然界找到并驯化而成的。人类的历史与文明最终都以制造人偶的形式表现出来。人类就是一直在制造自己,制造印象中的自己。结果这部电影就成了比较颓废的电影。当然也有纯洁向上的内容,但我怎么看都觉得它是一部颓废的电影。"②

人类在自然界的繁衍生息中逐渐掌握了自然规律,创造了高度的文明,就开始自傲自大,妄图改变自然规律,控制一切,但人最害怕的也是自体的消亡,所以人类一直在极力试图超越、改变这个自然规律,这也正是人类难以逃脱的悲剧命

---

① 薛燕平:《世界动画电影大师》,中国传媒大学出版社,2006 年,第354 页。

② 薛燕平:《世界动画电影大师》,中国传媒大学出版社,2006 年,第356 页。

运。押井守独具个人意识的动画表达，已进入人类灵魂最深沉的领域。

第四节　其他动画大师

一、侧重心理分析的今敏

日本的动漫界从手冢治虫、宫崎骏到大友克洋，三代人创造的动画奇迹，可以说除了美国之外没有其他国家可以匹敌。日本动画崛起的第四代成就最大者应该非今敏莫属。虽然今敏作品的故事题材有过于明显的"小众倾向"，缺少被更广泛大众所认可的作品，但他执导的多部动画片在国际上获奖无数，使他在评论界赢得了广泛声誉。

（一）生平经历及创作

今敏（1963 年 10 月 12 日—2010 年 8 月 25 日）出生于北海道钏路市，上小学四年级后全家搬到札幌生活，高中就读于北海道钏路湖陵高等学校，这个时期正值电视动画片《机动战士高达》热播，它所带来的震撼影响了整整一代日本青少年，今敏就是在这个时候迷恋上了高达系列，这为打开了他认识新世界的大门，

图 3.26　今敏

也为他后来进入动画界埋下了伏笔。高中毕业后今敏考入武藏野美术大学视觉传达设计系,大学期间今敏就在讲谈社知名漫画期刊《青年杂志》上初次发表漫画作品,并获得新人奖。他边读书边画漫画,成为一名职业漫画家,1990年,由讲坛社出版的第一本漫画单行本《海归线》发表,得到读者欢迎。

20世纪90年代,今敏发行过多本单行本漫画,在这些作品中他已经开始展现了在梦境和现实中自由穿梭的不俗的想象力,再加上其细腻的画风与紧凑的剧情,受到当时漫画界的瞩目。

1990年,今敏受邀在大友克洋的作品《老人Z》中担任美术设计,从此开始踏入动画行业。很多人习惯把今敏称作大友克洋的徒弟,从漫画的电影蒙太奇手法,到动画亮丽而厚重的色彩,今敏明显受了大友克洋的影响。大友克洋也确实在动画创作中给了今敏很多帮助和支持,多年来一直为他寻找与动画界重量级人物合作的机会,还常常在创作上亲自操刀,与今敏合作。1991年,今敏将大友克洋所执导的真人电影《国际恐怖公寓》改编成漫画版,受到很多人的关注。

1992年,今敏参与了大友克洋的动画《回忆三部曲》的制作,负责其中《她的回忆》的角色设定以及部分脚本创作的工作。在此期间,今敏还负责了电影版《机动警察2》的美术工作,他和押井守在漫画创作和出版方面也合作了一段日子,接触到了押井守独特的叙事风格。

1997年,在大友克洋的协助下,今敏第一次导演了动画电影《未麻的部屋》,这是一部手绘动画。影片充斥了暴力血腥与裸体细节的描写,所以被划分为限制级只在小范围内公映,可见今敏从一出道就走上了与雅俗共赏的动画所迥异不同的道路。《未麻的部屋》用一种反常规的意识流式叙事手法,用冷淡的笔调营造了心理惊悚的效果,昭示了今敏以后作品的诡异风格,这不仅在当时千篇一律的日本商业动画市场里,就是在世界上也是一个绝对的另类。《未麻的部屋》在上映后引起了广泛的争议,但也使今敏引起了国际动画界的关注。

此后,今敏全力投入到动画电影《千年女优》的制作中,这部作品于2001年推出后受到一致好评,在日本和国际上都获奖无数,并与动画大师宫崎骏的《千与千寻》同被日本文化厅多媒体艺术节选为"年度最佳动画"。

2003年,动画电影《东京教父》上映,这是一部带点魔幻味道的以现实主义为基础的作品,通过讲述三个城市边缘人——易服人妖、离家少女和流浪汉对弃婴的无私照顾,显现出人性的温暖与尊严。《东京教父》用极精细的笔触,细腻真实地再现了观众熟悉的东京街头和景点,描绘了三个流浪者一段笑中带泪的奇幻追寻,表现了底层民众的辛酸生活,影射了日本现代社会的现实。影片夺得同年东京国际动画电影节最佳影片大奖,今敏也夺得了导演奖。

2004年,受日本电视台的邀请,今敏导演了第一部电视动画系列片《妄想代理人》,他选择了自己最擅长的心理探究题材,关注到现代人日渐脆弱的心理世界,表现了社会集体的精神疾病,以此探秘都市人内心的惶惑。2007年的作品《红辣椒》把犯罪和侦破案件延伸到人的梦境之中,延续了一贯的惊悚诡异的风格。

今敏的作品并不多,但每一部都堪称精品。就在今敏风格日渐成熟,逐步走入事业顶峰之际,2010年,今敏因胰腺癌英年早逝。"我要怀着对世上所有美好的谢意,放下我的笔走了",留下这样的遗言,还留下了一部未完成的作品——《梦的机器》,今敏留给世人更多的是无尽的遗憾。

(二)主要作品

1.《未麻的部屋》(也被译为《蓝色的恐怖》)

《未麻的部屋》,1997年2月上映,片长81分钟。这部影片改编自竹内义和的小说,主要讲述了青春偶像级女歌星未麻力图转型,一改以往的清纯形象而走成熟路线并向影视剧发展。就在这期间,怪异恐怖的事件接二连三地发生了,未麻所在的剧组不断遭到恐吓,身边的工作人员包括经理人、摄影师、编剧等先后遇害。未麻也遭到了骚扰,日常活动细节被公布在网络上,与此同时未麻患上了精神分裂,她的眼前也经常会出现另一个自己,这到底是幻觉还是现实?影片就在这样扑朔迷离的情节中展开,真相被抽丝剥茧般一层层揭开,人性的黑暗也一点点地大白于天下。

图3.27 心理惊悚片《未麻的部屋》

影片中"未麻的部屋",即未麻现实生活中居住的公寓,也指网络上的博客,博客的名字就叫"未麻的部屋",但这个博客并非未麻设立,它的创建者不知何人。一个是现实生活中的"部屋",一个是网络虚拟空间的"部屋",经常在网上浏览"未麻的部屋"的未麻,仿佛听见了灵魂深处的窃窃私语,看到了来自潜意识层面的另一个自我。两个未麻之间的对话和相互窥视,使被噩梦与幻觉笼罩的未麻惶惶不可终日,逐渐人格分裂,迷失自我。

类似情节的惊悚小说可能不足为奇,但将这个题材通过动画影像的方式,运用娴熟的电影表现技法展现出来,在当时恐怕还是绝无仅有的。今敏舍弃了传统动画惯用的手法,把一部完全可以用真人演绎的电影用动画的手法来表现,淡化了动画片一贯追求的绘画的技巧、精致的画面,而是在叙事上追求悬念和心理分析,把影片中未麻的幻觉、粉丝的疯狂以及过气明星由美的人格分裂表现得淋漓尽致。影片的连环凶案在现实、梦境与未麻拍剧的场景中彼此呼应,接连再现,并通过剪辑技巧相互交错,使故事发展悬念丛生、扑朔迷离,真切地揭示了在现代社会中人们迷失自我的悲剧。

《未麻的部屋》尖锐地反映了当时日本社会畸形的偶像文化、媒介暴力、年轻人极大的社会压力、物质主义以及女性被压迫等社会问题。今敏的作品因其细致入微的角色刻画、令人眼花缭乱的叙事结构和梦幻般的表现手法为人称道,《未麻的部屋》更是将这些特质表现得淋漓尽致。戏中戏、现实与梦境交织等艺术手法在后世被许多作品所借鉴,无论是经典电影《盗梦空间》《黑天鹅》,还是《梦之安魂曲》,都能找到这部动画的影子。

2.《千年女优》

《千年女优》,2001 年 7 月上映,片长 87 分钟。《千年女优》获得了 2001 年第五届日本文化厅多媒体艺术节年度最佳动画奖、2001 年东京国际动画影展最佳影片奖,以及 2001 年第 33 西班牙西切斯·加泰隆尼亚电影节最优秀亚洲电影作品奖、最佳突破导演奖。

这是一部向日本电影大师小津安二郎致敬的影片,《千年女优》中描写的女演员藤原千代子就是以小津安二郎《东京物语》的女主角原节子为原型的。故事随着老年千代子的口述回忆而展开,讲述了作为战后日本电影鼎盛时期的巨星,藤原千代子出演了以日本各个历史阶段为背景的许多影片,包括战国、幕府、大正、昭和等重要时期。同时也出演了许多类型的电影,如古装历史剧、谍战剧、时代剧和科幻剧等。但千代子在当红之际,突然从银幕上消失,原来多年来她一直在苦苦追寻着自己的初恋情人,却不知情人早已在战争期间去世。并不知情的千代子,一直承受着苦恋的折磨,而放弃了自己的演艺事业。

《千年女优》将千代子所出演的电影故事和她真实人生的际遇互相交织在一起。采访千代子的记者居然能堂而皇之地走入她的叙述中,亲身参与千代子出演的电影,成为其中的角色,甚至被电影中的道具枪剑所伤。这些情节使日本千年的历史片段就在这些现实与虚幻的交织中亦真亦幻,呈现出如史诗般辉煌和传奇的色彩。

图3.28 纵横千年历史,现实与虚幻的交织的《千年女优》

(1)主题内涵。影片的表层主题是描写爱情。藤原千代子一生都在追逐她的初恋情人,他是一个画家,千代子成为演员的动机也是为了能够见他一面,将他遗失的钥匙交还。她希望有一天那个画家可以在看电影时看到她和那把钥匙,会来找她。可是直到她临死的时候,她也没能与画家重逢。但千代子毕生无悔,在临终前,她说:"这样子,我就又可以去追逐他了。"

怀着对爱情的憧憬,许多人在青春年少时会充满梦想地追逐,但随着年龄的渐渐增长大多数人都会转而接受现实,过着平庸的生活。而千代子一直不放弃年轻时的激情与梦想,无论年华老去,她依然青春之心不泯。多年以后,当被问钥匙的主人是怎样的一个人时,千代子说:"我连他的样子都不记得了。"也许是习惯了追逐,但追逐的是什么已经不重要了,"或许,我只是喜欢一直追逐着那个人的我吧……"所以,与其说是对爱情的追逐,不如说是保持一颗执着的赤子之心、对人生的一种美好的境界的追求、对梦想和希望的不懈追求。

千代子对爱情的追逐,实际上呈现了人生中现实与理想的关系。千代子不停地奔跑,不停地追逐,从一个时空到另一个时空,那个人却总是若即若离,刚刚看到,转瞬又消失不见,人们追逐的理想,往往也是这样苦苦追寻而不可得。时间久了很多人会逐渐忘记最初的梦想,转而在现实的碌碌无为中消磨自己的生命。而千代子却从没有放弃,虽然屡屡失败,但一如既往地保持着热情和勇气,也许一生都找不到自己所追寻的东西,但追寻的过程还是美好的,是充满希望和憧憬的,所以她的一生也是充盈而满足的。

(2)象征性意象。第一个是钥匙。影片中贯穿始终的是一把神秘的钥匙。青年画家说这是"一把打开最重要物品的钥匙",千代子知道它对画家的重要意义,所以她想方设法想要把钥匙还给他,于是挂在胸前的钥匙一直伴随着她不停地寻找。在船上，怀着对未来有可能会见到画家的憧憬，千代子独自倚在船舷上望着手中的钥匙出神，钥匙随着船的晃动在阳光下闪烁着光芒，蕴含着千代子对纯真美好爱情的向往，以及对能够见到爱人的期待。后来，在大泷导演热烈地追求千代子的时候，千代子本来已心有所动，但胸前的钥匙在晃动中碰到了酒杯，清脆的声音使千代子猛然醒悟，她急忙逃开了。

钥匙在影片中有过两次遗失的场景，第一次是被大泷导演指使人偷走，丢失钥匙的千代子失去了一直坚持的信心，心灰意冷地嫁给了大泷。后来在整理家务时千代子发现了钥匙，才发现这个阴谋，她气愤地离开了大泷，又开始了追寻之路。第二次是在一次拍摄电影中遗落了钥匙，千代子从此退出演艺圈，过起了隐居生活。"钥匙"代表着千代子追逐爱情和梦想的勇气，是她不断追寻的动力所在。

在电影的结尾，千代子握着失而复得的钥匙，闭上了双眼。她又回到少女时期的模样，飞向太空继续寻找，"我去那儿继续找他"，她躺在病床上微笑着对着既是记者又是影迷的立花源也说，眼神依然坚定而又执着。立花满含着泪水，也微笑着说："这一次，你一定能找到他。"

第二个是白发老妪。影片中还有一个白发老妇人的形象，她像一个巫婆，神秘地出现在不同的时空中，她摇着纺车，手中往复的线就像轮回的命运，周而复始地重复着类似的故事，难以摆脱。她骗千代子喝下汤药后大笑着说："那是长命茶，汝将被永久的恋之火所灼伤，吾将憎恨汝，憎恨到无法忍受，而且又非常爱护，爱护到无法自拔，总有一天你会明白的！"白发老妪多次在千代子追寻的旅途中出现，阴魂不散，她每一次出现千代子都茫然无措，黯然神伤。但随着时间的流逝,千代子似乎终于能够坦然面对她了。白发老妪的最后一次出现是在千代子回忆即将结束之时,千代子捧着少女时的照片,相框中玻璃上又映射出白发老妪的样子,而当白发老妪的面目越来越清晰时,她的左眼角下方那一颗和千代子一样的痣表明,她其实就是千代子的化身,是千代子内心的魔咒。千代子一直在面对另一个自我的质疑,她追寻真爱的过程中同样有过犹豫和恐惧,那缥缈不定的爱情或是梦想是否真的值得用一生去追寻,追寻是否有意义?但是在这个过程中,千代子逐渐战胜了内心的惶恐和犹疑,悟到了答案。所以到了晚年,她终于坚定地认为自己的一生是值得的,她可以坦然地面对另一个自己,面对自己的内心了。

第三个是奔跑。千代子还有一个令人深刻的特点,就是"跑"。在切换场景、叙事时空的转换时,通常都是通过千代子的"跑"来实现的;千代子在不同的时空里,不停地奔跑着,循环重复着没有结果的追逐,似乎永远没有尽头。画家被追捕逃离时,千代子紧握钥匙,奔向车站;战国时代,公主紧握利剑,策马飞驰,去寻找她深爱的人;幕府时代,穿着木屐寻找着远去的男人,握着无法送回的钥匙,在雪地飞奔;大正时代,穿着粉色和服骑着自行车,路上是纷飞的樱花,少女在愉悦地微笑;昭和时代,独身一人在漆黑的森林里奔跑;在荒无人烟的月球,她穿着笨重的宇航服,气喘吁吁地奔跑……如果说"钥匙"是代表了千代子心心念念的画家,那么"跑"则是象征着千代子整个人生的追求过程。

今敏说:"安排人物狂奔更能增加戏剧的效果与张力。我觉得奔跑是表现人生绝境、穷途末路最好的手法。人在跑,尤其是女人在奔跑的时候很特别,也很美丽。把女人狂奔的动

图 3.29　在各个时空奔跑的千代子

画停下来分格看,你能看到她们衣服飘扬,头发飞扬,每一格都是动人的画面,充分表现出女人的各种情绪。"①其实千代子一生所爱恋的画家早已被害,所以她追逐的只是一个幻影。但是千代子其实早已意识到了,她说:"这也许不重要了,再怎么说,我真正爱的是追逐他的旅程"。

（3）叙事技巧。影片以两位采访者要拍一部曾经是著名影星的千代子的纪录片为切入点,以千代子的回忆为开篇,在千代子叙述以前的故事的时候也会不时插入现实中采访的镜头。采访者之一立花源也是千代子忠实的影迷,在千代子刚刚进入到电影部分的故事里的时候,也通过立花的一句"这里我哭了 53 次了",告诉观众这里进入电影世界了,在叙述过程中,千代子也时不时地进行解说,以此来让观众知道接下来的

---

① 彭俊:《民族审美意识的影像呈现——今敏动画的审美特征研究》,《影视制作》,2012 年 3 月。

故事是电影世界与回忆世界交织在一起的。在千代子的讲述过程中，立花也会化身为千代子饰演的影片中各种各样的配角出现在故事中，总是在千代子最危难的时候给她以帮助。而另外一位摄影师井田恭二则一直是以旁观者的姿态在记录整个故事的发展过程，不参与叙事，虽然井田也不时表现出或是同情或是惊讶的表情。

千代子是立花源也那一辈人的偶像，立花曾经在电影公司工作，甚至有一次在地震中还曾经救过千代子，所以他对千代子饰演的电影故事和她本人的生活十分了解，导演安排他介入千代子的影片也就成了顺理成章的事。井田对立花的狂热开始是十分不解的，但随着故事的发展，他也逐渐被感动，就像每个观众一样，静静地倾听着千代子的故事。

虽然人的一生只有短短的几十年，《千年女优》却让观众有了一种千代子追寻了千年的感觉。从古老的战国时代，到未知的未来，从地球到月球，故事的整体采取多线叙事的手法，通过采访者进入千代子的回忆世界来展示故事。主线是千代子的回忆，支线又分成了在她参演的不同电影中对画家的追寻。主线与支线分别属于不同的时空，这种现实与回忆相交织的叙事使得两个不同的时空交叉出现，这便是今敏作品中常常出现的故事结构。

（4）转场与剪切。利用相似物进行转场的蒙太奇手法是今敏惯用的手法，在《千年女优》中更是把这种手法发挥到了极致。将各个时空通过这种方法串联在一起，让观众经历了不同的戏里戏外的世界，带来一种奇幻而美好的视觉感受。

千代子的故事是从一张张照片开始的，照片慢慢翻过，由静止的照片和场景开始慢慢变得生动起来，故事就这样进入了穿梭时空的千代子的回忆之旅。千代子坐上火车去寻找画家，火车遇到了袭击，在一片混乱中千代子撞开火车的门，外面依然传来的是呐喊声，但此时的时空已经切换到遥远的古代，骑在马背上的已经变成了古装的士兵，而千代子已变身成为战国时代的公主。之后再由桌子上的一张照片，进入另一个剧情里，此时的千代子是一个忍者，她在打斗中摔倒，倒下的时候，千代子又变身成了一位妓女。这个几个穿插在一起的场景中，千代子依然在想方设法地想要见到那个人，她骑着马穿过了一个又一个时代，可她总是又来晚了一步，那个人已经进入一扇门。为了追逐那个背影，千代子撞开了那扇门，门开时，门外是一片废墟和远远的天空里正在飞行的轰炸机……

　　类似这样的镜头在影片中无处不在，纷繁的场景转换得非常自然，视角转换也很流畅。今敏还喜欢用现实与回忆的交织的镜头语言来叙事，千代子的记忆与其所演的影片杂糅在一起，完成了意识流的剪辑拼接。千代子乘坐的火车遭受袭击时，在她打开车门的瞬间就转场到了她所演的电影《妖怪之城》里，时空切换至日本战国时代，这种突如其来的场景切换看起来让人摸不着头脑，或者说许多观众的思绪一下子可能转不过来。当被烧毁的倒塌的宫殿柱子即将砸到千代子时，原先为观众的立花源也变成参与者，扮演着武士救下了千代子。此后立花数次介入回忆中，如在《千代子的忍法七变化》中扮演侠客、《雪的绝唱》中扮演守卫等，这些角色都在相应的故事中协助着千代子。如果说原本处于真实世界的立花作为旁观者进入千代子的回忆世界已经足够荒谬，那他变为参与者后更是体现了回忆世界的荒诞感，这便是今敏镜头语言的魅力。

3.《红辣椒》

《红辣椒》,2006 年 11 月上映,片长 90 分钟。《红辣椒》根据日本著名作家筒井康隆的作品改编,在 2007 年的威尼斯电影节放映,得到观众和评委的一致好评。《红辣椒》延伸了今敏对于时空错位、心理分析的表现手法,其独特的艺术风格已经日臻成熟。

图 3.30　游刃于时空错位、心理分析的《红辣椒》

故事讲述了精神医学研究所的治疗师千叶敦子和天才科学家时田浩作发明了全新的心理疾病治疗法,开发出了一种监测患者梦境的仪器 DCMINI,它能在病患睡眠时进入其梦境,从而实施精神治疗。在 DCMINI 的帮助下,千叶敦子化身为另一个身份——"红辣椒",她可以进入沉睡者的梦境中对病人的潜意识进行监控,还可以通过梦境操控睡梦中的人的记忆和行为,为病人诊疗。不料,就在 DCMINI 准备投入使用前,却出人意料地被人偷走,接着,实验室中参与此装置研究的几位科学家相继在梦中遭到侵扰,继而发疯。机智勇敢的"红辣椒"与进行破坏的恐怖分子展开了一场激烈的斗争,惩治了利用 DCMINI 控制人心智从而制造罪恶的罪魁祸首。

(1)结构线索。《红辣椒》的故事和画面穿梭在梦境与现实之中,以天马行空的表现手法呈现出来,结构复杂却不混乱。片中有两条平行线,一条主线是千叶敦子和时田浩作追查 DCMINI 失窃及与犯罪分子做斗争。另一条辅助线则是红辣椒为警官粉川治疗心理疾病,描绘了粉川如何战胜自我的心路历程。粉川因为不能破解杀人案,精神负担沉重,经常噩梦连连,因此求助于精神疾病研究所。充满活力的红衣少女红辣椒进入粉川的梦境,帮助他分析那些奇奇怪怪的梦,粉川最后终于摆脱了噩梦成为一名成功的警察。这条辅助线与叙事主线时而平行,时而相交,起到了推动主体故事发展的作用。

两条线索,前者探索的是现实与梦境的交错,后者描绘了现在与过去回忆的心理交织。结局进入高潮时两条平行线交会到一起,千叶敦子与红辣椒融为一体,现实与梦境融为一体。

(2)对人内在心理的探讨。在社会上,囿于世俗、舆论或是来自各方面的压力,人们往往不敢直视自己的内心,不能理解自己的真实想法,压抑着人本初的情感。影片中,千叶冷艳而高雅,而时田尽管是一位天才科学家,但他体型巨大肥胖,心智天真稚气,是一个只对食物感兴趣的大胖子。二人按照世俗的观念是不可能结合在一起的,所以直到梦境吞噬现实,世界面临末日的时候,千叶才勇于正视自己对于时田的感情,按照自己内心真实的想法来行事,而只有这样,她分裂的人格才得以治愈。其实这也是很多人同样会面临的问题,也许被很多因素所束缚,不敢表达真实的自我。

片中的另外一条线索是粉川如何面对自己的内心真实,战胜自己。粉川因为无法正视自己的回忆,而一直陷落在同一个梦境中无法自拔。而最后他终于克服了心理障碍,摆脱了噩梦。生活中每个人都有畏惧的事物,往往越是害怕遇到却越是能遇上,陷入无止境的恶性循环中。克服内心的恐惧需要勇气来面对，一味地逃避只能产生更大的恐惧。

粉川的自我救赎也让许多观众产生共鸣，他非常喜爱电影，理想是跟好友一同搞电影创作。朋友坚定地遵循理想，但在半路倒下了，粉川则放弃了理想。就是因为这样的心结粉川产生了心理问题，办案不力放走了凶手，于是噩梦总是缠绕着他，让他痛苦不堪。影片中有一段很巧妙的情节是粉川"我把我给杀了"，这个设定是表现粉川的两个自我，一个按照兴趣理想想要当电影导演，一个遵循现实当了警察。作为警察的自己最后开枪杀了想当导演的自己，映射了自己扼杀了自己的梦想，这个心理阴影埋下了精神压抑的种子。最后粉川正视了自己的心理，他的电影终于有了结局。有时候每一个人也会为自己所做的决定感到抑郁，为自己的缺点感到烦恼痛苦，于是产生的连锁反应就是做不好任何事情。但是当能够正视自己的缺点的时候，缺点就已经克服了，也就实现了自我救赎。

影片中还包含了很多人本真的欲望和人性弱点。如小山内对天才科学家时田的嫉妒，还有将红辣椒钉在桌上时的性欲；时田难以满足的食欲，以及他只做想做的事不做应该做的事的任性；千叶对自己喜欢的人不敢表达的恐惧和对自己选择的犹疑等。这些重要角色无一不具有明显的个性特征，无一不显露出普遍存在于现代社会的心理隐疾。

作为影片中反派理事长的帮凶，小山内表现出人格分裂，他爱慕千叶的自我无论如何不允许被理事长控制的那个自我杀死千叶，于是画面上出现了小山内身体上的两个脑袋，一个是小山内的，另一个则是理事长的，这两个脑袋分别控制着两只手，小山内控制着右手，理事长控制着变成了树根的左手。

左手要杀死千叶,右手在阻挡他,人格分裂所造成的自相矛盾显现无遗。影片的最后揭示出恶魔理事长才是幕后黑手,他想要通过掌控梦境来统治人类。他其实代表着人性中最具破坏力的贪欲,如果高科技被居心叵测的人所掌控,将给人类带来具有毁灭性的灾难。

图3.31 人格分裂的人物心理外化

弗洛伊德在《梦的解析》中提道:"梦是欲望的满足。"简单来说,就是现实中想要什么,就会梦到什么,而这一理论在《红辣椒》中能清楚地体现。对于粉川,在心底埋藏的电影梦让他重复不断地梦到电影情节,如《人猿泰山》《007》《罗马假日》等;对于冰室,喜欢人偶娃娃的他在梦中的化身也是人偶娃娃;对于时田,喜欢摆弄机器的肥宅男在梦中的化身也是一个肥胖的机器人;对于理事长,现实中双腿瘫痪的他,在梦中却拥有粗壮的树根来进行行走。

(3)虚实相生的世界。《红辣椒》展现了两个世界,一个是现实的世界,另一个是非现实的、梦中的世界。对于二者的区分,现实世界的物体采用仿真的方法进行模拟,梦境中的物体则进行变形夸张。如千叶在冰室家中搜查时意识被他人控制，出现了这样的情节：千叶在冰室的橱柜中发现了地道，地道通往一个游乐场，游乐场一角的台阶上有一个酷似冰室的玩偶，当千叶试图越过栏杆走向玩偶时，栏杆突然塌陷，千叶惊醒。实际上她试图越过的栏杆是现实中位于高楼里冰室家阳台的栏杆，幸好一旁的人将她一把拉住，又回到现实，这里人物从梦境到现实的转变是非常清晰的。

粉川梦中有着种种荒唐的意象，如像人猿泰山一样凭借林中树藤救出美女，在火车中与谋杀者搏斗，在追逐凶犯的过程中整个环境突然变得柔软发生折叠等等，均是粉川潜意识的隐晦表现。用弗洛伊德的话来说就是："当意识层面的观念被舍弃后，潜意识中有意义的概念则控制了整个现实的思想；而表浅的联系不过是一些更深层以及被压抑的关联的替代物而已。"诸如此类的有关"梦境""意识""潜意识"的概念，对于已然熟知弗洛伊德相关理论的观众来说已经不难理解和接受。

影片最后进入现实世界与梦境混淆的阶段，出人意料的真相在梦境与现实交错的瞬间闪现。理事长有着极强控制欲望，他窃取了能够通过梦境控制他人意识的科技手段，力图把世界上所有的人都置于梦境之下，也就是他的控制之下。此时现实世界开始变形，开始与梦幻中的世界融合。本来是坐在轮椅上的理事长，在非现实的世界中变成了超人，不仅能站立行走，还能控制一切。他利用DCMINI大肆入侵人们的意识，让人们的欲望无限膨胀，失去理智的人群为所欲为，人类的世界变成了一个无比巨大的梦境，而他自己就是这个梦境中控制一切的黑暗巨人。面临危机，红辣椒与千叶重新合为一体,不断吞噬黑暗巨人的梦境,最终吞噬了那个由噩梦构成的黑暗巨人,挽救了陷于混沌的世界,使之重归现实的秩序之中。阴霾散去,世界重现光明。

影片对两个主人公的性格塑造采用了对比的手法,千叶敦子在现实中冷若冰霜,人们在她的脸上永远看不到笑容。她既冷峻严肃又理智含蓄,而她在梦境中的分身红辣椒却活泼亲切、大胆无畏。现实和梦境中的两个人形成了鲜明的对比,如在给粉川治疗心理疾病期间,红辣椒一直都很有耐心,并没有对他的无礼失态有所反感;而在现实世界则正好相反,千叶言语犀利,对时田充满嘲讽,一言不合就恶语相讥。一方面,千叶为时田的天赋和创造能力所折服;另一方面,又为时田在其他方面表现出的幼稚和无节制饮食而带来的超胖体形而生气。

片尾的现实和梦境混淆在一起时,千叶和红辣椒同时出现在这个虚实相间的世界,两人都认为对方应该服从自己。

> 千叶用命令的口气说:"你别随意向前走,红辣椒。"
>
> 红辣椒回答:"你并不是一直都正确的。"
>
> 红辣椒:"走吧。敦子。"
>
> 千叶:"必须要救时田君。"
>
> 红辣椒:"别管他,都是因为那个胖子的不负责任。"
>
> 千叶:"为何不听我的话?红辣椒是我的分身吧。"
>
> 红辣椒:"你没想过你是我的分身吗?"

这是在同一个人身上的两面性,也就是弗洛伊德所说的"本我"和"自我"的对话。结果一个去救已经在冰室梦境中变成了机器人的时田,一个去对付变成了黑暗巨人的理事长,但是,两人均势单力薄,既救不了时田也对付不了黑暗巨人。红辣椒看着现实中行将消失的千叶向失去知觉的时田吐露爱意,意识到光明和黑暗、生与死、男人与女人的对立在虚幻中并不是绝对的,于是她投身于变成了机器人的时田,合体诞生了一个初生于混沌世界中的婴孩,婴孩不断地吞噬黑暗,吞噬了黑暗巨人,变成了一个大大的"女人",世界终于驱除了恐怖,恢复了平和宁静。

（4）电影手法的运用。影片善于运用场景的相似性进行转场,如在开场部分,利用相似动作的连续性,将四个梦境世界串联在一起。具体来说分别是,粉川在看马戏团表演时被追逐,他和红辣椒荡长绳逃跑时转为电影《人猿泰山》中泰山和珍妮在森林中荡藤条的场景;快速移动中粉川被树枝刮倒,再由摔倒转为车厢上被锁喉,红辣椒拾起公文包砸向勒住粉川脖子的人,此时镜头转为电影《罗马假日》中类似的场景。最后由被追逐转为红毯上坠落,粉川一下子被惊醒,原来这一切都是梦境。

之后进入影片堪称"炫技"的经典片头,随着制作人员名单的出现和活泼律动的音乐跟进,红辣椒开始在夜幕下的城市里恣意徜徉:骑着摩托车在夜空奔驰,从货车上的涂画进入城市楼宇之间,在广告之间穿梭,从电脑荧幕直接钻出,在路人T恤上的图画中呈现又瞬间离开……,这些场景的无缝变换,展现了流畅新奇的转场效果。

在设计画面时,也会使用相似性的场景进行呼应。如千叶开头解救卡在电梯中的胖子时田,与她在影片结尾解救卡在大楼中的时田机器人（时田在梦境中的化身）,两者的呼应为结尾千叶选择时田做铺垫。再比如粉川回忆中重复出现的电影片段混剪，每次重复都保留主要内容，但是会有信息上的添加。这种相似但不相同的设计，让剧情层层递进，使观众有不断接近真相的感觉，同时，也暗示着粉川对自己内心的逐渐深入，充分地刻画了人物形象。

在处理现实和梦境的转场时，会运用跳轴的手法。跳轴指的是在摄影机和被摄物体间有一条轴线，摄影机只能在轴线的一边拍摄，如果越过轴线拍摄，会产生不自然的视觉体验。细看影片中梦境和现实的切换部分，会发现今敏都采用了跳轴的手法，通过不自然感暗示了场景的切换。对于外行人来说很难察觉这种手法，于是今敏通过热爱电影的粉川之口，在影片中对此进行了解释，在科普电影拍摄手法知识的同时，也给电影的视觉效果增加了更丰富的内涵。

《红辣椒》的整部动画中充斥着各种荒诞古怪的画面，特别是在动画的高潮部分，当人们因为陷入梦境而变得癫狂在大街上进行游行时，游行队伍中有美国自由女神像、印度的佛像、中国的古人以及日本的木偶和武士，充斥着各国文化元素，这种"无厘头"的情节与画面轮番冲击着观影者的眼球，让人感到眼花缭乱，如梦似幻，这是动画为了凸显出梦境的光怪陆离，同时也是今敏的作品所蕴含的鲜明个人风格。

（三）艺术风格评述

今敏的作品虽然并没有完全延续日本动画以科幻题材来诠释末日情结的艺术特点，但也同样有着对人类未来发展的深深忧虑，作品主要关注对人性本质的揭露，其表现上已经形成了自己独特的电影语言，创作风格也日趋独立成熟。

1. 以人类为主角,主要表现人类社会的现实生活

今敏的作品突破了以往动画片已经形成的常规,不再表现拟人化的动物、怪物等虚拟世界。也不像其他一些动画大师那样,架空时空,立足于完全想象的世界来影射现实。今敏更多的是以现代社会的人类为主角,主要表现人类社会的现实生活,虽然也有超现实的表现,但其立足点却还是以真实的人类社会生活为基础的。《未麻的部屋》《千年女优》的女主角都是现代社会流行文化的代表——影视明星,《东京教父》描写东京街头流浪汉的生活经历,《妄想代理人》和《红辣椒》则是侦探破案的题材。他似乎非常偏爱现代题材,而且几乎每一部作品里都包括对人们在当今社会的各种压力下表现出的矛盾心理描写,而这些往往是一些艺术电影才会关注的内容。可以说,今敏热衷于以梦为主题,梦产生于现实,折射现实,又完全超越现实。

2. 侧重人物心理分析,在梦与现实之间游走

动画影片由其特殊的艺术特点所决定,通常惯于追求绘画技巧,展现精美的画面,但是今敏却回归电影的本质,把动画片当成电影来拍,不强调画面的逼真或精致,而是强调影片的叙事,以巧妙构建的故事悬念来吸引观众。作品主要关注的是人物的心理纠葛,侧重于对角色的心理分析,对内心的描写完全超越了一般动画作品的层次。场景在梦与现实之间恣意游走,使故事悬念重重,加上为了配合主题而采用的写实画风,以及精湛剪辑技巧所制造出来的时空交错的感觉,使观众被深深吸引。

自从心理学家弗洛伊德的精神分析学派提出人心理存在着潜意识,并把人格分为自我、本我、超我的学说问世后,不仅

在心理学领域,还深深影响到了文学艺术领域,已经有无数的作品力图表现这一题材,以悬念大师希区柯克的作品为代表的精神分析电影不乏经典之作,但是涉足这一领域的动画还是屈指可数的。在今敏的作品中可以充分显现出对精神分析学说的理解和诠释,对梦境的探讨和潜意识的挖掘都得到了淋漓尽致的体现,通过动画影像把混乱的、无意识的梦境表现得诡异、迷幻、瑰丽多彩,情节在虚幻和现实中呈现出一种迷幻、神秘的色彩。

今敏的动画作品常常把探索主人公的内心作为故事的焦点,不断地深入和突出人的心理活动,将人物内心外化。《未麻的部屋》和《千年女优》中的女主角都是演艺明星,她们都陷入了戏如人生的泥沼中难以自拔。《未麻的部屋》中从未麻内心的迷惘来探讨社会的现实,未麻在疯狂的歌迷的追逐下,在违心地拍戏时,她备受折磨的心灵濒临崩溃。今敏以独特的意识流式的方法,刻画了未麻不断地处于幻觉与梦境当中,以至于人格分裂,分不清现实与虚幻。

被誉为今敏最好的作品《千年女优》以两个采访者带领观众进入了昔日女明星千代子的现实生活、戏中人生和内心世界交错组成的迷幻空间。千代子的经历则像是一场奇妙的梦幻之旅。现实、回忆、戏中人生不断地穿插交织在一起,正如千代子复杂细腻的情感世界,亦真亦幻、绵绵不绝。

《红辣椒》则侧重于心理分析,挖掘人的潜意识,正如片中那个在梦境中不断追杀自己的警察一样,每个人内心都有另外一个自我,到底哪一个才是真实的?每个人都有不为人知甚至自己都难以觉察的内心的黑暗角落,只有在梦境中才能完全释放。故事以精神科医生与为主角,深入人的梦境世界来侦探案件。

今敏的作品关注人们在现代社会的压力下表现出来的矛盾和失控心理，经常将幻觉和现实糅合让人难以分辨，这或许就是现代人在重重压力下矛盾失控的心理写照。今敏的作品关注在现代社会下人们的精神分裂、心理变态和多重人格。"我是谁？""你是谁？""我在哪""什么是梦？""什么是现实？"，这些在今敏作品中反复出现的台词其实就是现代人不断进行的叩问，心理阴影是挥之不去的梦魇和噩梦，是人生难以摆脱的纠缠。

《未麻的部屋》中结尾的一场戏描绘了漆黑的夜晚，近乎精神崩溃的未麻绝望地奔跑在街道上，她的身后紧追不舍的是与她一模一样，穿着血红少女装的另一个"未麻"，她手持尖刀，飘忽在空中，面带微笑却无比恐怖，无论未麻怎样奔跑、躲闪、哀号都无法摆脱。这也是现代人真实的生活写照——每个人都有两面性，每个人都在戴着面具生活，每个人心中都隐藏着另外一个的自我。

这种心理的惊悚在今敏的作品中无处不在，《红辣椒》中千叶敦子梦境中的化身红辣椒，好像就是《未麻的部屋》中未麻幻觉中的另一个自己。《红辣椒》中几乎每个人物都有两种面貌，反映了现实中自我深受压抑的意识活动。

在《妄想代理人》中，今敏巧妙地利用白天与夜晚的场景分割，象征现代人普遍存在的人格分裂，并以一个妄想中的专门袭击困境中的人们的"棒球少年"为主线，描写了现代城市生活压力下形形色色的精神变态者，那个不断袭击路人的"棒球少年"，其实只不过是鹭月子由于内心的恐惧而不由自主创造出的一个虚构的形象，却无比真实地进入了现实世界。这个看似荒诞的情节设置表明最可怕的就是藏身在每个人潜意识中的心魔，只要人们心中存在压力或恐惧，他就会像"棒球少年"一样现身来袭击你，今敏通过这样的情节使这种内心的无法解脱的阴暗面更加现实和具象化。

《红辣椒》中除了在社会压力下出现的各种妄想症患者外，更是以大量奇异的场景展示了日本社会的病态：翻着白眼、表情冷漠的娃娃，穿比基尼的自由女神蜂拥在街上，穿着职业装的上班族站成一排，借鉴美国电影《出水芙蓉》中的经典场面纷纷从楼顶跳下，脸上还保持着职业的微笑；穿着校服的女生的头颅幻化为巨大的手机，同样头部为手机的男生则集体跪倒在她们的裙下，用手机镜头对准女生两腿之间狂拍。这些描绘出日本民众丑恶欲望外化的魔幻场景，折射出日本深刻的社会问题——上班族的沉重压力，以及日本人的性压抑导致的性变态现象。

3. 丰富娴熟的动画电影语言

今敏不仅是个漫画家，他还非常喜欢电影，他非常注重用电影语言来组织镜头，架构故事框架。令人眼花缭乱的蒙太奇处理手法，时空的交错与变换，无处不在的倒叙和插叙，以及动画无所不能的梦幻式展现，使今敏的动画作品有着超乎寻常的震撼力。

（1）时空交错的蒙太奇剪辑技巧。今敏的作品往往时空交错，《未麻的部屋》《千年女优》中都反映了幻觉、现实和女主角戏中三个时空，今敏用十分娴熟的蒙太奇剪辑技巧进行自由的切换，通过对真实和幻觉的穿插展现，逐渐地让观者对影片中真实的一切产生怀疑。如《未麻的部屋》中用蒙太奇来表现未麻所演的凶杀连续剧和她逐渐失控的人格分裂，当未麻杀人之后会出现拍剧片场的掌声,当未麻在戏里做心理治疗的时候会显露着她真正的人格分裂。这样的处理方式使观众逐渐掉入了今敏预先设计好的陷阱,混淆影片中戏里戏外的关系,三个时空的交错、纠缠表现出来的视觉效果华丽异常且充满真实的压迫感,产生了十分惊悚恐惧的效果。

《千年女优》中今敏则用这种蒙太奇的手法来创造一种超越时空的意境,演员千代子追寻少女时期的梦境,在奔跑之中变幻成她曾出演过的战国时代的公主,江户时代的忍者,幕末时代的大夫,大正时代的千金小姐,然后和她真正的身份——演员千代子相重合,之后继续变换为哥斯拉袭击下的女博士,到最后飞向太空的宇航员。通过动画电影语言完成真人电影技术所难以达到的时空大幅度切换。

(2)人物心理的意识流捕捉。动画片在表现人物心理方面动画与真人电影相比可以说有着极大的优势,今敏深谙动画电影蒙太奇和人类心理的联系,它也可以作为人类意识和潜意识盘根交错的具体呈现,所以一般真人电影不太容易表现的梦境在动画电影中可以自由发挥,追随人的意识任意流动。在梦中,主人公可以任意变换身份,时代背景也可以随意转换,表达视角既可主观,也可客观,场景既可写实,也可超现实。

(3)镜头连接的特殊处理。今敏作品的镜头连接往往采用一种特殊的方法,剪辑点非常有设计,如以动作为前后镜头的剪辑点,从而构建一种视觉的假象,进行场景转换、制造悬念或是蕴含一定的隐喻意义。如在室内一个人拍另一个人的肩膀,下一个镜头则转到室外表现另两个人的同样动作;或是案件发生,警灯闪烁,但下一个从警灯特写拉到远景的镜头却是一个小孩在玩警车玩具；一个人在拳击场上被对手一拳击倒，下一个镜头则以跌倒的动作为剪辑点表现了跌倒后他躺在病床上的场景，这种镜头的衔接某种意义上说是重于形式逻辑而非叙事逻辑的。今敏在动画电影大量地巧妙地使用了这一手法，并形成自己独特的风格。

此外，梦境中华丽绚烂的色彩、匪夷所思的构图，运用CG3D技术所制造的扭曲效果，震人心弦的音乐，电影般细腻精致的剪辑，构建了今敏的奇幻世界。今敏无疑是一位对电影语言有非凡理解力和独特表现力的导演，出色的心理矛盾描写、虚与实的巧妙结合、鲜明强烈的视觉效果以及个性化的剪辑艺术成为他动画电影的鲜明特色。

二、追求极致细腻真实画风的新海诚

新海诚是日本新一代动画导演，他的作品以唯美的画风和细腻的情感表现给人带来了耳目一新的感觉。新海诚的作品主要聚焦于青春与爱情，在丰富多样的日本动画中为广大影迷开拓了一方奇异静谧的空间，同时也在动画市场占得了一席之地。

（一）生平经历及创作

新海诚（1973 年 2 月 9日—）在长野县南佐久郡小海

图 3.32　新海诚是日本新一代动漫代表人物

町出生,毕业于长野县野泽北高等学校,日本中央大学文学部日本文学系。1995 年大学毕业后加入了 Falcom 游戏会社,以本名新津诚参与了包括美工、动画、程序制作、影片宣传等多种工作,这也为他未来的动画创作打下了坚实的基础。

1997 年新海诚开始执导影片《遥远世界》。2000 年执导了黑白动画短片《她和她的猫》,获得了第 12 届 DoGA CG 动画大赛最优秀奖。2002 年执导动画短片《星之声》。2004 年,执导个人首部动画长片《云之彼端,约定的地方》,获得了第 59 届日本每日映画大奖动画奖。2007 年编导的动画电影《秒速 5 厘米》获得了亚洲太平洋电影节最佳动画电影奖。2011 年执导了奇幻冒险动画电影《追逐繁星的孩子》。2013 年自编自导的动画电影《言叶之庭》上映,获得了斯图加特国际动画电影节长篇部门最优秀奖。2016 年,执导了动画电影《你的名字》,获得了第 40 届日本电影学院奖最佳编剧奖及第 26 届日本电影评论家大奖最佳导演奖。2018 年执导了动画电影《天气之子》,获得第 44 届报知电影奖最佳动画影片奖。2022 年11 月执导动画电影《铃芽之旅》,讲述关于关闭灾难根源之"门"的少女的成长的故事,荣获第 51 届动画安妮奖七项提名。

（二）主要作品

1.《秒速五厘米》

《秒速五厘米》包括《樱花抄》（26 分钟）、《宇航员》（22 分钟）、《秒速五厘米》（12 分钟）三个短篇,2007 年 3 月上映。故事讲述了一个男生从小到大的三个人生阶段,他受少年时的情感牵连,在孤独和遗憾中长大。整部动画有对自我的反思、对现状的感叹、对未来的遐想,带来了复杂的人生情绪体验。

《秒速五厘米》主要以男主角贵树的第一人称视角，运用大量的内心独白，也会加入两位女主角的内心描写。他们的心理活动把观众带到主人公的思绪里，感受他们的所思所感，并在叙述中不断积淀情绪，很大地增强了情感的表现力和感染力。

　　影片在三个阶段中分别将背景设定为不同的季节，配合剧情和情感，使之成为角色情绪和成长的隐喻。第一部分的冬天和纯真无瑕的青涩情感相对应，贵树和明里纯洁的初恋表现出温暖的情感；而在第二部分，伴随时间的转变，贵树和明里逐渐断了联系。虽然故事发生在夏天，但多是夕阳西下的情景，画面整体呈现昏黄的氛围。贵树和高中暗恋他的女生也始终保持着身体相近，但精神却遥远的距离感。在航天器发射的那个晚上，在路上，贵树一直望着前方，而女生的目光则一直聚焦在贵树身上，刻画出了他们精神无法靠近的痛苦、无力和悲哀感；在第三个部分从春天延续到秋天，被阴暗冰冷的氛围笼罩，明里就要结婚了，现在的女朋友"即使发了上千条信息，我们的心也仅仅能拉近一厘米而已"。至此，负面的情绪不断积累，令人感到痛苦和孤寂。

　　然而最后一段，在贵树的绝望、阴暗和无力的独白后，却突然转为贵树和明里跨越时空的独白，一人一句相交错，表现了诗意的少年时的情愫，将观众一直压抑的情绪一下从低谷带向青春少年时的美好，把积累的情绪一下子释放，给观众带来既令人感到释然而又深刻的情感体验。

　　《秒速五厘米》通过丰富而生动唯美的背景、精心的天气描绘、光影和视角的转变，以及长篇的独白和留白的遐想，带领观众和主角一同走过了成长的历程，经历了丰富而深刻的情绪波动和体验。在动画的最后,贵树转身回来却又笑着离开,一下子让观众又明白了他实际上已经对过去释怀,与自己和解,在暗淡的情绪中又带来了一丝向上的希望,这一笑显示了新海诚似乎总是愿意在最后把温柔留给观众。

2.《言叶之庭》

《言叶之庭》,2013 年 5 月上映,片长 46 分钟。故事讲述了男高中生秋月孝雄与女老师雪野百香里之间的故事。刚满 15 岁的孝雄因母亲离家出走,不得不为了生计打工赚钱。入梅之日,孝雄逃课来到一个公园,与 27 岁的职场女性雪野邂逅,二人对彼此都感到似曾相识。此后每到落雨之日他们便从世俗的烦恼中逃脱出来,相会于这座都市丛林中的幽静角落,彼此的心也渐渐互相靠拢。孝雄希望以后能成为手工制鞋师,他决心用自己的手艺为雪野做一双鞋。为此,孝雄到佛罗伦萨去学习,雪野则回老家做了一名古文老师。孝雄学成归国后,两人在亭子里重逢。

新海诚作品的各种场景都是按真实存在的场景来描绘的,公园里鸟类、木桥、树叶、雨、风等元素,无一不是写实的,片中那栋尖顶高楼是代代木大厦,但它们都有着比现实生活中更好看的色彩与光影,这是一种源于现实而又超越现实的美。新海诚对细节的捕捉能力简直一流,他很注重刻画周遭环境里的细节声音,烧水、切菜、铅笔摩擦纸张、衣物摩擦、书本翻页、地铁加速、鸟鸣、叶落、门开的吱呀声等,与细致的画面相辅相成,令人身临其境。

有一些人诟病新海诚动画虽然画面唯美写实,但叙事能力弱,实际上他是将诸多信息隐藏在镜头语言中,初看时容易产生疑惑,仔细品味才能体会。例如影片中出现了很多"鸟"

的镜头,孝雄向雪野说了要做鞋子的事,随后出现了胸脯剧烈起伏的鸟儿,这实际上表现了雪野内心的激动;孝雄在亭子里摸雪野脚时,镜头切给了枝头的鹡鸰鸟(在日本被叫作爱情鸟),象征着两人之间的暧昧情愫;阴雨天时,绕着高楼盘旋而上直冲云霄的黑色鸟儿,正呼应着为了学习制鞋而努力进步的孝雄。此外,片中曾两次出现雨后阳光,一次是雪野送书给孝雄,另一次是结尾两人紧紧相拥。阳光代表两人之间距离的拉近,同时一扫苦闷压抑的气氛。最后,"鞋"这一话题是整个片子的中心,鞋的穿戴变化反映了雪野内心对孝雄态度的变化。初见孝雄时,雪野穿着普通的高跟鞋。后来在相处过程中雪野有时会翘起一条腿,把鞋挂在脚上轻轻摇晃。两人在公园见面时的关系一次比一次亲近,最后雪野还脱下了鞋子给孝雄度量。结尾处,雪野赤着脚就追了出去,也代表其内心的完全坦诚。

3.《你的名字》

《你的名字》,2016 年 8 月上映,片长 106 分钟。《你的名字》是新海诚自编自导的第三部银幕作品,也是其"灾难三部曲"的第一部(后两部为《天气之子》和《铃芽之旅》)。讲述了东京高中生立花泷与深山小镇的神社家族长女宫水三叶因机缘巧合互换身体,两人在逐渐熟识后却不得不共同面对即将到来的灾难。这部动画一举斩获多项国际奖项,全球票房收入高达 2 亿 8 100 万美元,成为日本影史票房收益较高的电影之一。

(1)极致的画面场景。新海诚作品给人的第一印象一定是那些美得不真实的画面,可以说每一帧画面都是经过精雕细琢的。片中无论是高楼林立、霓虹闪耀的东京,还是草木葱郁、山水辉映的糸守町，都被新海诚以细腻动人的笔触呈现出来。新海诚喜欢从现实生活中取材，动画中出现的场景大多都有现实原型，而其作画往往以油画风格的远景和自然景物，与写实风格的近景细节刻画构成。观众会不由自主地将动画画面与现实生活结合，进而联想到自己的生活环境，增强了影片的代入感。

新海诚创作动画的最大特征就是注重光影效果，通过特定的技术手段，达到极致唯美的视觉享受，比如通过调节亮度、饱和度等制造出的阳光照射、深邃的背影等镜头语言元素应用在不同的情节之中，通过或明媚或阴郁的画面风格，在无声中展现了人物的内心情感变化，从而塑造了一个又一个经典的场景。《你的名字》中便多次出现了光影的变换，比如男女主第一次交换身体后不知所措时，背后的阳光、窗口滑落的水滴、一切恢复正常后东京大楼的灯火通明与列车的飞速穿行等。这些镜头都动静结合，在动画人物趋于静止或动作微小时这些光影的变换很容易吸引观众的注意力，营造一种朦胧梦幻的氛围。

片中最为震撼的场景，无疑是迪亚马特彗星划过天穹坠落的一幕。彗星本身由白色和蓝紫色的色块构成，在深邃的夜空中留下五彩斑斓的极光尾迹。彗星的色调具有极强的超现实主义色彩，与影片整体的写实风格形成了强烈的反差。在影片的前半部分，梦幻的彗星象征着男女主人公逐渐升温的感情和深入的了解，而到了影片的后半部分，当观众了解了糸守町毁灭的真相后，彗星这一超现实的存在无疑又成了冥冥中"宿命"和"命运"的象征。彗星分裂时的场景无疑是整部影片的画作巅峰，照亮天空的彗星用它无可置疑的魅力与梦幻，昭示着宿命的沉重与无懈可击。观众在感官上是兴奋的,然而在感情上是沉重的,这种情绪的巧妙调动,不得不令人赞叹。

（2）深厚的日本文化底蕴。新海诚受到欢迎的另一大原因,正是其对日本文化的深刻了解和巧妙融合。他的每一部作品都致力于展示日本式文化和生活的侧面。片中女主角三叶出身于神社世家,在她的周围,传统的日式民居、红漆白墙的神社、高大的鸟居、祭祖仪式、口嚼酒、编绳……跟随着角色的视角,观众完整地体验了日本的传统文化。而另外一边,男主角泷则展现了现代日本的都市生活。东京的灯红酒绿,校园的繁忙时光,来来往往的人潮,构成了当代日本的核心要素。新与旧的碰撞,快与慢的交叠,正是新海诚常用的多角度手法。对新海诚而言,乡村与城市的交融,才是当代日本应有的景象。

作为"灾难三部曲"的第一部,新海诚在片中借助彗星,以隐晦的方式暗喻了2011年的东日本大地震。影片中被彗星撞击后灰暗的三年,正象征着这场地震给日本人民带来的创伤和挥之不去的阴影。新海诚准确把握了日本人的心理状态,并借用男女主的人生轨迹与交集让这种伤痛缓缓渗透进观众的心中。在影片的最后,三叶和泷在感情的驱动下战胜了命运,则反映了影片"对抗灾难"的主题。新海诚用一个唯美的奇迹,告诉人们灾难是可以被战胜的,人类也一定能携手并进。《你的名字》是一个"为日本而写的故事",它也调动了人的共同情愫,并在日式文化的框架下书写了人的力量。

（3）细腻的感情描写。新海诚的作品中很少有感情爆发的情节,而更多的是以平和的言语,辅以细节、场景、音乐等元素来衬托角色的情感表达。《你的名字》最为核心的情感高潮场景是三叶和泷于黄昏之时在山顶上会面。两人此时都已知道命运的轨迹，也都对对方怀有热烈的感情。但新海诚并没有采取直抒胸臆的表达手法，在这短短的两分钟里，二人不过是回顾了交换身体的过往，传递了结绳，在对方的手上写下自己的名字。然而，伴随着音乐的节律和夕阳的温热光芒，角色的感情随着回忆的温柔言语渗入观众的心田，启发观众对命运、情感和人内心进行思考。

4.《天气之子》

《天气之子》，2019年7月上映，片长113分钟。这是一个既现实又魔幻的故事。讲述了东京正在经历严重的异常天气，作为"晴女"的女主角阳菜如果牺牲自己的生命，则可以驱除暴雨、恢复晴天。阳菜起初想要牺牲自己，但在男主角帆高的坚持下，最后两人选择放弃拯救世界，一起活下去。在是要满足社会的期待还是个人的意愿上，帆高没有犹豫，坚定选择了阳菜，为此与大人们对抗，不惜让雨继续下，最终水淹东京。

电影的剧情围绕着一个奇特的天气现象展开，即城市中出现了连续不断的降雨。这种异常的天气给人们的生活带来了很多不便和困扰，特别给帆高和阳菜带来了无尽的痛苦。然而，"雨水"也是两位主人公的纽带，他们通过与雨水的接触而建立了特殊的联系。雨水的象征意义在于，它是一种情感的释放和治愈，也是带给人们希望和重生的象征。

影片也表现了自然的力量和人类的脆弱。在被气候异常事件困扰的现实世界中，人们面临着洪水、台风等自然灾害的威胁，它们会给人类社会带来巨大的破坏，人类在自然面前显得渺小和无助。片中还批判了人类对自然的依赖和对自然资源的过度掠夺，城市的发展和工业化进程导致了环境的破坏和资源的枯竭，人类的行为对自然造成了不可逆转的伤害，进而导致了自然的反击和报复，影片呼吁人们进行反思和重新审视对自然的态度。

影片中还展现了人与自然之间的相互依存关系。阳菜通过与自然元素交流，如与雨、云、天空等进行对话，她能够感知自然的心情和思绪，并试图与自然建立一种平衡和共生关系，这种关系表达了人类与自然之间的深层联系和相互作用，以及人类对自然界的敬畏和尊重。

影片有着美丽的视觉效果和深刻的情感描绘，天空和雨水在整个电影中起到了重要的象征作用。天空象征着希望、自由和无限可能性，片中的天空绚丽多彩，主人公们常常仰望天空，寻找自己的梦想和生命的意义。特别是帆高，他对天空的痴迷成为他追逐自由和逃离现实困境的动力。天空也随着不同的天气和季节变换着，象征着生活的起伏和变化。

根据新海诚作品的一贯风格，电影也以青春期的情感与成长为主题，男女主人公都面临着情感问题和内心冲突。帆高因为家庭的变故和自责感一直感到孤独和无助，而阳菜则面对着家庭问题和健康困扰。这些情感和冲突塑造了他们的性格和成长轨迹，两人都有自己的梦想和追求，他们希望通过努力实现自己的目标。然而，在成长的过程中，他们面临着选择，需要平衡个人理想与对家庭、对社会的责任。这种选择和决策过程成为他们成长的一部分，也帮助他们逐渐理解自己的价值所在和生活的意义。他们通过接触和交流，慢慢找到了自己真正想要追求的东西，并为此努力奋斗。这种自我发现和认同的过程是青春时期的重要部分，帮助他们塑造了独特的个性和价值观。

电影强调了爱与牺牲的重要性,也展现了爱与牺牲的复杂关系。帆高一直试图保护阳菜,并在阳菜身上发现了一种特殊的能力。这种能力让他们的感情更加特别,也加深了他们之间的连接,爱情在电影中被描绘为能够超越一切困难和障碍的力量。帆高和阳菜为了保护对方和实现自己的愿望,勇敢地面对了命运的考验。电影中的自然元素也是爱与牺牲的重要象征。阳菜能够通过祈祷让天空放晴,但每次祈祷都会削弱她的寿命。她选择在人们需要阳光的时候祈祷,牺牲自己的生命来满足他人的需要。这种对自我的牺牲与对他人的爱密不可分,她愿意为了别人的幸福而放弃自己的生命。电影中对其他角色的塑造也表达了爱与牺牲的主题,例如阳菜的祖母在自然灾害中牺牲了自己,拯救了其他人的生命。这种牺牲体现了对家人和社区的爱。其他人物在电影中也做出了各种牺牲,以维护他们所爱的人和事。

《天气之子》通过精美的画面和动人的故事情节,描绘了年轻人的成长与爱情,同时也探讨了人与自然之间的关系。影片强调了对自然的敬畏和珍视,并提醒观众们要认识到人类力量对环境造成的影响。

(三)艺术风格评述

21世纪以来,尤其是2010年代后,动画的生产大多由一个团队完成,包括编剧、制作、编辑、导演等。而在这样的潮流中,新海诚的动画作品却一直坚持由个人进行编剧、绘制和导演,保持着独具个人特色的动画风格。

1. 绚烂极致的风景

新海诚对于动画作品的背景绘制大量采用实地拍摄再加以"摹片"的手法,这种视觉效果具有很强的真实性,再加以浪漫的处理手法,形成独特风格。他在前期会进行实地考察,并以类似于照片描绘的方法将其转换成动画。来源于实际生活的画面中着重对于光线的捕捉与表现,营造出梦幻的气氛,又有着照片般的精致感,无论是阳光明媚的清晨还是云彩层叠的傍晚,以及各种材质比如玻璃、不锈钢和水面对于光的折射和反射,都十分细致。《你的名字》中泷居住的地点为东京的新宿,表现了东京塔、新干线等具有代表性场景,而生活在乡下的三叶生活场景选择了岐阜县飞驒市的乡野风光,以宫水神社为原型绘制了神社,美轮美奂的糸守湖的原型是新海诚故乡的诹访湖。而《你的名字》中对于"黄昏之时"的刻画为,偌大的湖面被云层包裹,三叶和泷站在山脊上,脚下的云层反射着太阳的光线,又隐约透露着云层下的森林,气氛营造得相当唯美。新海诚还特别擅长使用变焦镜头,虚焦的手法增强了画面的纵深感,使得精美的画面更加具有真实感。

2. 留白的叙事手法

新海诚动画的叙事风格与日本传统小说有着相似的方法,通常采用不连续的叙事结构,减弱戏剧冲突与人物矛盾,运用大量内心独白,留下叙事空白令观众思索回味。在《秒速五厘米》中,采用一段很长的电话忙音来替代对恋人之间无法取得联系的焦急心理,这种刺耳又毫无起伏的电话忙音比起乐曲,更能调动观众的情绪。这一点在《你的名字》中体现得更加突出,在彗星即将撞击地球的时候,各种背景声全部消失,只留下了一段主人公的旁白,具有极强的疏离感。也正是因为这种独特的处理手法,成就新海诚的个性风格。

3. 意象的运用

新海诚擅长使用各种意象,在《秒速五厘米》中最典型的樱花和电车可谓是贯穿了全片,樱花代表着时间,电车象征着距离,作品题目的意义也将时间和距离融合到一起——"樱花落下的速度是每秒五厘米"。片中贵树和明里的分别在樱花盛开的季节,结尾处电车过后只留下了漫天纷飞的樱花。意象能够奠定整个作品的基调,暗示故事的整体走向。"花"的结局注定是凋零,暗示了两人越走越远的关系,最终曲终人散。与之相似的还有《你的名字》当中的"彗星"与"发绳",虽然彗星毁灭了三叶的村子,但泷依旧带着发绳寻找着三叶。彗星终究要坠落,发绳则象征着二人命运的交错相连。东方的情感总是含蓄的,其中的意境难以言表。在《言叶之庭》中,孝雄和百里香躲在公园的小亭中偷闲,这一画面中,新海诚对于绿色的使用达到了极致,青褐色的石板路和清新的草绿相互交织着,隔着屏幕似乎都能闻到泥土里的芳香,通过高度饱和的绿色和男女主人公服饰上的灰色相呼应,远离俗世,他们在这里才能感受到真正的宁静。

4. 物哀之美

"物哀美"是新海诚电影中的主要基调,也是日本审美文化中的核心。物哀在悲伤和忧愁之上,主要表达了人物所经受的惆怅之情、无奈之情、失落之情等情感,使观众产生同情和怜悯的审美心理,更具有一种从内而发的对于世界万物和生命的感悟和感动。新海诚运用画面和情绪的处理手法,辅以复杂而和谐、富有诗意的意象,来向观众绵绵不断地传递这种感动,比如《你的名字》中流星的坠落、《言叶之庭》里连绵不停的雨景,或是《秒速五厘米》中的夕阳、樱花和雪中的老树,观众在看到时都会不禁有一种难以抑制的内心触动;而《你的名字》里,男女主角的交集仅有电车上的一个绳结,却因为一个命运的执念相互寻觅、成长，最终虽然挣脱了命运，但忘却了彼此。当两人在天桥上擦肩而过的时候，带给观众强烈的失落感和无奈感，这也就是新海诚作品中常有的物哀体验。但最后的结局，或许更像是新海诚留给观众的一丝温柔，意蕴无穷。

三、"燃系"动画的代表今石洋之

今石洋之是日本当下动画业界的代表人物之一，其作品风格大气狂放，具有强烈的个人风格和很高的艺术价值。

（一）生平经历及创作

今石洋之（1971年10月4日—）出生于东京都，曾就读于日本多摩美术大学美术部艺术学科，学习影像制造，毕业后进入了动画公司 GAINAX，担任原画以及动画师的职务。1996年，他的首次工作就参与了《新世纪福音战士》的制作，1997年，在《他和她的故事》中担任了剧本、分镜以及作画监督的工作。这之后他在《徽章战士》《地球防卫企业》等中多次担任分镜以及作画监督，这使他积累了一定的经验。2003年，今石洋之在《落叶》中首次担任导演，这部作品中他的个人风格得到了充分的体现：极快的剧情节奏、夸张的画面表现以及大量的成人元素。

2007年，今石洋之导演的系列剧集《天元突破红莲螺岩》横空出世，这部作品引爆了整个动画业界，并于同年斩获第11回文部省文化厅媒体艺术祭动画部门优秀奖，成为日式燃系动画的代表作品之一。

2011年，由于 GAINAX 一直存在的高层管理内斗以及不断插手动画制作,今石洋之离开 GAINAX,于 2011 年 8 月 22 日与大冢雅彦成立了动画公司 TRIGGER。经过两年的积累,2013 年,今石洋之导演的作品《斩服少女(KILL la KILL)》一鸣惊人,此后,他参与制作和导演的《宇宙巡警露露子》《小魔女学园》《普罗米亚》等作品都大受好评,让今石洋之跻身于日本著名的动画大师之列。

（二）主要作品《天元突破红莲螺岩》

《天元突破红莲螺岩》,2007 年 4 月 1 日至 9 月 30 日播出,全 27 集。故事设定在遥远的未来,人类受到强大的驾驶着名为"颜面"的巨大机甲的兽人种族的压迫而不得不居住在地底,男主角西蒙的工作是用钻头挖洞开垦村庄。少年日复一日地向下钻洞,从未想过天花板之上的世界是什么样的,但是大哥卡米纳并不这样想。卡米纳是全剧前半部分的核心人物,也是西蒙最重要、最尊敬的人,他为了追随父亲过去的足迹,而一心向往地上的世界,但是碍于村长的镇压他也无能为力。西蒙在挖洞的过程中挖到了贯穿全剧的道具"核心钻头"和后来被卡米纳命名为"螺岩"的小型颜面。

平静的生活似乎就要这样继续下去,直到某天巨大的颜面和名为优子的红发比基尼少女打破天花板从天而降,彻底改变了卡米纳和西蒙的命运。西蒙和卡米纳驾驶螺岩,协助优子打败了这台巨大颜面,也如愿以偿地来到了梦中的地上世界。三人便就此开启了在地上与操纵颜面的兽人的作战之旅,但是仅仅到达地面并不是他们的终点,西蒙的钻头最终突破天际。

今石洋之的动画特点用一个字来概括,就是"燃"。"燃"是指让人的心情燃烧高涨,进入热血沸腾的状态,通常通过战斗的剧情来表现。在主角西蒙成长的过程中,有两个人至关重要:一个是西蒙的大哥卡米纳,另一个是西蒙的爱人妮娅。《天元突破红莲螺岩》在主角的成长方面塑造是非常成功的。在故事开篇,西蒙是个内向害羞的稚嫩小男孩儿,一直默默地拿着他的钻头钻地。大哥卡米纳既是西蒙的伙伴,也是西蒙的指引者、精神导师。在卡米纳的引导下,西蒙用他的钻头突破了阴沉不见天日的地下世界,来到了地面,展开了属于他们的冒险。卡米纳组建了红莲团,通过西蒙的钻头发现的颜面螺岩和从兽人手中抢来的颜面红莲来讨伐兽人的总部。在此期间,受到卡米纳抢夺颜面的壮举鼓舞,各个反抗根据地的人们都抢了兽人的颜面加入红莲团,组成庞大的队伍。

然而,卡米纳在战斗的过程中死去了,西蒙整个人彻底崩溃。他疯狂地追寻着卡米纳的影子,想要变成卡米纳,来填补自己心中的空虚。他学着卡米纳的战斗方式无脑往前冲,想着"如果卡米纳在的话……"疯狂地逼自己战斗。红莲螺岩不能认同这样的西蒙,西蒙变成了一个自暴自弃、无法再驾驶红莲螺岩,不被任何人需要的人。这部分的动画画面配合西蒙的心境,整体色调以灰色为主,观感十分压抑。

最后让西蒙走出绝望的是妮娅,西蒙在见到被装在箱子里丢弃的妮娅之后,灰蒙蒙的画面射进来一束光,光逐渐扩大,世界开始有了色彩。一开始,妮娅是彩色的,西蒙是灰色的,但逐渐西蒙有了色彩。但是妮娅并不是使西蒙振作的核心,她更多的是起到了引领的作用。妮娅对西蒙说:"卡米纳已经不在了,西蒙就是西蒙自己就很好。"这句话让西蒙思考"西蒙自己"是什么样的——是那个"挖洞的西蒙",那个非常有韧性,面对困境不会轻言放弃,对世界有热爱与好奇的西蒙。在妮娅的引领下,西蒙找回了自己,那个本来就独一无二的自己,西蒙不再追寻卡米纳的影子。在大红莲团中,只有妮娅和卡米纳一直无条件地相信着西蒙,西蒙从前者身上收获了自信和勇气,在后者身上收获了决心和爱情。

然而,在《天元突破红莲螺岩》的后半段,妮娅被设定为反螺旋族的假象生命,被召唤回反螺旋族母星。西蒙为了救妮娅,也为了反击反螺旋族对地球地上螺旋生命的杀戮,在经历一系列变故之后最终取得胜利,但这也导致妮娅的死,西蒙这次真的再没有可以依赖的人了。晚年的西蒙英雄迟暮,衣服破破烂烂,脸上都是沧桑的岁月痕迹,心永久地守着妮娅与卡米纳,再也容不进其他人,这一幕残忍却又真实。

《天元突破红莲螺岩》的世界观可以用"人外有人,天外有天"来表达,西蒙仰视的万人之上的螺旋王被更强的角色反螺旋族所压制,而反螺旋族又被螺旋神所压制,《天元突破红莲螺岩》表现的是西蒙从最底层一路上升逆袭的过程。作品有着详尽的世界观设定和故事背景,却选择了极度简化的核心思想表达方式,将"螺旋力"表达为简单粗暴的"气势",坚定地贯彻着"信念就是力量"这一理念,将观众和主角的情绪共鸣推到最高潮。

今石洋之作为金田系的代表人物之一,发扬了有限动画的理念,强调原画的姿态感和动作的顿挫感。角色的过度运动必然造成画面节奏上的失衡,而因为有限动画的原画张数有限,所以金田伊功以极端停顿的方式来调整画面节奏,并在停顿之中交代角色关系与运动状态。有时甚至会以摆姿势的形式进行更为极端的停顿,让观众在过度的视觉刺激之下得到一定的缓和时间,以避免在下一次的视觉刺激之中产生审美疲劳。过度运动与极端停顿有节奏的结合构成了金田系动画风格中极端运动的特征。例如在《天元突破红莲螺岩》中，红莲螺岩合体时卡米纳说的"一定要有气势！"合体过程中螺岩的钻头直挺挺地插入红莲的驾驶舱，卡米纳帅气地侧头使他不被螺岩的钻头所击中，每一次合体结束必须要有红莲螺岩这样的定态姿态。

（三）今石洋之的艺术风格

20世纪80年代，金田伊功的作画风格风靡了整个日本动画业界，他和他的追随者们的作画风格被称作"金田系"。而今石洋之深受他的影响，也具有浓浓的"金田系"风格，同时今石洋之的作画风格也有一定自己的特色，大众认知度较高。以下将从动作、构图、个人特色三个角度来简析今石洋之的作画风格。

作为"金田系"动画的代表人物之一，今石洋之在绘制动作时自然离不开"夸张"二字。今石洋之在绘制动作时注重画面表现力，而很少考虑现实情况中人是否能做出这样的动作，因此，今石洋之笔下的人物常常具有超乎常人的动作幅度以及动力力度，甚至会出现一些现实中不会出现的人体形态来服务于画面效果，这让他的动作画面具有强烈的视觉冲击力。例如在图3.33中，为了表现人物旋转速度之快，今石洋之抛弃了传统的速度线＋人物特写的模式，而是绘制了类似"螺旋形"这一现实中绝对不存在的形态，而且持续时间仅有短短几帧，极具视觉冲击力。

今石洋之选择的透视角度独特，镜头感强而夸张。他常常不会选择俯视或者侧视的常见角度，而是选择自下而上的角度或者旋转镜头，利用夸张的人体比例和绚丽的光影演出，

图 3.33 "螺旋形"动作

削弱了现实感,从而加强了人物动作所带来的冲击力。在图 3.34 中,今石洋之利用自下而上的角度,使中心人物与右侧的非中心人物产生了强烈的对比,又利用简陋的爆炸效果和光影变化,再次强调了画面中心是左侧的人物。

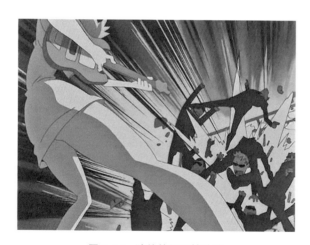

图 3.34 独特的画面镜头感

在构图方面,今石洋之也独具特色。

(1)今石洋之善于利用强烈甚至是夸张的大小对比来表

达他的想法,使得画面更具冲击力。例如图 3.35 中,今石洋之借助镜头方位,绘制出一只夸张的大手,与画面上的初号机形成了鲜明的对比。

图 3.35　独特的画面构图 1

(2)今石洋之的静态构图往往非常"满",使得画面具有强烈的压迫感,在切换到动态作画时的视觉对比也往往更加强烈。例如图 3.36 和图 3.37 中,利用强烈的大小对比填充画面。

图 3.36　独特的画面构图 2

在作画时,今石洋之往往会加入具有个人风格或者即兴发挥的内容,这已逐渐成了他的一种个人特色。例如在《斩服

图 3.37 独特的画面构图 3

少女（KILL la KILL）》和《普罗米亚》中经常出现的插入文字（见图 3.38），以及给机器人画腹肌（见图 3.39）等。

图 3.38 今石洋之动画中的个性化画面 1

图 3.39 今石洋之动画中的个性化画面 2

今石洋之的动画作品在作画方面延续了他的绘画风格，从他第一部导演的《落叶》开始，到原创电视动画《斩服少女(KILL la KILL)》《小魔女学园》，从短篇的《宇宙巡警露露子》，到剧场版动画《普罗米亚》，画面夸张而富有冲击力。也正因如此，为了防止观感上产生割裂，也可能出于今石洋之个人的兴趣点，他所导演的作品往往没有现实的世界观以及逻辑严密的故事，而是天马行空，气氛优先而剧情简化，一切为提升画面的表现力而服务。然而，这并不意味着今石洋之的作品漏洞百出，相反，他往往会在作品中穿插一条简单的主线以定下故事的主基调，再辅以各类设定来表达他所想要传达的信念。换句话说，今石洋之的目的并非是讲好一个好故事，而是通过讲一个故事的方法将一个核心观念传达给作品的观众。这个故事可能很出彩，如《小魔女学园》《赛博朋克：边缘行者》，但也可能很一般，如《普罗米亚》，但是毫无疑问的是，无论故事是好是坏，它都有极强的感染力。富有表现力的画面以及天马行空的故事都是为作品感染力服务的，这是今石洋之风格的核心。

第四章
别具特色的苏联、俄罗斯动画

　　苏联的电影工业从 20 世纪 20 年代开始，当时在莫斯科电影专科学校（现为莫斯科电影学院）附设的动画片实验工作室是动画业的基础机构。1925 年，这个动画实验工作室创作了第一部动画片《战火中的中国》，是反对帝国主义奴役中国人民的政治讽刺漫画式影片。当时苏联的动画作品有着浓厚的政治宣传色彩，早期苏联动画形式上主要采用写实主义的手法，内容上主要为现实主义。

　　1936 年 5 月，在政府的支持下，莫斯科建立了专门拍摄动画片的电影制片厂——苏联美术电影联合制片厂，为动画艺术的发展打下了良好的基础。这个时期动画的题材得到进一步扩展，较为丰富多彩，除了喜剧、民间童话，还有专门为儿童增加知识而拍摄的科学幻想片。此外，动画艺术家们在苏联卫国战争期间还创作了许多时势讽刺片、政治宣传片和讽喻社会的杂文式动画片。由于受到当时的政治体制和社会环境的影响，乔尔波于 1933 年拍摄的《大都市交响曲》、伊伏斯登三兄弟于 1934 年摄制的《拉赫马尼诺夫的前奏曲》等动画，基本上是当时政治环境的产物。这时也有一批新锐的导演创作出了一些优秀的动画作品,例如,伊万·伊万诺夫-瓦诺改编自马雅可夫斯基同名诗作的《黑与白》(1932)、霍达塔耶夫执导的影片《小风琴》(1933)、普图什科拍摄的大型木偶片《新格列弗游记》(1935)等。

此后随着历史的发展,俄罗斯的动画创作逐渐摆脱了国家意识形态的束缚,题材的范围不断扩大,历史悠久的宝贵的文化遗产,包括寓言、神话、民间传说和传统偶剧,都是创作取之不尽的源泉。动画片的表现形式也受到欧洲现代艺术的影响,自由多变、意识前卫,如象征主义、表现主义、意识流式的动画短片层出不穷,同时保持着苏联动画一直以来鲜明的绘画性和俄罗斯民族自古就钟爱华丽斑斓色彩的特性,人物造型不追求唯美,而是强调突出个性化。

第一节　苏联时期动画大师

一、伊万·伊万诺夫-瓦诺

伊万·伊万诺夫-瓦诺(1900 年 1 月 27 日—1987 年 3 月 25 日)是苏联动画的奠基人之一,1900 年 1 月 27 日(也有一种说法是 1900 年 2 月 8 日)生于莫斯科。伊万·伊万诺夫-瓦诺 1923 年毕业于俄罗斯高等艺术暨技术学院。自 1939 年起,任教于莫斯科电影学院。1952 年被授予教授职称,他曾教导过保加利亚漫画家托多尔瑟尔林·卡斯迪诺夫以及其他众多动画人,1951 年成为国际动画协会(ASIFA)的创始人及副主席。

大学毕业一年后,伊万·伊万诺夫-瓦诺开始从事动画创作。1925 年他参与了讲述中国人民被列强侵略和剥削的动画片《战火中的中国》的拍摄工作,此后成为动画导演。1927 年导演了《溜冰场》,1929 年导演了《蒙奇哈尔森男爵的历险》。1929 年,伊万·伊万诺夫-瓦诺进入苏联国家电影技术局工作,1930 年代,遵循当时的创作原则,运用现实主义的方法,创

图 4.1　苏联动画的奠基人之一
伊万·伊万诺夫-瓦诺

作出了一些以政治题材为主的动画作品,其中包括 1932 年创作的《黑与白》,控诉了白人对黑人的歧视和压迫。1934 年从俄罗斯民间故事中选材、拍摄的《国王图兰达伊的故事》对古老的民间故事的进行了现代化的诠释和演绎,运用传统神话情节来讽刺俄国历史上的君主专制。

伊万·伊万诺夫-瓦诺于 1947 年创作了根据叶尔绍夫的诗歌改编的《长着驼峰的小马》,故事讲述了农民的儿子伊万有着真诚、善良、朴实的美德,他在一匹神奇的小灰马的帮助下战胜了沙皇,赢得爱情,过上了美满幸福的生活。这部作品不仅继承了俄罗斯优秀的民间艺术传统,还通过神奇的故事来反映现实生活并对社会有着指导意义,塑造了既富有民族特点,又具有时代特征的人物形象和背景环境。这部动画片被认为是苏联时期神话故事改编的标志性作品,也被认为是具有社会主义现实主义创作风格的代表作品。

社会主义现实主义作为苏联文艺的基本创作方法，描写生活、揭示生活的本质及其趋势是最基本的特点。要求艺术家从现实的革命发展中真实地、历史具体地去描写现实。艺术描写的真实性和历史具体性必须与用社会主义精神从思想上改造和教育劳动人民的任务结合起来。既要肯定社会主义的现实，塑造正面英雄形象，也可以批判过去的旧思想、旧势力和反对过去的残余。而它的主要任务是通过形象地表现事实、人物及人们在劳动过程中的相互关系的方法来发展社会主义。同时，社会主义现实主义可以发挥创造的主动性，去选择各种各样的形式、风格和体裁来表现思想，可以"站得比现实更高，并且在不使人脱离现实的条件下，把它提升到现实以上"。① 也就是说，只要立足于现实，可以来源于生活而高于生活，允许适度的夸张和幻想。

1975 年，《长着驼峰的小马》还被重拍了一个版本。从《长着驼峰的小马》的成功中，苏联动画片创作者们认识到应该借鉴各族人民传统艺术所积累的经验，掌握并借鉴民间文学、工艺、造型等艺术传统，在思想内容上要通过神奇的故事来反映现实。通过这种方法可以对本国和其他国家优秀的神话故事、民间传说和童话寓言等进行改编和再创作，这种创作手法对中国同时期的动画也产生了深远的影响。

1949 年，伊万·伊万诺夫-瓦诺拍摄了以鸟类作为象征的苏联反对西方文化侵蚀的宣传片《外来的声音》。森林里的唱着美妙歌声的夜莺被一只从国外回来的麻雀嘲笑，认为夜莺的歌唱方式太过时了。麻雀随即举办了演唱会，但它像噪音

---

① 高尔基：《文学论文集》，人民出版社，1983 年，第 255 页。

一样的嗓音令森林中的鸟儿都难以忍受,最后麻雀被赶走了,森林又恢复了充满鸟语花香的景象。动画片中的森林层次分明,色彩丰富。夜莺婉转的啼唱与曼妙的身姿相得益彰。围观的鸟儿们或陶醉其中,或鼓掌喝彩,精细的表情、生动拟人的动作和优美的鸟鸣声融为一体。

1951年,伊万·伊万诺夫-瓦诺拍摄了《死公主和七勇士的传说》,1952年拍摄了《雪姑娘》。1956年导演的《十二个月》改编自萨莫依尔·马尔夏克的同名戏剧,讲述了孤女安妮娅仁慈善良,尽管她受到一个恶毒的老女人和她卑鄙的女儿的奴役,却从来没有丧失生活的信心和乐观的态度。在风雪交加的一天,安妮娅被逼寻找一些只有在春天才会开放的花儿,她在森林中迷了路,碰见了神秘的"十二个月","十二个月"帮助她使花儿们神奇地开放了。在老女人再次威逼安妮娅返回森林时,"十二个月"又一次出现。

1972年,伊万·伊万诺夫-瓦诺导演了《万福玛丽亚》,在这部电影中战争生灵涂炭的场面和有关圣母的名画交替出现,产生了强烈的对比。圣母充满怜悯和悲哀的表情,配上舒缓哀婉的音乐,似乎在为芸芸众生哀叹。影片结尾用了很多真实的史料镜头,表现了人民对战争的控诉和反抗。1985年,伊万·伊万诺夫-瓦诺拍摄了改编自普希金的同名作品的《萨尔丹沙皇的传说》,表达的是"善有善报,恶有恶报"的传统主题。

伊万·伊万诺夫-瓦诺和动画大师尤里·诺尔施泰因有过多次合作。1969年,他们一起拍摄了木偶动画短片《季节》,描写了一年四季的美景和一对恋人的爱情。春天,蝴蝶翩翩起舞,飞鸟翱翔。这对恋人穿过浓雾,来到寂静的村庄,想起在这里曾经温馨美好的生活。秋千、暖阳和落叶铭记了他们幸福的时光。走着走着,举头看着南迁的大雁,离别的时候到了,他们挥手作别,男人独自离开,漫天雪花飘洒而下。又是一个飘雪的季节,他们一家盛装出行,驾着华丽的马拉雪橇,欢快地驰骋在冰天雪地中。他们驶过城市和乡村,来到梦幻般的森林,童话般的冰雪世界令人着迷。短片用了很多实物作为动画的场景,非常富有立体感。影片还运用了蕾丝、布料、花边等服装装饰材料制作的特效和物件,在灯光的渲染下显得格外迷人。人物身着民族风格强烈的服饰,小镇和农村具有浓厚的传统文化的特色。配乐来自著名作曲家柴可夫斯基的乐曲《四季》,与情节场景的气氛融和无间。

1971 年,他们又合作拍摄了《克尔热茨河战役》,故事讲述了蒙古国鞑靼大军扫荡古俄罗斯,王公弗谢沃洛德的儿子尤里率兵出城,在克尔热茨与侵略者展开殊死搏斗的故事。动画采用了俄国中世纪教堂的装饰画、圣像画和壁画风格,体现了俄罗斯动画对于丰厚民族文化和宗教精神的继承。影片气势磅礴,色彩浓烈,油画般的凝重感赋予了画面庄严肃穆的气息,有着强烈的震撼力。配乐是著名民乐派音乐家尼古拉·安德烈耶维奇·林姆斯基-高沙可夫的《看不见的城市的传说》交响曲,并应用了苏联电影大师爱森斯坦的蒙太奇手法,于平面动画的形式中运用镜头运动赋予了影片空间感、节奏感以及动态感,成为闻名世界的一部佳作。

伊万·伊万诺夫-瓦诺对苏联动画的发展有着卓越的贡献,曾在 1969 年和 1985 年两次被授予苏联人民艺术家称号,其创作的动画片也多次获奖。1970 年的《在一些皇权者中》《左撇子》《季节》获得苏联国家奖;1948 年的《长着驼峰的小马》获得捷克斯洛伐克马里安温泉镇国际电影节（后改名为卡罗洛维发利国际电影节）荣誉奖，1950 年在法国戛纳国际电影节获评委会特别奖；1958 年的《在一些皇权者中》获得捷克斯洛伐克卡罗洛维发利国际电影节最佳动画电影一等奖；1964年的《左撇子》获得德国莱比锡国际纪录片与短片电影节动画电影类荣誉奖；1971 年的《克尔热茨河战役》获得捷克斯洛伐克卡罗洛维发利国际电影节最佳动画电影奖，并在 1972 年的南斯拉夫萨格勒布世界动画电影节上获奖。

二、列夫·阿塔马诺夫

列夫·阿塔马诺夫（1905年 2 月 21 日—1981 年 2 月 11日）生于莫斯科一个亚美尼亚家庭。1926 年毕业于莫斯科电影学校导演专业，1928 年开始作为导演助理参与电影的拍摄，1931 年开始成为动画电影导演。他与苏捷耶夫合作了几部动画片，第一部是《横穿马路》，这是一部有声动画，与苏联的第一部有声电影几乎同时

图 4.2　列夫·阿塔马诺夫

问世。第二部作品是 1932 年的《小白牛的故事》。列夫·阿塔马诺夫这个时期还制作了两部电影——《科里亚克萨在北极》（与苏捷耶夫共同执导）和《理发师科里亚克萨》。

1936 年，列夫·阿塔马诺夫迁往埃里温市，在那里创作了

一批颇具亚美尼亚民族风格的动画片，其中有 1938 年的《狗和猫》、1941 年的《牧师与和山羊》等。这些动画注重对民间传说和民俗风情的传承，从而成为最具民族特色的动画片。

二战爆发后，列夫·阿塔马诺夫上了前线，战争结束后的十年间他拍摄了五部影片——《魔毯》《黄鹳的故事》《一朵小红花》《金羚》《冰雪女王》，都是神话故事，分别取材于亚美尼亚神话、中国神话以及世界各地神话，民族色彩浓郁，寓意深刻。

1957 年《冰雪女王》的出品为列夫·阿塔马诺夫的创作树立了一座丰碑，影片一举夺得 1957 年威尼斯电影节动画电影类金狮奖、1958 年戛纳电影节动画电影类最佳影片奖、罗马国际电影节一等奖、莫斯科电影节特别奖，以及 1959 年伦敦电影节年度最佳影片奖，还被评为十部年度最佳大型艺术片之一。

《冰雪女王》根据安徒生同名童话故事改编，片长 1 小时 4 分钟。开场是一个小老头在讲述一个神奇的故事，故事中小女孩歌尔达和小男孩盖亚是一对好朋友，他们每天一起在花园里玩耍。一个下雪的夜晚，冰雪女王来了，她摔碎了魔镜，魔镜的碎片进入盖亚的眼睛和心里，盖亚再也不是那个勇敢而快乐的小男孩了，他的眼中充满了仇恨，也不再像以前一样和歌尔达一起玩了。冰雪女王为了解除自己身上的咒语带走了盖亚，在冰雪宫殿中，盖亚必须要完成一个无穷无尽的拼图才能去除魔咒。盖亚失踪了，歌尔达决定去寻找他，她踏上了充满艰辛和危险的未知的征途。善良而勇敢的歌尔达经历了很多艰难险阻，也遇到了很多朋友，大家都为她的勇气和决心以及他们之间真挚的友谊所感动，极力地帮助她。最终，歌尔达凭着坚韧的意志、无尽的勇气和不屈的信念终于找到了女王的冰雪宫殿,并用自己的眼泪解除了盖亚身上的诅咒,解救了盖亚,也解救了冰雪女王。

图4.3　动画片《冰雪女王》

该片是俄罗斯动画史上最具有代表性的动画长片之一,在世界动画史上可以与美国的《白雪公主和七个小矮人》等名片比肩,堪称典范。动画大师宫崎骏就曾经表示是《冰雪女王》坚定了他的创作之路,为他日后取得成功产生了不可忽视的影响。吉卜力工作室于2007年,即《冰雪女王》诞生50周年之际发行了日文版本,由此可见它的世界级影响力。

此后列夫·阿塔马诺夫拍摄的主要作品有1961年的《钥匙》、1962年的《别人的色彩》、1965年的《牧羊女和烟囱工》、1966年的《花束》、1967年的《长椅》、1968年的《万花筒》、1969年的《船上的芭蕾女伶》、1971年的《混乱》、1973年的《关于太空的小说》、1975年的《我回忆》等,他最后的作品是四部《一只叫汪汪的小猫》(1976—1980年)。列夫·阿塔马诺夫的创作道路见证了苏联动画的发展历程,他的作品中既有取材于各个民族神话、童话、民间故事极具民族特色的动画,也有对动画形式进行多样化探索和实验性的短片,还有拍摄给小孩子的具有教育意义和娱乐性的儿童片,以及情节简练,但充满寓意、现代感较强的作品。

代表作《船上的芭蕾女伶》片长16分钟,获得1970年罗马尼亚马马亚电影节二等奖和英国伦敦电影节最佳影片奖。影片讲述了一艘大轮船上一个有着纤细轻盈体态的芭蕾舞者,她在甲板上练习舞步,在蓝天和大海之间,如海鸥一样尽情徜徉。她美妙的舞姿吸引了船员的注意,接连几个船员都因为之倾倒而掉到了海里。此时突然遭遇风暴,飓风形成海上巨大的旋涡,轮船在风雨中飘摇,即将面临沉没的危险。就在这危难的时刻,芭蕾舞者用优美的舞步飞跃到岛屿上,系上缆绳,水手也纷纷模仿她,跨越到岛屿上,使轮船得以安全抛锚。

图4.4 《船上的芭蕾女伶》

雨过天晴,风平浪静之后,芭蕾舞者和水手们快乐地跳起舞蹈,乘客们也报以热烈的掌声。船到岸了,芭蕾舞者离开时,船员们用礼花向她致敬。

影片用流畅简练的线条来勾勒人物和事物,又用水彩的晕染,描绘出海天一色的背景。整个作品动感十足,海上的风浪、风帆以及人物衣袂飘飘,都绘制得十分生动。而作为主角的芭蕾舞者以窈窕美丽的身姿、轻盈优雅的舞步,略带夸张地在海天之间舞动,非常具有律动感。导演是按照莫斯科大剧院的两位舞者美妙专业的舞步来进行绘制的。

影片还运用了反衬的艺术手法,芭蕾舞者曼妙优雅的身姿和巨大的浓烟滚滚的轮船、粗壮笨拙的船员、肥胖步履蹒跚的乘客形成了鲜明的对比。作品通过芭蕾舞者唯美的艺术形象,显现出对美的向往和颂扬,讽喻了机械化和制度化社会的粗陋,芭蕾舞者形象动人,令人久久难忘。

三、费多尔·希特鲁克

费多尔·希特鲁克（1917 年 5 月 1 日—2012 年 12 月 3 日）出生于特维尔地区一个犹太家庭。1936 年毕业于莫斯科的奥吉学院,专业是学习平面设计应用艺术。1938 年进入苏联动画片制片厂任动画师,参加了近百部动画片的制作,他的主要创作生涯在苏联时期,所以划入苏联的动画大师进行介绍。

图 4.5　费多尔·希特鲁克

费多尔·希特鲁克 1962 年起担任动画电影导演,《一个犯罪的故事》是他首次导演的作品,这是动画制片厂以成人为目标观众的首批动画之一,动画创作继承了苏联电影现实主义的艺术传统,具有深刻的社会揭露性和批判性,开启了动画写实的新领域。

《一个犯罪的故事》以诙谐的笔调,讲述了 47 岁的小职员瓦西里在一天内从一个遵纪守法的公民变成意欲杀人的罪犯的故事。影片借日常生活中人们制造噪音不顾及别人感受的行为习惯,探讨了犯罪背后隐含的深刻的社会因素,以及社会对于犯罪所负的潜在责任。这部动画采用多种形式,把电视影像融合入动画中,并大量使用图片和剪纸,有着美国 UPA 简约的视觉风格。该片荣获 1962 年美国圣弗朗西斯科金门奖,1965 年墨西哥阿卡普尔科电影节特别奖等许多奖项。

1960 年的《画框中的男人》是讥讽官僚主义的动画短片,用象征的手法表现了一个男人的一生都生活在自己定制的画框里。画框从简陋到精致,装饰越来越多,男人也从年轻变得越来越老,最后被有着繁复纹路的画框所吞没。作品采用了漫画式绘画与相片、社会新闻图片相结合的形式,用非写实的、抽象概括的手法凝练而形象地反映了在当时社会体制下的官僚制度对人带来的桎梏,虽然内容荒诞,但无比真实地揭示了社会的本质,深刻而富有讽刺意味。

费多尔·希特鲁克的主要作品还有 1973 年拍摄的《孤岛》,采用的是简约线条绘制和图片拼贴的形式,获得了第 27 届戛纳电影节主竞赛单元短片金棕榈奖。《孤岛》讲述了一个在孤岛上等待救援的人,过往的船只对他的呼救视而不见。一条载着警察的船过来询问海盗船的去向,他带着警察追上了那条海盗船,之后,警察又将他送回了孤岛。一只靠上了孤岛的船砍伐了岛上唯一的一棵树,却没有带走岛上的这个人。教会的船来了,给他送来了《圣经》。军舰来了,在岛上升起了国旗。此后,许许多多的人登上了岛,有拍电影的、科学考察的、旅游的、推销商品的。最后来的是石油钻探船,一大批油船吸干了地下的石油后走了,岛上依然只有那个等待救援的人。一天,他看见一个抱着木头在海上漂流的人,于是决定同他一起漂流,离开了孤岛。短片告诉人们等待他人的施舍是不可靠的,只能自己拯救自己,哪怕希望渺茫,也不要放弃尝试。因为等待他人的结果只能是落空,所有人(包括群体)首先想到的总是自己的利益。片中等待救援的人与其说是一个人,还不如说是某个群体、民族或国家的象征。

1968年的动画《电影,电影,电影》讲述了一个电影拍摄过程的烦琐和艰难,并一针见血地批判了当时的官僚制度对电影拍摄的阻碍和操纵。短片开头以后运用现代主义的拼贴手法将"爱森斯坦""伍迪·艾伦"两个分别为苏联和美国电影的代表人物以及电影拍摄场面、电影明星片场照片等呈现在银幕上,非常地风趣幽默。

1975年的《我会给你颗星星》获得了第28届法国戛纳电影节主竞赛单元短片金棕榈奖提名和短片评审团奖。1984年的《狮子与公牛》是一部政治色彩强烈的影片,映射了冷战期间处于苏美两个拥有核武器大国阴影之下的世界。故事讲述在非洲草原上,狮子和公牛两大力量对峙,统治着其他小动物,最后由于一只阴险的黄鼠狼挑拨离间,狮子杀死了公牛。短片以优美的水墨线条来构建,秉承、融合了东西方的美学。

费多尔·希特鲁克还导演了《小熊维尼》的系列动画,该系列动画改编自儿童文学作家米尔恩创作的主角为小熊维尼的童话作品,主要有三部:1969年的《小熊维尼》讲述好朋友小猪帮助维尼想方设法偷吃蜂蜜的故事;1971年的《小熊维尼去做客》,讲述了小熊维尼和小猪到兔子家去做客,带蜂蜜的午餐吃得太多了,维尼无法从兔子树屋的门洞走出去,小猪和兔子用力推他,结果树屋倒了;1972年的《小熊维尼忧虑的一天》讲述了小熊维尼和朋友们为灰驴屹耳过生日,并找回来他丢失的尾巴的故事。

图4.6　动画片《小熊维尼》

美国迪士尼公司也出品过《小熊维尼》系列动画片,相对于迪士尼的甜美风格,颜色鲜明和充满梦幻感,苏联版《小熊维尼》的角色形象和背景没有那么完美悦目,但结合了儿童画的形式,稚嫩平实而色调简朴,同时小熊维尼所唱的歌曲在片中起到了重要作用,歌词朗朗上口,韵律节奏感强,使整部片子充满了趣味。

1976年,费多尔·希特鲁克因为在动画领域的突出贡献被授予苏联国家奖。1993年4月,他和另外三位著名的动画师成立了莎尔工作室和动画学校。2008年,他总结了自己的创作生涯并出版了两卷著作《动画师的专业》。

费多尔·希特鲁克的作品脱离了动画片多以神话、民间故事等幻想题材为取材来源的传统套路,而是结合社会现实,针砭时弊,立意深刻,严肃而不失幽默感。作品多采用抽象和象征的手法,并广泛运用了现代主义的拼贴艺术更具实验性和先锋性,从而开辟了动画创作的新空间。

四、尤里·诺尔施泰因

(一)生平经历及创作

尤里·诺尔施泰因(1941 年 9 月 5 日—)出生于奔萨州的安德列耶夫卡乡村,在莫斯科郊区长大,毕业于艺术学校。他的动画创作从苏联时期延续至今,但主要成就还是在苏联取得的。所以这里把他放在苏联时期的动画大师中进行介绍。

1961 年,诺尔施泰因在完成两年的动画课程后进入了索尤斯特姆动画工作室,参与制作了一些动画短片。1968 年,他首次得到了执导动画片的机会,制作了《二十五周年的第一天》,这部以红色为基调的影片是为了表达对"十月革命"的纪念,作品借鉴了很多先锋艺术家的创作手法。初次执导就为诺尔施泰因带来了很高的知名

图 4.7 尤里·诺尔施泰因

度,1971 年,他又和著名的动画导演伊万·伊万诺夫-瓦诺一起制作了《克尔热茨河战役》。

20 世纪 70 年代,诺尔施泰因拍摄出一些脍炙人口的经

典剪纸动画,他擅长改编俄罗斯民间传说和故事,使用传统民间艺术素材,如蕾丝、花布,或结合实景(火、水等)来拍摄,为平面剪纸动画营造出强烈的立体空间感。1973年的《狐狸与兔子》讲述了狐狸和兔子都住在森林里,狐狸盖了一栋冰屋子,兔子盖了一栋木屋子,它们在冬天相安无事。春天来了,狐狸的冰房子化了,它于是强行夺走了兔子的木房子。兔子无家可归,哭着到处流浪。看似强大的灰狼、大熊、公牛都为兔子打抱不平,但都失败了。只有公鸡坚持不懈,最终赶走了狐狸。这个故事的核心之处在于告诉人们,想要改变强权和不公平,弱小的一方只有坚持不放弃才会取得最后的胜利。

图4.8　剪纸动画片《狐狸与兔子》

1974年的《鹭与鹤》讲述了鹭鸶与鹤虽然互相爱慕对方,却碍于面子,始终不愿轻易接受对方。于是它们分分合合,互相折磨,互相伤害。令人触动的是影片接近尾声时,伤心欲绝的鹤独自撑着伞在烟雨迷蒙中返回家中的画面。雨、雪、雾、水波是贯穿诺尔施泰因影片最重要的元素,影片具有很强的寓言意味,已经超越了一般儿童片的幼稚主题,通过鹭鸶和鹤令人懊恼的爱情,实际上讨论了关于人际孤独和如何交流、如何表达，以及难以解决的以自我为中心的问题。

　　1975年的《迷雾中的小刺猬》讲述了小刺猬穿过迷雾中的森林去找小熊一起看星星，雾气笼罩的森林背景类似水墨晕染的中国画。单纯天真的小刺猬在路上不时地四处张望，一只猫头鹰一直在迷雾中若隐若现地跟随着它。森林中神秘的蝙蝠、大象，雾中出现的一匹闪着光环的白马，以及那只猫头鹰令小刺猬精神恍惚，它丢失了带给小熊的果酱，小狗将果酱找到交给它后，它又不幸落入溪流，幸得好心鱼儿的相救，才终于见到好朋友小熊。小熊喋喋不休地表达着对小刺猬的担心，小刺猬却陷入了对刚刚经历的回忆中。故事很简单，却在迷雾真实与虚幻中带给观众一种奇特的体验。

图4.9　迷幻与现实交织的《迷雾中的小刺猬》

　　1979年，诺尔施泰因出品了的著名的动画短片《故事中的故事》，这部作品在世界动画影坛中享有极高的声誉。《故事中的故事》用超现实主义的手法,将不同的时空的故事穿插融会在一起,展示了诺尔施泰因对战争、人生、理想和生死的哲学思辨,将俄罗斯民族凝重的历史感和反思性发挥到极致。

诺尔施泰因有自己的小型制作团队,包括妻子佛兰西斯卡·亚布索娃、摄影师亚历山大·朱科夫斯基和剪辑师米诺维奇,20 世纪 70 年代末到 80 年代初,他们的作品在国际上屡获大奖,在国际动画界享有很高的声誉。

1985 年,诺尔施泰因因制作由果戈理的小说《外套》改编的动画片耗时太久而被索尤斯特姆动画工作室解雇,这部制作时间超长的影片在 2011 年才得以问世。1993 年 4 月,诺尔施泰因和他的团队在俄罗斯建立了一个动画学校及工作室,俄罗斯电影委员会成为这个工作室的股东。2003 年,诺尔施泰因参与导演了日本动画短片《冬日》。

诺尔施泰因的动画风格复杂精致,他善于运用多层动画摄影机整合各种动画形式,以营造精美的细节和充满诗意的气氛,还会使用一些特殊的技术,这使动画看上去像在三维空间中一样有立体感,但这种效果并不是用电脑制作出来的,像许多传统的动画大师一样,诺尔施泰因依然秉承着手工制作动画的传统。

诺尔施泰因的作品摒弃了传统的叙事方式,他将自己的创作方法称为视觉记忆,记录和展现自我心中的记忆片段,把心底深处的回忆化为视觉的碎片表现出来,并刻意营造神秘和怀旧的气氛。诺尔施泰因的作品都将童话或者儿歌作为重要元素,就像是成年人对于童年记忆充满诗意的挽歌,总会让观众陷入神秘的感伤和怀旧情绪中而不能自拔。

图 4.10 风格凝重、具有哲学思辨性的尤里·
诺尔施泰因的动画作品

（二）主要作品

1.《故事中的故事》

《故事中的故事》，1979 年出品，片长 27 分钟。影片开始
伴随着男中音的低唱，在泛黄的色调中，雨水从苹果上滑落，
躺在母亲怀中的婴儿在吸吮乳汁，近处一匹孤独的狼在守候。
在落叶飘零的大地上，一扇光亮的门骤然洞开，仿佛进入了时
光隧道。人们在祥和平静地生活，少年弹起竖琴，母亲洗衣照

顾婴儿,父亲打鱼归来。忽然狂风吹起了落叶,飘向了远方,列车呼啸而过,留下了寂寥无人的院落,小狼在独自玩耍,似乎忆起过去的时光。男人们和女人们拥抱着,欢快地舞蹈,忽然,舞蹈的人群变为僵硬的影子,男人们一个一个地消失了,战争夺去了身边的亲人,飞来的纸片带来亲人的噩耗。巨大的悲哀笼罩在俄罗斯大地上,随后所有的人都消失在苍茫的暮色之中。冬天,一个孩子在树下吃着苹果,生活又呈现出一片祥和的景象。最后镜头又回到了开头的情景,在舒缓的摇篮曲中,婴儿安静地躺在母亲的怀抱中吮吸乳汁,孤独的狼见证了人类动乱的一段岁月。

"睡吧,睡吧,要不狼崽子会把你带到森林里去的……"这是一首古老的俄罗斯安眠曲,无数的小宝宝在这样的哼唱中长大。小狼代表着童年时代朦胧而甜蜜的记忆,会令人产生强烈的怀旧和归属感,诺尔施泰因就是利用这样一个意象来代表着对逝去时光的追忆。作品以自由的非叙事风格,从一只流浪的狼的视角来看待人类在和平和战火中生活的变迁,以一扇发光的门作为穿越时空的道具,用超现实主义的艺术手法,带领观众穿越在不同的时间和空间之中,在意识和现实之间寻找平衡点,将不同的人生历史和生活片段穿插在一起,展示了他对于生命、战争,以及生存死亡的哲学思辨,这也是俄罗斯历史与文化具有创造力的阐释与表现。

《故事中的故事》结合了偶动画、剪纸和透明介质上绘画的多种动画技法,最终用多层摄影台进行整合,营造出丰富的影像景深和质感。影片还运用了多个意象,如小灰狼、吃奶的婴儿、飞舞的落叶、街灯、火车、火焰、吃苹果的男孩等,还借用俄罗斯民族的摇篮曲贯穿全片,使影片在意识流动的过程中

图 4.11　《故事中的故事》所描绘的静谧的和平生活

展现了历尽沧桑的时光流转的过程,具有着浓浓的怀旧色彩。这些反复吟唱和重复出现的技巧,构成意蕴浓厚的象征体系。这些元素大多来自诺尔施泰因个人童年生活片段的记忆,老旧的汽车和房子来自诺尔施泰因小时候生活的莫斯科郊区的情景,而城市郊区的探戈、巴赫钢琴曲和莫扎特协奏曲的旋律以及日常祥和平静的生活无疑就是那个时期每个家庭生活的缩影与记忆。借用这些意象展现了诺尔施泰因对一个民族灵魂深处挽歌式的读解,以及对民族之根的深入的探究。

　　本片的原名本来是《小灰狼要来了》,被当时的苏联审查机关拒绝,改为现在的名字。《故事中的故事》曾在多个国际电影节上获奖,1980 年获得了法国里尔电影节评审团大奖、加拿大渥太华动画节大奖、南斯拉夫萨格勒布世界动画电影节大奖,1984 年在美国洛杉矶奥林匹克艺术节获得了"有史以来最佳动画片"的称号。

2.《迷雾中的小刺猬》

《迷雾中的小刺猬》,1975 年出品,片长 10 分钟。《迷雾中的小刺猬》改编自是苏联作家谢尔盖·克兹洛夫的童话,2003 年,在东京拉普达动画节获得"跨时代的动画 TOP150"全球最佳动画电影奖,之后在 2006 年获得法国昂西国际动画电影节"动画的世纪·100 部经典"第 49 名,足以说明其在动画表现和作品意义上都有非常高的地位。

雾气笼罩的森林有着朦胧的意境,小刺猬在迷雾弥漫的森林中或真实,或虚幻地遇见了形形色色的事物,如猫头鹰、蜗牛、白马、落叶、大树、小溪……。虽然这部动画小刺猬看起来几乎没有什么表情,但是它的动作却将想法和情感活灵活现地表现出来。看到白马身影时小心翼翼地放下枯叶,拿起树枝四处探路,发现果酱不在时绕着大树不停地跑,小狗带回果酱时,小刺猬捂着眼睛站在原地,这些动作将小刺猬的所思所想全部展示了出来,让这个形象更加地可爱生动。

小刺猬最后慌不择路地掉进了河里,正当它想着顺河流漂流的时候,一条鱼出现了,鱼将小刺猬送出了迷雾。小刺猬与小熊见面后,小刺猬明显还在回忆着刚才在雾中的经历,而小熊则不断地说着数星星的事情。最后动画以一句话结束:"在雾里,到底发生了什么?"这是一个让人遐想无限的结尾,有着含蕴不尽的深意。

这部动画运用了多层次的剪纸动画技术,创造出了丰富的视觉效果,给观众呈现出了非常可爱的许多动物形象。同时,通过剪纸塑造的环境有着独特的审美感。这部动画没有过多的对白,而是通过音乐、声效和画面来传达情感和寓意。

动画还利用迷雾这一元素,营造出了一种梦幻和模糊的氛围,让观众跟随小刺猬的视角,感受它所遇到的各种奇妙的事物。同时,该动画借用了一些具有象征性的意象,如白马、鱼、小狗等,来表现小刺猬对美好事物的向往和对危险事物的恐惧与生命之间互助的温暖。尤里·诺尔施泰因通过这部动画来鼓励人们去探索未知事物,保持对于世界的好奇心,感受世间的美好。

第二节　亚历山大·彼德洛夫的玻璃油画风格动画

一、生平经历及创作

亚历山大·彼德洛夫(1957 年 7 月 17 日—)出生在雅罗斯拉夫尔州,曾就读于州立电影及电视学院学习艺术,并在莫斯科高等编剧及导演学校学习。1981 年彼德洛夫进入电影界担任艺术监制工作,他绘制的动画片中的人物动作流畅,肌肤细腻光滑,有着真人的质感。彼德洛夫经常以真人作为模特,为角色人物的动作和位置做示范,并用一种类似真人捕捉的技术完成动画。

文学作品是彼德洛夫进行创作取材的一个重要来源。《母牛》是他的第一部动画,根据安德列·普拉托诺夫的小说改编,该片获 1990 年的奥斯卡动画短片奖提名,同时还获得过其他国际大奖。《母牛》是以写实手法为基调的动画杰作,辽阔的背景处理、贫瘠的乡村生活,以及身处其中的人物透露

图 4.12　在动画形式上不断探索的
亚历山大·彼德洛夫

出一股无可奈何的孤寂失落的感觉,又有一种神秘的气息。

彼德洛夫随后成立了自己的动画影片公司,并从作家陀思妥耶夫斯基的文学中汲取素材,1992 年创作了第二部作品《荒唐男人的梦》,1996 年的《美人鱼》取材于诗人普希金的同名诗作。这两部影片也先后受到国际的瞩目,《美人鱼》获得了两项奥斯卡动画短片奖提名。

1999 年,彼德洛夫和加拿大制片人帕斯卡尔·布莱斯合作完成了动画片《老人与海》,该动画片根据美国作家海明威的同名小说改编。该影片是彼德洛夫在玻璃上用手指一帧一帧地画出来的,历时两年半,后期制作加起来四年有余。整部动画片风格抒情而舒缓,格调凝重,叙事具有节奏感,动静相宜,彼德洛夫用自己卓越的表现技巧,将传统的油画艺术通过现代的动画技术更为完美地表现了出来,给观众带来叹为观止的艺术美感。影片于 2000 年获得第 72 届奥斯卡金像奖最佳动画短片奖、第 53 届英国电影和电视艺术学院奖最佳动画短片奖,以及克罗地亚萨格勒布世界动画电影节 C 类(15—30分钟)一等奖、俄罗斯圣彼得堡国际电影节国际竞赛单元评审团特别奖等各大奖项。

《老人与海》这部动画片的魅力,不仅仅在于故事本身所表现出来的老人坚毅、勇敢、不屈不挠的精神,更在于绘制在玻璃上油画的表现风格,具有十分强烈的表现力度,层次分明的颜色过渡充分地表现了海天融合的层层浸染,并用完美的视觉手段再现了小说所描绘的广阔蔚蓝的大海。厚重的油墨渲染能够使人感到天地的苍茫辽阔,孤独而坚强的老人与大自然进行着不屈不挠的搏斗。

图 4.13　在玻璃上绘制油画而制作的动画片《老人与海》

之后,亚历山大·彼德洛夫经过三年的紧张工作,完成了动画片《我的爱》的制作工作。《我的爱》片长 26 分钟,改编自苏联作家伊万·诗曼利昂的小说《爱情故事》。《我的爱》也被译为《春之觉醒》,同样运用在玻璃上手绘油画的方式。2006年在日本广岛国际动画电影节上举行了首映仪式,拿下了电影节观众奖和特别国际陪审团奖。2008 年还获得了奥斯卡最佳动画短片奖的提名。

故事讲述的是 19 世纪俄国一位 16 岁的少年安东懵懂的初恋和他对爱的神圣世界的向往。安东本来与家中的女仆少女帕莎有着朦胧的情愫,然而随着与邻家一位美丽女子的相遇,帕莎的爱在安东心中变得平凡。安东疯狂迷恋上邻家女子,通过她好像找到了一个充满爱的神圣和美好的世界。但随着深入的接触,事实的真相让安东感到困惑,他大病一场,病好后安东的初恋也随风而逝。整个片子在梦幻与现实之间不断切换,表现着少不更事的少年对爱情、情欲、牺牲,以及善与恶的理解,有着诸多如梦如幻的困惑,但他会在这样的经历中渐渐成长。

彼德洛夫的"玻璃彩绘动画"确实是动画领域的奇葩,将传统油画与动画技术相结合,开辟了动画制作的新形式。在绘制上,彼德洛夫继承了俄国著名画家列宾、苏里科夫和科连诺夫等写实主义的艺术风格,通过对油彩在玻璃上进行处理,让平面的人物和景物逐个活动起来,既接近照片的写实度,但又更像梦境般的效果。彼德洛夫很少用笔来绘制动画,他的所有动画影片基本上都是采用在玻璃板上用手指直接蘸上油彩来绘制油画的方法制作完成的。彼德洛夫相信用手指作画更为容易、迅速,并能更好地表达心灵,更能够直接而精确地表达他的理念——"这对于我来说是一种很简单的技术,我能灵活地掌握我的手指,这使我能更快地工作,同时这也是连接我心灵和创作图像最短最快的桥梁"。[1] 彼德洛夫利用玻璃的不同层面进行制作,在一层上制作人物,在另一层上制作背景,灯光透过玻璃来拍摄重叠合成的画面,油画和玻璃所表现出的透明和鲜亮的效果令人叹为观止。

---

[1] 段佳:《世界动画电影史》,湖北美术出版社,2008 年,第 188 页。

二、主要作品《老人与海》

　　《老人与海》,1999 年 7 月上映,片长 22 分钟。该片讲述了一个老渔夫与大海进行斗争的故事,这里的大海象征着无垠的自然界。开头变幻的云层中出现了大象和狮子,强调了自然界的力量和对人类的挑战,并与主人公的人生历程和心境密切相关。老渔夫圣地亚哥已经很多天捕不到鱼了,但他一直坚信自己能钓到大鱼,于是决定再次出海,寻找着一次重获尊严的机会。大象和狮子作为具有象征性的形象,代表了圣地亚哥内心深处的力量和勇气,它们提醒着圣地亚哥面对困难和挑战不要放弃。同时,这些动物的出现也营造出了一种异国情调,与故事发生的地点古巴相呼应,增添了电影的艺术感和情感层次,为观众带来更多的想象空间和审美享受。

　　片中除了大海,表现得比较多的是变幻的天空,前面的天空是彩色又平和的,配合着圣地亚哥日复一日的生活;当男孩马诺林来找老人的时候,天空颜色逐渐变得热烈光亮,凸显了年轻一代的希望和活力;当老人出海的时候,天空是由粉变蓝的渐变色,辽阔的海面上漂浮着老人驾驶的小船,而这样的平静被突然的鱼竿抖动打破,第一次是条小鱼,似乎在为之后出现的大鱼做铺垫;大鱼终于上钩,但它并不肯乖乖就范,牵扯着鱼竿越来越弯时,天空也变成暗蓝色,音乐也同步变得紧张激烈,最终一条大鱼跃出海面;之后在老人和大鱼僵持时,有一段平静的时期,有海鸟停在了鱼线上。但是很快大鱼有了异动,在老人和大鱼搏斗的时候,天空也出现了一些暗红色,当之后大鱼的血引来了鲨鱼群,天空的颜色变得压抑,预示着欲来之风雨；老人以自己惊人的毅力与大鱼、恶劣的天气、咆哮的大海做着艰苦的斗争，虽然当筋疲力尽的老人回到岸边时，大鱼已经被鲨鱼吃得只剩下了骨架，但老人顽强的毅力得到了人们的赞许。此时天空的颜色又和影片开头时相似，表明风浪已然平息。

动画相比于小说原著有许多删改，所保留和改变的地方都表达了彼德洛夫的创作思想和艺术理念。海明威在小说中穿插了大量老人和小男孩马诺林的对话以及老人的内心独白，这些语言如果全部被照搬进影片则会让观众觉得枯燥烦琐。因此动画片只保留了其中很少的一部分，比如表现老人对小男孩的思念的自言自语"但愿那男孩在这儿就好了"在小说中的不同地方重复了五六次，而动画短片只保留了一处，甚至连那句最能表现老人"硬汉"品质的名言——"人不是为失败而生的，一个人可以被毁灭，但不能被打败"也被舍弃了。取而代之的是画面中伴随着音乐、音响效果和老人的嘶吼声，在海中与大鱼、鲨鱼艰苦卓绝的搏斗行动和惊心动魄的搏斗场面。

彼德洛夫在动画中加入了两个黑暗环境下的场景，一是老人和男孩在晚上提着灯走向海边，这一段表现出两辈人在黑暗中相互陪伴扶持；二是老人回忆自己在年轻时候与人掰手腕，在酒馆里灰暗的灯光下，与对手僵持不下，最终天破晓时，圣地亚哥一鼓作气战胜对手。两段黑暗场景中的灯光色调是不一样的，前者是亮色的灯光，似乎隐喻着老人也会为后代的年轻人做指引。酒馆里的灯光则是昏暗的，一方面，似乎是在表达记忆的朦胧和模糊；另一方面，以观众席中的暗和灯光笼罩下对峙的两人身上的亮形成鲜明的对比，体现了圣地亚哥不服输的信念和坚韧不屈的毅力。在海中老人也面临如此僵持的困境,但他最终也是凭着这份信念和勇气,用鱼叉扎死了大马林鱼。

作为一部动画短片,彼德洛夫在较小的时间容量中最大化地表现了原著的精髓,传达了对人类勇气的认可,表达了对"人的生命、尊严、价值、情感、自由的精神"的崇尚和尊重,完成了一次极佳的创作。

第三节 康斯坦汀·布朗兹的极简风格动画

康斯坦汀·布朗兹(1965年4月12日—)出生于列宁格勒(现圣彼得堡),1983年毕业于列宾美术学院。随后他在大众科学电影工作室从事动画创作工作,1988年完成了第一部动画《旋转木马》。1992年毕业于列宁格勒高等艺术与工业学院,1994年学习了"莫斯科高等编导课程"。1993年至1995

图4.14 康斯坦汀·布朗兹

年,他在莫斯科动画工作室担任编剧、导演和动画师,在那里创作了几部短片。1996年至1999年,康斯坦汀进入电视台工作。1999 年,康斯坦汀完成了自己的动画短片《在地球的尽头》,该片在各大电影节上大放异彩,最终获得了近 70 个奖项。

1999 年以后康斯坦汀·布朗兹一直在梅尔尼萨动画工作室工作,在那里他拍摄了《小长鼻》《阿罗莎》等动画片。2007年拍摄的短片《厕所爱情故事》获得第十二届俄罗斯动画电影节最佳剧本奖,2009 年获得奥斯卡最佳动画短片奖提名。他的作品还有 2014 年的《没有宇宙我们无法生存》,同样获得了第 88 届奥斯卡金像奖最佳动画短片奖的提名。2019 年的《不能没有宇宙》延续了前作的创作手法和主题。

《厕所爱情故事》是一部十分简约的动画,整个片子几乎就是在白色的画面上运用黑色线条进行勾勒,表现了一个已届中年,其貌不扬的女人,做着不被人注意的工作。她是一名厕所收费员和清洁工,每天在她面前会走过无数男人,高的矮的,大腹便便的或是健美英俊的,但没有人注意到这个从事着卑微工作的女人同样渴望着爱情。直到有一天,黑白的画面中出现了艳丽的色彩,一束束或娇粉,或鲜红,或嫩黄,或靛蓝的花出现在她收零钱的罐子里,浪漫的爱情故事上演了。动画片用最简单的线条表现出女主人公内心的波澜,她的心情随着情节的发展,或期望,或疑惑,或失望,或痛苦,或惊喜,影片也表现出在现代社会忙忙碌碌的人群中,人们的内心同样有着最普遍最深沉的对于受到关注、关怀以及对爱的渴望。

短片《没有宇宙我们无法生存》则运用航天员的题材来反思工业时代人的工具性。全片没有对白,只用简洁的画面和音效讲述了两位编号分别为 1203 和 1204 的航天员在航天中心共同训练,1203 被选中上天飞行,1204 作为后备队员。航天发射时发生了意外事故,失去同伴的1204陷入抑郁状态,之后人们发现他的房间里的航天服是空的,1204已不知所踪,天花板上有一个怪异的人形孔洞。影片主要讲述了当代社会两个航天员的悲剧,他们的生活中只有训练、再训练、选拔、竞争、努力,在别人眼里他们就像工具和机器一样。但他们厚重的航天服下也有着一颗脆弱的心,友谊是不能或缺的心灵安慰。1203消失在太空中,1204渴望脱去沉重的外衣去满天繁星的太空去寻找朋友。影片获得莫斯科尼卡电影节最佳动画短片奖提名、法国安西国际动画节大奖、欧洲之窗电影节获最佳创意奖。评论界认为该片设计简单鲜明,将诗意和怪诞融合无间。

康斯坦汀·布朗兹的动画只有简单的线条,类似于漫画的绘制,但他笔下的人物没有漫画中常见的夸张和滑稽,整体比较写实,色彩也很单一。他运用极简的方式,表现了人们的心理和生活状况,极具深刻性和哲理性,是现代艺术观念的体现,值得人一再细细回味,极大地丰富了动画的内涵和形式。

第五章
加拿大实验性艺术动画

加拿大动画与追求大众化和市场化的商业动画不同，他们秉承极具创造性的实验先锋精神，坚持纯艺术之路，对动画的本质进行探讨，力求创作出有个性的作品。其形式多变，风格独特，是现代艺术观念的体现，丰富了动画的内涵和形式，并以其表现手段和艺术风格在国际动画界享有盛誉。

加拿大艺术动画成就的取得，与创办于 1939 年 5 月的加拿大国家电影局是密不可分的。加拿大国家电影局（NFB）是加拿大官方组织，第一任局长是有"纪录片之父"之称的约翰·格里尔逊。二战期间，加拿大在美国这个强国的刺激之下，希望能塑造自己的国家形象，通过国际交流，让世界各国更了解加拿大。约翰·格里尔逊注重影片的社会教育功能，在他的带领和加拿大政府的政策规划下，以制作并发行影片来诠释加拿大的精神主旨，尊重多元文化差异一直是加拿大国家电影局引以为傲的特色。

约翰·格里尔逊曾明确提出，通过这个国立的电影机构，运用电影这一国际性传媒手段，让全世界了解加拿大的民俗风情和历史目标,使之成为"加拿大之眼"。① 并针对这个目标确立了推动原创作品,使创作者感受到充分的创作自由,强调个性和群体密切协作的原则。

NFB的动画部门于1943年成立,动画艺术家诺曼·麦克拉伦成为第一任领导者。动画部门起初制作了一些合乎时代需要的战争宣传片,二战后为政府各个部门服务,开始制作和教育、健康、职业训练、大众服务等相关的宣传片。之后,与社会文化相关的动画也相继出现,许多以民谣、童话、传说、历史和太空科学等为主题的动画陆续诞生。这些动画在形式上极力开拓新的表现方法,强调大胆创作、自由探索,沙子、积木、铁钉、废胶片等都可以作为原料出现在实验色彩浓厚的动画片中,形成了胶片直接刻画、手绘动画、转描动画、立体动画、针幕动画、剪纸动画、沙动画、玻璃油彩动画、三维电脑动画等多种形式。NFB培养了一大批优秀的来自世界各国的动画艺术家,他们的作品获得了很多国际奖项,其中有几十部荣获奥斯卡最佳动画短片奖提名,《邻居》《沙堡》《特别邮递》《每个孩子》《鲍勃的生日》《瑞恩》等还荣获了奥斯卡最佳动画短片奖。

第一节 "加拿大动画教父" 诺曼·麦克拉伦

诺曼·麦克拉伦(Norman McLaren,1914年4月11日——

---

① 段佳:《世界动画电影史》,湖北美术出版社,2008年,第83页。

1987 年 1 月 27 日）是著名的动画艺术家、实验动画人。他一生拍摄了近 60 部动画短片,赢得了 147 个国际动画大奖,在世界动画导演中创造了个人获奖次数最多的纪录,并带领加拿大国家电影局动画部创造了惊人的辉煌成就。

一、生平经历及创作

诺曼·麦克拉伦出生于苏格兰的斯特林,其父亲是一位室内设计师,给了他以很好的艺术启迪。18 岁时,麦克拉伦进入英国格拉斯哥艺术学校学习室内装潢设计专业,接受了一整套系统的艺术教育。1933 年,麦克拉伦初次接触到了电影,他说:"在我看了爱森斯坦那些伟大的电影之后,我的想法改变了,我至今还记得片中的每一个细节。他把两件不相关的事情并列起来,通过镜头的组接同时呈现给观众,借由对比展现了人类瞬息万变的精神世界。这种表现手法超越了逻辑和以往任何艺术规律的限制,具有极强的表现力——我意识到这时一个未经挖掘的全新艺术领域。电影不同于绘画艺术,后者已经发展了几千年并产生了多种艺术形式。电影诞生不过数十年,它必将成为属于未来的崭新的艺术形态。所以我最终决定从事电

图 5.1 诺曼·麦克拉伦直接在电影胶片上作画

影工作"。^① 出于对电影这门新型艺术的热爱,麦克拉伦成立了电影社团组织。一次,在学校仓库中麦克拉伦发现了一架16毫米放映机,由于没有摄影机,他找来一些废胶片,洗去其感光乳剂,在胶片上直接绘画。于是,一种新的动画形式诞生了,以后他的很多动画作品都是以这种形式来创作的。

实际上麦克拉伦并不是第一个在胶片上直接作画制作影像的人,在他之前英国人伦莱就已经开始尝试这种方法了,他们两人在英国邮政总局时有过合作的经历。

在学校电影社麦克拉伦开始制作一些短片,有《肯定的理由》等。1935年在学校举办的电影节上,他的一部短片获得了一等奖。1936年,麦克拉伦又带着两部作品参赛,一部是《摄影机的狂欢》,讲的是一些乐器从盒子里跑出来,举办了一场音乐会,摄像机愉快地参加了这场狂欢。音乐会结束后,所有乐器和摄像机都酣然入睡;另一部是《彩色鸡尾酒》,这是一部交织着快慢动作的抽象短片,运用了多种色彩,在纸片上呈现出各种颜色的光交互变幻,最终《彩色鸡尾酒》获了奖。在这届电影节上麦克拉伦最重要的收获是遇到了一位重量级人物——纪录片大师约翰·格里尔逊。作为评委和英国邮政总局的首任局长,约翰·格里尔逊很欣赏麦克拉伦的才华,给他提供了一个去英国邮政总局下属电影机构工作的机会。

1936年,麦克拉伦开始了在英国邮政总局的工作,他作为摄影师被派往西班牙,拍摄了关于西班牙内战的纪录片《马德里保卫战》,强调了呼唤和平,反对暴力的主题,这也是麦克拉伦一贯的政治主张。

---

① 段佳:《世界动画电影史》,湖北美术出版社,2008年,第100页。

1937年，麦克拉伦制作了他的第一部专业动画短片《爱在翼上》，形式上依旧采用在胶片上直接绘画的方法。这部片子主要是为邮政部门进行宣传，通过抽象的图象，讲述一对恋人如何通过写信来表达爱意，但是这部作品因为某些镜头被禁映了。虽然片子被禁映，但麦克拉伦已经在这部片子中开始进行了他"动画声音"的实验。和传统电影的声音制作不同，麦克拉伦的理念是如果动画中观看的部分可以在胶片上制作出来，那么用同样的方法也可以制作出动画中的声带，他使用了许多跃动的线条来表达这种理念。这部抽象和纯粹的动画被评论界称为"极其弗洛伊德化"，它成为麦克拉伦进入实验动画领域的里程碑。

《爱在翼上》被禁的遭遇反而使麦克拉伦名声大噪，1938年，他制作了《困难重重》，之后又制作了一些约两分钟长的实验短片，如1939年的《急速的乐章》《伦巴》《点》《环》等，这些影片都运用了他的动画声音技术。1939年的《星条旗》是一部较为有名的作品。之后麦克拉伦又参与导演了《幽灵游戏》。

1941年，麦克拉伦再次找到已经从英国邮政总局跳槽到加拿大国家电影局担任局长的约翰·格里尔逊谋职。当时加拿大政府亟须电影宣传其国家形象和政策，于是约翰·格里尔逊很高兴地聘用了麦克拉伦，并要求他创建独立的动画部。麦克拉伦负责组织领导新建的动画部并培训动画人才，在战争时期动画部必须支持加拿大国家电影局的工作，例如制作字幕、战争地图等，但战争结束后就可以独立发展，无须继续从事与创作无关的工作。如此宽松的创作环境和优越的创作条件使麦克拉伦在此工作了近半个世纪，为加拿大国家电影局带来了世界级的荣誉。

战争末期麦克拉伦制作了一系列动画短片,其中包括1941年的《代表胜利的V》《快寄出圣诞信》,1942年的《母鸡霍姆》《四等于五》,1943年的《美元的舞蹈》,1944年的《闭嘴》《大众歌曲第五首》《这是赛艇》《百灵鸟》等,最后两部影片中的歌曲都非常流行。1947年,麦克拉伦一改以往逐格绘制的画法,而在一整卷胶片上一挥而就,创作了短片《D调提琴》。1949年的《色彩幻想》获得了大量奖项,并得到了绘画大师毕加索的赞扬:"终于,一种全新的艺术形式诞生了。"

1949年麦克拉伦代表联合国教科文组织来到中国四川,培训宣传防治传染病的干部,教给他们如何快速而有效地利用视觉传达来开展宣传工作,这次中国之行以及对"抗美援朝"战争的感触激发他创作了动画短片《邻居》。1952年的《邻居》讲述了两个人为了抢夺开放在两家边界上的一朵花,从发生口角到使用暴力,最后两败俱伤,同归于尽,具有强烈的反战寓意。影片采用"真人动画"的怪异形式来阐述他一贯的反战理念。所谓"真人动画",即用真人演员拍摄影片,却运用动画的逐格拍摄技巧,把真人演员当作木偶来拍摄,故意削弱真人动作的连贯性,造成一种特有的虚幻感,还可以表现许多人在现实生活中无法做出的动作,如快速消

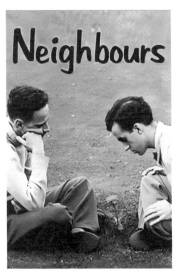

图5.2 "真人动画"《邻居》

失、在地面上滑行、在空中停滞、人与非生命体的互动等等,影片获得了当年的奥斯卡奖。

1954年,麦克拉伦用钉子和刀片在黑色生胶片上加工而创作了《瞬间的空白》,1956年完成了《节奏》,阿拉伯数字就像跳舞一样组成系列表演。1957年的《椅子的故事》获得了奥斯卡最佳动画短片奖提名,讲述了一个人想坐在一把椅子上看书,但是椅子就像一个顽皮的孩子一样就是不让他坐。最后这个人明白应该尊重椅子,而自己摆出椅子造型请椅子先来坐他时,二者达成了和解,最终人很舒适地坐在了椅子上。影片不仅主题明确,即表达了互相尊重是人际交往的基础,而且形式十分简单,只有简单的节奏性音乐作为背景声音,整个场景中只有一名真人演员和一把实物椅子。导演使用了逐格摄影的方法,赋予了这把椅子无限的生命力和鲜明的个性。椅子一会调皮捣蛋,一会幸灾乐祸,一会兴奋欣喜,把本来无生命的椅子刻画得栩栩如生。

此后,麦克拉伦在抽象的实验动画创作的道路上越走越远。1960年的《竖线》描绘了线条的舞蹈,是一部纯粹由几何线段组成的片子。在灰白的背景下,一根线条在舞动中幻化成两根、四根……最后又回归成一根。1965年的《镶嵌》同样是点与块的韵律性跳动,聚合与分散,扩大与缩小,呈几何倍数增多又减少,与之类似的是之后创作的《水平线》《开幕致辞》《教规》等作品。

1968年的《双人舞》利用慢动作和延时摄影的手法拍摄真人舞蹈演员,使他们的动作形成延续性和连贯性,形成前所未有的视觉芭蕾动画效果。《双人舞》的制作方法是使每一格胶片曝光十次,以黑色背景为舞台,制作出一对在跳舞的芭蕾舞演员的优美形象。麦克拉伦说："所有电影对我来说都是一种舞蹈。因为电影最重要的元素就是运动。无论你怎么运动，无论是人类、物体或者抽象线条的运动，只要它运动了那就是一种舞蹈。"①他最后创作的影片是 1983 年的短片《水仙》，又一次利用画面中的舞蹈讲述希腊神话中的美少年纳西索斯迷恋自己水中的倒影，憔悴而死，变成水仙花的故事。

麦克拉伦的动画成就并不仅限于在动画电影艺术形式上的开拓，他还领导加拿大国家电影局动画部，给了众多艺术家们梦寐以求却难以得到的创作自由与环境。1973 年麦克拉伦作为动画制作人和加拿大国家电影局动画部的领导人而获得勋章。

二、现代抽象艺术的大师

从 20 世纪 20 年代开始的实验影像运动受到欧洲现代艺术思潮的影响，动画艺术家们从抽象的概念出发，运用动画技巧追求艺术新形式，引进新的美学观念，并尝试开发新技术。声画同步技术的发展，成为动画家们展开实验的重要内容之一，他们探索音乐和影像之间的关系，视觉音乐的动画艺术由此诞生了。

实验动画之美学定义具有在形式上、观念上和技法上的开创性，早期实验动画力图探讨动画的本质，从"动作""时间"两个维度展开，分别被称为"直接动画"和"纯粹动画"。

1."直接动画"

"直接动画"指无须通过摄影机，直接在经过处理或没有

---

① 段佳：《世界动画电影史》，湖北美术出版社，2008 年，第 101 页。

处理的底片上用绘图、刮擦等方式来制作动画。诺曼·麦克拉伦并不是直接动画的开创者，但他把这种观念和技术发扬光大。美国实验动画的制作者史丹·布莱克治亦大量采用直接在底片上作画的手法，1963年他制作的《蛾光》将蛾的翅膀、花瓣和种子直接粘贴在底片胶卷上，呈现出特殊的质感和美感。

另一位相当重要的实验动画创作者伦莱，除了其为人所熟知的在底片上刮、画，暗房重复曝光等技巧外，在未发明彩色胶卷前，曾以黑白片拍摄影像，然后在实验室里将底片胶卷上色，形成彩色影像，这在当时是极具原创性的手法。

另一种类型则是指在摄影机底下直接创作，有别于传统手绘动画事先绘制好画面才进行拍摄的手法。直接动画常运用特定的材料一气呵成，胶片完整记录了整个创作过程。以沙动画创作著称的卡洛琳·丽芙，其创作方式即属于此类型。

2. 纯粹动画

早期的实验动画以抽象动画为主，强调"纯粹的视觉经验"，是把观众听到音乐时的感觉通过抽象的图像视觉化，是为了配合音乐而制作的画面，充分说明了"动画"的本质为"会动的视觉符号"。

德国的奥斯卡·费钦格可以说是第一位重要的抽象动画大师，从有声电影出现之初，费钦格就借着运动的图形来表现古典乐曲，制作了相当独特的音乐动画。费钦格从研究图形在空间和时间的变化，到实验合成声音技术，可说是将视觉音乐化、音乐可视化的观念推向主流市场。他曾参与迪士尼公司的实验动画《幻想曲》的制作，将音乐可视化作了更高技术层次的展现。但动画造型的过度使用，导致对该片的评价褒贬不一。

麦克拉伦继承了前辈的实验精神，不满足于传统动画的形式和技法，一直在进行继续创新和探索。他把探索的重点放在音乐与影像间的互动和韵律上，表现点、线、集合图形的"运动"，最终达到"用眼睛来听，用耳朵来看"的境界，如他的作品《竖线》《水平线》等。

麦克拉伦对同音调相对应的颜色以及不同节奏所对应的图形变化进行了实验。例如《代表胜利的 V》通过一系列英文字母 V 的跳动，变形，组合，构成一篇奇特而又不乏想象力的视觉乐章。《色彩幻想》就像打翻了油彩的画布，银幕上伴随着音乐的律动，各种色彩、图形、线条在恣意地闪烁、跳动，各种或交融，或单纯的色彩背景中上演着图形和线条的狂放舞蹈。短片同时还对光影进行了变形处理，运用光和影来表现物体运动变化的技巧。

麦克拉伦还充分运用了容易突破受众界限的音乐来表达感情，他的音乐运用不拘一格，从管乐吹奏的《双人舞》到《芭蕾舞》《色彩幻想》的三重奏爵士乐，到《椅子的故事》中演奏西塔琴，音乐已经成了麦克拉伦实践其画面、运动、节奏之间关系的最为重要的元素之一。在谈到制作《色彩幻想》时麦克拉伦曾经这样阐述自己的观点："主导我创作思路的确是装饰色彩的概念，但同时我也考虑了色彩和音乐之间的联系，比如说音高通常和色彩的饱和度有关，而音调通常涉及色彩的对比度等。当然我并没有将色彩与音乐的关系伦理化，这只是我制作此类影片的一些基本原则而已。"①

① 段佳：《世界动画电影史》，湖北美术出版社，2008 年，第 101 页。

麦克拉伦大胆开拓各种动画形式,运用在底片胶卷声带中磨刮,在胶片上直接作画、打洞等方法来制作动画,制造实验音响,例如《点》就是在光学声轨上直接绘制各种形状不一,大小各异的点,从而产生有韵律的震动效果而制作成的;《白色闪烁》中制作的图像是在去除乳胶使胶片完全曝光后形成的影像,黑底上呈现白色图像;《节奏》里的音带中配以简单的由阿拉伯数字组成的数字系列,就像跳舞一样;《双人舞》用胶片完美表现了舞蹈的动感与美感,以真人表演,利用慢动作、延迟摄影及高反差的影像来展现出人体的律动造型,采用逐格描绘的技术,分解动作再重新加工组合,产生新的动作视觉美感。运用将舞蹈艺术的"姿态"与"韵律"相结合的动画技术来展现"时间""动态"与"音乐"的结合。

　　此外,麦克拉伦还发明了一种技术,在只能持续几格的一组影像之后,在下一组影像出来之前让电影呈12格或更多格的黑色,呈现出一种刺激的频闪的效果。《瞬间的空白》用钉子和刀片在黑色生胶片上做了一次探索,仿佛是一曲视觉的爵士乐。黑褐色的背景、灰色的瞬间,与音乐同步的跃动、闪烁、停顿与闪白,形成强烈的视觉旋律感。

　　麦克拉伦的大部分作品是没有情节和故事的,甚至抽象得只剩下形式。麦克拉伦曾经说过:"动画不是'会动的画'的艺术,而是'画出来的运动'的艺术。"[①]他的许多作品都以研究运动和节奏为核心,并对各种材料和声音进行了大量实验,用单纯的抽象图形、色彩再配合音乐,构成流动的视觉交响乐。

　　麦克拉伦还尝试真人动画和特效的结合,在动画的形式

---

① 　段佳:《世界动画电影史》,湖北美术出版社,2008 年,第 100 页。

探索上又迈出了一大步。《邻居》《椅子的故事》都是把演员当作物体来拍摄,采用真人逐格拍摄技巧完成真人和实体动画。在《椅子的故事》中仅仅通过一把椅子的移动、转动以及它和人之间的互动,就把椅子的情绪和脾气表现得活灵活现,赋予了椅子人格化的特点,别有一番谐趣。

作为动画艺术大师,麦克拉伦充分融入了兴起于 20 世纪的现代派艺术思潮中,凭借抽象的艺术动画风格走在时代的前沿。麦克拉伦说:"我一直试图探索抽象的领域……抽象电影就像音乐一样,它不会涉及其本身以外的任何东西……换言之,抽象艺术中的视觉呈现也不会涉及本体以外的任何事物。"①超现实主义的表现手法,对以往艺术形式的超越,对运动、画面、音乐等动画元素的探讨使麦克拉伦成为动画艺术殿堂曲高和寡的探索者和实验者,他的创新精神为世界动画带来了巨大影响和历史性的突破。

第二节　致力于环保动画的 弗烈德瑞克·贝克

一、生平经历及创作

加拿大动画大师弗烈德瑞克·贝克(Frederic Back,1924年 4 月 8 日—2013 年 12 月 24 日)出生于德国萨布鲁克的一个艺术世家。他年少时曾在法国斯特拉斯堡生活,15 岁就

---

① 段佳:《世界动画电影史》,湖北美术出版社,2008 年,第 101 页。

图5.3 关注人与自然和谐相处的
弗烈德瑞克·贝克

读于雷恩的美术学院,毕业后从事书籍插图和壁画创作。1948年移民加拿大的蒙特利尔,开始在家具设计院和美术学院授课。

当1952年电视出现并日益普及时,加拿大广播公司开始发展电视节目,贝克因其绘画技巧而受邀加入加拿大广播公司美术部,负责绘画师及艺术指导的工作。20世纪五六十年代,贝克创作了形式多样的插图、舞美设计,并为各类教育、音乐和科教节目担任舞美设计和视觉效果设计师。在这期间,贝克闲暇时则发展他自己特有的玻璃彩绘技术,他为教堂和公共建筑绘制了许多精美的彩色玻璃窗及壁画。

1968年,贝克加入加拿大广播公司刚成立的动画工作室,艺术才能有了充分展示的天地,艺术生涯在广播电视这一充满活力的领域里开始逐步走向巅峰。70年代,贝克导演了几部制作给儿童看的动画短片,与葛米兰·罗斯共同执导的《魔咒》是他的第一部作品,讲述了一位小女孩如何从邪恶的魔法师手中拯救太阳的故事;《火的征服》源自北美印第安人的亚尔冈京族的传说,讲述了人类和动物们如何从电雷之神手中夺取火种的;《鸟的创造》改编自土著传说,阐释了大自然奇妙的四季变化;《幻象》谴责了都市中人们蔓延的物欲和过度消费的现象,这样不仅破坏大自然,而且导致人类更加贪婪。作品揭露了人类社会城市发展中丑恶的一面，也痛斥了人类出于私利而对大自然造成的种种破坏，最终以孩子们充满希望的幻觉结尾，给人以警醒，表达了对于下一代能找回远古时代与大自然和谐相处的状态这一愿望；《游行》讲述了一个因为无法看到大人们的游行而想象出一场充满童趣的孩子们的游行的故事。这些作品虽然已经在一定程度上展现了贝克在动画领域的才能，但由于受众群比较低龄化，所以在艺术表现上还不够成熟，作品也缺乏有深度的探讨。

1978年创作的《一无所有》是贝克第一次被奥斯卡提名的影片，讲述了创世纪以来人与自然的关系，片中没有一句对白，审视了人类对大自然充满矛盾的情绪，整部影片充满了哲理和思考。随着历史的演进，人类的欲望变得更加剧烈、残暴和可怕，对大自然进行疯狂地掠夺和索取。作品中有这样一个震撼人心的画面——当世界所有动物都消失只剩下人类的时候，孩子们难过地将头上的白鸽羽毛帽、狐狸披肩缓缓地取下，轻轻地放到大自然中让它们重新飞起来，跑起来。这样的结尾表达了贝克对代表着人类希望的孩子们的期望。

贝克自己曾评论这部片子说："这是我唯一一部不想重做的动画片，该片具有美好的哲理、神奇的音乐，因为本片没有对白和解说，那音乐就代替了语言在述说。在我所做的其他动画片里，我总看到有些我想重做的地方，因为动画片一经完成，就像书籍印刷出版了一样，你是不能再重做的。"[①]《一无所有》获得了很多荣誉，此后贝克的创作更加成熟。

---

① 吕鸿雁，张骏：《动画大师的生平与作品》，中国传媒大学出版社，2007年，第128页。

二、弗烈德瑞克·贝克的环保主题动画

1981年,贝克执导了《摇椅》。这是一部表现加拿大魁北克风俗传统的动画片,长15分钟,表现了一把摇椅所经历的一生。一个木匠为自己的婚礼到森林里伐下了一棵大树,制造了一把摇椅。从结婚生子,到孩子们长大离去,摇椅伴随着孩子们的成长、父母的日渐衰老,在不断地被损坏修复的过程中和主人一起度过了魁北克传统的乡村生活。随着时间的流逝,乡村逐渐被工业文明侵蚀,森林、村庄被林立的大楼所代替,摇椅也破旧得不能再用了。被丢弃的摇椅被艺术馆的看门人拾去,把它修补好作为自己的椅子。每当夜晚来临时,摇椅就在抽象的现代艺术展品的围绕下,其旧时美好的记忆缓缓地被唤醒,它们在回忆中翩翩起舞。那些象征着工业文明的抽象的几何符号,在自由奔放的音乐中不断地旋转,融入乡村舞蹈的旋律中,代表着对传统文化的追忆和眷恋。

图5.4 风格温馨澄静的《摇椅》

这部短片并没有叙述一个情节曲折的故事,而是将叙事的空间留给了许许多多的动人细节:母亲抱着孩子坐在摇椅

上，年纪稍大的孩子则挂在椅背上一起摇晃；雨夜中，仙女赶着羊群在窗前飘过；男孩将摇椅作为自己的火车头；女孩将摇椅作为自己的船，她在那船上还钓到了"大鱼"（袜子）；更有淘气的孩子将它作为自己的战马，一不小心，便人仰"马"翻；冬天，摇椅则被作为冰上的滑车等。这些细节用动画来表现更为流畅自然，贝克就像是一位用动画来做诗的和蔼老人，整部短片没有一句台词，只用画面和音乐就令人深深吸引和感动。

《摇椅》的绘画风格深受印象派代表画家莫奈的影响，画面非常温馨宁静，呈现出暖暖的黄褐色调，这些画面是由贝克用彩色铅笔在冷冻过的磨砂醋酸纤维片上绘制成的。《摇椅》里面的音乐非常富有地方特色，随着情节的起伏时而温柔舒缓，时而欢快活泼，宛若一曲赞美魁北克历史与文化的颂歌。《摇椅》赢得了包括奥斯卡在内的 20 多项国际大奖，奠定了贝克国际动画大师的地位。

1987 年，贝克出品的《种树的人》同样赢得了奥斯卡和其他多项国际大奖。这个时长约个半小时的影片花费了贝克 5 年的时间，片中 80％的绘画都是由他自己来完成的，采用了和《摇椅》一样的绘画方式。朦胧的灰色、赭石、淡绿、淡蓝的色调诗意地融合在细腻恬静的画面之中，精美的视觉叙述使每一个画面中都充满抒情的意味。影片取材于法国人埃尔泽德·布费尔真实的故事，叙述了一位独居于法国阿尔卑斯山区的牧羊人几十年如一日，将本来一片荒芜的山地种上各种树木，使这块荒芜的土地成为一片葱郁的森林和鲜花盛开的花园。《种树的人》展现了一个普通老人的坚持，他经历了两次世界大战，经历了战争、杀戮、破坏、和平，依然一如既往地坚守,默默无闻地创造着奇迹。

《种树的人》发行后引发了轰动,人们开始像片中的老人一样身体力行地参与到植树运动中,种植了成千上万棵树。作为一个自然资源的保护主义者,贝克自己也在蒙特利尔的农场种植了很多棵树。一部动画片能够引起如此广泛的环保运动可以说是史无前例的。

贝克在 1993 年又推出了动画片《大河》,时长 24 分钟,是一部记录加拿大圣劳伦斯河历史的动画纪录片,讲述的时间跨度从遥远的古代一直延续到现代。早期是河流的繁盛期,河流周围的动物与人们和谐共处,直到最后在人类的侵蚀下迅速衰败。影片同样是以贝克一贯主张的宣传环保,探讨人与自然和谐相处为主题。

为了真实地记录这条大河的历史变迁,贝克做了大量的调查研究工作。他说:"我沿着圣劳伦斯河旅行,读了大量的资料。我读完了一本关于这条大河的书,还和生物学家、历史学家们一起工作……影片涵盖了自从欧洲人发现它至今 500 多年的历史,而今天有些动物已经不存在了。"[①]大河的历史浓缩着加拿大的历史,从早期的原始状态,到各种水中生命的萌发兴旺,以及人类的兴起、探险、战争、掠夺,到工业的发展,直至资源逐渐枯竭。

贝克退休后于 2002 年又拍摄了一部《土地的记忆》,这是关于西海岸夏洛特岛上"哈伊达"土著人的影片,时长 1 小时,由实拍和动画相结合。贝克说:"在 20 年代初有 8 000 多哈伊

---

① 吕鸿雁,张骏:《动画大师的生平与作品》,中国传媒大学出版社,2007 年,第 130 页。

达人,但只有 500 人从当地流行的水痘中幸存下来,现在大多数人都不知道如何讲'哈伊达'语了,因为村里死了太多的人。这种文化整个都消失了。"①为了记录、留住这种即将消逝的文化,贝克夫妇自始至终出现在片中,与土著人交谈,和他们一起唱歌、跳舞。

弗烈德瑞克·贝克始终坚持自己的艺术追求,他的作品虽然由于强烈的环保意识而往往有些说教的意味,但在作品中表现出来的对人与自然关系的思考是十分深刻的。贝克希望通过自己的作品唤起人类重归自然,追寻人类生活在这个世界上最初存在的价值及生命的最初含义的渴望。他说:"我的作品和其他动画片都应该富有思想,现在许多动画片缺乏思想,缺乏美好的创意和想象力。我传达出思想,让人们去思考和去做点什么。"②

第三节　沙动画的代表卡洛琳·丽芙

一、生平经历及创作

卡洛琳·丽芙(Caroline Leaf,1946 年 8 月 12 日—)出生于美国华盛顿州西雅图。1968 年在哈佛大学拉德克利夫学院求学期间创造了一种用海滩上的白沙在玻璃灯箱上制造影像,

---

① 吕鸿雁,张骏:《动画大师的生平与作品》,中国传媒大学出版社,2007 年,第 130 页。

② 吕鸿雁,张骏:《动画大师的生平与作品》,中国传媒大学出版社,2007 年,第 130 页。

图5.5 以"沙动画"闻名的卡洛琳·丽芙

并直接拍摄来制作动画片的方法,第一部影片《沙或彼得与狼》就是以这种方法制作的。毕业后丽芙在波士顿当过一段时间的自由动画家,1972年,应邀加入加拿大国家电影局,从而开始了创作最为活跃的时期,创作出了一系列佳作。

丽芙曾经到加拿大的北部考察过爱斯基摩人的生活,搜集到大量的故事和传说,这些原始素材后来成为她创作的灵感。1974年的《娶了鹅的猫头鹰》是她和一位爱斯基摩的女艺术家共同创作的剧本及分镜头画面,声音方面是由爱斯基摩的艺人以"喉乐"的方式配乐,片中仅有的几句对白都用了爱斯基摩语,因而呈现了特殊的文化风格和意境,使得这部以沙子为视觉材料制作的动画片成为经典。

1976年的《街区》采用了在玻璃上用黑色油彩笔作画的形式,改编自作家莫得盖·雷切勒的小说,获得第49届奥斯卡金像奖最佳动画短片提名。影片讲述了一年夏天,久病在床的外婆生命即将走到尽头,她随时可能离开。于是在那个炎热的夏天,生命终于结束在冗长的等待中。孩子等待外婆的死,等待自己能搬入她的房间。成人也在焦躁地等待,父亲的冷漠,母亲的无奈被表达得淋漓尽致……影片里并没有明显的善与恶,但是可以感觉到人物内心的道德挣扎和各种滋味。

1977年,丽芙还运用沙动画的手法,拍摄了《萨姆沙先生变形记》,该片改编自作家弗朗兹·卡夫卡的著名小说《变形记》。此外丽芙于 1979 年与导演弗露妮卡·索尔合作了带有自传性质的《访问》,丽芙自己负责所有这些影片的改编、导演、美术设计和动画师的工作,还负责影片的声音元素以及后期编辑,展示了全面的才能。这些作品为丽芙赢得了众多赞誉,获得了很多国际奖项,也奠定了丽芙在世界动画界的地位。

二、卡洛琳·丽芙的沙动画及其动画形式创新

沙动画是一种用沙子直接在灯箱上作画的动画形式。艺术家利用灯箱透光的原理,改变沙子的厚度使色调实现从纯黑到白色的过渡,制作出光影的层次感,并用设备拍摄艺术家的创作过程,手指用沙子绘制产生的渐进的画面产生了"动"的效果。一个画面的完成是建立在对上一个画面进行破坏的基础上,因此每个画面都是不可逆转的。这种方式有别于传统手绘动画的描边填色的方式,因此除了要求艺术家有丰富的想象力之外,娴熟的技法和大胆的绘制能力也是很重要的。[①]

使用沙在灯箱上直接创作的动画艺术家还有瑞士的安瑟吉等人,但其中将沙的特性发挥得淋漓尽致的,莫过于卡洛琳·丽芙。沙动画是一种直接且相当即兴的动画技巧,在灯箱上用沙子作画是一种艺术家自然意识的书写,创作过程一

---

① 吕欣谕:《浅谈卡洛琳·丽芙沙动画场景设计》,《美与时代》(上),2022 年第 10 期,第 106 页。

气呵成，就像人与沙之间的互动和交流，把个人细腻的情感通过手指传达出来，创造出动画角色独特的形体姿态以及时空转换、交错重叠的影像，有别于传统电影蒙太奇的镜头组合，从而产生别样的叙事风格。

除了靠其丰富的想象力之外，正如丽芙自己所说："我的创作是尽我所能地去挖掘材料的特性。"此后她不断地进行动画形式的创新，她在《街区》一片中将"沙动画"的概念延伸发展，形成了在玻璃板上涂墨绘制的动画技巧，玻璃画的特性加上粗犷拙劣的绘画风格和暗褐的色调，表现着朦胧模糊童年回忆，片中少量的色彩是用掺油的水彩在玻璃上作画形成的。镜头之间的衔接是连绵线条的延续，富有画面流动性和情感的延展性，十分有创意，该片获得了奥斯卡最佳动画短片奖的殊荣。

1990 年，丽芙进入了她动画片创作生涯的第二个阶段，运用与之前不同的材料和技法创作出了动画《两姐妹》。短片采用了直接"在曝过光的有色（如黑色、蓝色、绿色）电影胶片的感光乳胶层上蚀刻"的手法，镜头的感觉、光影的对比、主题的层次都比以往更加强化了，蚀刻曝光过的电影胶片的感光乳胶层产生了令人惊叹的艺术效果。

《两姐妹》讲述相依为命的姐妹俩因为妹妹的残疾而终日待在孤岛的家里。妹妹是小有名气的作家，靠写作保持着与外界的联系，而姐姐则被迫充当监护人，这种共生的关系使她们之间又爱又恨。一个男人是妹妹的仰慕者，他游过海面前来拜访，不速之客的到来在她们心里激起了涟漪，但很快男子离去，一切又恢复了往日的平静。片中人物外形臃肿怪异，室内环境幽暗阴郁，蓝色的大海、绿与黑对比强烈的室内装饰、每个人晦暗不清的面目表情烘托着主题,独特的动画制作工艺和视觉效果令人印象深刻。

丽芙的动画在音效方面的特点是对客观环境的声音表现得比较有限,《街区》中仅有街上传来的汽车声、小孩玩耍时的嘈杂声,而表现更多的是角色自己发出的声响。这些声响有的是人物在说话,但这些话语往往是不知所云的呓语,更多的声音是那些角色在无意识中制造的细微的动静。比如表现比较多的呼吸声,《街区》和《萨姆沙先生变形记》的开场都是睡眠中沉重的呼吸声,《娶了鹅的猫头鹰》中也不断强调猫头鹰疲惫的喘气声。《两姐妹》的开场又混合了姐妹俩哼歌、敲键盘、小物件碰撞、单音节的简单对白和喃喃自语等等细碎的声响。这些细微琐碎的声音是丽芙进入角色的自我情感表达,也是沟通人物和观众情感的途径。

丽芙的动画在画面连接方面也有着自己的独特性,是一种不稳定的、流动的时空变换的手法。丽芙在采访中曾说自己非常不擅长剪辑,于是她索性让角色和物体在镜头下直接变化,制造了一种没有剪辑的剪辑。《萨姆沙先生变形记》中,格里高尔的上司前一秒在伸手递帽子,后一秒一只大手已经在敲门了。这看起来没有经过剪辑,但时空已经发生了转变。这种手法让丽芙使用的材料具有了活力,沙子和掺了油的水彩仿佛在荧幕上流动起来。《街区》中镜头的转移随着画外音的叙述不断变换,跟随着画面中的油彩流动。当人物在画面中行动或走出画面时,颜料污痕还停留在上一帧;画面中的某一点忽然无限地扩大,转移到下一个场景或人物;镜头围绕着角色以极夸张的角度旋转起来,旋转成下一个场景。这种镜头转换的方式打破了惯常的空间、时间与人物之间的逻辑关系,表达更多的是朦胧的思维与情绪,这种模糊与不稳定其实正是人的记忆本身的特点,画面的流动和内容的不稳定性把人的回忆思绪通过镜头画面呈现出来,将细腻、微妙的情绪引入抽象造型的动画。

第六章

英国、澳大利亚的黏土动画

　　黏土动画属于偶动画的一种，是以特制的黏土为主要材料的定格动画，它保留了传统手工的简朴笨拙的质感，有着童稚的天真和别样的情趣，带给观众久违的亲切感。早在1915年美国的威利斯·奥布莱恩就使用黏土制作了动画短片《失落的环节》，之后又拍摄了《失落的世界》，惟妙惟肖地表现了恐龙之间的残酷搏斗。1956年，刚刚大学毕业的阿特·洛特基以小绿人"冈比"为主角制作了黏土动画《冈比的月球之旅》后大获成功，美国全国广播公司随后资助他制作"冈比"的电视动画系列片。这部系列片共播放了233集，播放时间长达35年，展现了"冈比"这个黏土动画形象持久的生命力。1974年，威尔·文顿完成了动画短片《周一闭馆》，获得了奥斯卡最佳动画短片奖。此后，他提出了"黏土动画"（Claymation）这个词来界定自己的作品，并将它正式注册为一个商标。1985年，威尔·文顿完成了世界动画史上第一部全黏土动画长片《马克·吐温的冒险旅程》。

　　此外，也有很多动画大师采用黏土动画的形式，如捷克的动画大师扬·史云梅耶的《食物》中的部分画面，以及《对话的维度》中第二部分和第三部分运用黏土的人物形象来表示深刻的内涵。1986 年,瑞士的动画系列片《企鹅家族》中质朴、笨拙的黏土企鹅风靡全球,受到世界观众的喜爱。

在当今利用电脑制作动画盛行的年代,手工制作的黏土动画显得尤为珍贵,许多动画大师还坚持这种淳朴而原始的制作方式,英国以尼克·帕克为主导的阿德曼动画公司就以黏土动画见长,尼克·帕克自称是"以黏土动画为素材的电影人"。阿德曼动画公司多年来一直坚守黏土动画,靠一帧一帧拍摄出来的这种定格动画,守护着动画传统的艺术圣殿。澳大利亚的亚当·艾略特的黏土动画更是以粗糙化的"丑萌"人物为主,与主流动画追求完美愉悦的形象背道而驰。他的动画关注社会中的边缘群体,有着强烈的人文关怀和独特的艺术特色。

第一节　尼克·帕克与阿德曼动画公司

尼克·帕克导演了美国梦工厂出品的著名动画电影《酷狗宝贝》系列和《小鸡快跑》,他一贯的黏土定格动画风格独特,赢得无数荣誉,曾经获得过五次奥斯卡提名,四次摘取奥斯卡最佳动画片的桂冠。

一、尼克·帕克的生平经历及创作

尼克·帕克(1958 年 12 月 6 日—)出生于英国兰开夏郡普雷斯顿,从小就表现出超常的绘画天赋。13 岁那年为了买一部摄像机,他在鸡肉包装场打了一个暑假的工,他说:"每天面对流水线成千上万的鸡尸体,这或许成为日后激发我拍摄《小鸡快跑》的原因吧。"

1975年,未满20岁的尼克·帕克就制作了一部动画短片《高射炮阵地的噩梦》,在英国BBC电视台播出。1980年尼克·帕克从谢菲尔德艺术学院的传媒艺术专业毕业后,又来到英国国家电影及电视学院学习。为了完成毕业设计,尼克·帕克开始制作以华莱士和他的小狗格罗米特为主人公的黏土动画,他一个人承担了所有拍摄和制作工作,花了6年时间才完成这部片长23分钟的黏土动画。

在制作途中,英国阿德曼动画公司两位创办人来学院作讲座,他们被帕克的作品深深吸引,决定全力支持,《超级无敌掌门狗》系列由此诞生。1989年,《酷狗宝贝》系列第一部《月球野餐记》推出后便大受欢迎,还获得奥斯卡最佳动画短片提名,其后两部作品1993年的《引鹅入室》及1995年的《剃刀边缘》都赢得了奥斯卡最佳动画短片奖。

《超级无敌掌门狗》系列中亦正亦谐的两个主人公性格特征鲜明,华莱士是一个居住英国北部的发明家,他的装扮非常英国化,白色衬衣、绿色针织外套和红领带,搭配一条棕色长裤。他喜欢奶酪和饼干,尤

图6.1 尼克·帕克与"华莱士和格罗米特"

其沉迷于温斯利代干酪。陪伴他的是一只叫格罗米特的小狗,它常做的事就是编织、下棋、看报和做饭。华莱士是一个贫嘴的家伙,小狗格罗米特则没有台词,保持沉默,只通过面部表情和肢体语言来交流,但它要比主人更富有智慧。在《超级无敌掌门狗》系列中,华莱士几乎每一期都会有新的发明创造,也会在每个故事中遇到危机,如何解决危机就成了聪明机智的格罗米特大显身手的时候。如第一集《月球野餐记》讲述了家里没有了华莱士最爱的奶酪,他抬头看到奶黄色的月亮,竟然认定月亮上有取之不尽用之不竭的奶酪,于是找来材料和工具,开始制作宇宙飞船。费了九牛二虎之力,宇宙飞船终于轰鸣着飞往月球。在月球上,果然到处都是奶酪,华莱士挑剔地寻找着最爱的口味,其间意外遇到一台投币机器人。谁知机器人并不喜欢外来者掠夺月球的行为,他想方设法对付华莱士,格罗米特帮助华莱士解除了危机,他们终于成功返回地球。

　　1989年,尼克·帕克制作了黏土动画《衣食住行》。这是一部在形式上模仿新闻采访的动画片,通过记录英国公众谈论他们的日常生活,并给这些原声配上黏土制作的动物园里动物的动画。动物们在采访话筒前叙述自己在动物园生活的感受,狮子、野猪、袋熊等抱怨动物园的空间太小,狮子还说食物不新鲜,黑猩猩抱怨自己经常受冻。乌龟则认为这里的一切都好,但是还是不如它原来生活的老家。一些弱小的动物,如野鸡则认为动物园里一切都好,什么都不用担心。一些在动物园出生的第二代,如小熊希望有大屏幕的电视机,并抱怨只吃不动长得太胖。这部影片告诉观众,无论人类给动物安排多么舒适的环境,对于动物来说依然是不合适的,动物应该生活在大自然中。此后,尼克·帕克以同样的方式制作了著名的《动物悟语》系列。

2000年,由美国梦工厂出品、尼克·帕克所在的阿德曼动画公司制作的《小鸡快跑》也取得了巨大成功,该片获得了第58届金球奖电影类最佳音乐喜剧片提名。凭借以上的成绩,尼克·帕克与阿德曼公司声名鹊起,尼克·帕克也成为世界上最好的定格动画导演之一。

2008年,尼克·帕克又导演了"超级无敌掌门狗"系列的《面包和死亡事件》。这一次华莱士和格罗米特改行,开了一家面包店,凭借其精良高效的设计,全自动化面包店招揽了不少的主顾。此时,一个神秘的连环杀手先后杀害了12位面包师傅。这一天,华莱士在送面包的过程中,意外邂逅并救助了名噪一时的面包海报宣传女郎佩拉,在频繁接触中两人共坠爱河,格罗米特感觉备受冷落。一次偶然的机会,格罗米特发现佩拉竟然就是传说中的那个恐怖的连环杀手,华莱士俨然已经成为她的下一个目标。于是,格罗米特又开始了拯救华莱士的行动。

2018年1月,尼克·帕克执导的《无敌原始人》上映。讲述了一群居住在山洞里的史前人类尼安德特人是如何利用足球击败了强大敌人、拯救自己的故事。

阿德曼动画公司是英国老牌动画公司,位于英国的布里斯托。它一直以高超的定格动画和黏土动画制作技术著称。公司另外比较出名的黏土动画就是《小羊肖恩》系列,肖恩是一只黑脸白羊,它活泼可爱、聪明机灵,鬼点子多多,它和伙伴们生活在一个远离城市喧嚣与污染的郊外,这里空气清新,嫩草肥沃。每天早上,肖恩和伙伴们都在牧羊犬比泽尔的带领下列队走出农舍,随着比泽尔的哨声指挥吃草、活动、游戏。它们的生活看似枯燥单调,可实际上充满了无穷无尽的乐趣,肖恩经常会想出各种搞怪的主意,然后带领伙伴们进行一次次惊险刺激的大冒险。"小羊肖恩"系列也是风靡全球的动画,在全世界都拥有很多观众。

二、主要作品

(一)《小鸡快跑》

《小鸡快跑》,2000年6月上映,片长84分钟。故事发生在英格兰的一个养鸡场里,养鸡场戒备森严,四周围着铁丝网,还有两条凶狠的看门大狗。场主特维迪太太古板贪婪狠心,她一心只想着让鸡多多下蛋,这样才能多赚钱。如果哪只鸡下蛋少了,就会招来灭顶之灾。养鸡场里的母鸡每天都提心吊胆地活着,不知哪天厄运就会落到自己的头上。

母鸡金婕不甘心被囚禁的命运,多次想逃出牢笼,但都以失败而告终。贪心的主人特维迪太太又想出新的点子,她准备安装一条制作鸡肉馅饼的流水线,利用这些鸡赚更多的钱。机器在安装的过程中,母鸡们面临着恐怖的结局,留给金婕她们的时间越来越少了,这时一只"会飞"的大公鸡洛奇从天而降,原来他来自马戏团,在他的帮助下,母鸡们又开始了飞越养鸡场的逃跑计划。最后,金婕和她的伙伴们战胜了贪心的特维迪太太,驾驶自己制作的飞行器飞向了自由幸福的世界。

《小鸡快跑》有着美式电影中典型的个人英雄主义精神,有着主人公面临危机、向往自由、坚持不懈、危险拯救以及最后一分钟的胜利大逃亡的情节。但把这个主题放在一群泥偶小鸡身上则别有一番情趣,丰富的想象力、独特的趣味性唤起了每个观众的童心。动画片中每个黏土制作的小鸡都极尽生动,主角是向往自由的乡下妞——一只戴着绿色绒线帽的鸡姑娘,还有整天织毛线、戴着项链臃肿的中年母鸡,戴着眼镜颇有学问的睿智老鸡等。以及那只从天而降,做事浮夸,夸夸其谈的来自马戏团大公鸡,一身绚丽的羽毛非常符合他的形象。动画片按照实物等比例模拟制作的鸡场、低矮的鸡舍、密布的铁丝网、恐怖的制作鸡肉派的机器等都十分真实,并具有手工制作的独特的魅力。

图 6.2　返璞归真的黏土动画《小鸡快跑》

（二）《超级无敌掌门狗：人兔的诅咒》

《超级无敌掌门狗：人兔的诅咒》,2005 年 10 月上映,片长 85 分钟。这部作品是阿德曼动画公司《超级无敌掌门狗》系列中的第一部长片。黏土动画《超级无敌掌门狗》系列在大量的手绘和 3D 动画中显得卓尔不凡,并以其特殊的英国风格、轻松幽默的人物刻画、精致的拍摄品质著称,《超级无敌掌门狗：人兔的诅咒》是其中最有代表性的一部。

故事讲述了华莱士和格罗米特居住的小镇即将举办一年一度的蔬菜竞赛,每家每户都鼓足了劲想用最大最漂亮的蔬菜在大赛中竞争头奖。而华莱士和格罗米特则利用各项发明经营了一家保护菜园的"反虫害"公司,他们必须要抓住那些喜欢吃蔬菜的调皮兔子们。两个无敌搭档的抓兔子的行动非常成功,在蔬菜大赛临近时生意异常火爆。可是抓到的兔子太多了,华莱士家的地下室全都挤满了兔子。华莱士决定对兔子使用他新发明的洗脑技术,让兔子们不再吃蔬菜。不过,还不成熟的科学试验很快捅了篓子,一只体积庞大的魔兔怪兽诞生了。这只兔子开始密谋破坏菜地里的所有蔬菜,整个小镇从此被笼罩在恐怖的阴影中。为了除掉魔兔,华莱士和格罗米特这两名除害专家又再显神通,活捉了这个怪物。

本片动画角色和场景都是在制作复杂的实景场地拍摄,动画角色由阿德曼公司特制的塑胶黏土制成的,外表有些粗糙,但有着原始古朴的味道。片中的场景虽然都是由黏土捏制的,但也十分细致动人,古朴的小镇、绚丽的蔬菜园,形态各异的蔬菜、各种神奇复杂的机械、砖墙上的小凸凹、锯木头时的木屑、金属质感的笼子等构成了一个真实而又梦幻的童话世界。

第二节 澳大利亚动画大师
亚当·艾略特

一、生平经历和创作

亚当·艾略特(1972年1月2日—)出生于澳大利亚南部的贝里克,很小就展现出艺术天赋,他喜欢待在自己的房间一整天,不停地画画和做手工。艾略特从小就喜欢用一堆零碎的东西拼拼凑凑,用包装盒、鞋盒、纸筒和烟管做一些小东西自娱自乐。他先后就读于威佛利山郊区的州立学校和黑利伯瑞学校。毕业后,他先是在当地的手工艺市场卖了五年自己手绘的 T 恤,然后才进入维多利亚学院的艺术系学习动画制作。在学校期间艾略特准备拍摄一部动画《叔叔》作为毕业作品,他的导师建议拍成黏土动

图 6.3　致力于黏土动画的
亚当·艾略特

画。当艾略特接触到黏土时便被稚拙的质地和温润的触感征服了,从此便以黏土动画作为创作形式。

1996 年,亚当·艾略特获得了维多利亚学院影视及动画专业的硕士学位,并完成了个人的第一部作品《叔叔》,这部只有六分钟的短片在当年荣获了澳大利亚电影学会最佳动画短片奖。这部半传记式的作品具有极简主义的静态美,片中叔叔的故事借由侄子的视角缓缓展开,情节苦涩却不乏幽默感,在悲剧与喜剧间取得了完美的平衡。短片不仅在美学和视觉风格方面为艾略特此后的作品奠定了基调,内容上也体现了他关注现实的特点。在采访中他曾提道:"事实与一个好故事并不矛盾。"此后艾略特又相继完成了《表兄》和《兄弟》,形成他的自述三部曲。

1998 年的《表兄》和《叔叔》一样,运用了他人视角的间接叙事方式和极简主义表现手法,故事取材自艾略特对自己现

实生活中脑瘫的表哥贾斯汀的回忆。《表兄》是一部笑中带泪的色调灰暗且内容沉重的作品,它为艾略特带来了第二个澳大利亚电影学会最佳动画短片奖。《兄弟》则叙述了艾略特与其兄弟的童年往事,艾略特曾表示,这是他最真实、最具自传色彩的作品,片中的主角其实就是他自己。艾略特为自己设立了创作黏土动画近乎苛刻的准则——必须在一个道具和设备极度有限的环境下制作。所以他的作品都成为贯彻极简主义美学的巅峰之作,凭借这三部作品,艾略特在 300 多个电影节上获得了超过 50 多项大奖。

2003 年,亚当·艾略特用同样的方式完成了黏土动画短片《裸体哈维闯人生》,参加了许多的影展,皆大获好评,2004年更是获得了奥斯卡最佳动画短片奖。按照惯例,奥斯卡组委会每年都会给艾略特提供免费入场券,但自从那次领奖之后,他再也没去过好莱坞。艾略特坚持自身的独特风格和观点,刻意地与好莱坞保持着距离。好莱坞曾经邀请艾略特执导 CG 动画版《罗密欧与朱丽叶》,他只是去了一趟皮克斯和梦工厂,之后连剧本都没看就回了澳大利亚老家。"我们差点走错了路。虽然这个接下工作的利益很可观,但这并不适合我"。

2006 年,《裸体哈维闯人生》获选法国安锡动画影展的百大精选动画,亚当·艾略特本人则是获邀在各个动画影展担任评审。2009 年,亚当·艾略特推出了第一部动画长片《玛丽和马克思》,这是一部美澳合作的黏土动画电影,制作周期长达五年。

2015 年又推出了动画短片《厄尼饼干》,这部 20 分钟的黑白黏土动画,以一位巴黎动物标本制作师为主角,讲述了他沉重悲剧的生活,但还是秉承着一贯的既悲伤又温情的风格,故事的最终他还是找到了自己的爱情和幸福。

作为一个动画导演,艾略特能在当今商业片泛滥的大环境下保持理想主义者的纯粹,坚持使用传统的手工技法,即每个道具和角色都是真实的微型手工制品,不使用数字添加或计算机生成图像来增强视觉美感。在数字和信息日益扼杀人们自我判断力和个体意识的今日,能够以充满人文关怀,亦不乏理性和批判的视角来观察、体会、感悟生活,坚持黏土创作,确实难能可贵。

二、主要作品

(一)《裸体哈维闯人生》

《裸体哈维闯人生》,2003 年 10 月上映,片长 23 分钟。故事讲述了哈维出生于波兰,母亲因为铅中毒而神经有问题。哈维则先天患有抽动疾病,在学校他和结巴包古什都成为同龄人中的异类,常是小朋友们捉弄的对象。随着哈维的长大,妈妈越来越疯癫,结果炉火烧毁了他的家,父母也在室外冻僵而死。

二战爆发后,哈维背井

图 6.4 《裸体哈维闯人生》
电影海报

离乡逃到澳大利亚。他的生活厄运连连,曾因被打而头部植入钢板,因为吸烟而得了哮喘病,又被雷击使头部的钢板变成了磁铁,此后又得了睾丸癌。由于是医院的常客,哈维与护士瓦莱丽相爱了,婚后,两人收养了一个生理有缺陷的女孩,取名鲁比。鲁比长大后去了美国,成了一名维护残疾人权益的律师,却再也没有回过家。哈维与瓦莱丽为鲁比而骄傲,但在哈维65岁时,瓦莱丽的意外身亡使哈维一下苍老了许多,又患上了老年痴呆症,被送入了疗养院。哈维整日在孤独绝望中一度想自杀,在此时他遇到了女病人维尔玛,他们一起谈话至深夜,维尔玛心意已决,等待死亡的降临,而哈维却看清了自己想要活下去的渴望。他走出去,裸身坐在清晨的阳光里,仿佛新生儿般接受生命的洗礼。

1. 艺术特色

这部黏土动画在讲述哈维平凡而又不平凡的一生时,运用了多种艺术手法加以渲染,整体基调是以幽默表现悲怆,哀而不伤,充满感染力。

在人物塑造上,每个人物都突出了大大的眼睛和大大的嘴巴、呆呆的眼睛面对突如其来的一重重遭遇,或惊喜或悲伤。哈维接受着多舛的命运,记下一个又一个Fakt①。但痛苦的经历,似乎并没有在他的脸上留下印记。

色彩作为一种画面的表现手段,渲染特定的环境和气氛。艾略特以灰褐色作为短片的色彩基调,衬托了哈维命运的悲惨黯淡,但也正是在灰褐色的基调下,主人公的微笑更显可贵。同时善于通过色彩的变化来反映主人公境遇的转折,比

---

① 此处"Fakt"为片中主人公写错的英文单词。

如哈维进医院的部分画面都是灰白的,而和瓦莱丽组成家庭以后画面就增添了许多暖色,尤其是小女儿鲁比头上的那一抹亮红蝴蝶结,仿佛一道阳光洒在哈维头上,为挥之不去的阴霾撕开一道罅隙,将他的生活照亮。

片中没有对话,仅是以旁白推进叙述。在童年部分,无论是被确诊妥瑞氏综合征,母亲变疯,还是在学校被欺凌,发现父母死在雪地里,都是以平淡的画外音来叙述的,并没有太多悲伤情绪。而随着哈维成年,步入老年,旁白的语调虽然有了情绪起伏,但整体还是维持着淡然沉稳的基调,这是对不幸命运的默默承受与坚忍的抗争。

影片的配乐也值得留意,片头是低缓哀伤的变奏,预示着哈维从开始就注定坎坷的一生;而片尾,随着公交车站哈维微笑的画面切到 Fakt1034 经典的那一句话,激昂欢快的音乐随之响起,让观者不自觉地替哈维舒开蹙紧的眉头,扬起和哈维一样的微笑,带着面对生活的勇气与希冀。中间叙事部分没有配乐,只有偶尔配合情节的音效,在抓住观众注意力的同时,赋予沉静深入思考的空间。唯一的一段音乐是哈维在养老院听到教会演唱的上帝之歌,看似欢快,实则揭示了宗教的本质——沉溺于虚幻的想象。

2. 主题内涵

短片的开头有这么一段话:"有人生来伟大,有人成就伟大,有人被迫伟大……"文艺作品通常都以伟大的人和事迹作为主题,但艾略特关注到了那些现实中的边缘人。他们常常被忽略,生活总有残缺,普通而又低微,但他们是大多数人的写照。哈维就是这些边缘人中境遇非常坎坷的那一类,他是一个天生的倒霉蛋,命运一直在跟哈维开着玩笑,但哈维没有自怨自艾，没有自暴自弃，没有哀叹命运的不公，而是"carpe diem"（抓住每一天），以自己古怪独特的方式保持着对生活的乐观态度。他受到雕像贺拉斯的启发，去尝试改变并享受生活，"只争朝夕，哈维！只争朝夕！""及时行乐！"他重新感受到了生命的自由与活力，加入了裸体主义组织，成为素食主义者，还参与了动物解放协会。虽然按照世俗的标准来看，哈维的种种行径疯狂又可笑，但在生活本身就是由荒诞构成的前提下，谁能说哈维的举动不是一种积极的抗争呢？哈维在孤独和病魔的折磨下一度想自杀，但在与病友的一夜畅谈中他选择了继续他的生命。在结尾，哈维一直微笑着等一辆永远不会到来的公交车，因为他的人生大多时候就是秉持这样一个信念度过的——开局和结果都并不重要，重要的是经历，是感知，如果仅有残缺的身体就用残缺的身体去体验生活，正如片中的最后一个 Fakt："人生就像香烟，要把它抽到剩下烟蒂为止"。

图 6.5　哈维微笑着等一辆永远也不会来的公交车

的确，伤痛与残缺也是一种经历，接纳残缺，拥抱自我，将残缺的体验视作同样重要的经历，永远不丧失对生活的热情，这是艾略特想要告诉观众的。

（二）《玛丽和马克思》

《玛丽和马克思》，2009年4月上映，片长80分钟。获得了2009年法国昂锡国际动画影展最佳动画长片奖、2009年柏林国际电影节水晶熊奖、2009年渥太华国际动画电影节最高奖。

玛丽·黛西·丁格尔是一个8岁的澳大利亚小

图6.6 《玛丽和马克思》的海报

姑娘，额头上长着一块黄色的胎记。玛丽的父亲是一名在流水线上工作的工人，平时比起陪伴家人更愿意去制作鸟的标本。母亲则嗜酒如命，不务正业，常常会去超市里"借"东西回家。在这样一个家庭中长大的玛丽害羞、自卑而孤独，整天只能与她的宠物鸡伊斯作伴。

马克思是一个身居纽约的肥胖中年男人，他患有阿斯伯格综合征，世界对于他来说非常地难以理解和混乱，遇到压力他就会心神不宁，行为错乱。此外，他还有强迫症，比如每周都吃同样的食谱，每周都买相同的彩票号码等。马克思常常失眠，在漫长的晚上看电视，捉苍蝇。与玛丽一样，他也没有一个朋友。

玛丽在邮局等妈妈的时候，她决定给一个陌生的美国人写一封信。因为她有许多疑惑，但无法向她的父母寻求解答，于是玛丽将这些疑惑全部告诉了那个陌生人马克思，希望能够收到他的来信，并且能够成为他的朋友。马克思收到玛丽的信后焦虑不安，但他还是选择给玛丽回信，就这样他们之间的通信断断续续持续了20多年。这20多年来玛丽结婚生子，马克思则经历了被送入医院进行精神治疗、恢复健康等一系列波折。他们都把对方视作知己，向对方袒露内心。最后，玛丽带着孩子千里迢迢地来到与她多年的笔友马克思会面，当她走进房间时，看到她寄给马克思的相片、画和信贴满了公寓的墙，而马克思坐在椅子上已经安静地去世了。

三、艺术风格评述

（一）残缺生命的温暖坚持

亚当·艾略特的作品灵感大都来自其本人的生活经历，结合了自身的思想和情感状态，带有一定的自传色彩，因此比较贴近现实。因为有真情实感，在叙事和情感表达上极为流畅、饱满，充满了深厚的人文关怀，有着于不动声色中直指人心的力量。

艾略特也有一个笔友，有着和马克思一样的特征，他就是《玛丽和马克思》故事的来源。艾略特说："马克思这个角色的原型是我在现实生活中认识的纽约的一位笔友，我和他通信已经有20年的时间了……他是一个非常有趣的人，直接构成了这部影片的基本故事形态，他是一个典型的迫于生活的压力而无法正常呼吸的人，相信全世界的观众都能从他身上找到相应的共鸣。我在现实生活中的那位笔友，也和影片中的马克思一样，有孤独症，我花了很长一段时间专门研究了这种综合征，我制作这部影片的目的不仅仅是想将这个病症介绍给观众，而是不希望因为神秘感而让人们对这类人群产生误解"。正是这位笔友的生活激发了艾略特的灵感，他说："虽然我们从没见过面，但他看了这部电影，知晓关于这部电影的一切。在拍摄之初，我就把剧本寄给他看过了"。

艾略特先天患有一种遗传性疾病，手部会不自主地颤动，这一生理缺陷在《裸体哈维闯人生》中被移到了主人公哈维的身上。而且艾略特作品中线条不均、造型乖张的人物以及他们或多或少有些缺陷的身体和性格都与此有关，这已经成为他作品的特色之一。

把目光聚焦在非正常的边缘或弱势群体中，艾略特作品中的主人公都是不完美的、孤独的，动画描绘了这些有缺憾的人生，叙述中又带有浓厚的同情心和幽默感，他用看似很轻的语调讲述很沉重的人生。"在很多情况下，我们应该用更积极的态度去面对生理的瑕疵和限制"。因此，在他的电影里，哈维是一个妥瑞氏症患者，马克思是一名阿斯伯格综合征患者，也许在别人眼里他们的人生都充满了不幸与悲哀，但是事实上上帝的安排和人生的命运是无法选择的，你能够做的就是让你的生活尽可能快乐和幸福。马克思在受到各种刺激之后曾一跃而下想要结束自己的生命，但他最终还是坚强地活下去，并实现了他人生的三大目标——一个真正的朋友、吃不完的巧克力和一套完整的诺布莱一家人偶。

《玛丽和马克思》中的角色各自有各自的不幸，他们也一度被不幸压垮，或沉沦或麻木，玛丽感到非常孤独，母亲酗酒，父亲不愿与家人交流，邻居雷恩赫斯波残疾且足不出户，连片中的宠物也都有着各自的残缺。诚如亚当·艾略特所说："我的所有角色都是不完美的，因为我坚信，所有人都是有瑕疵和缺陷的——只不过在日常生活中，我们把这些隐藏起来了。我的想法就是把这些缺陷展示出来，并且为人们的不完美、不纯粹的东西鼓掌。我本人也有些生理问题，我的手常常会不自觉地颤抖，有时候，手的颤抖会对我的工作产生一点影响，却也变成了我绘画的特色。在很多情况下，我们应该用更积极的态度去面对生理的瑕疵和限制"。

在影片最后，玛丽和马克思都找到了自己平静而安详的归宿，正如马克思在给玛丽最后的一封信中所说："我原谅你，因为你并非完人，你有缺陷，我也有，全人类都有，即使是那个在我公寓外乱扔垃圾的人也有。我小时候，想成为任何人，除了我自己。伯纳德·海兹霍夫医生说，如果我在一座荒岛上，那我应得去适应一个人生活，只有我自己和椰子。他说我将不得不接受我自己，包括缺点以及一切。我们无法选择自身的缺点，它们是我们的一部分，我们只能接纳，然而，我们可以选择自己的朋友，我很高兴我选择了你。伯纳德·海兹霍夫医生还说，每个人的生命都像一条长长的人行道，有些道路平平坦坦，还有一些，比如我的，就会有裂缝、香蕉皮和烟屁股。你的道路就像我的，不过或许没那么多裂缝。但愿，某一天，我们的人行道能够相交，那时我们可以共享一罐炼乳。你是我最好的朋友，你是我唯一的朋友。"的确，生活毫不怜悯，生活从不停留，无论是荒诞不公还是严苛无情，人们都要勇敢地迎向它，经历它，感悟它。

在艾略特的作品中，剧中人物基本上都没有对话，整个故事都是由旁白和画面来讲述的。哈维唯一一句说出口的台词是"谢谢"，这更像是哈维的人生态度，他的一生都充满着各种苦难，但他一直乐观努力，对人生充满了感恩之心。而在《玛丽和马克思》中,人们彼此间虽然没有直接的对话,却不代表他们没有倾诉和表达自我的欲望,玛丽和马克思在书信中找到了表达自我的出口,虽然只有在文字上的交流,但正如马克思所说的"我嘴上不笑,不等于我大脑不笑",他们之间更多的是深入心灵的交流。

　　艾略特对于数字的运用也是极为独到的。数字是抽象而又极富有逻辑性的,而人们的情感却应该是具体而感性的。在精神上存在缺憾的哈维和马克思,正是靠着数字把理性和感性剥离开来,理性而幽默地看待人生。哈维把妈妈交给他的"Fakt"都记在本子上,用这些"事实"来理解这个世界。如Fakt48:"事实可以被忽略,但它依然存在。"Fakt116:"有一些青蛙解冻后能活,人做不到"。而马克思对事情的记忆总是能够精确到个位数,比如他是晚上9点17分打开玛丽的信,上周他捡了128个烟头,9天6小时47分钟后玛丽收到了来自马克思的第一封信等。

　　在色彩运用方面,艾略特也匠心独具,《玛丽和马克思》并没有像之前一些商业化黏土动画一样用饱和度较高的色彩来设计人物形象和画面背景,而是从开始都一直使用稍显沉重的暗色。这与艾略特想要表达的缺陷人生的主人公心态很好地结合在了一起。比起其他黏土电影的生机勃勃、充满活力,艾略特的作品显得略为沉重。但是在《玛丽和马克思》中,在表现玛丽的生活时,艾略特运用了褐色这一暖色调,这一色调随着剧情的发展更加显露出其沉稳、温馨的特点,与主题之间有着和谐的美感。另外在介绍马克思的世界时是用的黑白色,玛丽与马克思都是孤独的,他们的内心里都渴望有朋友,但8岁的玛丽还是孩子,她的人生才刚刚开始,她的内心还是充满了希望,所以画面的色彩使用方面比马克思的黑白色多了些色调,这也是她最喜欢的巧克力色。当玛丽将写好的信封投到红色的信箱里时,这是影片中第一次出现大面积的红色,信箱作为一个两人之间联系的物件,导演使用了鲜艳的红色来表示信对于这两个人来说,是在原有的枯燥乏味的生活中出现的一种希望和活力。画面切换到纽约的马克思时,场景变成了阴暗的灰黑色。马克思是44岁患有孤独症的中年男子,他对外界的人和事都有着本能的抗拒心理,他的眼中是不会有明亮色彩。拥有一个真正的朋友是马克思的人生三大目标之一,玛丽的来信让他们的人生开始有了交集。巧克力色的信封和其中的巧克力,以及充满童稚的话语打开了马克思的心扉,原本黑白的房间内,多了玛丽巧克力色的照片,也预示着玛丽这个小女孩将给马克思的黑白生活带来色彩。玛丽送给马克思的红色绒球帽,与自己头上的红色发卡相互呼应,他们成为知无不言,言无不尽的笔友,更成为彼此的精神寄托。

片中虽然整个画面是暗沉的,但人物口腔内的舌头则被设计为红色的,当他们说话时,这抹色彩会跟随着他们思想的交流时隐时现,艾略特借此来暗喻每个人内心渴望倾诉和自我表达的欲望。在现实生活中,不管生活有多暗淡、乏味,人们内心其实都是渴望着生活有新的变化,内心深处都怀抱着希望。最后,当马克思原谅玛丽,并希望他们能分享一罐炼乳的时候,两种世界的色调绝妙地出现在了一个画面上,影片也在这种强烈的对比下达到了高潮。

在影片的最后,彩色的玛丽抱着自己的孩子来到纽约,第一次踏进马克思的黑白世界,而此时马克思戴着玛丽送他的

图 6.7　通信多年的朋友为对方带来心理慰藉

有红色绒球的帽子，身边放着一罐炼乳，他仰面躺在椅子上，已停止了呼吸。玛丽环顾四周，观众通过玛丽的视角看到她送给马克思的装有眼泪的彩色瓶子，以及那张珍藏了 20 年的玛丽的自画像。镜头逐渐上移，观众看到天花板上贴满了玛丽写给马克思的信，一瞬间信纸的暖褐色铺满了整个画面，极具冲击力，而观众也意识到马克思临死之际仍凝视着玛丽的来信，面容安详幸福。

　　对于艾略特来说，每当他准备制作一部新影片的时候，他都会把它当作一张空白的画纸，艾略特说："我希望能够为它填充上充满原始的影响力、对于动画作品来说属于禁忌的内容，我真的认为《玛丽和马克思》会颠覆对于电影类型的界定标准，为现代观众呈现出一些全新且与众不同的动画品质。毫无疑问的是，这部影片中包含了许多黑暗的时刻，但我觉得，在众多色彩中适当地加入'黑色'，肯定能够拓展整个故事的情感范畴……这里总共有两个同步的世界——一个是玛丽的澳洲郊外，另一个则是马克思的纽约市。虽然玛丽的世界满是让人心情沉重的棕褐色，却比不上马克思的那个只有黑和白的灰色空间。其实我总是尽可能将颜色的变化维持在最小的程度,这样可以确保观众感受到影片强烈的视觉特色,将《玛丽和马克思》与那些乖僻、滑稽且多彩的动画电影彻底地区分开来"。

（二）现代人的孤单焦虑症

虽然艾略特影片中的主人公可以说都是一些弱势群体,他们都有一些先天的缺陷,是某些精神疾病的患者,但其实心理缺陷和孤独焦虑在现代人中是普遍存在的,只不过程度有轻重而已。艾略特曾说:"我想很多人都有过类似的想法,那就是觉得自己与这个世界是如此的格格不入,他们总是莫名其妙地感到孤独——我也是这样,即使我在电影方面已经获得了一些成就和承认,却仍然会在某些时刻产生莫名的惆怅,我总是会没来由地感到一阵阵的悲伤、烦扰以及不确定,我想我这个人还是太过看重得失和害怕被人忽视,那种挥之不去的边缘感只会让一切更显忧郁而已……我觉得正是那种相似的孤独,才让我对这些人的故事产生了如此浓厚的兴趣,因为我真的能把自己和他们联系到一起去,我愿意倾听他们背后的经历,而且还要把它们搬上大银幕让更多的人知道"。

在现实生活中很多人同玛丽、马克思一样,时常会感到孤独,觉得这个世界没有一个可以真正依靠和信赖的人,觉得自己有一些想法永远没有人能够理解。在这个纷繁复杂的世界,渐渐地忽视了人与人之间的交流。人们彼此之间的防备、戒心越来越重。于是世界越来越小,人们越来越觉得孤独,越来越自闭,像玛丽和马克思一样,变得敏感、脆弱……其实,每个人从他们身上多少都能看到自己的影子,人们渴望与他人交流、分享、得到理解,但又害怕受到伤害,最终宁愿选择孤独。

《玛丽和马克思》着力于描绘像玛丽和马克思这一类外表、年龄、生活环境迥异,却忍受着相近的内心创伤,受黑色情绪困扰的人群,正因这类疾病在外部的无形,他人很难直观地察觉这一类人的境况并做出回应,而长久以来人们对于心理疾病的讳莫如深既助长了对于此类疾病的歧视和误解,又加重了患者自身的自卑自厌情绪。《玛丽和马克思》中通过两人的交往和一系列书信对话其实探讨了孤独、自卑、孤独症、暴食症、抑郁和焦虑等一系列现实而沉重的话题,指出正是这些人们闭口不谈的隐疾在日渐蚕食、破坏着现代人脆弱孤寂的内心世界,呼吁人们关注罹患心理疾病的群体的现状,同时也审视自己的内心世界。

影片一开始便将玛丽置于一个冷漠疏离且充满歧视不公的环境,玛丽周遭的人们性格上或多或少都有些缺陷,玛丽的父亲热衷于制作动物标本却不愿与活人打交道,母亲酗酒并偷窃成瘾,即使在学校里玛丽也不得不忍受同学的嘲笑捉弄和老师的"独裁专制",而她其貌不扬的外表和未经打理的衣着更使她游离在同龄群体之外。孤身一人的玛丽只得终日生活在自己的幻想世界中以获得一丝慰藉。

而远在纽约的马克思在影片伊始已经年届中年,他的犹太血统使他在童年时饱受欺辱,父亲抛弃了马克思和他的母亲,6岁时母亲开枪自杀又加深了他的童年创伤,他一度患有孤独症和精神分裂症,后来又饱受暴食症和社交恐惧症的困扰。亚当有意识地运用黑白两色来回顾马克思满目疮痍的前半生,并且运用了大量具体的数字,诸如"马克思重 325 磅,他有 8 套一模一样的衣服,每周会捡 128 个烟头,曾经做过 8 份工作,在烦躁时吃掉 36 个巧克力热狗,养的金鱼亨利 8 号死在 6 小时 12 分之前等",将马克思生活抽象成一个个毫无生气的符号和数据,同时也以马克思极强的逻辑能力来进一步反衬他情感上的无能,影片将马克思所处的绝望孤独、机械乏味的世界展现得淋漓尽致,这恐怕是被高科技所奴役的当代人的通病之一。

当马克思收到玛丽的来信时,他仅由黑白两色构筑的世界首度出现了一丝巧克力色,这抹暖色既象征着希望,也预示着马克思的世界将发生巨大的变化。在经历了思想上的几度挣扎后,马克思终于下定决心给玛丽回信,在这个片段中那台打字机发挥了重要作用,马克思的手指在键盘上飞快地敲打,配乐也随着他打字的节奏愈加轻快急促,这种转变呼应了马克思的情绪变化,长久以来他终于有机会解开心灵的枷锁,为积郁已久的愁苦找到一个释放的出口。很难具体解释为什么马克思会在自我封闭了那么久后给玛丽回信,也许是玛丽信中那股儿童特有的天真劲儿打动了他,也许是书信这种间接的交流形式和横亘在两人间的实际距离赋予了他假想的安全感,也许是他在玛丽的字里行间看到了另一个自己——一个饱受孤独折磨的焦灼灵魂。

(三) 黏土动画的坚持

就像宫崎骏对于手绘二维动画的执著一样,艾略特对黏土定格动画也有一种无法抛弃的执著。而恰恰是因为他对黏土动画的眷恋,才放弃了对流行的 CG 技术的追求。在一次采访中艾略特曾经表示:"我想我的工作就是去尝试,即使是黏土做的小人,也要让它们尽可能地可信。这些人物是真实的,只不过偶然是黏土小人罢了。很多动画,尤其是用计算机制作出来的动画,都太过规范、刻板和可预测了。虽然用数字化手段可以制作很多特效,但是定格动画仍然有它自己的魔力。当观众看到黏土小人身上的指纹的时候,他们知道看到的东西是真切的,而并非是由计算机生成的"。在艾略特的影片中,所有的场景、人物、道具都是实实在在存在在那里的,所有的拍摄也都是用摄像机一格一格完成的。可以说,选择了黏土动画,就是选择了无数的麻烦和难以表现的效果。但对艾略特来说,正是这些麻烦的存在和对这些效果的实验,才让他感受到黏土动画的真实。

《玛丽和马克思》经历了非常艰难的制作过程,这部动画电影全长 92 分钟,耗资 830 万澳元。整部动画片由大约 132 480 张画面制作而成,共有 133 个独立场景、212 个黏土人物、475 个微缩道具(包括一台花了 9 个星期来设计和建造的打字机)。动画师一共做了 1 026 张不同的嘴和 394 个瞳孔。两位服装设计师和 147 位裁缝承担了影片中所有服装的设计

图 6.8　黏土动画呈现独特的风格

和制作工作。这一连串数字全都透露出一个信息——这部电影是百分百手工制作的。

艾略特说："黏土动画是世界上最昂贵的艺术形式。《玛丽和马克思》从构思故事框架到登上大银幕前后历时5年,仅拍摄周期就长达57周,按照这个速度,十年内我只能拍两部电影。"有人说艾略特太顽固,在CG技术泛滥的今天,他还固守着黏土和定格动画这种传统手工制作模式。"我选择定格动画而不是CG的原因很简单。《玛丽和马克思》如果用CG来拍不仅成本更低,而且可以加入更丰富的特效。但这种动画片总让人生疑,因为所有人物都是一堆数字的产物。定格动画就不一样,那一团团的橡皮泥会让你有种真实感"。《裸体哈维闯人生》中,哈维的女儿鲁比双手残疾,但艾略特选择以两个细细的小泥条去表现这一设定。当小鲁比开心挥舞着两个小泥条(残肢)时,当哈维告诉他要爱独一无二的自己时,小鲁比亲吻自己的小泥条……小泥条是鲁比身体残缺的表征,但动画的呈现方式突出了它的可爱,并以亲吻表达了对自身缺陷的接纳与同样的爱,这样的表达真实可感,令人深受感触。

拒绝通过电脑来制作图像,坚守黏土动画的形式,采用传统的定格摄像技术,艾略特的作品大都基调沉缓,色彩简约,温厚而深沉,兼具视觉美感和人文深度。他对黏土动画的坚持在这个高速发展、瞬息万变的社会中显得卓尔不群,并散发着古朴而隽永的艺术气息。

第七章

兼具法式浪漫与哲理的法国动画

与美国动画一直倾向于商业性、娱乐性、大众化不同，法国动画一直保持着独有的法兰西的浪漫气质，并以高超的艺术品质著称。但也与加拿大动画纯粹追求实验与先锋不同，法国动画始终在纯艺术和商业动画中寻找平衡，拓展了另一片空间。早期的动画大师法国人埃米尔·科尔不同于同时期的美国动画家斯图尔特·布莱克顿遵循现实世界的比例或样貌来表现"真实"的创作路线，科尔着重展现角色在想象空间的动态与奇观，以简洁有力的线条，清晰地呈现了手绘动画的可视化效果，将平面动画艺术发展至较高水平。

第一节　引领法国动画走向辉煌的
保罗·格利莫尔

一、生平经历及创作

法国动画大师保罗·格利莫尔（1905 年 5 月 23 日—1994

年 3 月 29 日)出生于巴黎近郊的小镇纳伊,毕业于巴黎的工艺美术学校,之后主要从事美术设计和制作广告工作,并做过一段时间的商店室内设计师。1936 年他和朋友安德列·萨鲁特成立了莱热莫制片公司为广告商制作动画,其中《达能酸奶》和《丝绸的故事》两则广告比较有名。前者使用了真人演员与动画混合制作而成,短短 30 秒却运用倒叙的手法讲述了一个复杂的故事。一个死刑犯临刑前的唯一愿望就是喝上一口"达能酸奶",作品的结尾处是一位白发苍苍的老人在对自己的儿孙绘声绘色地讲述当年精彩的一幕,原来这位老人就是当初那个借助喝酸奶的机会而逃脱的死刑犯。而《丝绸的故事》则是以中国清代人物为主角的公益广告。

图 7.1　保罗·格利莫尔在工作中

格利莫尔从 1937 年起开始单独摄制动画广告片,第一部作品是《会议结束了》,1941 年从一部为法国空军创作的广告片中撷取素材创作了动画片《大熊星座的游客》,由于二战的原因这部片子并没有得到广泛关注,但其依然被看作法国新潮流动画片的代表作之一。此后又制作了一些短片,有 1942 年的《卖笔记本的商人》、1943 年的《稻草人》、1945 年的《偷避雷针的人》、1946 年的《魔笛》、1947 年的《小小兵士》等。《稻草人》讲述了一只象征着恐怖势力的猫总想玩弄稻草人,并要袭击在帽子底下玩耍的小鸟,但邪恶最终总会被打败;《小小兵士》改编自安徒生的童话故事,讲述了一个洋娃娃爱上了一个勇敢的玩具士兵,他们一起战胜了"盒子中的魔鬼"的故事。

从 1947 年开始,莱热莫制片公司由格利莫尔和编剧雅克·普雷维合作开始制作动画长片《通烟囱工人与牧羊女》,但一直到 1953 年这部片子还没有完成。迫于经济压力,莱热莫制片公司的合伙人草草把这部众人期望已久的影片推向市场,结果可想而知,心灰意冷的格利莫尔在此后很少拍片,只有 1958 年拍摄的一部动画短片《世界饥民》。

1967 年,格利莫尔得到了《通烟囱工人与牧羊女》的原始片,梦想又一次被点燃,他开始着手完成这部作品。除了要补上原本缺失的部分外,故事和风格又要跟随时代的变迁而重新定位。这样,《通烟囱工人与牧羊女》的改编和重拍又持续了 10 年。在此期间格利莫尔于 1970 年推出了动画片《钻石》,1973 年推出了反映核战争题材的《喜爱音乐的狗》。

1980 年,《通烟囱工人与牧羊女》经过重新创作终于诞生了,并改名为《国王与小鸟》,故事不仅来源于安徒生童话故事原型牧羊女与烟囱工的爱情故事,还另外加了一条主线,有明显寓意色彩的小鸟成了故事的主角。这部集童话、历史、科幻与政治寓意于一身的动画,一经推出就被认为是动画史上的重大突破,为法国动画赢得了广泛的世界声誉。

1988 年,格利莫尔又推出了故事片《旋转的舞台》,这部影片采用真人和动画相结合的表现形式,由格利莫尔本人担任主角,并将他以前创作的短片串联在一起。

二、主要作品《国王与小鸟》

《国王与小鸟》,1980年上映,片长87分钟。故事发生在机械科技极其发达的卡迪王国,国王性格暴戾无常,动不动就使用在各处设置的机关将人打入地牢。长相丑陋,又瘸又斜眼的国王偏偏喜欢让人给他画肖像,为他画像的画师不是因为画得太真实,就是因为画得太虚假而都被打入地牢。只有一个聪明的画师把他画成了一条腿踩在石头上,闭着一只眼睛举枪瞄准猎物才得到国王的赏识。牧羊女和扫烟囱的青年都是国王画室里挂着的画像里的人物,两个人相爱了,但国王的肖像却逼迫牧羊女与自己结婚,双方的争吵把真国王引来,真国王却被画里的国王打入了地牢。假国王取代了真国王,他的脾气性格更为邪恶和暴虐,假国王派出军队追捕逃出画框的这对恋人。

小鸟的太太被国王猎捕不幸身亡,扫烟囱的青年救出了小鸟的孩子,于是小鸟在这对情侣陷入绝境的时候帮助他们化险为夷。牧羊女和扫烟囱的青年逃到了这个国家的地下城,那里有很多受奴役的人民,还有一个歌颂光明的盲乐师,但最终他们还是都被国王

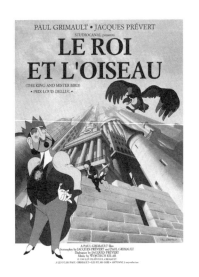

图7.2　宣扬自由、民主、人权的
　　　　《国王与小鸟》

开动的巨大的机器人抓进地牢。国王就要迎娶牧羊女了，小鸟鼓动国王圈养的野兽和地下被奴役的人民一起，在婚礼上摧毁了这个黑暗的王国，牧羊女和扫烟囱的青年最终幸福地生活在一起。

《国王与小鸟》这部动画片之所以成为不朽的经典，是因为在童话故事背后蕴含着深刻的寓意。影片影射了1789年法国大革命攻陷巴士底狱的历史事件，独裁帝制、群众暴动，启蒙思想中的天赋人权、平等自由博爱等元素的再现使作品完全可以和任何一部优秀的关于法国大革命的艺术作品相提并论。片中被叫作"夏尔第五加三等于八，八加八等于第十六陛下"的国王，其实就是指1792年被送上断头台的法国波旁王朝的国王路易十六；而阴暗的地下城则象征着黑暗残酷的巴士底狱；地下城里的那个盲人乐师象征着对自由的追求，尽管双目失明还是坚信存在着自由和光明的世界，他说："我知道在地面上还有另外一个世界！阳光、小鸟，他们都是存在的"！牧羊女和扫烟囱工向往着自由和爱情，在没有窗户的世界，他们还有通往自由的烟囱；那只戴着高高的礼帽、具有绅士风度的小鸟，是启蒙思想的化身，或者是革命领导者的影子。它从国王的枪口下拯救自己的孩子，毫不留情地嘲笑国王的色厉内荏，甚至鼓动野兽和机器人推翻国王的统治。一场惊心动魄的战斗之后，巨型机器人将整个王国摧毁成一片废墟。

影片最后，在即将落下的夕阳中，那个巨型机器人一拳砸烂了象征束缚的鸟笼，放出了小鸟的孩子。这个巨大的机器人则坐在废墟中陷入了沉思。毁灭后该何去何从？未来该如何兴建？格利莫尔关于法国大革命的隐喻开始一点一点显露出来。曾经是辉煌的地方已成断壁残垣，逃生的人们不知所终。在摧毁暴政的同时也摧毁了一切，未来是否真如黎明的曙光那么充满希望？观众们也会像巨人一样陷入沉思。

《国王与小鸟》将浪漫的童话与残酷的法国大革命完美地结合在一起，除了动人的故事外，还描绘了一个离奇的王国——富丽堂皇的高大而威严的宫殿、一座比一座高的城堡、似星光一般灿烂的烟花、布满机关的巨型国际象棋棋盘、矗立的巴洛克式的屋顶、静静流淌的喷泉、蜿蜒密布的水道、不断升降的电梯、布满机关的密室、阴暗的地下城、暴虐的国王以及底层的人民，还有那个巨型机器人、充满科幻与未来式的想象、蕴含深刻的主题、精湛充满想象力的场景的设计、或欢乐或悲伤的音乐，把传统童话和未来科技世界巧妙地融为一体，更有对现实的深刻反思，《国王与小鸟》无疑成为法国动画史上的经典杰作。

图 7.3　1979 年保罗·格利莫尔夫妇(右一和右二)与配乐师
夫妇左一和左二在《国王与小鸟》的首映礼上

保罗·格利莫尔为《国王与小鸟》花费了整整 30 年的时间，诗人、剧作家雅克·普雷维尔也为《国王与小鸟》的编剧付出了巨大的心血。雅克·普雷维尔是保罗·格利莫尔的同乡,他最著名的作品是电影《天上人间》(1946)和《巴黎圣母院》(1956)。

第二节　欧洲新锐动画艺术的
代表西维亚·乔迈

一、生平经历及创作

西维亚·乔迈(1963年11月10日—)出生于伊夫林省的迈松拉菲特,从小就着迷于《丁丁历险记》等比利时的老漫画,他由性格开朗,喜欢唱歌跳舞的祖母抚养长大,所以乐观开朗的老婆婆成了他作品中的主人公。中学毕业后进入艺术学校就读,从画四格漫画开始学习。1986年,23岁的乔迈出版了第一本漫画书。

图7.4　代表欧洲动画新锐艺术的西维亚·乔迈

之后乔迈来到英国学习编写剧本,在学习期间他为一些书籍、杂志画插画。因为认识不少英国动画界的朋友,自己还有绘画的功底,乔迈决心要做一部动画片。从创作剧本大纲到制作完成,时长仅 25 分钟的动画短片《老妇与鸽子》竟花费了十年时间,他四处寻找投资,陆续进行拍摄。影片推出后技惊四座,荣获了美国奥斯卡和法国凯撒奖最佳动画短片提名,还获得美国世界动画电影节及加拿大金尼奖最佳动画短片等多项荣誉。《老妇与鸽子》成功以后,乔迈开始进入动画长片领域。2004 年,由法国、比利时、加拿大三国首度联手推出,西维亚·乔迈导演的《疯狂约会美丽都》不但票房横扫欧美各国,也夺下了各大影展的重量级奖项。而在此片之前,法国动画长片很少能走出欧洲登上世界影坛,2010 年的动画电影《魔术师》更是把法国动画推向高峰。西维亚·乔迈的成功使欧洲动画超越了商业与艺术的藩篱,重新赢得了世界的关注。

二、主要作品

(一)《老妇与鸽子》

《老妇与鸽子》,1998 年上映,片长 21 分钟。《老妇与鸽子》讲述了一个有些诡异和疯狂的故事:一个穷困潦倒的老警察在广场上逡巡,饥肠辘辘的他伺机拿走肥胖的游客手中的零食。当他看到一个老妇人在广场上喂鸽子时,竟然装扮成一只鸽子,挤在鸟群里向老妇人要面包屑。奇怪的是老妇人不仅没有觉察到这只巨型鸽子有什么不对劲,还依旧充满爱心地给他食物,还把他带回家,每天饲养。老警察几乎就要相信自己就是一只鸽子了,直到他被老妇人带进厨房才发现,这个老妇人的宠物是装扮成胖女人的猫,他只是被老妇人当作鸽子带给自己的"宠物猫"的食物。

1. 视觉效果

这是一部二维动画,具有色调昏黄的怀旧风格。画面像旧旧的城市速写一样,主要用灰度比较高的蓝黄色调,辅以晦暗的红色,都市一隅的场景略带灰蒙蒙地铺开,些许光影色彩便勾勒出一个荒诞而又真实的大都市巴黎。

《老妇与鸽子》中运用了许多蒙太奇的手法,在某种程度上增强了动画视觉的可观赏性。当老警察为了装扮成鸽子,用羽毛制作了鸽子头,一个镜头推进到刚刚完成的巨型鸟头,略一上扬就变成老妇公寓门上猫眼里的畸变鸟眼。无论是影像的转换,还是转接的时间、空间,都透着一丝精怪的意趣。

2. 夸张讽刺

夸张的形象是这部动画的特性,肥瘦贯穿始终形成鲜明的对比。老警察开头以瘦到肋骨嶙峋的形象出场,周围是胖得圆滚滚的美国游客,和肉球一样肥胖得飞不起来的鸽子。鸽子们拥有豪华大餐,而老警察只有可怜的鱼骨头。后来老警察自己也被喂成了一个行动困难的胖子,差点变为猫的肥美食物。这种极端的夸张是动画语言中最具特色之处,在极

图 7.5　夸张且对比鲜明的人物形象

端化的情节中带着深刻讽刺与嘲讽。

《老妇与鸽子》中最突出的就是对美国的影射,一首一尾中出现的美国游客身躯肥胖,穿着国旗图案的衣服,他们分不清巴黎和阿姆斯特丹,只关心拍照之后吃什么,他们手里拿着垃圾食物,吐槽法国人的美食都是"匪夷所思"的东西。冷峻旁观的镜头视角伴随着对快餐文化和膨胀欲望下无知的嘲讽,批判了美国人的自大和愚昧。

3. 配乐

短片整体呈现出黑色幽默的恐怖氛围,沉重的题材搭配的却是轻快的音乐。老警察徘徊在街头,垂涎别人手中的食物后转身,步调和音乐相得益彰;装扮成鸽子后老警察得到了老妇人的喂养,在渐进欢快的乐曲中,有着主人公旋转的舞步、口中的食物、一页一页翻过去的日历、主人公渐渐增肥的身躯,音乐烘托着气氛,带动着情绪,推进着一天一天周而复始的情节。这部影片中言语很少,故事起落波折的展开主要靠音乐推进,颇具个性化风格。

4. 内涵

西维亚·乔迈将基于现实的故事运用荒诞讽刺手法表现出来,让观众对现实社会现象进行反思。老警察生活在充斥着肥胖的人群和肥胖的鸽子的华丽城市里,却因穷困潦倒而瘦骨嶙峋。当他发现可以像鸽子一样不劳而获,便装扮成鸽子等待富有的、看起来乐善好施的老妇人的投喂。没想到等待他的,却是像鸽子一样被养肥后成为餐桌上的食物。

这部影片通过"食"营造一种令人非常恶心的观感。老警察梦见吃了老妇人带来的乳猪,后来他却成为穿着衣服,长着尖利牙齿的巨鸽们的食物,它们用尖嘴将其开膛破肚,不断啄食,老警察一下子从噩梦中惊醒;被扒光毛的鸽子啄食地上的蟑螂,最后不幸落入蟑螂的口腹,肥美的鸽肉被吃光后,露出森森的白骨,这种令人恶心的描绘无疑是在对应人性的贪婪。所以动画主要有两层含义:一是批判人性中贪婪的一面,二是提醒人们小心各种诱惑。

(二)《疯狂约会美丽都》

《疯狂约会美丽都》,2004年上映,片长80分钟。《疯狂约会美丽都》获得了第76届奥斯卡金像奖最佳动画长片提名,最佳原创歌曲提名。影片主要讲述苏莎婆婆与孙子查宾相依为命,为了支持孙子的梦想,婆婆一心想把他培养成自行车运动员。但在参加环法自行车比赛时,查宾被绑架到"美丽都",成为黑社会赌博的工具。婆婆远渡重洋与黑社会搏斗,成功营救了孙子,祖孙俩又过上了平静的生活。

相对于主流商业动画打闹追逐、插科打诨、全民狂欢地追求更多的受众,法国动画以其固有的冷静克制的手法将对现实的严肃思考和温婉沉稳的创作风格相结合,将讽刺、荒诞、戏拟等多种幽默手段交织,让人在回味过后会心一笑。这种安静却持久的风格能够让人在喧闹的工业社会中邂逅久违的清新与怀旧,令看惯了美国商业动画的观众耳目一新。西维亚·乔迈在动画中还通过冷幽默对以美国为代表的主流文化进行了无情的批判。

1. 与美国动画背道而驰的"非主流"童话

美国商业动画长久以来风靡全球,观众也乐于接受这些有着绚丽的颜色、别致的人物造型、震撼的视觉效果、简单明了的故事、高科技含量的特效、令人十分赏心悦目的动画片。《疯狂约会美丽都》与美国动画的风格大相径庭,显示出欧洲动画独特的品位。片中的"美丽都"虽然并没有明白交代，但观众很容易看出这个"美丽都"映射的就是美国，影片用反讽的方式调侃戏谑了现代由美国所主导的种种流行文化符号。

影片开头就是好莱坞灯红酒绿的场景，"美丽都"三姐妹在炫目的舞台演出，台下的富太太、大佬们各个肥头大耳，长相狰狞中透露着贪婪和愚蠢，显现出社会的种种丑态和人们沉迷于纸醉金迷的现实。在一个弹钢琴的表演节目中，弹琴的年轻人虽然弹出了美妙的音乐，但是他全然是无精打采的模样——苍白的面孔、黑眼圈、消瘦的身形，困倦让他头部慢慢垂下直到快压到了钢琴键，让人完全无法感受音乐的魅力；片中黑帮手下拍照留念，背景的山上写着"HOLLYFOOD"，这显然是在影射好莱坞的"HOLLYWOOD"。在三姐妹家里，一晃而过的奥斯卡金像奖杯，竟成了三个握着铁锹的"小金人"。凡此种种，西维亚·乔迈运用黑色幽默的手法，淋漓尽致地讽刺了"美丽都"的种种"美丽"现象，可见他对美国文化的鄙视和不屑。

影片还讽刺了美国的快餐文化。苏莎婆婆乘船刚来到"美丽都"时，码头有一个类似自由女神像的雕像，雕像奇胖无比，手里不再举着火炬，而是手拿汉堡包，高举冰淇淋。更为夸张的是"美丽都"里的人个个都是大胖子，成了美国快餐文化所缔造的物质世界的象征。

《疯狂约会美丽都》呈现出其他动画片中很少表现出来的内涵。如将四个年迈的老婆婆作为拯救危难的英雄，而不是好莱坞电影中常见的壮年男子与黑手党对抗；在美国主流动画中，尤其是在迪士尼动画中，往往会刻意营造一个美丽的梦幻世界，或是以欢乐的大团圆结局，《疯狂约会美丽都》却一开

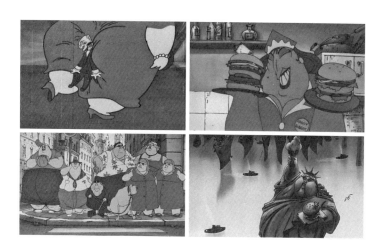

图 7.6 《疯狂约会美丽都》对美国文化的反讽

始就表现了一个残缺家庭：小男孩查宾父母双亡，而且患有孤独症，和他相依为命的婆婆腿一长一短，走路一瘸一拐，就连小狗宾诺也有些神经问题。宾诺是一只被捡回来的流浪狗，因为曾经被玩具火车压过尾巴，所以不停地朝门外不远处铁轨上驶过的火车狂吠。这些残酷的现实比较接近生活真实本身，却也是主流动画所刻意回避的。

图 7.7 《疯狂约会美丽都》中夸张的人物造型

　　当美国动画极力追求感官刺激，通过 3D 动画和震撼的视听效果来吸引观众时，《疯狂约会美丽都》却反其道而行，以简单的线条勾勒人物,造型极度夸张,似乎没有一样是符合传统意义上的审美,人物要么巨大、要么肥胖、要么矮小,要么笨拙。苏莎婆婆长短腿戴眼镜非常矮小,查宾长年耷拉脑袋目光呆滞瘦高且肌肉发达得畸形,小狗宾诺胖得肚子拖在地上,连曾是明星的三姐妹也已鸡皮鹤发,还有身体连在一起的黑社会成员,长着酒糟鼻的黑社会老大等,这些带有幽默效果的形象在瞬间吸引了观众的兴趣,而每个人都像一个特有的符号,象征着社会上的各类人,如勇敢机智的苏莎婆婆、乐于助人的三姐妹、僵化顽固的黑手党、唯利是图的汉堡店女招待和租船老板、谄媚势利的侍者,所有的形象身上的特点都被极尽地放大和突出,都能在现实生活中找到原型。

全片洋溢着一种不同于好莱坞动画电影的闲散与诙谐的气质,片长 77 分钟,却只有 58 句对白,全靠角色间的动作和场面交代剧情。一切都很随意,不会刻意塑造高潮情节。造型夸张,看似丑陋、不完美的画面却讲述了一个极具人间温情的故事,展现了亲情、友情在现代社会的宝贵。影片通过对现代社会流行的纯视觉消费艺术的戏谑,呼吁人们在大众文化盛行的时代转向关怀内心与情感,让观众在缓缓的视觉画面中体会回味。

2. 内涵分析

(1)隽永的亲情。像片中的查宾一样,西维亚·乔迈也有着寂寞的童年,与祖母的深厚感情使他创作了苏莎婆婆这一形象。不过据乔迈自己介绍,片中又唱又跳的"'美丽都'三姐妹"反而比较接近自己的祖母。

影片细腻而温婉地刻画了隽永的亲情,这种刻画不像美国动画那样无时无刻不加以表露,极度渲染。影片中人物情感都在一些生活细节中含蓄而自然地加以流露，于细节处见真情，并没有刻意地煽情。随着故事的推进，观众们能慢慢感受到其中的脉脉深情。由于影片没有过多的语言对白，所以对亲情的表现上几乎达到了无声胜有声的境界。

在影片即将结束前，画面中已白发苍苍的查宾转过头对着身旁的空位说了一句："奶奶，电视节目放完了。"这一幕正是在呼应影片开头时的一幕——婆婆问身旁的孙子："电视放完了吗？你为什么不跟奶奶说。"而小查宾却闷声不响地跑开了。许多人都为这最后一幕唏嘘不已，导演通过这个精心设计的前后呼应的情节，不经意间表现了查宾对婆婆无限的怀念和依恋，这就是法国动画的艺术感染力。

片中苏莎婆婆温柔、善良、睿智、勇敢，对自己的孙子关怀备至，查宾终日郁郁寡欢，婆婆想尽了一切办法也无济于事。后来无意中婆婆看见孙子的剪贴本发现了查宾对环法自行车赛的热爱，于是为他买回一辆自行车，从此风雨无阻地陪着孙子训练，帮他实现理想。在孙子被绑架后，为了救出孙子，婆婆居然以一只脚踏小船漂洋过海。到了人生地不熟的"美丽都"，婆婆也没有气馁，勇敢无畏地深入黑社会，将孙子救出了魔窟。婆婆对孙子的舐犊情深、无微不至的关怀表现得淋漓尽致，但孙子对婆婆的回馈在片中表现得就少了很多，这或许是导演有意而为之，在现代社会中更多的都是长辈对晚辈的关怀，而晚辈对长辈的关怀则逊色不少，这也许是导演要引起人们对此的关注。

影片中对于亲情的刻画还体现在了三姐妹身上，她们虽然已经年老，但是依然非常有默契，相依为命。住在简陋的房间里，每日饥不果腹，但她们却乐在其中，用简陋的生活器具演奏音乐苦中作乐,她们三个人躺在床上一起看电视节目就是最简单的快乐了,看着电视里的滑稽剧开怀大笑,依旧一起唱着她们的那首经典的三重唱。也许相较于物质环境和生活条件,精神富足是一个更重要的部分。这些温情的点点滴滴温馨动人,与"美丽都"的物欲横流的残酷现实形成了鲜明的对比。

（2）传统与现代文明的对立。动画以工业时代的法国为故事背景,在大工业生产的历史背景下,每个人都投入其中,资本家、大独裁者、黑社会等霸权者操纵着社会,一座座摩天高楼割断了人与人之间的联系,在汽车、轮船的汽笛声中,人性中的真善美在钢铁森林般的都市中变得渐渐冷淡。苏莎婆婆和孙子本是住在风景如画的田野里的,法国小镇那种悠闲美好的环境让人十分向往。但是工业化的大趋势是挡不住的,没过多久,宁静祥和的生活被吞噬了,远处架起了起重机,小镇上空盘旋着飞机,越来越多的高楼和烟囱被建了起来,田园变成了公路,屋前架起了铁路,万里乌云使天空一片灰暗,环境随之变得昏暗。

电影中的许多情节都很有深意,小狗对着疾驶而过的火车吼叫的时候,车内的人个个面无表情,动作僵硬,完全没有反应。而在狗的梦境中,狗和乘客进行了互换,原本的乘客变成了狗,对着狗不停地叫,而对机车开往何处又是一片迷茫。这样的情节反复出现,梦境世界可能就是对人们心灵麻木不仁的写照,就像屋顶上转动不停的风向仪,在强大的狂风下只能任其摆弄,失去了自己的方向,作者在此表达的或许就是在对工业时代中人们随波逐流的病态人格的反思。

苏莎婆婆去快餐店买汉堡,服务员原本非常热情,但是一看到没有钱,立刻就变脸并将苏莎婆婆轰出去。片中黑手党的形象让人印象深刻,他们长得几乎一模一样,穿着有着四四方方的棱角的黑色大衣,当他们在一起时几乎是融合在一起的,从机械化的雷同动作中可以感受到他们十分刻板,没有灵魂,只是受人支配没有思想的人。黑手党制作出新的机器让运动员在室内模拟骑车比赛,下面的观众投注赌博,运动员一旦倒下就会被杀死,机械代替了真实,这也是对于人的极端漠视。凡此种种,片中运用了符号化的场景、事物、细节,表现了工业社会对人的压抑与异化,呈现出对美式快餐文化的尖刻嘲讽和城市生活中对物质崇拜和自我膨胀意识的辛辣批判。

在"美丽都"中多为高耸直入云霄而又千篇一律毫无生气的高楼大厦,楼宇上的装饰不是香槟,就是汉堡,市民们夹道欢迎开着豪华加长车的有钱人们,追求物质享受,极度拜金的粗俗被讽刺得淋漓尽致。在"美丽都"的街头,不少行人的衣服上写着"I love Big","美丽都"的人们似乎对"大"有种盲目的崇拜,不仅他们的体型肥大,建筑宏大,食物也是大个儿的。这种对"大"的崇拜似乎是导演对美国人自以为是,盲目自大

图 7.8 "美丽都"的畸形街景

的一种嘲讽。

怪异丑陋的"美丽都"、变形的自由女神像、粗鄙肥胖的市民、拿着锄头的"奥斯卡金像"等,在这样一个时代,社会越来越走向了以经济及商业性为主导的方向。当人与人之间越来越多地以金钱作为衡量标准,人性本身的一些美好会逐渐被对利益的追求所冲淡。影片最后的结尾还是以正义战胜邪恶,而胜利的情节也极其夸张——苏莎婆婆用一只鞋跟绊倒了整辆汽车,黑社会老大掉进了他用来运送被绑架运动员的汽船的烟囱中。毁灭在自身的产物身上,这是多么强烈的讽刺!

3. 艺术手法

(1) 法式幽默。片中许多情节有着法国人夸张的幽默,如婆婆训练孙子,培养他在自行车方面的兴趣,婆婆用随手可得的各种的工具,如吸尘器、打蛋器和除草仪帮查宾放松肌肉,恢复体力,再用自制的"精密仪器"计算食量,用音叉听音色调整自行车轮胎上的钢圈。而最为夸张的是婆婆用一颗糖果诱使小狗宾诺脚踏小船,跟随带走孙子的巨轮漂洋过海,以一种不可能来表达极致的亲情。在"美丽都",三姐妹与婆婆用报纸、冰箱、吸尘器、破铜烂铁等废旧物品以俏皮的打击方式演奏出熟悉的曲子,将生活中最平常的东西变为乐器。

《疯狂约会美丽都》的怪诞和超凡的想象力,恰如其分地表现了法国人幽默的天分,是一种独特的法国式表达。影片利用镜头的设计来辅助人物形象的勾勒,比如在描绘黑手党老大形象的时候,导演就用一个立在街角的巨型汉堡包模型拉伸到了黑手党老大的脸部,鲜明地表达了导演对于这个角色的嘲讽。片中婆婆与黑社会打斗的枪战画面非常夸张,一群拿着枪的黑手党对着舞台扫射婆婆们,而她们却毫发未伤,老婆婆的一颗手榴弹就让黑手党吓得魂飞魄散。追击的一场戏更是极尽夸张,老婆婆拉着电线杆就能让车轻易转弯,用一口铁锅就可以遮挡子弹,把铁锅扔出去就能消灭一车的坏蛋。高大壮硕的黑手党被刻画得弱不禁风,反应迟钝,而年迈的婆婆们却像是超人一般敏捷机智。在追杀中婆婆只用一只鞋跟就使黑手党人仰马翻,激烈的打斗被出乎意料地描绘得妙趣横生。

(2)怀旧的色调。西维亚·乔迈小时候就疯狂地着迷于《丁丁历险记》等老漫画,所以他的作品中洋溢着浓浓的怀旧情绪。配合片中 20 世纪 50 年代的背景,《疯狂约会美丽都》的整体色彩呈现出类似老照片的昏黄的色调,忧郁又温馨。大量的偏黄、偏绿的复古的色彩运用使得整体风格充满了一种含蓄内敛的淡淡伤感情绪。

影片在色彩变化也有着层次上的安排,在片头,色彩相对明亮、丰富,但是随着故事的发展,色调变得暗淡,用色彩的切换来改变环境甚至是时空。尤其是在这样一部几乎没有对白的动画影片里,色调的把握对于细腻的感情表达起到了至关重要的辅助作用。

这其中有对默片和黑白电影年代的缅怀,如影片一开头就采用了黑白色调来凸显旧时代的气息。片中以一段"美丽都"的演出开始,银幕上出现了故意制作的老电影的胶片划痕,这样的效果尤其凸显了怀旧的气氛。然后镜头渐次拉开,从有着粗糙感和雪花点的黑白电视画面过渡到坐着观看电视节目的婆婆和孙子。黑白色调还表现在片中的几张老照片、报纸以及小狗宾诺的梦境中,有着浓浓的怀旧气息。

影片还用色调的变化来反映主观情绪的起伏变化,比如在影片的开头,查宾和婆婆居住的村庄被一种温馨的暖黄色包围,一切都那么平静、安详。法国乡村小镇朴素自然的风光,在暖色调烘托之下呈现出一派唯美的写意画风;近景画面中婆婆试图教孙子弹琴时,色调增加了些许红棕色。而当发现小孙子并不喜欢时,整个场景中的暗色调表现了婆婆的失落情绪。但婆婆并没有因此灰心,细心的她不断挖掘孙子的兴趣所在,此时的场景色调通过冷暖的切换和微妙变化来反映婆婆的心理变化和对孙子的怜爱之情;当婆婆买来孙子最爱的小脚踏车时,伴随着孩子的雀跃,整个院子的墙变成了明亮的黄色,飘来的枫叶和空旷的秋天田野景色带来了更多诗意的气息;在修筑的火车轨道贯穿村庄之后,整个村庄的颜色由暖黄变成了蓝黑色调,并且小屋常常由于火车经过的震动,摇摇欲坠,这种强烈的色彩反差暗示了工业文明给小镇带来的噩梦和不安。

婆婆远渡重洋来到了"美丽都",画面用斑斓的街面色彩来表现大都市的光怪陆离,同时还使用了大量CG技术来营造高楼林立的立体效果,勾勒出建筑和街景。片子的高超之处在于降低了色彩的纯度,再将色彩恰到好处地搭配在一起,既增加了画面的视觉效果,又很完整地保留了整体怀旧的老片子的感觉。

(3)叙事结构与镜头技巧。电影采用线性叙事的方式,在查宾和婆婆分开的一段时间里,则使用了平行叙事法,两条故事的主线都表现了成长与寻找这个普遍永恒的主题。

影片中还铺设了很多信息,不留痕迹地为下面情节的发展设置了伏笔。比如孙子在和狗玩火车,婆婆在看报纸,报纸体育新闻的版块里的一张插图没了,后来婆婆发现了这张插图在查宾的剪贴本里,才了解到查宾真正的爱好;宾诺的尾巴被玩火车轧了过去,为后来宾诺一见到火车就吼叫不停交代了原因。此外,手风琴仙女的唱片、炸弹、冰箱、报纸、吸尘机等也是重复出现的元素,对这些物件的运用都使得每个情节都遥相呼应。手风琴仙女原本是在查宾喜爱的一张唱片上出现的,后来在环法自行车赛中再次出现,脸上甚至招来了很多蚊虫,这一情节带着一丝滑稽可笑的色彩;炸弹是三姐妹在池塘边炸青蛙时用的,最后在对抗黑手党的追赶时被用作武器,前者带有很强的幽默意味,也是对后者的有力铺垫。

影片的蒙太奇技巧在结构衔接上也起了重要作用,导演非常认真细致地做了连贯的转场,与此同时交代了剧情。当宾诺对着火车狂吠的时候,用了个慢动作显示火车上一位乘客的报纸上有总统的肖像,镜头马上随着这幅肖像变成了总统对环法自行车赛选手们表达祝福的电视演讲,随后镜头后退,画面中是整台电视机,然后是整个房间,最后退出房间,大全景镜头中查宾正骑车从窗前驶过⋯⋯观众由此可以看出查宾在为环法自行车比赛努力训练着。同样是利用报纸,酒吧里宾诺从黑手党的气味中找到了查宾的线索,此时镜头中出现三姐妹演出时作为道具的报纸,而报纸上是遇害运动员的报道,由此婆婆发现了黑手党和查宾的联系,知道了查宾的下落,诸如这样的镜头衔接使得整部影片叙事简洁而完整。

从镜头语言的角度来分析,通过简练的画面来表情达意,完成叙事,影片第一段中小屋的宁静被工业化象征的铁路所打破的片段中,简简单单地运用一个旋转的镜头,通过自行车的旋转、而后宾诺跟着主人自行车的旋转、随后飘落的秋叶的旋转,到冬天与工业化象征的铁路,从俯拍拉到远景,整个镜头一气呵成,清晰地阐述了整个时光的流逝以及作者对这种改变的态度。

另外一个例子则是在黑手党老大在餐厅看三姐妹表演之前,服务生来倒酒的这一段落。领班扭着身子点头哈腰地来到黑手党老大面前,当他示意其他两位服务生开酒上菜的时候,他昂起了头,音乐戛然而止,在听到酒瓶打开的那个"啵"声之后,又继续低下身体来,音乐也随即继续播放。整个过程通过对音乐以及人物的调度使得画面形成一种强烈的节奏感,在这种节奏感的映衬之下,对领班卑微谄媚的幽默讽刺真正发挥到了极致。

(4)音乐。影片的音乐配合人物心理和环境变化起伏跌宕,曲风多是幽默轻松且夸张的,从环法自行车赛上的嘉年华式搞笑到"美丽都"百老汇式的华丽。片中"美丽都"三姐妹与苏莎婆婆使用了各种古怪的工具表演音乐,用报纸、冰箱、吸尘器、破铜烂铁和自行车轮毂作为工具的俏皮的打击方式演奏也是堪称一绝,让观众知道这些生活中常见的工具也能制造出艺术。在其他场景中,配乐与情景也很契合,如在查宾和另外两人被黑手党逼着骑自行车时,配乐采用的是一段阴沉恐怖的旋律,对应了黑社会的阴暗场面。片尾紧张的追车配乐加入碰撞、枪声、车轮摩擦声、爆炸声等,节奏鲜明、紧张激烈,把情节推向高潮。本片唯一凝重的音乐在婆婆骑着脚踏船追随游轮远渡重洋时,在宏大背景音乐的衬托下,婆婆的小船与巨型轮船在波涛汹涌中对比非常鲜明,产生了令人震撼的效果,把婆婆的勇敢坚毅演绎得如史诗一般。

(三)《魔术师》

《魔术师》,2010 年上映,片长 77 分钟。《魔术师》获得了

2011 年第 83 届奥斯卡金像奖最佳动画长片提名、2010 年第 68 届金球奖最佳动画长片提名、2010 年欧洲电影节最佳动画片奖、2010 年纽约影评人协会最佳动画片奖等奖项。

图 7.9　深情隽永的《魔术师》

故事讲述了 20 世纪 50 年代后期,传统的魔术表演已经渐渐地被流行音乐和摇滚明星所取代,一个年老的魔术师辗转于各种场所寻找着演出机会,艰难地求生。一个偶然的机会魔术师来到苏格兰乡村的一个偏远的小镇,这里的一个小女孩名叫爱丽丝,她相信魔术是真的。当魔术师演出结束后离开小镇,爱丽丝悄悄跟着他上了船,魔术师不得不带着她一起流浪。爱丽丝对于大城市的一切都觉得新奇不已,为了给爱丽丝买喜欢的东西,魔术师做了很多卑微的工作。他不想打破女孩美好的梦想,把这些东西以魔术的形式变给她。逐渐长大的爱丽丝爱上了一个小伙子,魔术师看见女孩找到了可以依赖的人,他终于做出决定与爱丽丝告别。他留下了钱和一张字条上面写着:"世界上并没有魔术师。"载着魔术师的火车渐渐消失在远方。

1. 影片背景

《魔术师》的剧本取材于 20 世纪 50 年代法国喜剧大师雅克·塔蒂的故事,塔蒂和大女儿关系疏远,他给女儿写了一封信,讲述了一位孤苦伶仃、四处飘零的魔术师的故事,这正是影片《魔术师》故事的由来。塔蒂的女儿曾表示,不希望由任何演员来饰演父亲。于是,把塔蒂形象搬上银幕的最好方式就只有动画片了。塔蒂擅长自编自导自演的是默片哑剧,西维亚·乔迈的动画片也只有很少的台词,在形式和风格上达到了高度的契合。

《魔术师》里的魔术师形象和塔蒂所塑造的银幕形象十分接近,塔蒂在银幕上塑造的经典形象于洛先生,是一个游荡在各个城市之间的社会底层人物,他的头发永远梳得十分整齐,穿着看似体面的西装、皮鞋,戴着帽子,手里经常拿着一把黑色的雨伞。因为塔蒂本人很高大,所以裤子总是有点短,露出一截袜子。有的时候他也会穿一件长风衣,拉着旅行箱,表情严肃,于洛先生就是这样一个永远都在旅行的流浪汉。

影片结尾用一张小女孩的照片揭示了整个故事,一切都缘起自魔术师一直觉得亏欠女儿的没能尽到的父亲的责任。随着照片打出的字幕——"献给索菲·塔蒂斯切夫",索菲·塔蒂斯切夫是塔蒂的女儿。原故事的背景在布拉格,影片中被改在爱丁堡,是因为西维亚·乔迈在爱丁堡生活了五年,对那里的山坡和海岸念念不忘,认为这里有世间少有的美景。

影片中还出现了纪念塔蒂的场景,当魔术师远远看见爱丽丝和热恋的小伙子,他怕被发现,急忙躲进了旁边的电影院,影院里放映的正是塔蒂的代表作《我的叔叔》,这部影片曾经获得过1958年戛纳评委特别奖和奥斯卡最佳外语片奖,片中出现的一段电影片段就是塔蒂过去的影像,这是对塔蒂最真挚的追念。

2. 影片分析

本片有着默片的风格、忧郁的气质、老照片一样昏黄和怀旧的色调。魔术师将自己对于女儿的愧疚和怜爱寄托在一个毫无血缘关系的苏格兰小女孩的身上，内心的情感已经无须语言的过多阐释，就如同西维亚·乔迈的一贯风格，默默地叙述着情感中的伤痕累累。

（1）艺术风格。正如影片所描绘的老艺人一样，西维亚·乔迈坚持着传统的事物，复古、原创和精致的二维手绘动画成为他独特的个人风格。不同于美国工业化生产的动画，整部影片的手法都是非常传统的，没有快速的剪辑、多变的机位与夸张的特写，动画形象完全通过肢体动作来表现，而不是通过语言来表现，这种手法回归到默片时代，这也注定了它拥有独树一帜的魅力。

影片中的场景时常阴云密布飘满了细密的雨丝，无论是在伦敦都市还是苏格兰乡村，要经历潮湿阴冷的英国天气，也是魔术师辛酸艰苦的生活。真实而又并非真实的画面始终被蒙上了一层淡淡的忧郁和伤感，只有手绘才能表达出这种时过境迁的无奈和遗憾，也正是这种写实的风格，让影片拥有如此强烈的情绪感染力。

西维亚·乔迈认为爱丁堡"是这个地球上最好的地方"，山上吹来的风、风里带来的海鸥、海鸥栖息的古老街道、街道上落下的雨丝，魔术师和爱丽丝一起在爱丁堡流浪，在最艰辛最酸楚的底层生活里伴随着爱的温暖和感动。西维亚·乔迈对于情绪、节奏掌握得十分克制，用令人心酸又惹人发笑的情节来表达，欢乐之中又常带有隐隐的哀伤。

这是一部令人动情的动画，但依然有着法国人的幽默。

图 7.10 朦胧意境的画面

在电影的开场,魔术师的表演得到寥寥的掌声下台后,追着不听话爱咬人的兔子到处乱跑,最后由后勤人员用网抓了兔子还给魔术师,没想到他又抓了只大老鼠给魔术师;在皇家音乐厅的旅店里,由于供水条件不好,满脸泡沫的小丑居然拿他表演的道具喷水洗脸;魔术师去汽车修理店打工,不会洗车、笨手笨脚的魔术师把车弄得一团糟,幸好天下雨,车在大雨中淋干净了。所有的小细节,不仅引人发笑,也让人有感于情节设置的精巧,让观众不至于过度沉浸于整部影片哀伤的氛围之中。因为受到法国传统文化的影响,这种法式幽默有别于美式的滑稽搞笑,在微笑背后隐藏的是对生活的无奈,而这种笑中带泪的情节才像是真正的生活、真正的人生。

此片的另一个特点便是对默片风格的回归,这也是西维亚·乔迈对于动画创作一贯的艺术追求,对于他来说,"如果没有台词的约束,你将可以更加自由地创作真实的动画,用动画的形式本身来'说话'"。摆脱了台词对情节的束缚和影响,人物的行为和情感成为推动情节的主要动力,细腻的感情通过情节的精巧设置流露无遗。

（2）主题分析。为什么魔术师要收留爱丽丝，为了满足她的愿望竭尽所能？影片的叙事中埋了一个巨大的伏笔，电影最后出现的照片已经说明了一切，而主题也不言而喻。这世界上存在的不是魔术，而是爱。这就解释了魔术师对爱丽丝所有的包容，这种最质朴的真情无疑已经打动许多银幕前的观众。魔术师是一个善良的人，也是一个自责愧疚的父亲，魔术师把对幼女亏欠的爱全都寄托在了爱丽丝的身上。为了让她生活得更好，他卑微地做了许多工作，做洗车工、商品促销员，为酒做广告等。同旅馆的落魄传统艺人们在贫困中消沉、酗酒，甚至绝望自杀，无论生活环境如何艰辛，魔术师始终爱着女孩，他们的生活虽然贫苦但温暖而充满温情。当女孩找到了自己的爱情，魔术师决定不再变魔术了，他已经变完了这一生最伟大的魔术。

此外，影片还表露了对传统事物的坚持和怀旧情结。面对新兴的摇滚乐和消费主义的来袭，旧时光的消逝和老手艺人的离去让传统的舞台表演逐渐被人们遗忘，魔术师、马戏团、杂技表演者、小丑等都被时代和都市所抛弃。这些被遗忘的人为生计所迫只能辗转各地，在街头、商店、酒馆里卑微地表演着，居住在廉价的旅馆里，生活困窘，甚至沦为乞丐或选择自杀。

影片最后，整座城市灯火渐渐地熄灭，一处处被关闭的灯光，似乎暗示着一个旧时代的结束。取而代之的是以流行音乐、电视节目、百货商场为代表的消费主义的盛行，这是社会经济发展的必然。这部温情脉脉的动画中，依然能看到西维亚·乔迈对流行文化的尖刻批判，人们对流行摇滚乐近乎疯狂，受人冷落的魔术师只能穿着可笑的粉红色衣服沦落到商店里、酒馆中表演魔术，这是对流行文化和消费主义的极大讽刺。此外，西维亚·乔迈的动画创作依然坚持使用手绘的方式，表现的画风和内容正是对流行文化最好的抗议。魔术师对爱的付出和西维亚·乔迈对怀旧的坚持成为《魔术师》所承载的最突出的主题。

从《疯狂约会美丽都》到《魔术师》，西维亚·乔迈秉承了法国动画片一贯的传统，将快乐与哀伤相结合，这也是两部动画片最动人也是最成功之处。全片笼罩在浓郁的伤感气氛下，但依然保留着动画片的乐观与幽默，而且两者毫不冲突，这真是难能可贵的一件事。欧洲动画就是这样摆脱了大众化和通俗化，就像一件艺术品，沉静、质朴，具有风格化，内涵深厚，值得一再细细回味。

第八章
立足于传统艺术的捷克动画

　　捷克的动画在独特的民族文化传统上生根发芽,在世界动画史上占有特殊的地位。《鼹鼠的故事》系列动画片是20世纪80年代中国较早引进的动画片,在中国有着很高的知名度,几乎是家喻户晓,当时捷克还未独立,和斯洛伐克并称为"捷克和斯洛伐克联邦共和国"(1918年—1992年)。

第一节　兹德内克·米莱尔的 《鼹鼠的故事》

　　《鼹鼠的故事》是延续时间较长的一个系列,每一集角色基本不变,但都有相对独立的故事和完整的情节。最早的一部《鼹鼠的故事》制作于1957年,当时片中是有对白的。从20世纪60年代中期开始,鼹鼠的形象基本固定下来,没有了对白,只有简单的语气词和"hi""hello"和咯咯的笑声,形象可爱,憨态可掬。70年代是创作的巅峰时期,到了80年代作品逐渐减少,只出品了四部。早期的故事鼹鼠和他的朋友生活得简单质朴,场景也都设置在森林湖泊大自然之中,风格也较为轻松愉悦,后期逐步加入了城市生活背景,也增添了更为沉重的忧患意识,主要表现了现代社会发展对资源及环境的破坏所引发的忧虑。1984 年还出品了一部长片《鼹鼠的梦》,90 年代后也有短片出品,但数量明显减少。由于原创作者都年事已高,2002 年制作了最后一集《鼹鼠和青蛙》后就没有新的作品出现。虽然这个故事与观众告别了,但它带给人们的欢乐将永远留在无数人童年的回忆里。

一、兹德内克·米莱尔的生平和创作

兹德内克·米莱尔(1921 年 2 月 21 日—2011 年 11 月 30 日)年出生于捷克斯洛伐克,毕业于布拉格工艺大学,他有着高超的绘画技能,是个杰出的漫画家,同时也是动画片制作人,1948 年,他因《偷走太阳的百万富翁》在威尼斯电影节上获奖,故事讲述了一个占有欲极强的百万富翁为了自己能够独享,偷走了太阳,使世界陷入了黑暗。一个勇敢的小男孩找到了太阳,拯救了人类。

图 8.1 兹德内克·米莱尔和憨态可掬的小鼹鼠

米莱尔的作品深受捷克传统的版画和剪纸传统的影响,色彩鲜艳明快,装饰性强,充满童话色彩,这些特点在《鼹鼠的故事》中也得到充分的体现。《鼹鼠的故事》是米莱尔根据自己创作的同名漫画改编,第一部影片《鼹鼠做裤子》1957年首播并在意大利威尼斯影展中获得最高奖,此后其他影片陆续在世界上十多个国家获奖,漫画《鼹鼠的故事》也同样风靡全球。

二、《鼹鼠的故事》系列评析

这个动画系列的所有故事都是以鼹鼠为主角的,每一集都讲述了一个完整的小故事。鼹鼠时而化身为小画家、小工匠、小音乐家,时而又是小园丁、摄影师、化学家,甚至还当过电影明星、小裁缝等。它天生胆小,却对这个变化万千的世界充满了好奇。手执一把小铲子的鼹鼠心地善良,爱帮助别人,并时常冒出些机灵聪慧的小火花,演绎了许多既幽默风趣又充满温情的故事。随着一堆黑色梯形土不断堆积在地面上,圆头圆脑、稚气可爱的小鼹鼠出现了,它让孩子和成人都忘记了烦恼和痛苦,享受到了极大的快乐和温暖。米莱尔曾回忆自己创作《鼹鼠的故事》之初的情景:"我第一次画小鼹鼠已经是很久以前的事了,可当时的情景依然记忆犹新,就像昨天发生的事情一样。那时,我帮小鼹鼠画了一顶帽子,可是它立刻把帽子丢掉,从纸上跑出来,坐在桌子旁,对我说:'我不要帽子,画一把铲子给我',我感到无比惊奇,于是帮小鼹鼠画了一把铲子。'做得好,我看起来很不错吧!'小鼹鼠感激地说,说完高高兴兴地又回到纸上……从那时起,我和小鼹鼠经常玩这样的游戏①。"

---

① 段佳:《世界动画电影史》,湖北美术出版社,2008年,第198页。

《鼹鼠的故事》里几乎没有对白，只有或活泼或轻柔的背景音乐，如童话般色彩斑斓、宁静平和、稚气可爱的画面，心地善良，既聪明又有些傻气的小鼹鼠。小鼹鼠总是忽闪着大眼睛，有时叽叽咕咕地笑，有时轻声叹气，憨态可掬。

　　虽然整个作品形式简洁，故事简单，散发着快乐幽默的童真和质朴可爱的情趣，但《鼹鼠的故事》也充满着对人类未来发展的稚气天真的忧患意识。透过小鼹鼠的眼睛，人类越来越远离大自然，被高科技和机械所异化。《鼹鼠的故事》中有很多情节表现了人在改造自然、利用自然的同时，也背离了原初与自然亲密相处的本真的生活。如《鼹鼠在城市》中的一集就批判了城市的发展和人类文明的进步实际上是以对自然的破坏为代价的。人类的乱砍滥伐使小动物们失去了无忧无虑的宁静生活，失去了遮风挡雨的家园。人们为它们按大森林的样子布置了一间舒适的住房，但一切都是人造的：花草、动物的窝都是塑料的充气玩具，这个充气的人造自然很快就被戳破了。跑到街道上的小动物们在城市川流不息的车辆中跌跌撞撞，污浊不堪的空气令它们喘不过气来。鼹鼠和小伙伴们试图打破城市的现状，它们破坏自动扶梯、用香肠堵住所有汽车的排气管，还为了保护一丛野花而掀掉水泥砖。作品就是通过这样的情节来反思人类的行为的。对比静谧和洁净的森林，城市完全是反自然的，一切都是人工的产物，高楼大厦、街道、商场、汽车、工厂，人们就在这样的环境中与自然渐行渐远，逐渐丧失了与自然相通的灵性。最终，在烟雾弥漫的城市上空飞来三只洁白的天鹅，把小动物们送回了更远处的森林，彻底回到了大自然的怀抱。

　　环境问题在《鼹鼠的故事》系列中是一个重要的主题，如

《鼹鼠的梦》讲述了人类已经进入了全自动化的时代,但一个梦揭示了未来的危机——能源枯竭,人们不得不用牲口来拉汽车,电灯不再亮,取暖设备也失去作用,人们又回到了原始时代,反而找到了另外一种能够与自然亲近的有趣的生活方式。所以节约能源,保持与自然的相生相依应该是对人们的警示;在《鼹鼠与鹰》中,鼹鼠想在城市里给受伤的小鹰找一棵可以栖息的树,但大树不是被砍伐,就是种在楼顶成为人的私产不许侵犯,或者只有被做成大树形状的烟囱,小鹰飞遍整个城市也难以找到落脚的地方,它的悲哀或许就是人类未来的悲哀。

《鼹鼠和闹钟》则进一步对人类文明的象征——机械化进行了寓言性的反思。闹钟作为一种机械装置,是文明的产物。但自从无意中捡到一个闹钟后,鼹鼠及其小伙伴无忧无虑地、随心所欲地玩耍、吃食、睡觉的生活被彻底打破了。在学会使用闹钟后,鼹鼠用闹钟规定了作息时间,被它催促着准时而机械地锻炼、工作,被闹钟折磨得疲惫不堪,作品无疑在这里讽刺了城市化机械枯燥的生活。被闹钟吵得不能安生的猫头鹰终于忍无可忍,把闹钟叼到了属于它的地方——城市,于是森林里的一切又恢复了原样,鼹鼠及其伙伴又自由自在地在跷跷板上玩耍起来。

这一类体现文明产品和自然的冲突的还有不少,如在《鼹鼠和收音机》中,收音机所播放的音乐打破了自然的和谐。随着电池的耗尽,收音机音乐给鼹鼠带来的短暂欢娱也宣告终结,而鸟鸣蛙鸣合奏的自然的天籁之声却能常与之相伴。

不过,在鼹鼠的视角中,文明和自然并非是完全对立不可调和的,小鼹鼠并没有对工业社会的产品完全采取抗拒的态度。在《鼹鼠和收音机》《鼹鼠与汽车》《鼹鼠与火箭》《鼹鼠与推土机》等动画片中,鼹鼠对这些工业产品留声机、推土机、小汽车、火箭等也表现了极大的兴趣。在《鼹鼠与音乐》中,鼹鼠采撷森林里各种动听的声音制成了唱片,这暗示出艺术来源于自然,文明脱离不了自然的深刻含义。

图 8.2　《鼹鼠的故事》中的童话世界

《鼹鼠的故事》是一部深具自由灵动的生命气息,充满着快乐幽默童真的经典作品,既具有清新可爱的画面,又有深刻的内涵,既轻松幽默,又洋溢着善良、勤劳、勇敢、互助、温情等生命意趣,同时能够使人们感受到小动物美好与快乐的个性,成为对人生具有寓言性的启迪。

第二节 伊里·特恩卡的木偶动画

除了《鼹鼠的故事》之外,捷克动画一向以木偶动画著称,无论在数量和品质上都成为捷克动画的代表。捷克的木偶动画所取得的成就与这个国家的悠久深厚的木偶剧历史传统密不可分,捷克早在五个世纪前就有了木偶剧院,木偶制作的手工艺也代代相传。在 17 世纪木偶剧则更为兴盛,有许多以此为业的流浪剧团在全国演出,一些音乐家、剧作家等艺术家都加入木偶剧的创作中来。第一次世界大战后,捷克兴起了许多上演木偶剧的戏院,木偶剧也空前地繁荣,表现形式多样,涉及很多戏剧类型,不仅有儿童剧,还有歌舞剧、戏剧、现代剧和政治讽刺剧等。

在这样的土壤的孕育下,捷克的木偶动画也取得了空前的成就,创作了很多佳作。其中最具代表性的人物就是伊里·特恩卡。伊里·特恩卡(1912 年 2 月 24 日—1969 年 12 月 30 日)出生于奥匈帝国(即后来的捷克)的普森地区,中学时候受到老师约瑟夫·斯库巴的影响,开始接触并喜欢上了木偶艺术。约瑟夫·斯库巴是当时负有盛名的木偶民间艺术家,同时也是一家木偶剧院的经理。他让特恩卡参与木偶制作和演出活动,特恩卡

图 8.3 伊里·特恩卡在作画

学习到了很多关于木偶制作和表演的技艺,奠定了他从事木偶动画创作的基础。从布拉格应用艺术学校毕业以后,特恩卡开始从事插图绘画,还和捷克的一些先锋导演合作,负责背景设计。出于对木偶艺术的热爱,特恩卡于 1936 年开办了一个木偶剧院,但很快因为第二次世界大战的爆发而停业。

"二战"期间伊里·特恩卡主要从事舞台设计和为儿童书籍绘制插图。战争即将结束时,特恩卡第一次接触到了动画创作,他与另外两名导演共同拍摄了动画片《爷爷种甜菜》,获得了一致的好评。

1945 年,战争结束后特恩卡被指派成立了捷克国家电影动画部门。1946 年,他与捷克早期的几位动画大师共同在布拉格电影工作室建立了一个动画工作室,并出任工作室的负责人。这个时期捷克处于激烈的变革中,呈现出百家争鸣的气氛,艺术家们思想活跃,艺术佳作层出不穷。特恩卡曾经说过:"这是一个允许实验的时代,我们得抓紧时机!"他的艺术造诣使他逐渐成为捷克动画业的领袖级人物,以后十年间几乎所有的捷克木偶动画作品都出自他领导的这个工作室,在世界动画界享有盛名。

1946 年,特恩卡拍摄了第一部动画电影《人类和动物》,这部影片在戛纳电影节上获奖。以后特恩卡一直致力于木偶动画的拍摄工作,1947 年,他的第一部木偶动画长片是《捷克的四季》,在威尼斯电影节上获得大奖。《捷克的四季》是一部描绘捷克四季风俗的木偶动画长片,表现了捷克的民间生活和传统节日中的风情;1949 年,根据安徒生童话改编的《国王的夜莺》讲述了国王令人制作了一个镶嵌了名贵钻石和珠宝的人造夜莺,虽然它也能演唱动听的歌曲,但国王最后终于明白机械的夜莺无论怎样名贵也比不上一只活生生的小鸟；1950年拍摄的《巴亚雅王子》取材自中世纪传奇故事，讲述一个农夫变成骑士，战胜龙怪，赢得公主青睐的故事；1953年，特恩卡再次从捷克古老的传说中汲取灵感，拍摄了《捷克古老传说》，片中的配乐都采用的是捷克古老的民谣。1954年，改编自雅罗斯拉夫·哈谢克同名政治讽刺小说的《好兵帅克》在国际上获得了广泛声誉。

《国王的夜莺》是特恩卡最广为人知的作品之一，结合了真人表演与木偶动画。在背景设计和人物造型上，有着浓郁的中国古代的风格而使整个作品充满着异域情调。影片造型精美地再现了童话中神秘的宫殿、精致华丽的场景，这个影片的技术制作也十分精良，湖泊上的水波涟漪、玻璃天鹅的优美舞姿，以及雕像鱼所吐的泡泡等，都展现了手工工艺独有的美感。

图8.4　木偶动画片《好兵帅克》

《好兵帅克》以漫画式手法讲述了第一次世界大战时期一个普通的捷克士兵帅克从入伍、开赴前线到参加战争所经历的令人捧腹的故事，运用嬉笑怒骂及寓庄于谐的手法，辛辣地揭露和讽刺了当时统治者的穷凶极恶与专横跋扈，以及军队中的腐败堕落，将奥匈帝国的一切丑陋暴露在光天化日之下。帅克有着捷克人民善良、温和、乐观的性格，同时又有些胆小、懦弱和迂腐，有一种自嘲式的幽默，所以屡屡被欺。影片在继承了原著黑色幽默和夸张讽刺的精髓的基础上，充分利用捷克传统的木偶艺术，生动形象地刻画了帅克木讷而滑稽的形象，在诙谐戏谑中将捷克人在战乱中的困苦和无奈出色地表现了出来。

　　特恩卡早期的动画作品还包括1949年的《草原之歌》《恶魔的水车小屋》，以及根据作家契诃夫小说改编的《低音大提琴的故事》和1951年的《黄金鱼》《马戏团》等。特恩卡的木偶作品大部分表现了捷克真挚质朴的民俗风情，立足于乡土自然，歌颂祖国的传统文化。在木偶制作上不拘泥于木偶的肢体语言，不像其他木偶片一样强调刻画木偶的面目细节。特恩卡动画作品中的木偶大多没有口型，也不能眨动眼睛，表情十分沉静，举止高雅，比那些能够灵活活动关节和五官的木偶更具艺术性。木偶的情绪、感情等更主要是靠镜头的调度与灯光来营造气氛，充分发挥了电影语言传情达意的功能。他塑造的角色更多地强调心理因素，动静皆由剧情而定，能跨越不同的语言障碍，易于被全世界观众所理解。另一位捷克著名的动画导演提斯拉夫·波扎曾这样评述特恩卡拍摄的木偶片："我经常在特恩卡画那些木偶演员的头部时观察他的做法，发现他往往会赋予人物一双不确定的眼睛。而到了拍摄现场，奇迹发生了：仅仅是转动木偶的头，或者改变一下灯光，木偶的脸上就会出现不一样的表情，时而微笑，时而忧伤，时而恍惚。这会给人一种感觉，让你觉得眼前的小木偶突然间有了灵魂：在他的木头做成的脸后面隐藏着很多神秘的东西，而他的心里，包含着更多不为人知的秘密"。①

1959年，改编自莎士比亚著名的喜剧《仲夏夜之梦》的同名动画电影耗时四年时间，制作十分精致。特恩卡投入大量精力，运用各种材料装饰场景和人物服饰，但此片票房并不是很理想。颇感失望的特恩卡把更多的精力投入到了绘画和雕塑上，后期只拍摄了四部木偶动画，其中1965年的《手》获得了很多赞誉。

特恩卡晚年的遗作《手》中只有两个角色——一个由人的手扮演的"手"和一个木偶艺术家。故事发生在一个相对封闭的环境中，艺术家正全神贯注制作地制作工艺品，一只戴着手套的大手闯了进来，逼迫艺术家给手做个雕像，艺术家想尽各种办法摆脱它，但都毫无作用。这只手无处不在，即使艺术家把窗户、门都用木板钉死，但手还是能够钻进屋里指手画脚，通过各种手段威逼利诱，迫使艺术家听从它的指令。艺术家虽然尽力抵抗，但还是不得不变成手的傀儡，制作了一个手的形状的雕塑。最后艺术家被谋杀了，象征着权力的大手又一次出现，伪善地在艺术家棺材上盖上代表荣誉的勋章。

《手》的故事虽然极其简单，但内涵丰富、主题深刻，是一个精练的政治寓言。这部作品运用主观镜头来表现手与人物之间驱使与服从的关系，暗示了某些人的存在其实不过是一个傀儡，在无形的"手"的驱使下，违心地做着自己不喜欢做的事。对于这部作品，特恩卡曾经解释说："手是无所不在的，每个国家都一样，逼迫人们去做他们不愿意做的事情……，从古

---

① 段佳：《世界动画电影史》，湖北美术出版社，2008年，第201页。

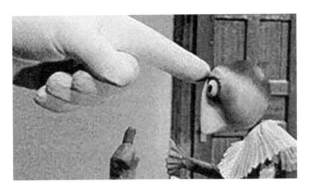

图 8.5　被一只大手牢牢控制的小木偶

至今,任何人都有可能成为牺牲者"。[1] 这部作品暗喻了在集权国家里人们处处受到管制和束缚,就如同艺术家受到这只手的控制。片中的大手是由真人戴上各种样式的手套来表演的,白手套、皮手套、蕾丝手套等分别代表了不同类型的威逼利诱,有招降、胁迫、色诱等。《手》运用木偶片来表达反独裁的主题,表达了作者热爱自由,希望摆脱束缚的思想,这是特恩卡作品中超越时代的最具现代意识的动画作品。

1969 年,特恩卡因心脏病去世,享年 58 岁。政府给了他很高的评价,但他对当下政治时事发表评论的代表作《手》却在很长时间内被禁映。

伊里·特恩卡致力于木偶这种捷克传统的艺术形式,把它和动画完美地结合,他制作的木偶精巧而细致,场景与服装也一样精致而美丽。特恩卡还注意到木偶动画与木偶剧场演出的不同之处,不再单纯强调木偶的灵活活动,而是从

---

① 吕鸿雁,张骏:《动画大师的生平与作品》,中国传媒大学出版社,2007 年,第 160 页。

电影思维的角度利用镜头与灯光来刻画木偶人物的性格与心理,转换场景气氛。特恩卡还认为一部优秀的影片取决于情节和主题,而技术只是手段而已,所以他十分注重剧本,大部分的电影都是由自己撰写脚本,他赋予了木偶以鲜活的生命,成为可爱可亲的角色,栩栩如生地表演出一个个精彩动人的故事。特恩卡无可辩驳地成为捷克木偶动画的领军人物,引领了第二次世界大战后的捷克动画的发展,他的作品也推动了世界木偶艺术的发展,鼓舞和启发了无数的动画创作者。

第三节　扬·史云梅耶的超现实主义动画

继木偶动画大师伊里·特恩卡之后捷克最出名的动画大师非扬·史云梅耶(1934年9月4日—)莫属,史云梅耶的作品完全颠覆了传统动画的表现体裁和表现内容。对于他的作品有着颇多的争议,有人把它奉为天才的艺术杰作,有人则认为其作品完全是充斥着怪诞、暴力、恐惧和不知所云的垃圾之作。但无论如何,史云梅耶的作品与以

图8.6　擅于制造神秘与恐怖的超现实动画的扬·史云梅耶

美国动画为代表的主流动画都相去甚远,是一系列深受西方现代主义影响,带有神秘主义和超现实色彩的另类动画影像。

一、生平经历及创作

扬·史云梅耶(1934年9月4日—)出生于布拉格,1950年进入布拉格的应用艺术学院,系统学习了绘画和雕塑。受当时现代派艺术创作思潮的影响,史云梅耶接触到超现实艺术并十分迷恋。1954年,他进入布拉格表演艺术学院的木偶系继续深造,主要学习木偶表演、导演和布景设计。这个时期对电影创作产生了浓厚的兴趣,沉迷于前苏联的先锋戏剧和电影,还专门研究了以超现实电影闻名的西班牙导演布努艾尔的作品。史云梅耶的毕业作品《牡鹿王》,采用18世纪意大利戏剧家嘎罗·戈齐的剧本,融入了他所喜爱的超现实主义艺术的一些元素,结合了木偶和化妆成木偶的真人表演。作品中真人演员都穿上木偶的服装,表演也如同木偶一样,把现实和幻象混淆起来,这也成为他以后经常采用的一种艺术表现手法。

1958年,毕业以后史云梅耶进入国家木偶剧院,从事设计师和导演的工作,在这里他参与创作了影片《约翰尼斯·浮士德医生》。在这部影片中他负责木偶角色的设计、雕塑以及表演的部分,影片从捷克的民间木偶艺术中汲取了很多灵感。

在短暂的入伍生涯后,1960年史云梅耶重新回到了布拉格并进入了萨马福尔剧院,这里经常上演的一种"面具戏剧"深深吸引了他,而与超现实画家埃娃的结合也进一步影响到创作,埃娃成了以后重要的合作伙伴。在创作了一些"面具戏剧"后,史云梅耶离开剧院开始了电影生涯。

1964年,史云梅耶创作了他的第一部动画短片《最后的伎俩》,讲述了两个男巫之间运用奇异的戏法,试图打败对方的一场争斗。用的是逐格拍摄的技术,影片的真人演员们头部用的是木偶,运用了很多奇怪的实物道具,将剧场表演和木偶表演合而为一,利用黑色背景和灯光营造出奇幻的视觉效果。

1965年的《巴赫狂想曲》采用了黑白摄影,表现了诸如门锁之类的建筑上的细节,配乐十分个人化。在拍这部片子的同时,还拍摄了一部《石头的游戏》,表现许多石头从一个怪异的装置中发射出来,落在桶里,桶承受重量启动唱机,音乐就会响起,群石开始随音乐舞蹈。画面先后经历了黑白石头的变化,黑中有白,白中有黑,不断分化聚合。接下来发射的石块,有着不同的质地,相互接触、摩擦。然后石头拼补出各式各样的人物造型,再分化,组成两个头像,互相亲吻,左边吞食右边,右边吞食左边。再次组成的头像亲吻之后,两唇相交,合成一堆碎石。最后滴出的石头互相碰撞、碎裂。影片运用了许多传统乐器来配乐,石头的发射与舞蹈类似一个原始仪式一样,暗喻人类从诞生到灭亡的过程。

1966年,史云梅耶拍摄了《棺材与天竺鼠》讲述潘曲和朱迪为了争夺一只豚鼠打了起来,越打越严重,结果豚鼠活了下来,潘曲和朱迪却因为互相残杀而双双丧命。影片的故事没有什么特别,但快速的剪辑风格引人注目,场景也充满不俗的诡异。开头的场景里有一些版画,色彩斑斓却又显得有些破旧的木偶,绘有骷髅的棺材,贴满老照片的房子。老照片上的人注视着事件的发展,不停地发出呓语。

同年的《其他》,用简练的动画手法表现了时间渐进与演化的过程。影片分为几个片段：第一段是关于翅膀，一个跳跃的人得到了一双翅膀，翅膀从小到大，人也飞得更远，但人最终还是回到了原初的跳跃。第二段是关于主人和狗的，左边的主人挥鞭指挥右边的狗杂耍，然后主人变化成狗的样子，狗变成主人的样子，互换的主人和狗重复着驯服与服从的关系。第三段是人用线条和空间写出来的寓言——人为自己画了一个房子，但走进房子的人又在不停地企图摆脱房子的束缚。

1967年的《自然史》讲述了罗马皇帝鲁道夫二世的传奇，鲁道夫二世十分喜欢收集神秘动物和物体，所以史云梅耶对鲁道夫二世表现出了很大的兴趣。同时因为十分崇拜鲁道夫的宫廷画师阿奇姆波尔多，影片还引用了不少阿奇姆波尔多的画作。

1968年以后由于当时的苏联放松了对捷克的严格控制，捷克政府的政治高压也有所缓解，终于能够自由创作的史云梅耶开始在作品中加入更多的超现实主义元素。这个时期史云梅耶制作了四部作品，标志着他的创作彻底地转向超现实主义的转变。1968年，在真人影片《花园》中，花园的篱笆都是由人来做的，因为主人知道这些人的所有秘密，所以为了保守自己的秘密他们只能作为主人的篱笆，这部作品显然是有着明显的政治讽喻；《公寓》讲述了一个男人进了一间公寓，出入口都被封死了，公寓里发生了许多怪事，男人看镜子时却看到了自己的后脑勺、喝汤的时候勺子变成了漏勺、鸡蛋破墙而出。男人失去了食物，失去了床，最后连衣服也失去，陷入了绝望。最后男人只能在墓碑上签下了自己的名字。1968年的《与魏茨曼野餐》和1969年的《屋里寂静的一周》也全都被置于一种怪异、反常的气氛中。在《与魏茨曼野餐》中魏茨曼实际是一

414

件白衬衫,它就像穿在人身上一样行动自如。片中所有的东西都有生命,能自己行动。其中有一把铲子,在壁橱的前面挖了一个沟。从壁橱里掉出来一个被捆绑的人,落到了铲子早已为他准备好的墓穴里。《屋里寂静的一周》中,房间里到处是古怪的东西和情景——糖纸包的活蹦乱跳的洋钉、吃食物残渣的到处蠕动的舌头、壁橱谋杀玩具公鸡、家具联合谋杀鸽子、西装随地小便、铁丝与义肢恶性斗殴。在史云梅耶的镜头里,人与物没有什么区别,物也有生命,人也被物化,人与环境和物之间经常会产生暴力冲突,这成了史云梅耶在以后的作品里反复强调的主题。

1970 年,史云梅耶加入了"捷克超现实主义小组",吸收了更多关于超现实主义的理论。之后制作的影片《唐璜》以欧洲传统木偶剧的故事为基础,采用了一贯的制作手法:剧中角色由木偶和穿着木偶服装的真人交替扮演。故事主要讲述了少女玛利亚与唐璜的表兄菲利普彼此相爱。唐璜为了得到玛利亚采取了种种卑鄙的手段,杀死了玛利亚的父亲和菲利普,但之后唐璜一直被玛利亚父亲的鬼魂折磨着而最终被打入了地狱。

这期间史云梅耶的作品还有 1970 年的《纳骨堂》、1971 年的《稻草赫伯特的衣服》《荒唐童话》。1972 年的《莱昂纳多的日记》是比较重要的作品,影片表现了列奥纳多·达·芬奇的生活,他的素描绘画在片中以动画的形式动了起来,内容对应着现代生活中的一些真实影像片段。这几部片子都遭到了政府部门的审查,由于过于匪夷所思的内容和荒诞的形式,结果史云梅耶被禁止七年之内不能从事电影创作。于是,史云梅耶在巴拉多夫电影制片厂负责了一些诸如特技设计师和制作字幕等辅助工作。他还开始制作关于自然科学的铜版蚀刻版画，以及编纂自己的百科全书《史云梅耶图像字典》等，风格依旧十分怪异。

1979 年，史云梅耶重新开始执导电影，但是被限制只能改编畅销文学作品。他根据华尔浦尔的哥特小说《奥特兰多城堡》拍摄了同名电影。1982 年又根据爱伦·坡著名的短篇小说《鄂榭府崩溃记》拍摄了同名电影，都是采用了将真人表演与动画相糅合的形式。

1982 年，史云梅耶制作了他最广为人知的短片《对话的维度》，该片囊括了多个国际奖项，但在捷克斯洛伐克该片却被禁映。同年，史云梅本耶又制作了一部动画片《地下室的怪物》，他自述童年时期经常到家里的地下室去拿东西，而阴暗潮湿的地下室则成了他童年时期最恐怖的记忆。所以影片中出现了抢面包的皮鞋、会走路的土豆、用煤粉制作蛋糕的老太婆和用煤块当床垫、被子的老头，还有黑夜幽灵一样的黑猫等种种怪异的事物。史云梅耶曾经这样评价这部作品：“我对孩子们内心的虚构世界并不感兴趣，那是心理学家应该关注的问题。我最为感兴趣的是与我自己童年的对话，童年时代的我其实有着另一面的个性。”

1983 年改编自爱伦·坡的作品《陷坑与钟摆》的《深坑、钟摆和希望》讲述了，一个人被西班牙宗教法庭判处重罪，他试图从那台钟摆式的可怕机器下逃出来，历经磨难终于逃到了洞口，却不料在最后时刻被抓了回去。男人所受的惩罚就是，逃脱，被抓回，逃脱，被抓回，永远在希望与绝望的夹缝中呻吟。

此后史云梅耶一直致力于他的第一部动画长片《爱丽丝》

的制作工作,1988年该片在柏林电影节首次放映。《爱丽丝》以小说《爱丽丝梦游仙境》为创作蓝本,但与原著温馨欢快的童话风格相比,真人表演与动画结合的《爱丽丝》加入了史云梅耶个人的超现实主义元素,故事中的角色爱丽丝、兔子、青蛙仆人、红心皇后等都与原著个性迥异。标本兔子总是从身上的缝隙中掉出木屑,它拿着大剪刀剪去别的怪物的头,成了刽子手;长着牙齿和大眼珠子的袜子像毛毛虫一样蠕动,在小洞里钻来钻去,睡觉时还用针线缝合眼睛;黑老鼠在爱丽丝头上打木桩并生火煮起了东西;小女孩爱丽丝不断变换,当她缩小时,就变成了一个洋娃娃。而有时爱丽丝还会膨胀成了一个巨型娃娃,被攻击她的动物们捆绑和拖拉着。这个膨胀的巨型娃娃还飘了起来,然后被一个孩子撕破,这个孩子像昆虫那样从蛹里钻出。种种场景使这部电影充满着恐怖不安,像一个古怪压抑的噩梦。

由于《爱丽丝》,史云梅耶成了一名国际知名的导演。1988年他完成了涉及当代社会话题的作品《男性游戏》,主要反映社会上屡屡发生的足球暴力事件。还制作了唯一一部音乐短片《另一种爱》,演唱者是英国朋克摇滚歌手休·康威尔,他的唱片全球畅销。

1989年,史云梅耶制作了两部短片《肉之恋》和《花神》,同时还完成了《黑暗 光明 黑暗》,该片获得几项国际大奖。《肉之恋》讲述的是两块肉排在跳舞、寻欢,经历了短暂的浪漫之后,它们最终还是被放到油锅里煎炸,成为盘中餐。《花神》则表现身上满是腐败植物的花神被绑在病床上,身上的花果在持续腐烂衰败。

1989年,捷克政府的政权发生了更迭,捷克从苏联的支配中解脱出来,许多艺术家都致力于创作反映释放与解脱的作品。1990 年史云梅耶创作了一部纯政治题材的电影《波西米亚斯大林主义之死》。

1991 年史云梅耶与他的长期合作伙伴卡里斯塔一起创立了阿塔诺公司,专门创作具有捷克风格的电影。在 1992 年创作了短片《食物》后,他就致力于长片的拍摄。《食物》表现了早、中、晚餐的怪诞用法。早餐由于当代的机械化变得毫无乐趣,只剩下匆忙的时间、机械化的流程、无聊的等待、拥挤的排队;吃午餐时,一个看起来有教养,穿着体面的上层人士和一个穷小子坐在一张餐桌上,服务生久久不来,两人于是开始吃自己身上穿戴的和周围的东西,"千万别把吃饭的家伙丢了"也许是对所有人的忠告;晚餐则说明了"很多人是靠自己身体的某一部位吃饭的"的道理,比如足球运动员就是靠脚吃饭的。

图 8.7 血腥的《树婴》

1994 年,史云梅耶开始制作第二部长片《浮士德》,讲述了一个现代社会的男人被魔鬼撒旦的两个间谍骗到一栋废弃的大厦里,这里同时也是一个剧院。无论是在戏院,还是在真实世界里,他都被一种莫名的驱使力推动着去假扮浮士德。他也像浮士德一样与魔鬼达成交易,以灵魂来换取智慧与法力。故事穿越现实与剧场,真人、木偶、纸偶与黏土构筑了奇幻的世界。供木偶们表演所用的戏剧舞台似乎是一扇通向另一个世界的门:有时很像真实世界的外景,而有时又好像只是个戏剧舞台。故事还充满了被控制而不能自拔的噩梦——浮士德出卖了灵魂,虽然满足了感官的欲望但被魔鬼撒旦所掌控,精神在痛苦中沉沦。

1996年制作了第三部长片《极乐同盟》,这是一部怪诞的黑色喜剧,讲述了六个色情狂寻求满足自己性幻想的方法。2000年制作了第四部长片,根据民间故事改编的《树婴》,将真人表演和动画融为一体。讲述了一对不孕的夫妇,丈夫为了抚慰妻子伤痛的心,挖出了一具人形的树根来充当孩子,夫妻俩非常宠爱这个树婴。没想到充满血腥情节的黑色童话开始上演:树婴有着惊人的胃口,他不再满足于被喂养,家里的小动物、访客、邻居一天一天地逐渐消失,夫妻二人非常惊惧惶恐,最后他们也成了树婴的食物。

2005年的《梦魇疯人院》,这是一部用生肉、眼球、舌与头骨组合而成的骇人的恐怖片,影片中的所有人都是癫狂的。影片实际上揭露了人与体制的冲突以及政治谎言的丑恶。

2010年的《幸存的生命(理论与实践)》运用了现代艺术拼贴的手法把真人演出和剪纸动画融合在一起,以一贯的诙谐犀利和荒诞的奇想,打破了梦境与现实的界限,大胆揶揄了心理分析学派的代表人物弗洛伊德和荣格,以及满口"潜意识"的心理医生,质疑了心理学广为人知的观点:梦是现实所无法达成欲望的满足。影片上演了一出中年男子沉迷于梦境的"精神分析喜剧"。2018年,年事已高的史云梅耶又出品了《昆虫物语》,把人比作昆虫,充满讽刺意味。

史云梅耶的作品的特点是他对细节的一丝不苟和对非常规材料和技术的使用。他经常使用黏土、现成物品,各种材质的玩偶,甚至食物来创造他的超现实世界。他的电影充满了生动和令人惴惴不安的图像,经常颠覆传统的叙事结构,以创造一种惶恐的感觉,挑战观众探索内在心理的深度。他的电影提供了直达心灵深处的途径,发人深省且有些令人恐惧,在整个动画和电影界留下了不可磨灭的痕迹。史云梅耶对动画和电影制作领域的贡献为他赢得了许多奖项和荣誉,以其独特的风格和无与伦比的创造力继续激励和影响着动画制作人和艺术家们。

二、主要作品

(一)《对话的维度》

《对话的维度》,1982 年上映,片长 12 分钟。《对话的维度》曾被选为有史以来十大最佳动画片,也是史云梅耶最广为人知的动画作品之一,共分为三个部分:《实质性对话》《激情的对话》和《令人筋疲力尽的讨论》,对人与人之间的沟通和人际关系进行了发人深省的探索。

第一部分《实质性对话》,是三种由不同材料组成的类似"头颅"的物体互相吞噬、融合,然后吐出形成一个新的"头颅"。"头颅"由各种蔬菜类食物、厨具类金属器具,以及文具类用品组成,它们在不停地吞吐着彼此,吞噬、破坏、分解又合成,直到最后所有的东西都失去了其本来的面目,越来越像人。

关于这一部分的讨论和思考一直在进行。互相吞噬最终变得完全一致可以解读为人类文明从分化到统一的过程,食物组成的头颅代表农业，工具组成的头颅代表工业，文具组成的头颅代表更高级的智能产业，这些产业互相取代和融合，最终构成了人类文明。

如果从个人的角度来思考这个动画的含义，也可以将食物理解为一个人的身体，将文具理解为人的思想和精神，将金属工具则理解为人所处的环境（比如所处的社会）。当一个人能将自己的身体和精神与其所处的环境融合交织时，才能被称为一个完整的人。

图8.8 《对话的维度》第一部分

第二部分《激情的对话》是用黏土制作的一对男女在桌前牵手、拥吻，然后融为一体，产下一个黏土"婴儿"。男女分开了，他们坐在了桌子的两边，双方都想把多出的这块黏土扔给对方，最后对话变成了战争，他们之间的冲突越来越激烈，直到最后把彼此都打碎。

这部分有很多令人深思的地方。在本片的语境下，将那一团新出现的黏土理解成两人的孩子是很直观的想法。但稍作拓展，也可以将它理解为婚姻中的责任义务等。人类社会包括婚姻制度在内的种种制度，都是在划分人应当承担的责任和义务，一旦人变得只贪图权利而不尽责任，那么人类社会许多体制都会瓦解崩塌。

第三部分《令人筋疲力尽的讨论》，两个泥人头相向而对，嘴里往外吐着东西，起初吐出来的东西都是互相匹配的，如牙刷与牙膏、鞋与鞋带、面包与黄油。但很快这两个头颅变得越来越无法相容，配对也就错乱了，他们将牙膏挤在了面包上，将黄油抹在鞋子上。然后两个头颅开始互相攻击，最后都成了一摊烂泥。这部作品用一种超现实的直观形式表达了人与人之间对话与交流的障碍所酿成的悲剧——当人们发现彼此之间的不同时，人们往往强迫别人接受，而有的人宁可毁掉一切也不愿意尝试着去接受不同，这种残酷是人类社会交往中每个人经常体会到的共通感觉。

（二）《食物》

《食物》，1992年上映，片长16分钟。《食物》分为三个段落，分别为早餐、午餐和晚餐。

早餐是在一个逼仄晦暗的小房间里进行的，房间里有一张两个人可以相向而坐的小桌子。桌子旁一个是要吃早餐的人，另一个人是没有意识地提供食物的自动贩卖机。按照自动贩卖机身上挂着的流程操作结束之后，吃饭完毕的人突然身体僵直，而之前无意识的人则恢复了意识，他将流程指示牌挂在进食完毕者的胸前，便走了出去。这种进食交替实际上暗喻了在社会中人们在吞噬与消耗别人生产出的食物的同时，自己也成为食物的生产者。而当完成这样一套流程之后，门外是无休无止的长队，暗示着每个人都是这无限循环中的一环。

午餐的场景同样是坐在一个桌子上的两个等待吃饭的人，侍者迟迟不来，他们开始将盘子、桌子、椅子等一切可食之物都吃干净,接着在貌似中产阶级男人的带领下两人将身上的鞋子衣物都吃干净,而最后中产阶级男人假意吃下刀叉,貌似平民的男人也学着这么做了之后,中产阶级男人又从嘴里拿出了刀叉,冷笑着走向了平民。片中两个人可以被视为不同阶层的代表,从两者的状态来看,不难发现中产阶级自私自利的行为表现,作者讽刺了中产阶级的伪善,也讽刺了底层人对上一阶层的人盲目地模仿与顺从的心态。同时午餐的片段强化了吞噬一切甚至"吃人"这个主题,对于异化的人、异化的社会进行了更深刻的描摹。

经过早餐的机械麻木,午餐的伪善和对立,晚餐场景的描摹充满浓烈的气味。晚餐有讲究精美的餐具、种类齐全的调料、彩色鲜艳的花饰,但每个人吃的食物却是自己身体的一部分,装在盘中的有的是自己的手,有的是自己的脚,有的是自己的乳房等,人们开始蚕食自己的身体,每个人最看重的身体器官成为盘中餐。

《食物》中充斥着刻意制造的粗制滥造的场景和画面,挑战人的感官极限,把人抽离为一种物的符号,用于象征人类的潜在欲望。人性中对于进食的欲望由对他者的利用、蚕食逐步蔓延到自身,这种异化凸显出社会对人性的扭曲与人性的黑暗。因此《食物》所表现的是存在于非理性中的黑暗和恐惧,以及被恐惧还原出来的深藏于潜意识中的"恶心"的感受。

三、扬·史云梅耶的超现实主义动画和"异化"主题

(一)对人性本能的揭示和对人生的悲观诠释
超现实主义以唯心主义哲学及心理分析流派为理论基

础。法国哲学家柏格森的直觉主义认为，"生命的冲动"是万物的主宰，宇宙间的一切都是由此派生的，只有人的梦幻世界和直觉领域才能达到绝对的真实，即"超现实"。绝对的真实并非客观的真实，而是一种主观的、唯心主义的真实，超现实主义者认为这种主观的真实才是真正的真实。

超现实主义艺术以西班牙画家达利和电影导演布努艾尔为代表，史云梅耶继承了超现实主义的精髓。看似荒诞，但史云梅耶的影片实质上从来没有离开过现实，他那些怪诞的影像反而意味着"超现实"比现实更逼近真实，蕴藏在史云梅耶作品深处的是对人性、对社会最真实、最沉重的批判。

史云梅耶的影像会构筑一个充满梦幻的无序的世界，将观众带入一种在现实基础上的荒诞古怪幻觉中，这种幻觉其实就是对人内心感受的赤裸表达。史云梅耶运用了陌生化的处理方法，把事物内在的实质用反常规的方法表达出来，给人以强烈的感官刺激，借以深刻窥探到人的潜意识层面，并直面人的本性和由人的本性所带来的悲剧性的人生。

史云梅耶往往在作品中通过挖掘人内心深处的潜意识来表现人类动物性欲望，包括性欲、恋物癖、贪欲、口腔期快感，以及人性中阴暗面等，这些因素都被赤裸裸地刻画在影片中。

在《食物》的午餐一段中，两个人久久等不到食物就开始吃周围的一切，餐桌上的花、花瓶、餐巾、桌子、刀叉、衣服、皮鞋等。《树婴》中对吃的刻画也是同样残酷的，片中有许多食物的特写、吃相的特写、都将"吃"这个人类生存的基本行为夸张到非常龌龊的地步，把人的贪吃的本性揭露得非常深刻。在史云梅耶的影片里还会经常会出现"舌头"这一元素，《对话的维度》里两个泥人嘴里的舌头格外显眼，《屋里寂静的一周》

中,舌头从厨房的壁橱里爬出来,在舔干净洗碗槽里的脏盘子脏碗后,自己爬进了老式的绞肉机里,这些镜头的描述无疑与人满足口腹之欲有关。

《极乐同盟》则表现了人们的性欲往往是通过自慰的方式来解决的,表现了物的滥用已经逐渐代替了人际交往与感情,爱物胜过爱人,这不能不说是现代社会的悲哀。

《花园》中人为了保守自己的秘密只能成为花园的篱笆;《公寓》表现了封闭和集权的社会对人的压抑;《梦魇疯人院》揭露了对体制的不信任以及政治谎言的丑恶;《爱丽丝》呈现出另类的童话世界,影片的色调偏暗,布景与道具陈旧,令人感觉压抑,其实隐含着对捷克当时所处的社会与文化环境的讽喻与批判;《对话的维度》表达了人与人之间对话交流的障碍所酿成的悲剧。种种荒诞不经,实际是最真实的揭露和批判。

法国的《电影手册》这样评论史云梅耶:"对于人生超现实的悲观诠释,只有文学巨擘卡夫卡可以和史云梅耶相提并论。"暴力、压抑与欲望是史云梅耶作品的主要表现内容,他的大多数电影色调阴暗单调或完全是黑白片,道具与场景残旧破败,人物表情阴郁而迷失,类似猪舌头、血淋淋的鲜肉、爬满肉蛆的苹果和绞肉机等诡异的物品经常出现。不受理性控制的情节,传递给了观众不安与困惑,能够挖掘出人心深处的恐惧,整个作品呈现出梦魇般狂乱的色彩。但透过迷乱的表面、陌生化的创作手法,作品呈现的实际上是外在的荒诞性和内在的真实性。

(二)异化主题中人的物化和动物化

史云梅耶的作品保持了欧洲艺术的先锋性和作者意识,

通过定格动画记录物体的动作姿态，以超现实主义影像为手段，表现独到的对于人和社会的见解，批判了人性的阴暗和人类文明的腐败，其最中心的主旨就是"异化"，成为当代定格动画、非主流动画难以逾越的高峰。

18 世纪法国启蒙思想家卢梭较早地使用了"异化"这一概念。在《社会契约论》中卢梭揭露了人的社会活动及其产品变成异己之物的事实，人民通过社会契约把权力委托给国家，国家却导致权力的异化，卢梭从这种政治异化的角度揭示了国家的产生根源，在这里，国家拥有着压迫人们的政治权力；在《论人类不平等的起源》里，卢梭指出了人类历史就是人摆脱原有的天性，逐渐扭曲，丧失真实性的过程；他也在《爱弥儿》中表达了人变成自己制造物的奴隶的异化事实，在人与自然、社会的两重关系上，作品深化了异化的内涵，推动了异化理论的发展。

将"异化"真正作为一个哲学概念来运用始于黑格尔。在黑格尔看来，异化就是客观化的过程，是主体与客体的分裂、对立和统一。马克思一方面根据异化理论的思辨传统，另一方面立足于社会经济事实的分析，在《1844 年经济学哲学手稿》中系统阐述了劳动异化的理论，将异化从抽象的视角转换到实践的视角，并吸收了黑格尔异化理论的辩证法和费尔巴哈的唯物主义的哲学观点，形成了自己的异化劳动理论的四个方面：劳动产品和劳动者相异化、劳动活动和劳动者相异化、劳动者与他的类本质相异化、人与人相异化。

当代著名思想家埃利希·弗洛姆说："在整个工业化的世界中，异化达到了近似于精神病的地步，它动摇和摧毁着这个世界宗教的、精神的和政治的传统；并且通过核战争，预示了导致普遍毁灭的危险性,正因为异化已经达到了这种程度,越来越多的人才更清楚地认识到,病态的人乃是马克思承认的现代的主要问题。"异化作为"现代的主要问题"已"吞没了全部现代文学"。西方马克思主义理论家看到了资本主义社会在现代性过程中出现的一系列问题,看到了异化对人的压迫。由文学蔓延到艺术界,许多艺术作品通过社会上种种"异化"现象,从各个方面探讨了现代社会中人的生存状况。

史云梅耶为观众构建了一个充满异象的世界,来尽可能地探索物品和人的各种关系。在史云梅耶的影片里除了运用木偶、布偶、雕像、自动机械、石头、标本、骨架甚至是建筑的墙壁等这些无生命的物品外,人也成了动画所使用的材料,他的影片真人和木偶经常出现互换,人失去了本身拥有的权力,丧失了对万物的主宰力,只作为与其他无生命物品平等的一个物体而存在。

在《花园》中,各种各样的人成为花园的栅栏,有时不动,有时还会猜拳,而主人的一个朋友自愿成了另一堵栅栏;在《食物》中人要吃饭,他从食品贩卖机中获得食物,但吃过饭后就变成了另一台食品贩卖机,人与机械出现了互换。与人的物化相对应的是物的生命化,木偶、布偶、雕像、标本、玩具、自动机械、石头、餐具等物品都一反现实生活中的常态,变成了一个有意识但没有理性的群体,它们能自如地活动,就像一个个生命体。史云梅耶说:"我做动画不是仅仅让玩偶们动起来,而是要逼出它们内在的灵魂。"《公寓》中,男人闯入了一个奇怪的房间,里面所有日常物件都表现得非常不友善,把人被戏弄得手足无措。在银幕上赋予物品生命,以此来表现人与物之间的关系,这实质上是在揭示物质极大丰富的人类在精神上却日渐贫瘠,现代生活中人已经完全被物所异化的现实。

史云梅耶的多部作品都有着对人和社会异化的批判,体现在发生于人形物品上的诡异事情带来的极强的荒诞感以及一种不自然的压迫感,形成了关于人的物化或是人的动物化的寓言。正如《食物》中吃下衣物和餐具的人或者享用自己身体的人,《斯大林主义在波希米亚的终结》中生产线上如出一辙的泥土人,或者是《花神》里逐渐腐化的花神。

《食物》中关于早餐的片段中为了"吃"而异化成为早餐贩卖机的人,宁愿把自己变成机器,享用别人,然后被人所享用。《午餐》中,同样是为了"吃"这种人最原始的口腹之欲,两个坐在桌旁的人开始了无尽的等待,在等待中他们逐渐褪去了文明的外衣,吃了用来装饰的花、用来盛食物的盘子碗叉子,以及桌子、椅子、自己的衣服,最后裸体相向,开始人吃人。在这里人无疑已经退化或者说异化成动物了,正如马克思所论述的,这就是"人与自己的类本质相异化"的直观写照。

史云梅耶的作品里似乎无处不在的长而黏的、令人不适但又非常瞩目的舌头,也具有类似的表达方式。比如在《屋里寂静的一周》中蚕食残渣后投入绞肉机的舌头,或是《对话的维度》里人用以承载交流的舌头,这些黏乎乎的舌头,突出表现的实际上是人的原始欲望,人如果完全由原始欲望所操纵,与动物又有何异?

花神本来是希腊神话中美好的存在,春风吹过,大地花开,花神诞生,而在史云梅耶的暗黑动画中却是被绑在病床上行动受控的病态躯体,背景一直有救护车的鸣叫声,病床旁的桌子上虽然有一杯水,但被缚的躯体却无法得到,只能任由身上的种种植物枯槁腐烂,走向衰亡,这种情景可以作为一种异化的象征延展到对现代社会万事万物的想象。

（三）木偶动画为主的多种艺术表现手法

木偶动画是史云梅耶的主要表现手法。木偶在捷克传统文化中占有很重要的地位。史云梅耶拍摄的木偶动画经常是以剧场的形式出现的,第一部短片《最后的伎俩》就是将剧场表演和木偶表演合二为一,两个人戴着木偶头站在舞台上,面对着镜头表演各种魔术,每次表演完就对着观众席的方向鞠躬。在《棺材屋》《唐璜》《爱丽丝》和《浮士德》等片中也都不同程度地运用了木偶剧的表现手法。

除了木偶,史云梅耶的动画还呈现出多种形式表现,黏土制品、木头、陶器、石头、石膏雕像、食物、动物内脏、机械、老旧建筑等物件都被加入动画之中。《浮士德》将木偶剧、黏土动画、歌剧、布拉格街景等元素共冶一炉,这些原本互不相关的材料经过奇异的组合后营造出梦魇般的效果。在这样的场景中上演的浮士德的命运也如同木偶般被操纵和控制,呈现出的压抑和迷离的状态;《梦魇疯人院》也采用了木偶剧和黏土动画相结合的形式,同时生肉、眼球、舌与头骨等材料的加入,组合成骇人的景象,表现了人类的疯癫状态。

在《对话的维度》中,史云梅耶运用蔬菜瓜果等食物,锅碗瓢盆之类的生活器具,以及书本、尺子、颜料等文化用品,分别把它们拼凑成三个类似人的脑袋。它们互相吞吐噬,组合排列,直到泥人的出现。

史云梅耶还广泛运用各种动画制作手段,包括绘画、木偶、黏土动画、剪纸动画甚至真人表演和运用实物,创造出风格奇特的魔幻世界和超现实图景。他的作品"放弃逻辑、有序的经验记忆为基础的现实形象,而呈现人的深层心理中的形象世界，尝试将现实观念与本能、潜意识与梦的经验相融合"，运用超现实主义手法在动画电影里营造出梦魇般的世界，并通过象征与隐喻的手法对社会、文明与人性进行辛辣的讽刺与批判。

史云梅耶有许多超乎寻常的大胆的奇思妙想，为动画艺术的表现力挖掘了更多的可能性，使他在国际上享有广泛声誉，共计获得世界级电影节共 28 个奖项与 14 项提名。他的短片《巴赫狂想曲》曾获得戛纳国际电影节最佳短片评委会大奖，《黑暗 光明 黑暗》曾获得柏林国际电影节最佳短片荣誉奖，《对话的维度》曾获得柏林国际电影最佳短片金熊奖，其他作品还曾四次获得捷克电影节金狮奖。1997 年史云梅耶获得圣佛兰西斯克国际电影节"金门持续远见奖"，2000 年获得动画电影最高荣誉的萨格勒布世界动画电影节终身成就奖。尽管获奖无数，但也有评论认为史云梅耶的作品怪诞、恐怖、血腥、黑暗，充满挫败感和无助感，并且十分晦涩难懂，这也是他的作品难以走进大众视野的原因。

第九章
弘扬民族文化的中国动画

中国动画始于 20 世纪 20 年代,早期以一些短片为主,到五六十年代达到高峰,涌现出许多精品,这个时期也被称为"中国动画的黄金年代"。70 年代由于社会政治方面的原因动画创作归于沉寂。到了 20 世纪八九十年代以后则再次苏醒,跟随国际潮流,在形式和内容上不断探索和创新。在中国百余年的动画创作历程中,涌现了许许多多颇具个人风格和特色的动画艺术家。

中国动画肇始就从传统民间技艺出发,探索各种艺术表现形式,制作出许多经典的作品,更因为其鲜明的民族特色,与对于美术形式的深入试验,享有"中国学派"的美名,成为世界动画史上重要的流派之一。

第一节　中国动画的开创者
——万氏兄弟

中国动画的开创与早期发展是和万氏兄弟的名字紧密相

联系的,可以说万氏兄弟是中国动画的创建者和奠基人。万氏兄弟包括万籁鸣(1900年—1997年)、万古蟾(1900年—1995年)、万超尘(1906年—1992年)、万涤寰(1907年—2000年)四人,其中以大哥万籁鸣在动画艺术方面的成就最为显著。除万涤寰中途因为养家的原因退出了动画创作,其余兄弟三人都为中国的动画事业奉献了毕生的精力。

20世纪初,万氏兄弟在西方动画的启发和影响下,开始了艰难的创作和实践,并在资金、设备和资料都极为短缺的情况下,拍摄了一系列动画短片作品,中国的动画片也由此起步。此后一直到中华人民共和国成立初期,他们积极参与了众多动画作品的创作工作,为中国动画形成鲜明的民族风格,得到"中国学派"的美誉做出了卓越贡献。

一、万氏兄弟的动画之路

万氏兄弟,包括万古蟾、万籁鸣、万超尘、万涤寰四人,出生于南京的一个小商人家庭,他们从小就都非常喜爱绘画艺术。万籁鸣18岁时离开家乡到上海商务印书馆美术部谋生,在他的影响下,几个弟弟也都考取了美术学校,毕业后先后来到商务印书馆影戏部,他们的主要工作就是为书报杂志绘制插图。

当时,在继无声电影之后,动画片也开始从欧美传入我国。万氏兄弟在电影院看到画笔下的人物在银幕上竟如此生动鲜活,尤其看到美国的动画片《大力水手》《小丑可可》等后,十分震撼,中国为什么就不能制作自己的动画片呢?他们产生了制作动画片的强烈愿望。

图 9.1　万氏兄弟中的万古蟾、万籁鸣、万超尘

　　虽然此时的万氏兄弟除了有绘画的功底外,对动画片的制作一无所知,但他们通过一次次的实验和拍摄,终于在1922年成功地运用动画制作了《舒振东华文打字机》的广告。广告片的成功,为他们"提供了制作动画片的原始经验和极为朴素的动画理论根据"。[①] 此后,万氏兄弟加盟了电影制作公司——长城画片公司的动画部门,专门试拍动画片。经过不懈的努力,1926年,中国第一部动画片《大闹画室》终于诞生了。

　　《大闹画室》,片长12分钟,是一部真人与动画合成的无声黑白片,表现的是由万古蟾饰演的画家正在作画,他笔下一个穿中式服装的小人忽然活了,从画板上跳下来四处捣乱,搞得画家狼狈不堪。画家只好停下笔来去捉这个顽劣的小人,经过一番追逐,画家终于把小人赶回了画中。

　　1930年,万氏兄弟又摄制出《纸人捣乱记》《一封书信寄回来》。《纸人捣乱记》内容与《大闹画室》有些类似,只不过捣乱

---

　　① 万籁鸣,万国魂:《我与孙悟空》,北岳文艺出版社,1986年,第52页。

的小人换成了墨水瓶中跳出的墨汁小人。《一封书信寄回来》则是讲纸折的小人把画家寄出的信地址改了，信又回到了画家手中，令他哭笑不得。

几部动画短片受同期美国动画的影响，十分滑稽风趣，诙谐幽默，强调角色的夸张和变形，在一些影院放映时，观众如潮，孩子们看得捧腹大笑。万氏兄弟取得了初步的成功，中国动画也迈出了可喜的第一步。

1931年后，在反对日本侵略的时代背景下，万氏兄弟也投入到抗日救国的斗争中，先后拍摄了《同胞速醒》《精诚团结》《血钱》《航空救国》《民族痛史》《新潮》《国货年》《漏洞》《狗侦探》等表现抗日爱国的黑白动画短片来唤醒民众共同御敌，取得了很大的社会反响。这些动画短片采用了象征、变形等动画惯用的手法，如《同胞速醒》用"睡狮"象征中华民族，狮子的尾巴和四肢又先后变成工、农、商、学、兵的形象，身体和头则变成一个巨大的石碾子，碾碎了日军的武器，武器的碎末又变成了抗日的标语，十分鼓舞人心。这个时期动画片的制作摆脱了早期的以逗趣滑稽为主的风格，开始倾向于更为深刻的内容，注重与社会的联系。据万籁鸣回忆："动画片一在中国出现，题材上就与西方分道扬镳了。在苦难的中国，没有时间开玩笑。要让同胞觉醒起来，我们拍摄了反映受压榨的劳苦人民的生活和激发中国人民抵御日本侵略的20余部短片"。[①]

这个时期万氏兄弟也拍摄了面向儿童观众的寓言片，主要改编自《伊索寓言》的《鼠与蛙》《飞来祸》《龟兔赛跑》等以动

---

① 闫李：《九旬还念悟空情——访万籁鸣先生》，《中国文化报》，1990年7月8日。

物为主角的动画片。这些片子以深刻的哲理和生动活泼的形式，深受少年儿童的喜爱。

有声电影产生于20世纪20年代的美国，我国在1931年推出了第一部有声电影《歌女红牡丹》。有声电影的出现极大地增强了艺术表现力，动画片也面临着由默片向有声片的转型。1935年，万氏兄弟在明星影片公司的支持下完成了我国第一部有声黑白动画片《骆驼献舞》。《骆驼献舞》讲述了一个轻松幽默的动物故事，讽刺了不自量力的骆驼，配合舞蹈的音乐、音效、对白和笑声的运用，标志我国动画艺术进入一个新阶段。

1937年，上海爆发了日军侵华的"八一三事变"，万氏兄弟赴武汉，加入中国电影制片厂。抗日战争爆发后先后创作了《抗战特辑》《抗战标语》《抗战歌辑》等配合抗日宣传的动画短片。

1939年，由万超尘创作的我国第一部木偶片《上前线》上映。此后，万超尘一直致力于木偶片的创作与研究，为我国动画片形式的探索和不断丰富提供了宝贵的经验。

1940年，万籁鸣、万古蟾应上海新华联合影片公司的邀请，成立了动画部。此时美国的动画已经得到长足的发展，1938年，动画长片《白雪公主和七个小矮人》的问世更是轰动了世人。在此启发下，万籁鸣和万古蟾决定拍摄一个中国自己的"公主"，经过选材，他们选择了《西游记》中"孙悟空三借芭蕉扇"的一段故事，并把片名命名为《铁扇公主》。《铁扇公主》于1942年拍摄完成并发行，是中国第一部动画长片。该片制作精良，故事情节生动，并有很强的时代象征意义。片中大众只有团结一心，才能打败牛魔王实际上暗喻了号召民众

图 9.2　手冢治虫和万籁鸣共同绘制的"孙悟空与阿童木"

齐心合力打败日本侵略者的决心。此片在上海各大影院放映时期"观众掌声此起彼伏,连演一月,家家影院座无虚席。"

《铁扇公主》不仅在国内引起巨大反响,还在新加坡、马来西亚和日本受到欢迎。日本动漫大师手冢治虫也正是因为童年时非常喜欢这部影片,后来才走上动漫创作的道路。1984年手冢治虫访问中国时特地到上海拜会万籁鸣,两人合作画了一幅"孙悟空与阿童木"留作纪念,成为动画史上的一段佳话。

1949年7月,在中华人民共和国成立的前夕,长春东北电影制片厂美术片组宣告成立,这也是我国第一个专门摄制动画片的机构,最初成员只有三个人:持永只仁(方明)、势满雄、赵明。这个时期的动画制作主要是宣传进步思想,为解放战争服务。中华人民共和国成立后的1950年,美术片组搬迁到上海,成为上海电影制片厂的一部分。1957年,上海美术电影制片厂成立,万籁鸣、万古蟾、万超尘三兄弟和当时一批著名艺术家,如钱家骏、虞哲光、雷雨、章超群、马国良、金近等纷纷加盟。

这个时期万超尘继续木偶片的创作,导演或参与制作了《小小英雄》《东郭先生》《机智的山羊》《神笔马良》等木偶动画片。万古蟾则推出了一系列富有创意的剪纸动画如《猪八戒吃西瓜》《人参娃娃》《济公斗蟋蟀》等作品。

1961年至1964年,由万籁鸣任总导演,上海美术电影制片厂制作了取材自古典名著《西游记》的大型动画片《大闹天宫》。作为我国第一部彩色有声动画长片,《大闹天宫》代表着中国动画片的制作日臻成熟,并达到了一个辉煌的阶段。《大闹天宫》在国内、国际上都好评如潮,并屡获殊荣,获得了多项国际大奖。

二、万氏兄弟开创了中国动画的民族风格

中国动画从无到有的过程是一个不断探索和实践的艰辛过程。是步发展较早的美国动画片的后尘,一味地模仿,还是塑造自己的独特的风格?在这样的抉择中,万氏兄弟开拓了中国动画蕴藉民族文化,发扬民族风格的传统。

（一）《铁扇公主》

《铁扇公主》,1941 年上映,片长 100 分钟。万氏兄弟拍摄的我国第一部有声动画片《骆驼献舞》改编自《伊索寓言》,这似乎无意之中开辟了我国动画片的一个传统,即大多取材于民间的神话、传说、故事、寓言等,第一部动画长片《铁扇公主》也是如此。铁扇公主其实并不是片中绝对的主角,这一片名的来历无疑有依靠《白雪公

图 9.3　中国第一部动画长片
《铁扇公主》

主与七个小矮人》带动票房的考虑,万氏兄弟还请来当时的电影明星白虹、严月玲、姜明、韩兰根、殷秀岑等为之配音,使《铁扇公主》成为艺术与市场接轨的先例。

《铁扇公主》具有很高的艺术成就,形象生动,设计新颖,场景丰富。孙悟空的七十二变,铁扇公主的种种妖法被描绘得活灵活现,出神入化,激烈的打斗场面也是变化多样。此片还将中国的山水画搬上银幕,画面上层峦叠嶂,层次分明,浓淡有致,种种建筑包括屋檐等细节,以及佛塔等都具有中国特有的风格;主要角色孙悟空、唐僧、猪八戒等性格形象都吸收了中国戏曲艺术造型的特点。铁扇公主的造型在服装、发式、装扮上还借鉴了当时流行的神怪武侠片中的女侠形象,使之具有浓郁的民族特色。由于当时的电影技术还没有彩色胶片,所以在影片中对于火焰山的火光处理方面,万氏兄弟想出用红墨水涂在赛璐珞上的办法,制作出火焰冲天的感觉,收到了很好的艺术效果。

《铁扇公主》诞生于中国抗战最为艰苦的1941年,除了艺术上追求尽善尽美,万氏兄弟还借片中战胜牛魔王的情节来鼓舞民众的斗志。在影片的结尾,孙悟空师兄弟和众村民齐心协力攻打牛魔王,最终取得了胜利,这个情节表明了万氏兄弟在国家和民族生死存亡关头的勇气和决心。

(二)《大闹天宫》

《大闹天宫》,1961年上映,片长106分钟。中国第一部彩色动画长片《大闹天宫》分为上、下两集,是中国动画创作的一个高峰,达到了当时世界的最高水平。这部经典的中国动画至今亦是难以被超越的艺术巅峰之作,是众多中国人心中永远的童年回忆。

《大闹天宫》获得过第十三届卡罗维发利国际电影节短片特别奖、第二届中国电影百花奖最佳美术片奖、第二十二届伦敦国际电影节最佳影片奖等荣誉，获得国内外一致好评。英国《电影与摄影》杂志曾发表文章称赞《大闹天宫》是"1980年在伦敦电影节上最轰动、最活泼的一部电影"；芬兰报界更是夸赞道："（《大闹天宫》的）动画技术在国际动画界是第一流的，它把动画技术最杰出的特点和传统的东方绘画风格结合在一起。"法国《人道报》指出："万籁鸣导演的《大闹天宫》是动画片真正

图 9.4　为中国动画赢得世界荣誉的《大闹天宫》

的杰作，简直就像一组美妙的画面交响乐。"《世界报》则把《大闹天宫》与美国迪士尼进行对比："《大闹天宫》不仅有一般美国迪士尼作品的美感，而造型艺术又是迪士尼式艺术所做不到的，它完美地表达了中国的传统艺术风格"。①

　　① 许婧，汪炀：《读动画：中国动画黄金80年》，朝华出版社，2005年，第60页。

《大闹天宫》描写了孙悟空到龙宫借宝，大闹天宫，回花果山称齐天大圣的故事。无论是取材、造型、背景还是场景、音乐等方面都充溢着浓郁的民族化气息。

1. 主题内容

《大闹天宫》讲述的是猴王孙悟空带着猴子们在花果山上练功，却没有合适的兵器，于是来到东海想要借一件宝物。龙王答应只要他能拿得起如意金箍棒，就把金箍棒送给他。可是，猴王拿走了宝贝，龙王却出尔反尔，向天庭控告。玉帝把猴王忽悠到天上去，封了个小官"弼马温"。猴王自知上当，一气之下，回到了花果山，打出了"齐天大圣"的旗号，与天宫争锋。玉帝下令天兵天将去抓猴王，却被打败。于是，玉帝又假借封猴王"齐天大圣"之名，让他去管理天庭的蟠桃园。有一天，猴王听说王母要办一场蟠桃大典，邀请了所有的仙人，却没有邀请他。猴王暴跳如雷，在瑶池大闹，把杯子和盘子都砸了个稀巴烂，将所有的食物和水果都收了起来，又服下了老君的九转金丹，回到花果山。玉皇大怒，调动了整个天庭的力量，捉拿猴王。因为寡不敌众，猴王被抓了起来。老君将他送入炼丹炉中，非但没有被烧死，反而让猴王变得更加强大。猴王发起了反攻，将天宫打得溃不成军，玉帝也被吓得落荒而逃。

《大闹天宫》的结尾和《西游记》原著里描述的有所不同，大闹天宫的孙悟空返回花果山，和猴子们一起快乐地生活在一起。这一改动，更是肯定了孙悟空的抗争精神，也映射着当时中国反抗阶级压迫，人民争做国家的主人这一时代愿景。

《大闹天宫》通过孙悟空闹龙宫、反天庭的故事，暴露和讽刺了玉帝、龙王、天神天将们的飞扬跋扈、专横残暴和昏庸无能。突出地表现了孙悟空敢做敢当、机智乐观、自信勇敢、追求自由,大胆反抗天威神权的无畏精神和斗争性格,彰显了中华民族的传统文化和民族精神,使中国动画电影走向世界。

2. 艺术手法

作为中国动画的里程碑,《大闹天宫》的创作历程极其不易,是包括万籁鸣在内的八位原画师的集体努力的结果。当时没有电脑制作,全凭原画手中一支画笔。孙悟空与哪吒大战时,他从自己颈后拔下三根毫毛一吹,随即变出了另外三个孙悟空一起攻击哪吒。这样的一个镜头,在荧幕上只有 5 秒钟,却要画上 100 多张画稿。1964 年《大闹天宫》所有镜头终于全部完成,上下集共绘制了 15.4 万余幅图画,胶片长达 3 000 多米。

影片色彩浓重,造型奇异,场面宏伟,将神佛等在传统造型的基础上做了夸张处理,突出了形象的装饰性和性格的典型性。民间流传久远的如孙悟空、玉皇大帝、龙王、太白金星、哪吒、托塔李天王等人物,都被赋予了鲜活生动的性格。万籁鸣借鉴民间猴戏以及京剧中的形象,把孙悟空人、神、猴三者合一的特点表现得淋漓尽致。孙悟空形象融合了红、黄、蓝、绿多种颜色,看起来鲜艳明快,脸部借鉴了京剧脸谱的设计,空面部中间的红色桃心形体现猴子的属性,红色代表着忠勇,眼部涂有金色眼窝表示他的火眼金睛及神仙身份。

玉皇大帝、太白金星及其他人物造型则借鉴了民间戏曲、京剧,剪纸、雕刻、皮影、木刻、年画等的艺术特点。玉皇大帝借鉴了无锡纸马灶君的画风,色彩鲜艳,杏黄色的衣服体现了玉帝的身份地位,方形的脸部轮廓、细长的眉眼以及眼睛上下由月牙形简化而成的半圆形曲线,充分地表现出人物表面的慈祥庄严,内心却充满阴险。

影片背景雄伟壮丽而又变幻神奇，充满古典神秘的气氛。影片中，山、水、云、水帘洞、龙宫、云霄宝殿等场景都是在中国绘画表现形式的基础上，吸收了西洋水彩、水粉画的技法，逼真而有诗意，使观众始终都沉浸在千变万化、光怪陆离的神话气氛中，有着"境能夺人"的艺术魅力。

《大闹天宫》具备与众不同的民族风格的美术设计与文化艺术感召力，无论在创作选材上，还是在表现形式上对于中国动画制作与传统文化、民族艺术的融合起到了典范作用。

三、其他的动画艺术成就

作为万氏兄弟成员的万古蟾和万超尘则在动画形式的民族化探索中也走出了重要的一步，万古蟾主要致力于剪纸片的制作。剪纸片是在借鉴南宋流传至今的皮影戏和民间剪纸等传统文化的基础上发展起来的一个动画片种。"它以平面雕镂艺术作为人物造型的主要表现手段，制成平面关节纸偶。环境空间由绘制的纸片，贴在前、后玻璃板上构成背景。拍摄时，将纸偶放在玻璃上，用逐格拍摄的方法把分解的动作拍摄下来，通过连续放映而形成活动影像"。[①]

1957 年初，万古蟾带领陈正鸿、詹同、刘凤展、谢友根、车慧及杜春甫、胡进庆等试验小组成员，经过一年多研制，于 1958 年 9 月在上海美影厂试制成功了中国第一部剪纸片《猪八戒吃西瓜》，故事取材于古典小说《西游记》。影片的开头十分巧妙——一双真人灵巧的手剪出了一个憨态可掬的猪八戒

---

① 许南明：《电影艺术词典》，中国电影出版社，1986 年，第 599 页。

图9.5 中国第一部剪纸片《猪八戒吃西瓜》

形象,随着猪八戒的走动,故事拉开了序幕。《猪八戒吃西瓜》采用豫北剪纸的风格,故事情节幽默风趣,人物形象生动活泼、色彩简洁明快。

1959年,万古蟾导演了动画片《渔童》,影片讲述了一个老渔翁在黑夜冒着风浪出海捕鱼,捞到了一个绘有荷花、金鱼和渔童的鱼盆。他把鱼盆带回家。深夜,渔童竟然活了,用鱼钩垂钓,溅出的水都变成了珍珠。洋教士得知后,勾结官府要霸占这件宝物。为了不让鱼盆落入洋教士之手,渔翁把鱼盆摔碎,渔童从盆里跳出,甩起钓竿把洋教士扔进了大海。《渔童》取材于清末义和团起义的民间故事,渔童和老渔翁这两个人物形象也十分具有中国传统特色。尤其是小渔童浓眉大眼,穿着红肚兜,有着藕节一样的胳膊和腿,再加上鱼盆莲花、金鱼的图案造型,活脱脱是一幅中国"连年有余"的年画。1961年,万古蟾又导演了动画片《人参娃娃》。人参娃娃的传说在东北长白山地区流传已久,随着动画片的广受好评,白白胖胖的人参娃娃扎着一个朝天辫,穿着红肚兜的可爱形象也传遍全国。

此后,万古蟾和其他创作者又在剪纸的基础上加入雕镂刻剪的工艺,让剪纸形象在银幕上更加唯美鲜活。1963年,由万古蟾执导的镂刻剪纸片《金色的海螺》是这一时期最为出色的作品,讲述了打鱼青年与珊瑚岛上海螺姑娘的爱情故事。影片刀工镂刻十分精细,背景设计尤为绚丽多彩,生动细腻地描绘了海底珊瑚仙岛的迷人景象。

万超尘在木偶片的创作上也取得了很大成就,其主要作品还有1956年的《机智的山羊》,讲述了山羊遇到老虎,它急中生智,终于战胜凶恶老虎的故事。1959年,万超尘参与导演了根据云南民间传说改编的木偶片《雕龙记》,讲述了大理点苍山黑龙潭藏着一条母猪龙,危害人畜,杨木匠之子七斤在汲取潭水时被母猪龙拉下潭去。杨木匠立志为民除害,雕了一条木龙,投入潭内,被妖龙击碎。杨木匠不灰心,在大家的支持下,又雕了一条装上铁鳞铁爪的木龙,终于斗败了母猪龙,救出了七斤。故事情节曲折,人物造型生动,想象力丰富。

第二节　中国动画黄金年代的动画大师

在世界动画舞台上,20世纪五六十年代被称为中国动画的黄金年代,这个时期中国动画学派以独特的风姿,引起广泛的关注。强调思想性，重视以健康的内容引导观众，汲取悠久民族文化的养分，是中国动画片突出的优良传统。

以下介绍的动画大师在中国动画的黄金年代都留下了浓墨重彩的一笔，创作出许多经典作品，他们的主要成就一直延续到 20 世纪 90 年代。

一、特伟与水墨动画的开创

特伟(1915 年 8 月 22 日—2010 年 2 月 4 日)出生于广东中山，在上海长大，是著名的漫画家，也是中国动画的主要开拓者之一。1935 年开始在报刊上发表时事漫画，1949 年任东北电影制片厂美术片组组长，1950 年随组南迁上海，1957 年任上海美术电影制片厂厂长。

图 9.6　提出"探索民族风格之路"的特伟

作为上海美术制片厂的首任厂长，1956 年特伟提出"探索民族风格之路"的口号，指出中国动画应该与传统文化结合起来，并在他执导的动画片中一以贯之地延续了民族化的审美风格和追求。1960 年 1 月 31 日，当时的国家副总理陈毅参观上海美术电影制片厂在北京举行的"中国美术电影展览会"时说："你们能把齐白石的画动起来就更好了。"由此，上海美术电影制片厂成立了由阿达负责人物和背景设计、吕晋负责绘制动画、段孝萱负责拍摄和洗印技术的试验小组,经近三个月的时间,《水墨动画片断》试验获得成功。他们再接再厉,于1961年7月成功地研制出了世界上第一部水墨动画片《小蝌蚪找妈妈》,把中国传统的水墨画技巧与风格引入动画片,特伟可以说是功不可没。

中国的水墨画已有一千多年的历史,早在五代时期就出现了水墨人物画,到了明清时期更是呈现出抒情写意的繁盛局面。在此基础上发展起来的水墨动画片,以中国水墨画技法作为人物造型和环境空间造型的表现手段,运用动画拍摄的特殊处理技术把水墨画形象和场景逐一拍摄下来,通过连续放映形成浓淡虚实相间的水墨画影像。

图9.7　清新隽永的水墨动画《小蝌蚪找妈妈》

《小蝌蚪找妈妈》根据同名童话改编,取材于画家齐白石创作的鱼、虾等形象。影片开头银幕上出现一本中国画画册,封面打开后,是一幅幽静的荷塘小景。随着镜头渐渐推近,古琴和琵琶乐曲悠扬而起,池塘里的小蝌蚪慢慢蠕动起来,它们不知道自己的妈妈是谁,于是开始寻找。经过一番番误会,它们终于找到了自己的青蛙妈妈。短片体现了中国传统的美学思想和民族风格,善于运用"写意"和"留白"的艺术手法,画面上只有极少的形象,以空白传递无限的意蕴,使画面优雅清新,诗意盎然,令人叹为观止。漫画家方成说:"这部片子具有独特的艺术风格。可以说每个镜头都是一幅动人的画面,使观众感到像是走进了艺术之宫"。法国《世界报》评论这部影片时赞扬说:"中国水墨画,景色柔和,笔调细致,其表示忧虑、犹豫和快乐的动作,使动画电影产生了魅力和诗意"。①

1957年,特伟与李克弱联合导演、著名漫画家华君武编剧的《骄傲的将军》是"探民族形式之路,敲喜剧风格之门"的卓越代表。影片根据中国传统的寓言"临阵磨枪"改编,在创作上借鉴了中国戏曲尤其是京剧的诸多因素,人物造型借鉴京剧脸谱,将军是大花脸,食客师爷的白鼻子也是京剧中丑角常见的元素。人物形象,如将军的威严霸道、师爷的奉承谄媚等都颇具传统戏曲的韵味。片中的背景从古代的壁画、雕塑中汲取养料,采用工

图9.8 《骄傲的将军》是"探民族形式之路,敲喜剧风格之门"的卓越代表

---

① [风云]为何银幕上难见水墨动画[EB/OC]. https://www.jfdaily.com/staticsg/res/html/web/news Detail.html? id=4451.

笔重彩的技巧，雄伟庄重的古代宫殿建筑富丽堂皇、色彩浓重。这种传统艺术的夸张性、装饰性和对比强烈的色彩体现着民族的审美情趣，音乐则大量运用了京剧的锣鼓，在表现将军大敌当前却无力应战的场景中运用了中国古典琵琶曲《十面埋伏》的旋律，把将军的彷徨与悔恨融入民族音乐，令人耳目一新。影片的故事、人物造型、背景设计、动画设计、音乐制作等方面都具有鲜明的民族特色，被国内外同行所赞誉的"中国动画学派"便由此形成。

1963 年，由特伟、钱家骏导演的《牧笛》是另一部成功的水墨动画片。影片用抒情的笔触，描绘在江南田野中牧童牧牛的恬淡田园生活。片中水牛是根据画家李可染的绘画风格而设定的，李可染为了这部影片特地画了十四幅水牛和牧童的水墨画。《牧笛》富有中国江南独特的韵味，风格淡泊而悠远，小桥流水、烟雨蒙蒙、竹林幽深，并借牧童一路找牛，展现了中国山水画中常见的高山峻岭和瀑布飞流千尺的景象，表现出借景抒情、情景交融的意境。片中的主要背景都是由著名画家方济众绘制的，以水墨画惯用的皴染笔法表现出山水空灵的意境。整个片子里几乎没有一句对白，牧童、牛、柳荫、池塘烘托出安静祥和的氛围，加上悠扬回环、意境悠长，富有田园风味的笛子曲，表达了艺术与自然的关系。

1985 年，特伟与严定宪联合导演了《金猴降妖》，影片根据古典小说《西游记》部分章节改编。导演在塑造孙悟空的形象时，既保持了《大闹天宫》中张光宇所设计并为观众所熟悉的造型，又突出了他疾恶如仇的性格，表现他超人的谋略和智慧。在这部影片的背景制作上避开了通常用古典装饰性的绘画形式，使用了更为贴近自然形态的西方现代绘画的技法，使景色富有深广的空间和较为真实的效果,对于表现深山密林、奇峰怪石及妖魔的幽谷异洞,起到了很好的效果。

1988年,由特伟担任总导演的《山水情》描述了老琴师在回乡途中觅得知音,与一个渔家少年结为师徒的情景。短片融入了道家师法自然、与世无争的思想和禅宗明心见性的灵感,将中国诗画的意境和水墨画的情趣融进了每一个画面里。影片充分汲取了中国水墨画的特色,尤其在师徒离别的高潮戏时,采用画家现场作画,摄影师现场拍摄的手法,再与动画镜头合成,使画面充分显示出层次感和节奏感。云气缭绕的山、烟雾蒙蒙的水,虚中有实,实中带虚,格调清新洒脱、空灵飘逸,既显示出中国艺术的深厚传统,又糅合了各种现代动画手法,把中国水墨动画推向新的境界。

特伟极力主张在民族文化的宝库中挖掘和创新,积极拓展动画片种,在他的倡议和指导下,确立了中国学派在世界动画中的重要地位。为表彰其在动画领域所取得的成就,还被授予 ASIFA(世界动画学会)终身成就奖。

二、阿达与漫画式动画

阿达(1934年6月16日—1987年2月15日),原名许景达,江苏昆山人。1953年,阿达毕业于北京电影学校动画班,同年进入上海美术电影制片厂,在三十多部影片中担任过绘景、美术设计、导演。1960年参与了实验水墨动画片的研创,为中国水墨动画的产生和创新做出了重要贡献。

阿达的创作风格充满灵性与智慧,并以漫画式的幽默风趣见长,1980年导演的动画片《三个和尚》是他的代表作。随

着时代的发展,动画艺术不仅
要有对民族传统的继承,还要
吸取新观念,跟上社会变迁的
脚步。《三个和尚》就是充满
了新思维、新形式的佳作。该
片是汲取中国民间谚语"一个
和尚挑水吃,两个和尚抬水
吃,三个和尚没水吃"的灵感
创作而制成的,具有深刻的寓
意。在艺术风格上采用了简
洁的手法,背景几乎是空白
的,无论是人物、山、庙,还是

图 9.9　创作了寓意悠长,幽默诙谐的《三个和尚》的阿达

树都是用几笔勾画,搭配上明快的颜色,水只是一抹湖蓝,太阳只是一圈红晕。阿达曾就其简练的美术风格进行了说明:"只有最简练的东西才能给人以深刻的印象。这是以一当十,尽量做到没有败笔"。[①] 影片没有一句对白,只有音乐和音效,用佛教音乐改编的有现代节奏感的乐曲,配合相关的造型、动作,十分和谐统一。

　　影片把西方现代漫画的表现手法巧妙地融合在民族风格之中,既是"一部纯粹中国式的电影,也是一部国际化的电影"。[②] 漫画家韩羽对三个和尚的造型设计既具有亦庄亦谐的幽默感,又给人以简洁自然的美感。作曲家金复载的配乐非

---

　　① 段佳:《世界动画电影史》,湖北美术出版社,2008 年,第 262 页。

　　② 许婧,汪炀:《读动画:中国动画黄金 80 年》,朝华出版社,2005 年,第 91 页。

常成功,尤其在塑造三个和尚不同的人物个性时,不仅每个和尚衣着颜色不同,每个人的行为动作还配合以不同的乐器旋律,灵动活泼,为影片增色不少。

《三个和尚》篇幅虽短,但寓意深长,站在时代的高度上,既批评了"三个和尚没水吃"这种社会上存在的问题,又提倡了"人心齐,泰山移"的社会新风尚,与当时的时代背景和现实生活紧密地联系在一起。

图9.10　简洁灵动、寓意深刻的《三个和尚》

1983年,阿达与常光希合作导演了《蝴蝶泉》,影片是根据广泛流传于云南大理地区的白族民间传说改编的,讲述了青年猎人霞郎与蝶妹被残暴的虞王逼死后化为一对美丽的蝴蝶,双宿双飞,永远相随的故事。这是一部音乐片,为了使人物动作和音乐配合流畅,导演采用先期录音,并运用"节省动画、叠化原画"的方法,使影片音画合一,具有着和谐、舒缓、畅达、跌宕有致的美感。

1984年,阿达与朱康林合作导演了根据著名漫画家张乐平的《三毛流浪记》改编的同名动画片,该片分为《孤苦伶仃》《相依为命》《到上海去》等四集。为了忠于原著的艺术风格,影片以黑白线条为主,充分发挥动画的夸张特点,并保持了原作独特的幽默风格,使影片画面生动,富于情趣。

1986年,阿达与马克宣合作导演了动画片《超级肥皂》。《超级肥皂》是个颇具现代意义的讽刺剧,有着黑色幽默和荒诞剧的特点。故事讲述了小胡子在出售一种超强肥皂,能洗去各种污渍,使衣物变得洁白无瑕,大家都争相购买。小胡子生意兴隆,开了一家"超级肥皂公司"。肥皂渐渐使街上所有的东西都褪了色,画面由彩色变成了一片白色,白色的世界使人们渐渐变得无奈与麻木。就在这一片白色中,一个穿红衣服的小姑娘从街上跑过,人们都用惊奇而羡慕的目光望着她。于是小胡子摇身一变,立即又开了一家"超级颜料公司",白色的人群又被染成各种颜色。人们排着长队,片头的抢购热潮又出现了。故事是虚构的,却强烈地讽刺了社会上人们盲目跟风的不良风气,具有深刻的讽喻意义。导演还采用跨时空的手法,把穿着各个朝代服装的古人、洋人、现代人同时放在一个环境里,看来似乎荒唐,却暗示了这种现象在任何社会、任何时代、任何地方都可能出现。

1984年,阿达自编自导了动画片《三十六个字》,以中国象形文字为核心,将文字的来源和造型用生动的形象和小故事表现出来,用通俗易懂的方式对中国文化进行了传播。该片荣获了第七届萨格勒布世界动画节教育片奖。

阿达的主要作品还有《新装的门铃》(1986,合作)、《哪吒闹海》(1979,合作)等。

三、靳夕与木偶动画

靳夕(1919年10月27日—1997年6月29日)出生于天津的一个高级职员家庭,曾在天津市立美术馆西化班学习。1937年起靳夕创作了大量宣传抗日的宣传画等,并在1937年拍摄了我国第一部真人与木偶合拍的童话剧《小梅的梦》,后加入上海电影制片厂美术片组,1953年,上海电影制片厂美术组扩建为动画片小组和木偶片小组,木偶片开始批量生产。靳夕曾经被派往捷克师从木偶片大师伊里·特恩卡,是中国木偶片的创建者和实践者,参与摄制了很多优秀的木偶片。

靳夕还曾编写过许多动画片剧本并担任造型设计,发表过不少动画电影理论文章,为木偶片的创作和人才培养做出积极贡献。他主张动画片的艺术手法不仅应该注重神化的、童话的幻想,"而且应该注重闹剧、荒诞剧和漫画式的虚构手法",在木偶片造型上,主张提升质感、工艺性,"并根据不同材料所制的木偶,要求具有'偶

图 9.11 木偶片的代表作《神笔马良》

味'（木偶、玩具、泥玩），'俑味'（泥俑、陶俑、木俑）"。①

靳夕的代表作主要是木偶片《神笔马良》《孔雀公主》。1955年11月出品的《神笔马良》根据我国流传久远、家喻户晓的同名民间故事改编，在"美术、音乐、人物行为、语言的每一处皆考虑到是否符合我国的民族气派"，成为中国木偶动画的经典作品之一。影片富有神奇的色彩，塑造了勤奋好学、心地善良、勇敢坚强的少年马良的形象。该片推出后获意大利第八届威尼斯国际儿童电影节文娱片一等奖，在叙利亚、南斯拉夫、波兰、加拿大连续四次获奖，1957年获文化部1949—1955年优秀美术片一等奖。

1963年，摄制完成的大型木偶片《孔雀公主》是运用民族化的方式表现民族化的题材的精品之作。影片根据傣族民间长篇叙事诗《召树屯》改编，讲述王子召树屯爱上了美丽的孔雀公主。此后在王子远征时，公主被奸臣所害，被迫出走。王子凯旋归来，经过千山万水寻找公主，他们终于重获团圆。《孔雀公主》情节曲折，人物众多，场面恢宏，有孔雀独舞和众人共舞的场面，还有许多战争的场面，木偶动作复杂，姿态各异，还能做出多种表情，显示出精湛高超的木偶技艺，标志着中国木偶片艺术的成熟。

靳夕还为我国彩色动画片的拍摄做出了贡献。1951年8月，上海电影制片厂决定成立以美籍华人李景文为指导，由万超尘、万国强、吴蔚云、查瑞根、朱今明等人组成的彩色电影试验小组，进行拍摄彩色动画片的试验。1951年12月3日，万

---

① 中国电影家协会、电影史研究部：《中国电影家列传》（七），中国电影出版社，1986年，第505-506页。

454

国强研制成功了彩色显影剂"代可敏",于是 1952 年 1 月底正式开始拍摄动画片《小小英雄》,由靳夕担任编导,万超尘担任技术指导,虞哲光负责木偶设计,经过一年多的时间中国第一部彩色木偶片摄制完成。影片色彩分明,制作精良,得到了各界的一致好评。

靳夕还是一位多产的动画大师,他的主要作品还有 1959 年 12 月的政治讽刺片《龙虾》,描写西方国家某个酒店,因龙虾发臭而捏造某和平运动组织借其场所开会的消息,引来大批特务、密探,他们互相怀疑,彼此监视,大打出手,虽然酒店生意大好,但最后还是被砸烂了;1958 年 6 月的《火焰山》根据《西游记》中唐僧师徒过火焰山的故事改编。影片人物造型生动,对火的特技表现也颇为成功;1965 年 5 月的《画像》根据相声艺术家马季的同名相声改编而成,通过画家深入农村体验生活的过程,赞扬劳动模范张宝田一心为公、先人后己的高贵品质;1979 年 9 月的《西瓜炮》根据同名民间故事改编,描写清末"小刀会"的孩儿兵利用卖西瓜同敌人斗争的故事。影片在人物造型的设计上,根据出土的俑、民间玩具和京剧脸谱等传统文化,采用夸大头部和眼睛比例的变形手法,使人物造型古朴浑厚且带有儿童的稚气。

此外,靳夕还参与了《阿凡提的故事》系列的拍摄工作,1984 年与刘蕙仪联合导演了《西岳奇童》等。

四、其他动画大师及其经典作品

(一)钱家骏

钱家骏(1916 年 11 月 26 日—2011 年 8 月 15 日)出生于

图9.12 动画艺术家钱家骏

江苏吴江,1935年毕业于苏州美术学院绘画专业。从1940年起,他一直致力于动画片的制作。抗战期间,他制作的《农家乐》对宣传抗日爱国起到了一定的作用。影片开始时表现的是中国农村平和的生活场景,日本侵略者的到来打破了宁静,大家一起奋起反抗,终于又恢复了安宁幸福的生活。

中华人民共和国成立后,钱家骏在动画领域取得了不俗的成绩,他执导了中国第一部彩色动画片《乌鸦为什么是黑的》,1959年导演了《一幅僮锦》,并在20世纪60年代初与阿达等人共同研创水墨动画制片工艺,创作了中国第一部水墨动画《小蝌蚪找妈妈》,1963年参与执导了水墨动画片《牧笛》,1981年与戴铁郎执导了《九色鹿》。也许是江南深厚绵长的文化底蕴孕育出了钱家骏古典和优雅的风格,他的动画片从中国传统绘画中汲取营养,力求表现出中国独有的风韵。

1955年《乌鸦为什么是黑的》是中国第一部彩色动画片,于1956年获意大利威尼斯国际儿童电影展览会儿童文艺影片一等奖,1958年获意大利国际纪录片和短片展览会荣誉奖,是第一部在国际上获奖的中国动画片。影片在彩色片的拍摄和动画片特殊颜料的试制方面也都获得了比较成功的经验,运用了一些特效技术来表现火和雪,十分生动逼真,使中国美术电影从此进入彩色摄影的新阶段。

1959 年的《一幅僮锦》取材于僮族民间流传的故事,讲述了僮族一个勤劳的妇女,经过千辛万苦织成一幅美丽的僮锦,僮锦里的形象最后变成了现实。僮锦是中国少数民族的民间传统手工艺,主产于僮族生活的广西一带,以丝绒和土纱线编织,用于被面、台布、头巾、背带等。影片反映了僮族生活的民俗特色,将中国绢作为画纸,运用中国绘画、工笔样式绘制而成,画面十分细腻,层次分明,并讲述了只有经过辛勤的劳动,才能获得真正幸福的道理。

(二) 方明

方明(1919 年 3 月 3 日—1999 年 4 月 1 日),日本人,本名为持永只仁。1945 年,方明来到中国东北,参与中国动画事业的建设。1948 年方明拍摄了《瓮中捉鳖》,影片在东北解放战争的形势下,表达了"蒋介石在美帝国主义的支持下发动了内战,在人民解放军的强大威力打击下,最后只好像瓮中的老鳖那样束手就擒"。[①] 影片想象力丰富,采取了漫画式的夸张风格和人物形象主大从小,即我大敌小的手法。充满讽刺和夸张的意味。

方明于 1950 年导演的新中国第一批动画片《谢谢小花猫》富有儿童情趣,塑造的捕鼠能手小花猫形象,有着黑脑门、白肚皮、大眼睛,腰扎武装带,十分英武精神,惹人喜爱。在制作过程中,摄制组人员到长春郊区农村收集第一手素材,为影片创作打下了良好的基础。

1952 年,方明拍摄了《小猫钓鱼》。影片的主题是鼓励劳

---

① 程季华:《中国电影发展史》第二卷,中国电影出版社,1981 年,第391 页。

图 9.13 教育儿童做事不要三心二意的《小猫钓鱼》

动,并告诉孩子们学习和做事情要专心致志,有毅力和恒心才能成功。片中浅显晓畅的主题歌《劳动最光荣》也深受广大少年儿童的喜爱,经久不衰。

《小猫钓鱼》塑造了可爱的动物形象,并用拟人化的手法来教育儿童,小猫无疑就是一个小孩子,而猫妈妈围着围裙,穿着一双布鞋的形象无疑参考了农村大婶的勤劳朴实的亲切形象。《小猫钓鱼》开辟了较为固定的教育儿童的故事模式,从道德品质、人格修养、科学知识传播等方面起到教化的作用。故事常常是主人公犯的错误导致了不良后果,老师或者长辈的教育,使其认识并改正错误。这种模式在中国以后的动画片,如《大头儿子小头爸爸》等中都有所表现。

(三)王树忱

王树忱(1931 年 9 月—1991 年 11 月),出生于辽宁丹东。1947 年毕业于省立工科职业中学,1948 年进入东北大学文艺学院美术系和鲁迅艺术学院美术部学习,1949 年先后在东北电影厂美术组、上海电影制片厂美术片组工作。1950 年,担任动画短片《谢谢小花猫》的绘画师,从而开始了他在动画领域中的探索。1954 年,与何玉门、安平联合执导动画短片《夸口的青蛙》,这是他从事导演工作的开始。1958 年,独立执导个人首部动画短片《过猴山》,该片是中国第一部全片使用先期录音制作的动画片。1964 年,执导了动画短片《路边新事》。1973 年,与严定宪联合执导动画短片《小号手》,该片获得第二届南斯拉夫萨格勒布国际电影节奖。王树忱的作品还有《选美记》（1988）、《独木桥》（1989）等。

《过猴山》是一部童话题材的影片，描述了一个老人赶集去卖草帽，路过猴山休息时，一群猴子从老人身边偷走一叠草帽。面对顽劣的猴子，无计可施的老人发现猴子喜欢模仿人的动作，就假装喝酒，用酒灌醉了猴群，夺回了草帽。

图9.14　动画艺术家王树忱

影片人物造型别致，风格灵动，配合活泼欢快的音乐，动作有趣、幽默，充分表现出猴通人性的机灵、好奇、活泼、模仿性强的性格。

王树忱与其他动画大师合作，导演了一系列经典作品。

1.《哪吒闹海》

《哪吒闹海》，1979年上映，片长65分钟，王树忱与严定宪、徐景达联合导演。《哪吒闹海》根据古典小说《封神演义》部分章节改编。影片讲述了陈塘关总兵李靖的妻子怀孕三年，生了一个非同寻常的儿子哪吒，被太乙真人收为徒弟，送给他乾坤圈和浑天绫两件宝物。哪吒七岁那年，天旱地裂，东海龙王不但不降水，还命夜叉前来强抢童男童女。小哪吒奋起反抗，打死了夜叉，又杀了龙王之子敖丙。于是，四海龙王兴风作浪，水淹陈塘。哪吒为了拯救百姓，以身抵命，悲愤自刎，经太乙真人借莲花与鲜藕为身躯，使哪吒还魂再世。哪吒怒捣龙宫,征服了龙王,为民除害。

《哪吒闹海》的美术设计吸取了中国门神画、壁画中的元素,采用装饰性风格,色彩上采用民间常用的青、绿、红、白、黑等,为每一个人物都根据其性格设计了主色调,使人物性格鲜明而有特色。在背景和整体风格上也秉承了民间艺术和民族艺术的精髓,大至山、海、天宫、陈塘关,小至建筑以及屋内的摆设、装饰等场景的设计都参考了古典雕塑和民间绘画。

影片以丰富的想象力,围绕哪吒"生、死、再生、闹海"四个重要环节,层层递进,扣人心弦。《哪吒闹海》是中国第一部彩色宽银幕动画片,该片发行后,深受中外观众欢迎。在法国戛纳电影节大厅展映时,观众长时间鼓掌、欢呼,评论家称赞它"色彩鲜艳,风格雅致,想象力丰富"。该片 1980 年获中国文化部优秀影片奖和第三届《大众电影》"百花奖"最佳美术片奖;1980 年获第三十三届戛纳国际电影节特别放映奖,1983年获菲律宾第二届马尼拉国际电影节儿童片特别奖。

图 9.15　中国第一部彩色宽银幕动画片《哪吒闹海》

2.《天书奇谭》

《天书奇谭》,1983 年 12 月上映,片长 89 分钟,由王树忱和钱运达联合导演,《天书奇谭》根据明代小说《平妖传》部分章节改编。该动画讲述了天宫秘书阁执事袁公趁玉帝不在，偷看了天书，发现书上写着"天道无物，流传后世"，便将天书偷偷地带到人间梦云山白云洞，传给蛋生。不料天书被妖狐盗去，危害百姓。蛋生为了夺回天书，与妖狐斗争，最后袁公收回天书，将法术全部传授给蛋生，让其为民造福，而自己则被玉帝派人擒归天庭问罪。

（1）思想内涵。《天书奇谭》有着传统的惩恶扬善的观念。善有善报，恶有恶报，这是民间朴素的善恶观，体现了老百姓希望社会正义的美好愿望。三只狐妖在县官家里做法，将百姓的财物都运到了县官老爷家里，蛋生用聚宝盆帮大家把东西找回来，县官也被吸引过来，想要得到聚宝盆，结果他父亲一不小心掉到聚宝盆里，变出了一个又一个的"爸爸"。在这里并不是有人来阻止和惩罚县官，而是县官的恶行自然导致了恶果。此外，蛋生作为剧情的主角，一直在使用从天书上获得的法术帮助百姓，惩罚兴风作浪的狐妖，这是"侠"的义举，也是惩恶扬善的体现。在现实生活中百姓受到了欺压，只能希望有人来行侠仗义斩妖除恶，还世界清明，动画也表达出了这样的愿望。

《天书奇谭》的总体风格是幽默讽刺、妙趣横生。人物形象夸张，情节丰富多彩，蛋生将饼围在脖子上转着圈，聚宝盆里一个接一个地出现了很多县官的爸爸，金殿上为皇帝召唤百鸟朝凤，三个蚱蜢人的打斗……这些表演与动作的设计，都富有意趣。整部作品中种种人物形象的出现、情节的设置安排，也都是富有深意、引人思考的。那些贪婪丑恶的形象，例如贪婪的县官、好色的府尹、天真残忍的小皇帝、迷信的地主，用他们滑稽夸张的举止和自讨苦吃的结局，映射了现实中的种种丑恶,在荒诞幽默的剧情和表现张力里感到蕴藏其中的含义。

作为比较少见的以悲剧结尾的动画片,袁公最后被天条的锁链带走说明了这部动画并非表达的是简单直白的主题。袁公的初心毫无疑问是高尚的,但是并不是每一个高尚的初衷都能得到一个好的结果。仅仅是三只偷吃仙丹的狐妖就把人间搞得不太平,而且自始至终,人间的悲剧没有彻底改变,县官和豪强被消除了还会有新的危害人民,蛋生凭借法术对人民的拯救才更像是一场虚幻。退一步想,假如人人都可以得到仙术,人们会得到幸福吗?力量强的人凭恃力量欺辱他人,力量弱的人渴盼更强,带来的争斗和欺压难道会比原本的少吗?《天书奇谭》其实带给了人们很多思索。

(2)艺术风格。《天书奇谭》的人物形象是夸张而富有表现力的。主人公蛋生参考民间木版年画娃娃的形象,小皇帝则有着泥塑和木偶玩具的影子。影片中更多的则是使用戏曲元素,狐女原型参考花旦,一举一动都有独特的韵律和美感。县官则是丑角,狐母参考净和老旦的形象。

全片人物对白不多,动作非常富有喜剧效果。蛋生活泼的走路姿态、老狐狸说话时的一举一动、缺一条腿的狐妖一蹦一跳地走路,其他如衙役押解犯人、官员坐轿、升堂问案等这些动作很多是来自京剧的程式化表演,妙趣横生。片中有一段方丈和小和尚的打戏,两人一来一回的招式、强弱的博弈、动作的节奏和京剧的武场戏在气相和神韵上一脉相承。这样的改编将戏曲的程式化表演结合了荒诞喜剧的风格进行二次重塑,形神俱备,独树一帜。

影片的音乐融合了中西方音乐的特点,充分融合了戏曲中音乐和表演相结合的形式,利用竹笛、琵琶、唢呐等民族乐器的同时,在合适的情节中引入了古典交响乐,甚至有对现代电音的融合利用,这为全片带来了强大的视觉和听觉表现力。

片中自然景观用的都是淡雅水墨绘制方法,宫殿、楼阁、园林等建筑人文景观则用工笔白描的方法,工整细致,富丽堂皇。在蛋生为村民除蝗灾的情节中,大地重新复苏,画面则营造出一种国画山水花鸟图的意境,充分体现出中国国画特有的意境之美。

(四)虞哲光

虞哲光(1906 年 5 月—1991 年 2 月)出生于无锡,1925 年进入上海美术专科学校学习。早年从事木偶艺术创作,1942 年创办并领导上海业余木偶剧团。虞哲光是折纸片的创造者,折纸源于儿童的折纸游戏和手工劳作。制作时将硬纸片刷染成各种

图 9.16　动画艺术家虞哲光

色调,再经过折叠、粘贴,串上细银丝或细铅丝作为活动的关节,动作操纵上与木偶类同。制成各种立体人物和立体背景后,采用逐格拍摄方法逐一摄制下来,再通过连续放映而形成活动的影像。折纸片线条简练,形象轻巧灵活,充满稚气,有立体感,适合表现简短的童话故事。

虞哲光于 1960 年编导了中国第一部折纸片《聪明的鸭子》。故事讲的是黑头、绿头、红头三只小鸭机智、巧妙地战胜

小黑猫的故事。他从自己折叠的二百多只小鸭中,选了三只头大大的,颜色分别为涂上黑、绿、红的小鸭的形象。影片中小鸭子的动作稚气,但流露出勇气,单纯而笨拙感中表现出活泼天真,十分可笑而又可爱。片中小猫的扁扁的头既能收缩,又能旋转,非常巧妙,尾巴则折叠得像一架手风琴,这部动画深受少年儿童的喜爱。1962 年 2 月导演的《一棵大白菜》是中国第二部折纸片。该片采用仿浮雕的造型风格,使画面立体感十足。

1981 年的木偶片《崂山道士》也是广为人知的一部动画片,取材于《聊斋志异》中的一则小故事,讲述了一个好逸恶劳的书生整天梦想当神仙,上山求仙修道的故事。全片充满了诙谐幽默,其中最经典的一段是书生学习穿墙术和宴会上邀请来嫦娥伴舞赏月的情节,用稚拙的木偶把神话故事演绎得活灵活现。

虞哲光的主要作品还有 1964 年 5 月的《湖上歌舞》、1980 年的《三只狼》和《小鸭呷呷》等。

（五）戴铁郎

戴铁郎(1930 年—2019 年 9 月 4 日),原籍广东惠阳,生于新加坡,1940 年回国,1953 年毕业于北京电影学校动画班。长期担任动画设计,从 1979 年开始担任导演工作,他的作品常以生动的故事来传递一定的科学知识,并具有浓厚的儿童情趣。主要作品有 1979 年的《母鸡搬家》、1980 年的《我的朋友小海豚》、1982 年的《小红脸和小蓝脸》《黑猫警长》(1984—1987,合作)、1990 年的《森林小鸟和我》。

1980 年的《我的朋友小海豚》以散文诗的风格,描绘少年水手阿波在海上与一只小海豚建立了深厚友谊的故事。影片的音乐很有特色,旋律流畅,随着剧情时而悲伤、时而欢快、时而低沉,时而高昂,并伴有婉转柔和的女声二重唱。

1984年9月至1987年8月,历经近三年的时间,戴铁郎摄制完成了《黑猫警长》,这是一部由五集组成的系列动画片:《痛歼搬仓鼠》《空中擒敌》《吃红土的小偷》《吃丈夫的螳螂》《会吃猫的娘舅》。影片描写黑猫警长带领警士们运用现代化的侦查手段,在动物界搜捕犯罪分子、侦破案件的故事。片中黑猫警长造型采用拟人化手法,既抓住猫的动物本质,又在此基础上表现出警长的威风。影片剧情曲折,气氛紧张、惊险,充分发挥动画片夸张手法,动作幽默有趣。在每一集里还介绍了科普知识,如雌螳螂为了保证生育后代时的营养要吃掉雄螳螂,有些动物为了给体内提供矿物质要适量吃些含铁、铜等微量元素的红土,世界上还有能吃猫的老鼠等。所以说《黑猫警长》是一部集知识性、趣味性、故事性于一体的影片。

图9.17 神勇的黑猫警长

(六) 胡进庆

胡进庆(1936年3月—2019年5月13日)出生与江苏常州。1935年从北京电影学院动画班毕业,到上海美影厂工作后,参加了多部影片的摄制工作。他对剪纸片发展贡献较大,早年和万古蟾一起共同创作了我国第一部剪纸片。进入20世

465

纪80年代,胡进庆又试制了"拉毛"剪纸的新工艺,摄制成功了水墨风格的剪纸片《鹬蚌相争》,"拉毛"工艺使片中渔翁穿的蓑衣和鹬的羽毛产生水墨晕染的效果。以后在《草人》一片中还汲取了羽毛工艺画的特点,使剪纸片的技术更进了一步。

1980年6月的《丁丁战猴王》是中国第一部科幻美术片。影片描写丁丁学习认真,掌握着象征科学知识的金钥匙,孙悟空不相信丁丁的本领,要与丁丁比高低。他们经过游太空、潜海底的反复较量,猴王终于甘拜下风,并要求丁丁教他科学知识。影片诙谐幽默,富有哲理,用孙悟空与丁丁比武接连失败的事例,告诉孩子们"知识就是力量"的道理。影片在摄影中特技运用得比较多,形式也较新颖,有些特技在美术片中第一次运用。如海底比武一场戏,以黑丝绒为背景,用一只8瓦日光灯管小台灯与一只15瓦钨丝灯(其中冷光代表丁丁,暖光代表孙悟空),交替接触,并利用戏装闪光片的余料闪光粒,粘在背景和道具上,再加上控制灯光角度、摄影机转动等手法,产生了特殊的光怪陆离的海景,产生了很好的海底大战的效果。

1983年的《鹬蚌相争》根据《战国策·燕策》中的"鹬蚌相持"的寓言改编,描述鹬蚌原是好朋友,老渔翁几次都没有捉到它们,后来它们为了一条鱼争吵,鹬啄住了蚌,蚌夹住鹬,各不相让,老渔翁因而捉住了它们。影片突破了剪刻技法,采用水墨拉毛风格,制出的鹬有毛茸茸的感觉,一寸长的脖子上装有36个薄型关节,活动自如。整个影片墨韵清新优美,洋溢着诗情画意,既富于哲理又具有中国艺术特色。

1985年的《草人》描写渔翁以假为真设草人和以真为假扮草人,终于捉住偷鱼水鸟的故事。这部影片采用工笔画结合羽毛画的艺术方法,是对传统剪纸片工艺的一个突破。影片中老汉和草人披的蓑衣采用清代画家任伯年《群星拜寿图》中工笔画法,在透明纱上勾画出一万六千多根蓑草,水鸟是用鸡身上的真羽毛经过制作一片片贴上去,这种方法使水鸟栩栩如生。

《葫芦兄弟》是胡进庆与葛桂云、周克勤共同导演的中国第一部系列剪纸片,共 13 集,1987 年 5 月摄制完成。故事讲述了红、橙、黄、绿、青、蓝、紫七个葫芦娃,为救出被蛇精抓去的爷爷,凭着每个人的特殊本领与蛇精搏斗,但都一一败退下来。后来七个葫芦娃连成一条心,团结一致消灭了蛇精。该影片人物造型新奇,节奏强烈,音乐明快,加上风、云、水、光等特技的使用,引人入胜。

图 9.18　兄弟齐心,其利断金的葫芦兄弟

《葫芦小金刚》(1～6 集)系列剪纸片是《葫芦兄弟》的续集,1993 年摄制完成。影片讲述了葫芦七兄弟变成葫芦小金刚后继续同前来报复的青蛇精之间千变万化的斗法,最后歼灭了群妖的故事。

(七) 曲建方

曲建方(1935 年—2021 年 3 月 19 日),出生于辽宁大连。

1957年从鲁迅美术学院油画系毕业后进入上海美术电影制片厂。参加了动画片《古博士的新发现》等三部影片的绘画工作，后转入木偶片制作，在《红云雀》《西瓜炮》等影片中担任美术设计。曲建方的主要作品是与其他导演合作拍摄的系列木偶片《阿凡提的故事》。《阿凡提的故事》共13集，编剧为凌纾、靳夕、曲建方，导演为曲建方、蔡渊兰、金芳玲，摄影为朱丁元，1981年12月至1988年4月摄制完成。由于曲建方是《阿凡提的故事》的主要创作人员，他也被人们亲切地称为"阿凡提之父"。

图 9.19 "阿凡提之父"动画艺术家曲建方

图 9.20 倒骑毛驴的新疆民间传奇智慧人物阿凡提

《阿凡提的故事》取材于新疆维吾尔族民间传奇智慧人物阿凡提流传已久的幽默故事，描述了阿凡提凭借聪明才智与国王、封建主、财主、官僚等权势人物斗智斗勇的故事。为塑造阿凡提这一形象，摄制组主创人员两次去新疆深入生活，搜集阿凡提的故事，寻找阿凡提的原型，终于成功地塑造出了阿凡提的生动形象：蓄山羊胡子,有着鹰钩鼻子,小圆眼睛配上弯眉,头缠"色拦"头布,戴小帽,手拿弹拨乐器,骑着不听话的小毛驴走游四方的形象。阿凡提的性格特征就是"爱管天下不平事,要为穷人出口气"。在他面前,国王、富人的贪婪愚蠢都现出了原型。影片人物造型、背景、动作夸张,语言幽默,人物性格鲜明,充满着趣味性。

第三节　20世纪90年代到21世纪10年代中国动画概述

一、中国动画的继续发展及代表作品

从20世纪90年代开始,中国动画片就开始走上有别于传统的道路。从1995年起,中国电影放映公司对动画片不再实行统购统销的计划经济政策,将动画业推向市场,各种体制的制作单位的多元发展,改变了动画片生产状态和经营方式,逐步确立了动画片艺术性和商业性并重的观念。中国动画也从较为单一的影院动画艺术短片主导,转为更为大众化的电视系列片动画以及长片影院动画。

在制作方面,中国动画跟随国际潮流,国内电脑动画技术实力也明显增强,电脑绘制背景技术已较为普及,三维和二维电脑动画发展迅猛。1999年推出的百集电视动画片《封神榜传奇》取材于传统神魔小说《封神演义》,是国内第一部运用数字化电脑技术制作的国产动画片。电视系列片《蓝猫淘气3000问》全部通过电脑完成制作。2001年推出的《小虎斑斑》

是中国第一部全电脑制作的三维动画片。

随着改革开放的深入，国外的动画片开始被大量引入中国，中国动画长期以来在创作体制和创作理念上不重视市场规律的问题开始逐渐显露出来。动画界也出现了人才流失、资金短缺、社会的忽视、自身定位不明确等不利局面。中国的动画业因为忽视市场规律而逐渐地衰弱和萧条，对于日本、美国动漫业只能望其项背。

由常光希任总导演的《宝莲灯》从1995年开始筹拍，无论是在投资规模、运作方式，还是在制作技术、人员投入等方面都堪称当时中国动画电影之最。为了重现中国动画片的辉煌，赶上国际潮流，动画片《宝莲灯》的制作过程采用了与国际接轨的动画制作方式，借鉴了许多国外动画长片的商业经验。在造型上《宝莲灯》吸取了在青少年中颇有市场的日本卡通风格，角色设计则吸取了美国迪士尼的做法，给沉香设计了一个用以制造噱头的小伙伴——猴子小石头，片中还出现了一个异族少女嘎妹；主题歌、插曲邀请了诸多大牌歌星倾情演绎，还请来许多当红影星为影片献声；先录对白是国际动画片制作的惯例，《宝莲灯》也打破了以往根据画面配音的形式，制作人员根据先期录音和配音演员的表情和口型绘制画面，使片中的动画角色比较接近观众熟悉的演员形象，从而使对白和口型、表情以及人物性格特征更加吻合，力图产生更为生动的艺术效果。

1999年出品的《宝莲灯》改编自流传已久的"沉香劈山救母"的神话故事。这个故事很早就被演绎进戏曲表演中，宋元时期就有南戏《刘锡沉香太子》、北杂剧《沉香太子劈山救母》等，此后，川剧、汉剧、湘剧、徽剧、秦腔等都演出过此剧。故事讲述了神仙三圣母爱上了人间书生刘彦昌,由此触犯了天规,被墨守成规的兄长二郎神压在华山底下。三圣母的儿子沉香得知自己的身世后,带着母亲留下的神灯——宝莲灯去寻找母亲。在孙悟空的指点下,沉香以顽强的毅力和过人的勇气经历了种种磨难和考验,终于达到了"灯人合一"的境界,战胜了二郎神,和母亲重新团圆。

但《宝莲灯》推出后也因其编剧和制作水平的差强人意受到了诸多的抨击,例如存在主题不清,背景简单,故事老套陈旧,人物性格单一缺少丰富性、整体创新不足等种种弊端。《宝莲灯》的出现是中国动画一个时代的终结,从五六十年代的辉煌到九十年代的整体衰落,旧体制下的中国动画已不再适应新时代的发展,面对美国以迪士尼动画为代表以及日本动画的强劲冲击,《宝莲灯》代表着中国动画力图打破瓶颈的努力,也表明了中国动画的辉煌年代已经远去。

进入 21 世纪后的十年之间,中国动画大多集中于电视播放,大屏幕动画电影寥寥无几,也没有引起太大的反响。而电视作品虽然

图 9.21 《喜羊羊与灰太狼》系列成为 21 世纪国产动画成功的范例

数量上并不少,但质量堪忧。从 2005 年开始,由广东原创动力文化传播有限公司制作的电视系列片《喜羊羊与灰太狼》开始登录各大电视台,并迅速成为少年儿童的最爱,甚至受到许多都市白领们的追捧。这部动画片的电视版至今已经制作播出 500 多集,先后获得"2007 年度第 4 届金龙奖"最佳创意动画奖提名,主题曲《别看我只是羊》获得内地及港澳台年度最佳动画歌曲提名,还获得国家动画最高奖"优秀国产动画片"一等奖等。《喜羊羊与灰太狼》还开发了上百种的衍生产品,有音像图书、毛绒玩具、文具服装、食品、日用品、儿童家具,还有 QQ\MSN 表情、手机游戏、屏保等,都得到了动漫迷的热捧。2009 年 1 月 16 日,《喜羊羊与灰太狼》的电影版《喜羊羊与灰太狼之牛气冲天》上映后也"牛气冲天",这部投资仅有 600 多万的影片票房累计达到 8 000 多万。2010 年 1 月上映的第二部《喜羊羊与灰太狼之虎虎生威》也票房过亿,《喜羊羊与灰太狼》一举成为中国本土动画突破困境的一个成功典范。

《喜羊羊与灰太狼》的故事主要讲述了在青青草原上,羊羊族群形成了自己的居住领地,这里有学校、超市、美容院等,所有的羊都幸福快乐地生活。在对岸的森林的狼堡里,灰太狼和他的妻子红太狼总是意图捉住这群小肥羊想要一饱口福。灰太狼是个执着而自以为是的家伙,他发明了各种高科技武器来捉羊,但他的阴谋总是被喜羊羊戳穿,最后以失败告终,于是"喜羊羊,我一定会回来的",成为灰太狼不变的追求。

"羊"和"狼"是自然界的一对冤家,一群小肥羊与一只大灰狼斗智斗勇,即使"狼"再聪明,最终也是更智慧的"羊"获得了胜利。《喜羊羊与灰太狼》明显是借鉴了"猫和老鼠"的叙事模式,作品颠覆了传统概念中的强弱对比模式,而是"以小制大，以弱胜强"，同时也加入了类似《哆啦 A 梦》中机器猫的百宝袋中千奇百怪的道具的元素，灰太狼层出不穷的高科技捉羊工具以及慢羊羊发明的种种制敌法宝都与《哆啦 A 梦》有着异曲同工之妙。《喜羊羊与灰太狼》的人物形象都十分时尚可爱，喜羊羊、慢羊羊、美羊羊、沸羊羊和懒羊羊个性鲜明。故事整体创作风格幽默风趣，贴近生活，情节内容整体设计精巧，深受观众的喜爱。

《喜羊羊与灰太狼》的导演黄伟明 1972 年出生在广州，他成长的时代正是《大闹天宫》《哪吒闹海》等中国动画十分兴盛的年代。黄伟明从小就十分喜欢看动画片，也十分喜爱绘画，用他自己的话来讲就是："只要能画漫画就很开心。"1988 年，黄伟明 16 岁在《中学生报》发表了他第一部漫画作品。

1996 年，黄伟明留学加拿大学习动漫创作，这期间，国产动画逐渐式微，而美国和日本动画正大行其道，迪士尼动画片《狮子王》席卷全球，日本动画《灌篮高手》也在中国掀起一阵阵热潮。在海外的几年间，黄伟明接触了网络动漫，他开始创作漫画作品，表现平凡人的小故事，《甘先生》和《番薯糖水》先后在《世界日报》《羊城晚报》《广州日报》上连载。2000 年，黄伟明回国开始投入动画制作工作，由于制作了老少皆知的电视连续剧《马大姐》的片头动画，黄伟明开始崭露头角。2004 年，情景爆笑动画片《宝贝女儿好妈妈》全国首播，这部作品讲述了都市里一个普通家庭的故事，其中以陈大迪与其母吴贤慧之间发生的趣事为主要内容，十分幽默风趣，其创作灵感其实是来自一位同事经常说起的家庭琐事。

《喜羊羊与灰太狼》从 2009 年开始每年推出一部大电影，前几部也获得了不错的票房。但是，2015 年以后由于票房不佳而停播。2022年还推出了一部《喜羊羊与灰太狼之筐出未来》,讲述了羊狼联合守护者队首次参战篮球顶级赛事都市篮球杯的故事。

二、港台动画

(一)老夫子系列

老夫子系列是香港历史上连载时间最长的本土漫画,已经有近半个世纪的历史,主要角色有老夫子、秦先生、大番薯、老赵、陈小姐等,以幽默滑稽的短篇系列来表现平民生活,针砭时弊。老夫子漫画中的角色时常以不同的身份出现,包括乞丐、政客、演员和古代侠客等。有时情节会十分离奇,如遇见神仙、外星人和吸血鬼,还有时空穿越的情节,即主人公无意中到了古代或未来世界。多年来改编自漫画的电影、电视剧、动画、游戏等作品层出不穷,其中较受欢迎的是20世纪80年代初胡树儒、蔡志忠等和王泽合作的三部动画《七彩卡通老夫子》《老夫子水虎传》和《山T老夫子》,其他较为有名的还有《老夫子——魔界梦战记》《老夫子动画大电影:反斗侦察》等。

图9.22 "老夫子"形象

漫画《老夫子》的作者王泽的本名为王家禧,1928年出生于天津,1944 年考入北京辅仁大学美术系西洋画专业,毕业后在天津市文化宫从事美术工作,1960 年到香港《乐锋报》任美术编辑,1962 年开始创作漫画《老夫子》。王家禧当年创作《老夫子》时以他儿子的名字"王泽"署名,王泽也参与和继承了父亲的创作,所以"王泽"既是老夫子的创作者,也是父子两人的合用名,一直沿用至今。王家禧 2017 年 1 月逝世。

图 9.23 小"王泽"和老夫子

老夫子漫画系列在香港面世以来,它的选材和人物形象一直贴近时代和社会,以风趣幽默的风格博得了华人世界的广泛欢迎。"老夫子代表世界人,无论是谁,就算不讲话,看了都会笑"。王家禧儿子王泽曾这样描述他的父亲"一般人所看到的正常生活,在他眼中就变成了幽默,变成了另一种东西,与小说文字一样,里面没有政治,没有尖酸刻薄的讽刺,它只带给你微笑和开心"。而王家禧则说:"就好像马戏团里的小丑,带给人们欢乐。"①

① 许婧,汪炀:《读动画:中国动画黄金 80 年》,朝华出版社,2005 年,第 197 页。

根据漫画改编的《老夫子》出品了一系列电视动画和大电影。将《老夫子》系列成功改编为动画的蔡志忠于 1948 年 2 月 2 日出生于台湾彰化茄东。15 岁中学辍学，靠自学在漫画界成名，1963 年开始连环画创作。1971 年任光启社电视美术指导，1976 年与友人创立动画公司，1981 年推出的《七彩卡通老夫子》获得金马奖最佳动画电影长片奖，讲述了老夫子遇见一帮不良分子，向一位武术高手发出挑战，而激发起老夫子要拜师学艺热情的故事。而老夫子、大蕃薯及秦先生偶然被卷入一宗劫案里，制造出不少搞笑及具有戏剧性的情节。最终他们都安然无恙，劫匪们也当然难逃法网。1983 年，蔡志忠开始在报刊上发表四格漫画，广受好评。而后开始致力于用通俗的漫画形式诠释中国古代典籍和佛书，接连创作出《庄子说》《老子说》等经典漫画，被翻译成二十多种语言的版本。

　　由杜国威导演，王泽、杜国威作为编剧的《老夫子动画大电影：反斗侦察》于 2003 年推出后也引起较大反响，讲述了老夫子、大蕃薯、秦先生三人合办了一间寻回失踪宠物的侦探社。工作之余，秦先生与老夫子各自有着感情生活寄托，而落单的大蕃薯因为自卑而将感情转移在互联网的世界中，老夫子的女友学生大眼也沉溺于网上游戏。一次网吧相遇，老夫子、秦先生、大蕃薯、大眼无意中进入虚拟世界，为了返回现实，他们开始了一番大冒险。

　　影片跟随时代，紧贴现实，推出了网络虚拟世界的题材。导演杜国威说，外国有"超人""小飞侠"而本土最有代表性的非老夫子莫属，虽然老夫子只是一个漫画人物，但我们已将他人性化。另外我也希望加入一些现代感及趣味性，例如现今社会发生的事，如父母与子女的关系、虚拟世界及 ICQ 等，将这些元素加入老夫子中，又会产生一种温馨感觉，老幼咸宜，大家不会觉得这个人物过时。今次我参与故事创作，由王泽先生加入符合老夫子人物的性格及趣味。第二部我就会熟悉画面并整理台词，再进行后期制作——这算是个人的新尝试。虚拟世界在这个故事中有两层意义——一层深层意义和一层表面意义，前者目前不一定要"卖广告"，至于表面的意义就是反映香港目前的状态，包括经济困境、一般人家庭及人们生活上的困难等等，另外跟其他漫画一样，发挥带给观众喜悦的功能。①

图 9.24　跟随时代，幽默风趣的《老夫子动画大电影：反斗侦察》

图 9.25　真人与动画合演的《老夫子 2001》

---

①　许婧，汪炀：《读动画：中国动画黄金 80 年》，朝华出版社，2005 年，第 201 页。

由著名导演徐克担任监制、邱礼涛执导的《老夫子2001》在2001年又一次将老夫子的故事搬上银幕。这是一部真人与动画角色合演的影片。邀请当红明星出演,讲述了漫画社关门,老夫子、大番薯、秦先生不幸失业,他们分别到各处找工作,尽管施展浑身解数结果都是徒劳无功,但在阴差阳错之间拯救了一对恋人,促成了他们的爱情。片中老夫子、大番薯、秦先生三个人物是在漫画形象的基础上采用3D动画特技制作出来的,富有立体感,不仅生动形象,而且栩栩如生。

(二)动画电影《小倩》

《小倩》,1997年上映,片长84分钟,由著名导演徐克导演的动画电影《小倩》是港台地区动画的佼佼者,荣获了当年台湾金马奖最佳改编剧本奖和最佳动画片奖。本片改编自《聊斋志异》中的《聂小倩》一篇,这个故事曾多次改编为电影,经典影片《倩女幽魂》在华人观众心目中留下了凄美的小倩形象和令人唏嘘不已的人鬼相恋故事。

动画片延续了《倩女幽魂》故事的主要脉络,讲述了书生宁采臣为生计奔波,冷落了女朋友小兰。小兰要嫁给别人,连宁采臣送给她的定情信物小狗金坚也被退回,宁采臣只好与小狗相依为命。一日,宁采臣到郭北县一家店铺收账,不料这是一座鬼城。宁采臣不但没有发觉,还与街市上遇到的貌美的女鬼小倩一见倾心,小倩实际上只想吸取宁采臣的阳气好向鬼主人姥姥交差。这时道士燕赤霞前来捉鬼,小倩面临危机,关键时刻宁采臣不离不弃感动了小倩,在逃跑的过程中两人逐渐产生感情。小倩不惜受惩罚违背姥姥的命令,来保护宁采臣,甚至最后决定不再去投胎,而跟宁采臣终生相伴。

为了配合动画风格,《小倩》对人物造型进行了年轻化处

图 9.26　展现斩妖除魔、人鬼相恋的动画电影《小倩》

理，主角宁采臣和小倩都是十几岁孩子的模样，很年轻单纯。另外还加入了许多搞笑的情节和有趣的人物，如小兰、大师、十方、小狗金坚等，使整个作品不再像原版故事和电影所讲述的人鬼相隔、柔肠百转、凄美缠绵的爱情，而是比较轻松活泼地讲述了一个异想天开的斩妖除魔、人鬼相恋的故事。

　　片中的鬼世界光怪陆离、热闹非凡，鬼界里面有许多小鬼，各个造型不同，有的还颇具个性并有自己的名字，如楼梯鬼、碗鬼、黑心鬼、小气鬼等。捉鬼的金刚小旋风、燕赤霞、白云师徒与黑山老妖的斗法飞天遁地，炫目华丽，气势恢弘，极尽想象之能事。其中正义一方的代表白云师徒与燕赤霞因为见解不同总是互不相让，各持己见，争斗不已，但在结尾三人却转世投胎成为一胎三胞的兄弟，令观众不禁莞尔一笑。

　　片中还融入了许多搞笑的现代因素，如郭北县夜景的"霓虹"闪烁、烟火纷飞的繁华热闹绝不输于任何一个现代化的大都市。投胎火车的造型则像一列老式的蒸汽火车。黑山老妖俨然是鬼界的天王巨星,在演唱会上手持麦克风引吭高歌,台下的众多鬼崇拜者则如现代的歌迷一样疯狂尖叫舞动。

片中的动画绘制多采用中国传统绘画的风格,也适当融入了三维动画的特技,如宁采臣初遇小倩踩着漫天飞舞的花瓣,配着旋律优美的插曲节奏飞奔。两个人躲避追杀在幽静的荷塘中,清风徐徐,荷叶青青,迤逦的风光在一幅国画长卷上徐徐展开,清新而雅丽。而郭北县高楼耸立的全景、群山环绕的背景、黑山老妖演唱会等大场面的三维效果立体丰富。

(三) 麦兜系列

1. 概况

在港台动画中取得最大成绩的还是动画片《麦兜故事》。《麦兜故事》在 2001 年上映,一经推出,就引起了巨大轰动,不仅赢得超高的票房,还夺得多项国际奖项,包括 2003 年法国安锡国际动画电影节最佳电影奖、2003 年蒙特利尔国际儿童电影节最佳长片奖、汉城国际动画节 2003 年最佳动画长片奖等。在动画片贫瘠的香港,《麦兜故事》给香港带来了属于自己特有的动画形象。

漫画家谢立文和麦家碧夫妇是麦兜的创造者,他们是漫画界的黄金搭档,谢立文主要负责故事创意,麦家碧则负责绘画。谢立文毕业于悉尼大学,有教育和计算机双学位,他十分幽默风趣,又有着中国传统文人特有的气质。麦家碧从香港理工大学平面设计专业毕业,很早就开始画插图绘画。麦兜最初的故事的主角是个小男孩,他有一个玩伴小猪,结果谢立文和麦家碧发现,那只小猪更受读者欢迎。后来,他们决定去掉小男孩,让小猪当主角。于是,以两只性格迥异的小肥猪麦唛和麦兜为主,一群小动物搞笑而富有市井生活气息的《麦兜的故事》诞生了,作为漫画系列接连推出了 23 本,触及了不少香港人心底的温柔角落,从而逐渐走红,深受香港人的欢迎,2001 年还被制成动画片推向市场,同样获得了很大的成功。

图 9.27 《麦兜故事》剧照

2.《麦兜故事》

《麦兜故事》,2001 年 12 月上映,片长 75 分钟,导演为袁建滔。故事主要讲述了九龙大角嘴猪小朋友麦兜的成长故事。麦兜单纯乐观、资质平平,甚至有些愚笨。妈妈麦太是单亲母亲,是一位胖胖的中年妇女,住在狭小公寓里,日日早出晚归,辛苦打拼,她把所有梦想寄托在儿子身上。麦兜从出生、上幼儿园、上中学,再到长大,麦太对他寄予了无限的期望,但总是希望、失望、希望、再失望,一个一个最终都是失败,但麦兜还是凭着乐观和坚毅的品质,从不气馁,永远都充满了信心和勇气,努力地创造着属于他的世界。

《麦兜故事》充满着浓浓的香港味道,动画背景出现了不少香港街头的场景,由尖东到山顶,从茶餐厅许留山到张保仔洞,街道、建筑、饮食、风物、习俗等,都是香港草根阶层生活的缩影,就连贴满小广告的街道和公寓楼都被刻画得细腻而真实。还有如圣诞节吃火鸡的习俗在香港已经成为半中半洋的习俗。然而这习俗,却全然不适合麦兜和麦太这样的单亲家庭。在别的大家庭里可以在圣诞大宴上大快朵颐地吃掉火鸡,在麦兜的家里需要第一顿吃烤火鸡,第二顿做鸡丝煮粥,接下来把剩余的火鸡冷冻在冰箱再一点一点地消耗。于是麦兜恍然醒悟,原来"火鸡最好吃的时候在吃不到与吃第一口之间"。因为帮助妈妈一起撕过火鸡肉,因此发现"原来火鸡留在指甲缝里的味道是那么难洗掉的"。将这样的节庆饮食民俗引用到电影中,使电影的含义进一步加深了。希望和失望不仅仅在猪小朋友麦兜心中上演,也同样是以前整个香港的状态。殖民地的历史导致香港"中西文化的融合",也带来了香港人心态上的尴尬。当时的香港,西方节日也放假,中国传统节日也庆祝,接受的似乎是两个国家的民俗。而大多数香港人的心态就正如麦兜,对很多并不属于自己的东西羡慕着,追逐着这些东西,到手却发现自己高不成低不就,举得起放不下,永远在拥有和不能拥有之间徘徊。

麦兜这个资质平平,长得不帅,有些傻,有些笨,做事很慢,普通得不能再普通的小朋友,像每一个平凡的人,在生活的艰辛和辛酸中依然快乐地成长。在《麦兜故事》中设置了一个麦兜学"抢包山"的情节。"抢包山"作为一个民间竞技项目曾经在香港地区广为流行,后来因为安全事故被取消。纯真而有梦想的麦兜为了证明"香港运动员不是腊鸭"以及孝敬妈妈,而决定向滑浪风帆冠军李丽珊的师傅黎根学艺,谁知,黎根没有传授其滑浪风帆而是教给他据称是自己的真正绝活——抢包山,因而麦兜和麦太又有了一个新阶段的希望,但学习这个已不存在的项目无疑面临的又是人生一个阶段的失望,但麦兜依然保持着单纯乐观的心态,乐此不疲,为这没有希望的希望而努力着。

图 9.28 《麦兜故事》道出了香港草根阶层的辛酸与无奈

此后续集接连推出。2004 年 6 月 24 日依旧由袁建滔导演,由麦家碧、谢立文担任编剧的《麦兜故事续集:菠萝油王子》被推出。"王子与贫儿"作为一个欧洲童话故事,其结构被套用在续集《麦兜故事续集:菠萝油王子》之中,以两种有香港民俗特色的茶点——菠萝油和蛋挞为标志的两只小猪阴差阳错地交换了身份,因此有了菠萝油王子之后的流落民间的故事,而这个菠萝油王子正是出身自单亲家庭的麦兜的父亲。这个组合于 2009 年 7 月 24 日又推出《麦兜响当当》,故事讲述了在香港屡受挫折的麦太一心想实现开"快快鸡"连锁店的梦想,决心北上武汉,于是把麦兜寄送到武当山学习太极拳。武当山上没有电视、没有空调,没有一切现代化设施。在孤单枯燥的日子里,麦兜只有忍住寂寞,学习无聊的武功。在"世界幼儿园武术大赛"举中,奇迹并没有发生,资质平平,有点蠢笨的麦兜一如既往地被打了一顿,麦太的梦想也没有实现,这就是普通人的生活,但奇迹真的永远都不会发生吗?依旧秉承着其一贯的温情、无厘头的搞笑风格,快乐中带着淡淡的忧伤,继续讲述着麦兜的成长烦恼。

《麦兜响当当》融入了更多纯正的港式幽默,并通过古人麦子仲肥这条线索,阐释了对人生更为深刻的思考。麦子一生发明了很多东西,却因为太过超前而生不逢时,成为那个时代的笑话。他是太蠢还是太聪明?而在同样蠢笨麦兜的身上,则凝结着每个人追逐梦想的疲惫和疲惫中不灭的希望,以及在生活中亲情、友情带来的温暖的小幸福。制片人陈英杰说:"也许麦兜就是一碗抚慰都市人的心灵鸡汤,我们在这只小猪身上看到了自己。"这就是《麦兜故事》系列成功的真正原因吧。

第四节　2010 年代以后代表作品

近年来,中国动画得到了长足发展,涌现了很多作品,虽然对它们的评价也有一些争议性,但总体上这些作品在挖掘民族文化传统,融合世界先进动画艺术和技术手法方面也取得了一定的成就,如《大鱼海棠》《白蛇:缘起》《白蛇2:青蛇劫起》《大圣归来》《哪吒之魔童降世》《姜子牙》《新神榜:哪吒重生》《新神榜:杨戬》《长安三万里》《中国奇谭》等。

2019 年,现象级动画电影《哪吒之魔童降世》,不仅取得了年度第一的票房佳绩,还被选送,评选奥斯卡最佳国际影片,显示出中国动画巨大的发展潜力。这部国产动画电影以传统神话为土壤,对经典进行扬弃和现代化阐释,赢得了票房业绩、观众口碑和业界好评的肯定,这足以证明中国传统文化资源的力量,以及将传统与当下现实缝合接洽的重要性。

关于"哪吒"这一传统文化符号,早在20世纪六七十年代便有了基于《西游记》和《封神演义》系统的动画改编——《大闹天宫》和《哪吒闹海》,这两部作品伴随了一代又一代人的成长,为哪吒这一IP积累了观众基础。《魔童降世》是对传统文化进行扬弃的结果,重点便在于其因循基础上的反叛。这是典型的"旧瓶装新酒",题材取自传统文化资源,叙事场域都来自传统文化,但是构建的人物关系、阐释的价值观、表达的主题都是具有现代性的。在先进视听特效技术的加持下,打造出反抗宿命、突破成见、自我实现的现代寓言,显示出身受偏见依然有感受爱的能力,面对宿命自我反击的勇气,突破客观限制努力活出真我的魄力——这种富有当代感的"悲壮浪漫",在继承中捕捉时代情绪,实现共情。

2023年的《中国奇谭》由八个植根于中国传统文化的独立的故事组成:《小妖怪的夏天》《鹅鹅鹅》《林林》《乡村巴士带走了王孩儿和神仙》《小满》《玉兔》《小卖部》《飞鸟与鱼》,在观众面前铺陈开一个极具中式想象力和审美魅力的"妖怪"故事集。其中故事包含古代奇异、科幻想象、乡土传说、唯美爱情、人性思考等,承载着中国民族文化与哲学思考。影片涵盖多种风格以及制作技法,既有传统的二维、剪纸、偶动画,又有CG等现代技术,还将素描与中国水墨韵味相结合进行了创新尝试,是动画制作者对中国美学一次多样化的诠释。

由于当今这些动画作品问世时间较短，许多创作者也难以被冠以"动画大师"的称号，所以，下面只选取部分代表作品做简要分析。

一、林魂与《雾山五行》——中国新时代水墨动画的代表

2020年7月26日，《雾山五行》第一篇章，全3集开播，将导演林魂和其所属的六道无鱼动画工作室推到聚光灯下。凭借着优秀的制作和独特的水墨风格，截至2022年12月31日，《雾山五行》在哔哩哔哩视频网站上获得1.6亿总播放量，661.4万系列追番人数和150.7万的弹幕总数，可谓是国产动画史上浓墨重彩的一笔。

（一）制作人介绍

林魂，中国动画导演，六道无鱼动画工作室创始人，毕业于浙江理工大学科技与艺术学院，代表作有《岁城璃心》预告短片、《雾山五行》。他在《雾山五行》的创作中身兼数职，负责导演、故事脚本、原画、上色、场景、分镜、摄影、声演、音效、主题曲演唱等14项工作。他于2021年10月入选2021首届中国青年动漫家名单。

（二）《雾山五行》赏析

1. 剧情梗概

雾山中封印着中国古代传说中的上古麒麟，由五个掌握金、木、水、火、土五行力量家族世代守护。雾山火行为了取麒麟身上的一物打开了巨阙神盾，火行与麒麟战斗一番后，由于麒麟之子走失，麒麟绑走了火行的亲人霖和水行的妹妹申屠

元妹,要求火行找到小麒麟来换人。

地膳村村长的女儿苏小安在一次去后山取药罐的途中迷路,偶遇山中的养鸭人悬哥。悬哥带她取完药罐,送她回村,却发现村庄正遭遇妖兽的袭击。在千钧一发之际,悬哥出手消灭了两只妖兽,也揭露了自己的真实身份——雾山火行。

火行与妖兽首领——嗔兽孔雀战斗的过程中,嗔兽借力进入村庄。在村子里,嗔兽将一部分村民化为妖兽,并吸收他们的"嗔",化为人形。火行于是变身继续与它战斗。战斗的结尾,他们打到了山顶的承寿堂。在那里,火行找到了瘦骨嶙峋的小麒麟,揭开了村民的黑暗面。这场战斗过后,火行带走了小麒麟,然而,各方势力都在计划抢夺小麒麟,妖兽界将掀起腥风血雨。

2. 水墨动画的继承发展

《雾山五行》之所以获得成功,离不开优秀的作画技艺和深刻的剧情内涵。技法上使用了彩色水墨,这与传统的水墨动画形成了很大差别,彩色与黑色的勾边形成对比,使全片基调更具活力。同时采用粗线条描边的作画方式,使画面更加锐利、精致,给人以力量感,与精彩的打斗相配合,使画面更具张力。动画大部分都是二维作画,也有地方使用三维的效果,例如第一集开头的树林。二者相结合使用,更省工时,提升了效率,效果也更好。

有关武打的作画不仅精细,还符合人体的运动规律和物理规律。例如片中老五耍枪斗妖兽一段,他借力用枪回旋击打,这样力量就会一次比一次大,力量大到一定程度人就会控制不住枪头,于是老五懈力以稳住身形,从这样的细节可以看出制作组对武术动作设计的用心。

在《雾山五行》的世界观里同时具有儒释道三教的文化，体现了中国人的宗教观。儒教体现在对人性的阐释上，人性具有两面性，其中的善恶是会互相转化的。例如在开头对老六渠黄的塑造很明显是一个猥琐小人的形象，可在妖兽来袭时他第一个出墙迎敌，在战败被人扶回去时第一个关心的是五哥的状况。又如按常理来说人是善的，妖是恶的，但人类囚禁小麒麟一事又体现出了人性的阴暗面，之前偷果干的孩子在羽丹墓前归还偷的物品也能体现这一点；佛教体现在妖怪中的贪嗔痴三兽，"贪嗔痴"是佛教用语，"贪"指贪图顺境，"嗔"指憎恶逆境，"痴"指不明事理；道教则体现在贯穿全片的五行。

片中妖兽的形象设计参考了《山海经》《搜神记》等中国古代志怪典籍，角色的名称也值得考究。村长八兄弟的名字为：赤骥、盗骊、白义、逾轮、山子、渠黄、骅骝、绿耳，出自《穆天子传》中的"穆王八骏"，根据每匹马的特征对人物进行个性化设计。

《雾山五行》是一部极其优秀的国产新水墨动画，获得过第18届中国动漫金龙奖"最佳系列动画奖"金奖。中国是水墨动画的发源地，水墨风格可以体现出中国独有的意境，应该被传承下去并且发扬光大。

二、《深海》——技术创新与情感共鸣

《深海》是由田晓鹏导演、于2023年1月22日上映的一部动画电影。影片讲述了一名患有抑郁症的少女参宿，在落入海底意识迷离之际的一段奇幻梦境。在梦境中，参宿进入了

"深海大饭店"，遇到了船长南河，由此踏上了在奇幻的深海之中的精神救赎之旅。

这部电影的导演田晓鹏曾自编自导了动画电影《西游记之大圣归来》（以下简称"《大圣归来》"）。《大圣归来》让观众看到了中国电影的崛起和新起点，为中国动画电影市场注入了新的活力。在《大圣归来》创造了近十亿的票房之后，田晓鹏沉寂了七年，潜心书写自己的原创故事，最终在 2023 年春节之际用《深海》给观众带来了新的视觉震撼，并收获了 9.19 亿的票房。

在《大圣归来》之后，出现了一些可圈可点的动画电影，这些动画都或多或少地展现了中国传统文化，有的也试图用数字技术呈现中国水墨特色，但是这些动画不足以使中国动画电影迈上新的台阶、进入全新的阶段。

田晓鹏导演在接受访谈时提道："我们要靠中国人的聪明才智、我们的创造力、我们的美学审美、自己的处世哲学和思维方式，创造中国动画的辉煌。"于是他用七年的时间开发了"粒子水墨"技术，再一次向人们呈现了中国电影新的可能性，实现了中国电影技术的又一次重要的创新。"粒子水墨"是一种三维水墨动画技术，将三维动画与中国水墨画创新性地结合在一起，通过数亿大小、形状各异的三维粒子的聚合分离来塑造形象、展现画面。制作组在创作时首先想要采用的是传统的贴图手法，但使用贴图的手法呈现出的视觉效果比较死板，无法呈现出流动的感觉，贴图模型的边缘也缺乏水墨氤氲的感觉，呈现出的水墨效果不是很好。而粒子水墨不仅可以表现出传统水墨画的飘逸灵动、韵味意象，又能使画面具有三维动画的透视效果与层次的变幻。特效指导吴智敏认为粒子之间存在的间隙可以透过光线,从而使得画面具有"呼吸感",所以最终画面效果既有手绘的感觉又充满光感。《深海》的特效团队将美术组绘制出来的水墨图作为贴图,以投影的方式投射在粒子模型上,粒子运动时带动了颜色的变换,就出现了"拉丝"的效果,最终呈现出"粒子水墨"的飘逸流动的美感。可以说,粒子水墨赋予了中国水墨画全新的生命力,也使三维动画的视觉效果从"拟真"拓展到了绘画的领域。

在颜色的处理上,《深海》一改深海给人的阴沉压抑的印象,用丰富且明亮的颜色表现出主人公参宿意识中的深海世界。现实与梦境的冲突制造出强烈反差的同时,彩色的深海映照了参宿灰白的心境,像是参宿灰色的世界中的一场五彩斑斓的梦。电影里南河有一句台词:"有时候这个世界看上去是灰色的,不像梦里那么五彩斑斓,可是,就算是这样也一定有些光在等你,哪怕只是些很小的瞬间,也值得你努力活下去。"对于参宿来说,父母离异,父亲再婚,使得参宿的心思变得敏感,母爱的缺失以及有了弟弟后重组家庭注意力的偏倚,又使得敏感内向的参宿患上了抑郁症,而得了抑郁症后也没有被父亲理解,参宿的世界无疑是灰色的。而南河可以说是参宿灰色世界中的一束光,在深海的梦境里,南河会用魔法打败丧气鬼。在现实中,南河在深海里解救了参宿。

在叙事上,《深海》采用了意识流的叙事方式,构建了现实与梦境的双重世界,并在不知不觉间埋下了层层的伏笔,用隐晦的方式设下了悬念。影片一开始并没有明确告诉观众深海世界是否是真实的,从而让观众沉浸在参宿和南河深海世界的冒险故事中,从发现海精灵到寻找海精灵,再到抵达"深海之眼",参宿的梦境戛然而止。观众此时才恍然大悟——深海世界并非现实，只是现实投射在参宿意识中的一场瑰丽的梦境。而回头再看，一切都早有伏笔。现实中，南河是参宿在邮轮上见过的小丑，卖着一本叫作"深海大饭店"的画册；海獭"糖豆儿"吃的是现实中参宿给弟弟的糖果；海豹老金和参宿爸爸的名字一致，且参宿爸爸在上船时戴过海豹的面具；阿花阿姨的红头巾和台词都和现实中继母的一致……梦境中参宿见过的人物都在现实世界有对应的人。

除此之外，现实之中的一些意识在梦境中有了实体，如在深海见到的海精灵和丧气鬼。海精灵是参宿小时候妈妈讲的故事里的角色，与妈妈有关系，因此参宿相信海精灵可以带她找到妈妈，深海的故事由此拉开了序幕。海精灵代表着现实中参宿的自我意识，没有规则的形状、长了很多眼睛，它可以洞悉人们内心的渴望。海精灵制作的疙瘩汤可以迷惑人心，使人产生幻觉，海精灵也引导着参宿，使她在深海梦境中越陷越深。丧气鬼则代表了参宿的负面情绪，在深海世界中，每当参宿感到低落难过时，丧气鬼就会出现。丧气鬼在深海世界中的可怕破坏力也代表了负面情绪对于人的内心有着很大的负面作用。现实的隐喻与情感的投射，将现实与梦境联合在一起，完成了主客世界的一体化搭建。

在人物形象方面，参宿的形象与性格也十分贴切。不符合年龄的眼袋、低垂的眼角、带着忧伤的笑容等都体现了参宿作为一个患有抑郁症的小女孩的外在形象和精神状态。人物的表演形式则是融合了夸张与写实两种，南河代表着夸张，参宿代表着写实，截然不同的两种表现风格在这部影片中得到了很好的融合。

《深海》的思想主题在当今社会是十分深刻的，但故事的表达和主题的融合方面还存在一定的问题,绚丽的视觉特效使作品有着形式大于内容之嫌。但无论如何,这是中国动画电影在内容和技术方面的一次创新探索。《深海》着眼于抑郁症人群,刻画了抑郁症患者的内心世界,使无数有相同或相似经历,或者情感体验的人产生了共鸣。影片既是主人公参宿的精神救赎之旅,也是每一个经历漫漫长夜无眠的人的救赎。

三、《长安三万里》——文化自觉和文化自信的表现

2023年出品的动画电影《长安三万里》由谢君伟、邹靖导演,荣获了第36届中国电影金鸡奖最佳美术片奖。故事以倒叙的方式开始,讲述安史之乱爆发后数年,吐蕃大军攻打西南。大唐节度使高适交战不利,长安岌岌可危。此时朝廷派遣的监军来到高适的营帐,问询他曾经关于李白的瓜葛和交集,由此以高适的视角追忆式地铺开他与李白跨越六十余年间的友谊。

《长安三万里》是一部由唐诗组成的电影,用168分钟的片长,不仅展现了李白的一生,也呈现了大唐由盛转衰的历史节点。影片的前半段,唐朝的太平盛世中,随着老年高适对往事的回忆,李白、杜甫、孟浩然、王昌龄、张旭、王维、岑参等中国人耳熟能详的诗人一一登场,展现着盛唐炙热的文化活力。而到了后半段,"安史之乱"爆发,郭子仪、哥舒翰、严武等唐代名将出场,影片的基调急转直下,盛世衰落,诗人们也颠沛流离,有的被贬,有的被流放,还有的含冤而死。乱世注定是郭子仪、高适们的舞台,唯有这些将才才能力挽狂澜,匡扶社稷于危难之间。

影片从唐朝著名的边塞诗人高适的视角出发,以李白和高适的关系作为线索,呈现了大唐由盛转衰的历程。李白和高适年龄相仿,相识于青年时期,两人都空有一身本领却毫无施展的地方,正可谓是报国无门,无人赏识。究其原因,都是因为两人的家世都不算显贵。李白是商人之后,商人再有钱也是贱民。高适虽然祖上也是名门将才,却因为家道中落不受人待见。两个空有豪情壮志的青年一见如故,成为最好的朋友。但片中高适的性格与李白截然相反,他没有李白的天赋,却懂得勤能补拙。他不像李白豪放不羁,而是踏实肯干。所以虽然和李白一样仕途坎坷,高适却终于大器晚成。高适的后半生在戎马中度过,平永王,救睢阳,战吐蕃,从一个小小的掌书记,晋升为西川节度使,他也是大唐诗人中功名最盛的一位。

不同的选择,导向不同的人生之路。电影中,高适对李白讲:"你是谪仙人,要回天上;我是世间人,我在世间盘桓。"这注定了二人相行渐远的人生历程。但岁月蹉跎,几经沧桑,变的是时代洪流,不变的是他们心中立于天地间的傲然与豪情。

影片有两段高潮,一段演绎了李白的名篇《将进酒》,用如梦似幻的奇观场景,呈现了诗句的华丽。《将进酒》将李白气势磅礴,空有满腹才情却郁郁不得志的心情跃然纸上,情感如江水般倾泻而出,读来令人慷慨激昂。片中用众诗人坐在白鹤上飞进幻彩斑斓的天空中的情节象征了境界的升华,这时候,唯有酒和诗让他们超越了世俗的功名,只有作品可以流传千年;另一段则是高适大破吐蕃军,用恢弘壮阔的场面调度,表现出战场的热血与激情。这两段分别代表了两位主角的人生轨迹,一文一武,相衬相映,出世入世,相得益彰。

影片的人物造型和故事都有迹可循。在人物造型上，中老年李白的形象大体遵照《唐名臣相册》中的李白画像，而纵情歌舞的舞姬脸上的桃花妆则借鉴了《簪花仕女图》中的唐代妆容。瓜子形的黛画短眉，眉间饰以花形，展示出唐代中晚期妇女审美的流行趋向。在剧情设计上，岐王府设宴颇具看点。席间，王维与李龟年的相遇其实暗指王维曾作诗《江上赠李龟年》，以表对友人的怀念之情。而少年杜甫的出现也是《江南逢李龟年》中"岐王宅里寻常见，崔九堂前几度闻"的典故借用。多次在镜头中出现的高适翻阅的那本《河岳英灵集》，是唐玄宗时期殷璠编选的诗人选本，其中汇集了当时 24 位诗人的 234 首诗歌（今存 228 首），电影中出现的李白、王维、王昌龄等人的诗词均被收录其中。而最后高适的小侍从问集子中为何没有杜甫的诗句的情节，也暗指杜甫在世时都没有等来他名冠天下的时刻。但高适一句"将来别的集子里会收的"，也给了杜甫一个迟到的辉煌的认可。

在有限的篇幅中，影片还是较完美地呈现了基本遵循史实的主要事件，在不破坏真实性的情况下，又以充满戏剧性的人物塑造和艺术感、科技感十足的画面制作，发挥想象力，将历史人物以影像化和立体声的形式表达出来，将厚重历史与趣味演绎相结合，虚实相生，于细微之处还原唐代历史。

《长安三万里》在三维动画中穿插了二维水墨场景，使叙事更为简洁，气氛得到了升华。影片出色的运镜、大气磅礴的音乐、切换自如的色调也很好地凸显了唐朝由盛转衰的时代浮光。花团锦簇的长安、富贵销魂的扬州城、滔滔江上的明月初升，将如梦似幻的视觉奇观烘托到了极致。而适时切入的水墨动画，利用中国绘画的写意手法，铺陈抒情段落，呈现出唯美意境。

但是，影片也有一些不太成熟的地方。片中的人物在中国家喻户晓，虽然作为艺术作品，适当地杜撰无可厚非，但对于历史人物的塑造，"小事可以不拘"，大事则不能违背史实，片中有一些背离史实之处，在零星细节的处理上也有不符合李白等人实际创作背景的地方。对于主角李白的塑造也只是停留在众人皆知的狂放不羁的形象上，并没有真正走入这位伟大诗人的内心。同时，作为整部影片的核心，时代背景和人物的命运的交织叙述得还有欠缺，许多大诗人浮光掠影般地出现，也并没有服务于影片的核心表达。而且从片名来看，长安城不仅是一个实体，长安代表着一种意向、一种精神，片中有一句重要的台词："只要诗在，书在，长安就会在。"对此，整个影片也缺少清晰和厚重的表达。

总体上看，《长安三万里》从审美、典故、历史背景上力求真实还原，将基于史实的现实主义叙事手法和想象建构的浪漫主义色彩相结合，植根于中华优秀传统文化的沃土，从中不断汲取智慧力量，带着这样的文化自觉和文化自信，"长安"才能永在。

参考文献

程季华:《中国电影发展史》第二卷,中国电影出版社,1981年。

陈伟:《动画概论》,清华大学出版社,2021年。

段佳:《世界动画电影史》,湖北美术出版社,2008年。

高尔基:《文学论文集》,人民出版社,1983年。

吕鸿雁,张骏:《动画大师的生平与作品》,中国传媒大学出版社,2007年。

吕鸿燕,张骏:《动画大师的生平和作品》,中国传媒大学出版社,2007年。

刘小林,钱博弘:《动画概论》,武汉理工大学出版社,2006年。

聂欣茹:《动画概论(第四版)》,复旦大学出版社,2020年。

万籁鸣,万国魂:《我与孙悟空》,北岳文艺出版社,1986年。

薛锋,赵可恒,郁芳:《动画发展史》,东南大学出版社,2006年。

薛燕平:《世界动画电影大师》,中国传媒大学出版社,

2006年。

薛燕平:《非主流动画电影:历史 流派 大师》,中国传媒大学出版社,2007年。

许婧,汪炀:《读动画:中国动画黄金80年》,朝华出版社,2005年。

许南明:《电影艺术词典》,中国电影出版社,1986年。

云峰:《与梦飞翔宫崎骏——动漫、梦想还有往日的纯真》,北京文化艺术出版社,2002年。

颜慧,索亚斌:《中国动画电影史》,中国电影出版社,2005年。

中国电影家协会,电影史研究部:《中国电影家列传》(七),中国电影出版社,1986年。

吕欣谕:《浅谈卡洛琳·丽芙沙动画场景设计》,《美与时代》(上),2022年第10期。

彭俊:《民族审美意识的影像呈现——今敏动画的审美特征研究》,《影视制作》,2012年3月。